Helmut Langel

Kulte und Sekten

Gefährliche Zeiterscheinung oder moderne Religionsvielfalt?

OLZOG

Bibliografische Information der Deutschen Nationalbibliothek

Die Deutsche Nationalbibliothek verzeichnet diese Publikation in der Deutschen Nationalbibliografie; detaillierte bibliografische Daten sind im Internet über http://dnb.d-nb.de abrufbar.

ISBN 978-3-7892-8251-5
4., vollständig überarbeitete und ergänzte Auflage
© 1995/2009 Olzog Verlag GmbH, München

Internet: http://www.olzog.de

Redaktion: Christina Brock M. A.

Alle Rechte, insbesondere das Recht der Vervielfältigung und Verbreitung sowie der Übersetzung, vorbehalten. Kein Teil des Werkes darf in irgendeiner Form (durch Fotokopie, Mikrofilm oder ein anderes Verfahren) ohne schriftliche Genehmigung des Verlages reproduziert oder unter Verwendung elektronischer Systeme gespeichert, verarbeitet, vervielfältigt oder verbreitet werden.

Umschlagentwurf: Atelier Versen, Bad Aibling
Satz: abavo GmbH, Nebelhornstraße 8, 86807 Buchloe, www.abavo.de
Druck- und Bindung: CPI – Ebner & Spiegel GmbH, Ulm
Printed in Germany

Inhalt

Vorwort 9

I. Postmoderne Religiosität und gesellschaftliche Wirklichkeit .. 11
    1. Religiöse Voreingenommenheit im Begriff *Sekte* 12
    2. Schwierigkeiten mit den Begriffen *Jugendreligion*
       und *postmoderne Religiosität* 19
    3. Die fundamentalistische „Gefahr". 25
    4. Neue Offenbarungen und ihr Kriterium –
       ein theologischer Exkurs 43
    5. Neomystische Tendenzen in den Bewegungen
       des *New Age* 65
    6. Neureligiöse Bewegung und „destruktive Kulte" 80
    7. Die prototypische Kultkarriere 85
    8. Literatur.. 94

II. Beispiele neureligiöser Kulte 98
    A. SCIENTOLOGY 100
       1. Der Weg in den Kult 101
       2. Der Kultführer Lafayette Ron Hubbard 106
       3. „Wissenschaft" als Science-Fiction-Programm 110
       4. Organisationen und Unterorganisationen 115
       5. Zentrale Begriffe 117
       6. Literatur..................................... 122
    B. DIE VEREINIGUNGSKIRCHE (VK) – gegenwärtig
       Familienförderung für Weltfrieden und Vereinigung e. V. ... 124
       1. Der Weg in den Kult 124
       2. Der Kultführer: San Myun Mun und die
          Geschichte der VK........................... 131
       3. Lehre 135
       4. Kultus und Organisation 142
       5. Zentrale Begriffe 149
       6. Literatur..................................... 151
    C. DAS UNIVERSELLE LEBEN (UL) – HEIMHOLUNGSWERK
       AUS WÜRZBURG (HHW)............................ 153
       1. Der Weg in den Kult 153
       2. Die Kultführerin: Gabriele Wittek................ 164
       3. Die Lehre 165
       4. Die Organisation.............................. 172

		5.	Zentrale Begriffe 174
		6.	Literatur.. 177
	D.	TRANSZENDENTALE MEDITATION (TM) 178	
		1.	Der Weg in den Kult 178
		2.	Der Kultführer Maharishi Mahesh Yogi und die Geschichte von TM................................ 184
		3.	Weisheit und Wissenschaft der TM 187
		4.	Der religiöse Hintergrund 188
		5.	Organisationen und Verbreitung von TM............. 194
		6.	Zentrale Begriffe 195
		7.	Zusammenfassende Schlussfolgerung................ 200
		8.	Literatur.. 201
	E.	DIE BHAGWAN/OSHO-BEWEGUNG 203	
		1.	Der Weg in den Kult 203
		2.	Der ehemalige Kultführer Osho..................... 210
		3.	Lehre... 213
		4.	Verbreitung und Organisation...................... 217
		5.	Zentrale Begriffe 220
		6.	Literatur.. 222
III.	Sondergemeinschaften mit christlich-fundamentalistischem Hintergrund 224		
	A.	„JEHOVAS ZEUGEN" 224	
		1.	Der Weg in den Kult 225
		2.	Lehre der ZJ 232
		3.	Geschichte 237
		4.	Organisation 241
		5.	Zentrale Begriffe 243
		6.	Literatur.. 248
	B.	THE CALL – Der Ruf................................ 250	
		1.	Der Weg in den Kult 250
		2.	Organisation 257
IV.	Heilungsmagie und Psychokulte 259		
	A.	MERKMALE DES PSYCHOKULTS................... 262	
		1.	Merkmal: Der Absolutheitsanspruch der psychologischen Weltanschauung 262

Inhalt

      2. Merkmal: Wissenschaftlicher Eklektizismus, Fortschrittsglaube und Allgemeinplätze 263
      3. Merkmal: Die Heilungsgarantie 264
      4. Merkmal: Der Führer im Psychokult 264
      5. Merkmal: Das Elitebewusstsein 265
      6. Merkmal: Der Umgang mit Klienten (Vertraulichkeit der Therapeut-Patient-Beziehung) – *Busting* gegenüber Patienten 265
      7. Merkmal: Der Umgang mit Kritikern 267

  B. REIKI – ESOTERISCHE HEILTECHNIK AUS JAPAN 268
      1. Entstehung 268
      2. Lehre 271
      3. Reiki-Autoritäten 274
      4. Kultus 275
      5. Verbreitung und Organisation 276
      6. Literatur 278

  C. DER NEUE OKKULTISMUS 279
      1. Beispiele okkulter Praktiken 282
      2. Begegnungen mit Satan (ein Gesprächsprotokoll mit Schülern) 288
      3. Das Phänomen des Okkulten und seine Merkmale 291
      4. Die Gefahren des Okkultismus 295
      5. Ratschläge im Umgang mit Okkultisten und Esoterikern 297
      6. Zentrale Begriffe – ein okkult-esoterisches Glossar . . . 299
      7. Literatur 312

V. Aspekte gesellschaftlicher Verursachung moderner Kultbewegungen 314

VI. Methodische Hilfen zur Information und Bildungsarbeit 320

VII. Ratschläge für Betroffene 326

VIII. Schlussbemerkung 331

IX. Gesamtverzeichnis der Literatur 332

Über den Autor
Helmut Langel, Dipl. päd., Pastor, (Jahrgang 1947). Studium an der Kirchlichen Hochschule in Bethel und an der Universität Tübingen in den Fächern Evangelische Theologie, Philosophie, Pädagogik und Religionswissenschaft. 1978 Ordination zum Pastor. 1980 Antritt der vierten Pastorenstelle in der St. Remberti-Gemeinde in Bremen.
Seit dreißig Jahren (1979) Beratungstätigkeit im Bereich der Sekten- und Weltanschauungsarbeit. 1983 Produktion der Sendereihe „Jugend und Religion" für Radio Bremen. Zahlreiche Veröffentlichungen zum Thema Neureligiöse Bewegungen. U.a. Mitarbeit als Autor im „Handbuch der Religionen" (Hg. Klöcker/Tworuschka), das im Olzog Verlag München erscheint. 1992 Offizieller Sekten- und Weltanschauungsbeauftragter der Bremischen Evangelischen Kirche (BEK). Seit 1998 Entwicklung des religionspädagogischen Konzepts „Abenteuer Religion". Ab 1994 zahlreiche Lehraufträge an der Universität Bremen im Fach Religionswissenschaften.

Vorwort

Dieses Buch stellt eine deutlich überarbeitete Fassung der vorangegangenen drei Auflagen dar, wobei die Prämissen der vorigen Erscheinungen weitgehend erhalten geblieben sind. Darüber hinaus wurden im einführenden Kapitel I einige Wünsche von Rezensenten mit aufgenommen. So gab es immer wieder den Einwand, der theologische Aspekt des Themas „Kulte und Sekten" käme zu kurz. Zwei Unterkapitel versuchen die Frage nach den neuen Offenbarungen und einen modernen Begriff von Neomystik zu reflektieren. Auch eine vertiefte Auseinandersetzung mit dem gegenwärtigen Fundamentalismus in den Religionen wurde notwendig.

In den Kapiteln II–V geht es dann um Einzeldarstellungen verschiedener Organisationen und Bewegungen. Weitere Religionsgemeinschaften wie die *Zeugen Jehovas*, die amerikanische Bewegung *The Call* und die östlich-esoterische Bewegung *Reiki* wurden eingefügt. Die Gliederung ist nach folgenden Merkmalen vorgenommen worden:

Kapitel II: Hier finden sich Beispiele neureligiöser Kulte, deren hervorstechendes Merkmal die lebendige Existenz eines in unserer Zeit lebenden oder erst kürzlich verstorbenen Heilsbringers bzw. einer Heilsbringerin ist. Die spezifische Sehnsucht nach Heil, verkörpert in einer fassbaren, gegenwärtigen Person, scheint sich hier zu erfüllen.

Kapitel III: Hier werden Sondergemeinschaften mit christlich-fundamentalistischem Hintergrund behandelt. Es werden zwei Organisationen betrachtet, die unterschiedlicher kaum sein können: die *Zeugen Jehovas* und die charismatisch-pfingstlerische Bewegung *The Call*. Beide Organisationen sind in der gegenwärtigen gesellschaftlichen Diskussion sehr bedeutsam geworden. Die Medien nehmen sie mit besonderer Aufmerksamkeit wahr, und so sind sie auch Gegenstand dieses Buches.

Kapitel IV: In diesem Kapitel wird das schillernde Spektrum von Beratungs- und Meditationsangeboten thematisiert. Deren höchst zweifelhafte Methoden und esoterische Heiltechniken werden am Beispiel von *Reiki* kritisch beleuchtet.

Kapitel V: Unter Jugendlichen ist eine neue Hinwendung zum Okkultismus feststellbar. Viele Eltern und Pädagogen sind ratlos, wie man damit umgehen soll. Es werden okkulte Praktiken, satanistische Bräuche kritisch dargestellt und nach Orientierung für angemessenes Reagieren hierauf gefragt.

In weiteren Kapiteln werden Aspekte gesellschaftlicher Verursachung moderner Kultbewegungen, methodische Hilfen zur Information und Bildungsarbeit sowie Ratschläge für Betroffene dargeboten.

Wir hoffen, dass durch diese Veränderungen und Aktualisierungen das Buch informativ und gut lesbar bleibt.

Die folgenden Darstellungen dokumentieren die in dem langen Erscheinungszeitraum sich verändernden Sichtweisen des religiösen Pluralismus in der Gesellschaft. So wird der Begriff *destruktiver Kult* in modernen Darstellungen religiöser Gemeinschaften kaum noch Verwendung finden, weil einerseits die Gruppierungen und Bewegungen sich verändert haben und andererseits die Fachliteratur neue Perspektiven gewonnen hat. Der Autor verarbeitet in diesem Buch seine 30-jährige Erfahrung in der sog. Sekten- und Weltanschauungsarbeit, wobei sich seine Sichtweise immer wieder aufgrund der dynamischen Änderungen neu formuliert hat. Weder die evangelische noch die katholische Betrachtung neuer religiöser Erscheinungen, noch die rein religionswissenschaftliche Einordnung konnten ihn ganz überzeugen. Auf diese Weise nimmt dieses Buch einen eigenen, vielleicht auch ungewöhnlichen Standpunkt ein. Dem Leser bleibt es überlassen, sich seine eigene Meinung zu bilden.

Ein herzlicher Dank soll in diesem Zusammenhang der besonders einfühlsamen und kundigen Betreuung durch die Lektorinnen Christina Brock und Christiane Reinelt ausgesprochen werden.

Helmut Langel

I. Postmoderne Religiosität und gesellschaftliche Wirklichkeit

Die Definition dessen, was Religion ausmacht in der modernen Gesellschaft, die weitgehend säkularisiert erscheint, wird in dem Maße schwierig, in dem die religiösen Traditionen der christlichen Großkirchen ihre verbindliche Kraft gesellschaftlich verlieren. Das, was Peter L. Berger schon Ende der Siebzigerjahre für den amerikanischen Raum beschrieb, die zunehmende Vereinzelung und Zufälligkeit gesellschaftlicher Religionsausübung, ihre Verlagerung in den privaten Raum[1] und den sich in neuerer Zeit abzeichnenden religiösen Pluralismus, gilt für den europäischen Raum zwar nur bedingt, zeigt sich aber auch hier im Zuge eines wachsenden Bedeutungsverlustes der großen christlichen Konfessionen. Dabei könnte man drei sich abzeichnende Veränderungen besonders hervorheben:

1. Die Zahl der Kirchenaustritte hat den Großkirchen große Verluste gebracht. Damit geht einher, dass die kirchliche Religionspraxis von den Kirchenmitgliedern zwar nicht ausdrücklich infrage gestellt wird, man ihr aber immer mehr individuell den Rücken zukehrt.
2. Andere Kulturen und religiöse Systeme konfrontieren durch das Aneinander- und Ineinanderrücken der verschiedenen Nationalitäten die hiesige Bevölkerung mit neuen, für sie zunächst fremden und gerade darum aber auch faszinierenden religiösen Grundeinstellungen.
3. Aus den Vereinigten Staaten, aus Afrika, vor allem aber aus dem asiatischen Bereich kommen neureligiöse Gruppen und alternative Weltanschauungskonzepte in unsere religiös verunsicherte und unentschiedene Welt hinein.

Die christlichen Großkirchen reagieren auf diese Situation bis heute verwirrt und zum Teil abwehrend. So sehr sie sich einerseits dem demokratischen System verpflichtet fühlen, so tun sie sich andererseits sehr schwer

---

[1] vgl. Berger, Peter L.: Der Zwang zur Häresie. Religion in der pluralistischen Gesellschaft. Frankfurt a.M. 1980, Freiburg i.Br. ²1992

mit dem neu entstehenden religiösen Pluralismus und der damit einhergehenden Vermischung religiöser Traditionen. Die kirchlichen Kenner der neureligiösen Szene verstehen sich oftmals in erster Linie als Apologeten, als Verteidiger der überkommenen Wahrheiten und warnen vor einem Traditionsverfall und sektenhaften Zersplitterungen. Diese Warnungen sind aber durchaus ambivalent und verdienen eine nähere Betrachtung.

1. Religiöse Voreingenommenheit im Begriff *Sekte*

In deutschsprachigen Publikationen taucht der Begriff *Sekte* durchgehend als eine Art Verdammungsurteil gegenüber neureligiösen Gruppierungen auf. In den letzten Jahren wurde der Begriff ausgeweitet auf Organisationen, die auf den ersten Blick keinen religiösen Charakter zeigten, sondern sich eher der Verbreitung von bestimmten Psychotechniken verschrieben. Man sprach deshalb von sogenannten *Psychosekten*.

In Beratungssituationen kommen nicht selten Anfragen wie etwa: „Ist das eigentlich eine ernstzunehmende Glaubensgemeinschaft oder handelt es sich um eine Sekte?" Im allgemeinen Sprachgebrauch hat das Wort einen schon fast kriminellen Charakter erhalten. Sekten seien Vereinigungen, die bewusst und planvoll den seelischen und finanziellen Ruin ihrer Mitglieder betreiben.

Wer sich ein wenig näher mit der Geschichte des Begriffs befasst, wird feststellen, dass sein Bedeutungsgehalt in den verschiedensten Farben schillert. Etymologisch enthält er eventuell drei lateinische Herkunftsbedeutungen:

1. Sekte kommt von *sequi* („nachfolgen"), meint also zunächst nur die feste Bindung an eine religiöse Gemeinschaft ohne jede wertende Beimengung.
2. In der Antike wurden bestimmte philosophische und religiöse Schulen auch als *secta* bezeichnet, ohne dass dabei ein negativer Beigeschmack enthalten war. Ähnlich wie das aus dem Griechischen kommende Wort *Häresie* wies auch das lateinische Wort *secta* zunächst nur beschreibend auf die unterschiedlichen Glaubensrichtungen hin. Die Zerstrittenheit der verschiedenen Parteiungen geißelt aber schon das Neue Testament im Galaterbrief (5,20), in dem Paulus die Auseinandersetzung der un-

terschiedlichen Schulen und ihre Streitereien kritisiert. Im Laufe der Jahrhunderte kam immer mehr der Verdacht der „Ketzerei" ins Spiel, wenn von unterschiedlichen Glaubensrichtungen die Rede war.
3. Vielfach, wenn auch nicht ganz richtig und eher volksetymologisch, wird der Begriff auf das lateinische Wort *secare* („schneiden", „trennen") zurückgeführt. Dann ist damit eine bestimmte Herkunftsbezeichnung der religiösen Gemeinschaft ausgedrückt. Sekten in diesem Sinne gelten als Abtrennungen von einer größeren religiösen Organisation, deren Grundlagen sie weitgehend teilen, die sie aber auf der anderen Seite auch kritisieren.

Die im dritten Punkt angesprochenen Veränderungen können zu einer Trennung innerhalb einer religiösen Großorganisation führen, die dann *Schisma* genannt wird. Wenn indessen Minderheiten ihre religiöse Organisation verlassen, um eine neue zu gründen, werden vor allem folgende drei Aspekte zur Legitimation dieses Schrittes genannt:

a) Die bestehende religiöse Großorganisation wird wegen ihrer von den ursprünglichen Idealen abweichenden Praxis infrage gestellt. Beispielsweise stehe der Reichtum religiöser Großinstitute im eklatanten Widerspruch zum Armutsideal, das sie dogmatisch vertreten.
b) Die kanonisierten Lehren und Traditionen werden in ihren dogmatischen Inhalten zurückverpflichtet auf die Fundamente der ihnen zugrunde liegenden Heiligen Schriften.
c) Den Anstoß zur Neugründung gibt nicht selten eine charismatische Persönlichkeit, die gewissermaßen zur Identifikationsfigur der neuen Glaubensrichtung wird.

Diese Gegenüberstellung von Dogma und Fundament, von religiösem Ideal und institutioneller Praxis zählt zum gängigen Schema von Reformern und Gegnern institutionalisierter Großreligionen.

Geht man von diesem Prinzip aus, dann wären auch einige der Großreligionen ursprünglich als Sekten zu bezeichnen. Den Buddhismus könnten wir als Reformsekte innerhalb des Spektrums indischer Religiosität betrachten, das Christentum als eine Abspaltung aus dem Judentum. So wurden z. B. die Christen auch in römischer Zeit als jüdische Sekte angesehen und beurteilt.

Im Mittelalter wurde der Begriff Sekte zu einer Art Kampfbegriff gegenüber neureligiösen Bewegungen. Sie galten den Großkirchen als gefährliche Zersetzungserscheinungen gegenüber der von ihnen vertretenen allgemeinen religiösen Wahrheit, gegen die sie ihre abwehrende, d. h. apologetische Tätigkeit sowohl praktisch als auch theoretisch ins Werk setzten. Angehörige einer Sekte wurden theologisch disqualifiziert und exkommuniziert, inquisitorisch verfolgt und im großen Maße vernichtet. So ist es im frühen Mittelalter den *Katharern* ergangen, kurz vor der Reformation den *Hussiten*, den *Wiedertäufern*, später den *Unitariern*, den *Rosenkreuzern* und vielen anderen religiösen Gruppierungen.

Gerade diese „unheilige" Tradition im Umgang mit dem Begriff *Sekte* setzt sich mehr oder weniger indirekt in neuzeitlichen Bewertungen fort. Ihnen haftet im Grunde das apologetisch-abwertende Element grundlegend an. Der frühere Sprachgebrauch legt die kriminelle Abweichung nahe von einer wie auch immer gearteten religiösen *communis opinio* („allgemeine Meinung", „vorherrschende Auffassung"). Geleitet von dem Grundgedanken, es gäbe *extra ecclesiam nulla salus* („außerhalb der Kirche kein Heil" – Cyprian, ca. 258), neigen die Großkirchen zu einer Art Konkurrenzgebaren gegenüber neuzeitlicher Religiosität, die den eigenen Wahrheitsanspruch zum reinen theologischen Bewertungskriterium werden lässt und die Frage im Gegenzug vonseiten der sogenannten Sekten hervorgerufen hat, ob religiöse Großinstitutionen letztlich unfähig seien, Toleranz und religiösen Pluralismus in einer modernen Gesellschaft zu praktizieren.

Schon im 19. Jahrhundert indessen veränderte sich die Perspektive, und eine mehr wertarme, religionswissenschaftliche Deutung des Sektenbegriffs kam durch Max Weber (1864–1920) in die Diskussion. Er beschrieb die Sekte als einen „voluntaristischen Verband ausschließlich religiös-ethisch Qualifizierter, in den man freiwillig eintritt, wenn man freiwillig kraft religiöser Bewährung Aufnahme findet"[2]. Seine Kriterien, die die Autonomie der Gemeinde, die Betonung des charismatischen Auftrags und das Gegenüber zur Außenwelt enthielten, bildeten

---

[2] vgl. Weber, Max: Gesammelte Aufsätze zur Religionssoziologie. Tübingen 1963

lange Zeit den Ausgangspunkt für eine neue Definition der Sekte ohne apologetische Tendenz.

In der heutigen Umgangssprache, in der Sprache der meisten Medien und der Sekten- und Weltanschauungsbeauftragten gehen die kirchlich-theologischen Kriterien, die das apologetische Wahrheitsbedürfnis einer religiösen Großinstitution in den Vordergrund stellen, und die Beurteilung sozialer und individueller Schädigungen, die durch sogenannte *neue Sekten* tatsächlich oder angeblich entstehen, auch heute noch durcheinander. So findet sich im von der VELKD[3] herausgegebenen Handbuch *Religiöse Gemeinschaften* die Definition:

„Sekten: Gemeinschaften, die mit christlichen Überlieferungen wesentliche außerbiblische Wahrheitsquellen verbinden."[4]

Wollte man dieser Definition folgen, so könnten sich ganz unmittelbar gleich zwei kritische Fragestellungen ergeben:

1. Kennen nicht auch die christlichen Großkirchen außerbiblische Wahrheitsquellen, z.B. in der Tradition ihrer Bekenntnisse und Bräuche? Der durchaus ernstzunehmende Einwand der *Zeugen Jehovas* und anderer ans Urchristliche erinnernder Vereinigungen lautet ja:

„Wie lassen sich evangelische und katholische Bekenntnisse oder kirchliche Bräuche und Riten aus der Bibel ableiten?"

2. Kann die Tatsache, dass eine religiöse Vereinigung auch außerbiblische Quellen zur Grundlage ihrer Glaubensvorstellungen macht, eine solche Gemeinschaft in irgendeiner Weise hinreichend qualifizieren? Ja, bietet dieser Umstand etwa die Möglichkeit, sie als eine Gefahr oder religiöse Verirrung zu kennzeichnen?

---

[3] Vereinigte Evangelisch-Lutherische Kirche Deutschlands
[4] Reller, Horst (Hrsg.): Handbuch Religiöse Gemeinschaften, Freikirchen, Sondergemeinschaften, Sekten, Weltanschauungsgemeinschaften, Neureligionen. VELKD-Arbeitskreis *Religiöse Gemeinschaften im Auftrag des Lutherischen Kirchenamtes.* Gütersloh 1978, Inhaltsverzeichnis; vgl. http://www.dioezese-linz.or.at/pastoralamt/weltanschauungsfragen/differenz.asp und Behnk, Wolfgang: Christengemeinschaft in Bayern. In: Historisches Lexikon Bayerns, auch: http://www.historisches-lexikon-bayerns.de/artikel/artikel_44852 (02.07.2008)

Auf diese Weise gelangen wir zu einem weiteren Problem begrifflicher Enge im Umgang mit neuzeitlicher Religiosität.

Die Warnung vor unzulässiger religiöser Vermengung zählt zum Wesensbestandteil apologetischer Tätigkeit der Großkirchen. Das Zauberwort lautet: *Synkretismus.*

Der ursprüngliche Gedanke des Synkretismus geht auf das antike Urteil zurück, die *Kreter* seien Lügner, weil sie durch „Überlistung" mittels undurchsichtiger Vermengungen (Tit 1,10–14) die Menschen hinters Licht führten. Die Humanisten um Luther hatten bei ihrem Vorwurf des Synkretismus ebenfalls diese Art einer verlogenen Vermengung religiöser Inhalte im Auge. Heute hat sich der Bedeutungsinhalt des Wortes auf jede Art von Vermengung und Mischung religiöser Traditionen ausgeweitet, ganz gleich auf welche Weise sie geschieht, und ist zum Gegenstand kirchlicher Kritik an der postmodernen Religiosität schlechthin geworden.

Dagegen könnte mit Fug und Recht eingewendet werden, dass religiöse Vermischungen, der sogenannte *Synkretismus,* an allen Ecken und Enden innerhalb und außerhalb der Großreligionen stattfindet. Im Gegenteil, vom Standpunkt einer religionswissenschaftlichen Betrachtung erscheint ein religiöses Reinheitsgebot, gleich welcher Couleur, außerordentlich fragwürdig, zumal wenn es dazu dienen soll, eine Religionsgemeinschaft zu qualifizieren.

Es wäre vielmehr zu fragen, inwieweit sowohl spaltende als auch religiös vermengende Tendenzen in der neureligiösen Szene auch positive Impulse für einen modernen religiösen Pluralismus enthalten. Nicht wenige evangelische oder katholische Christen berichten von den nützlichen und wertvollen Erfahrungen, die sie durch eine Auseinandersetzung mit dem indischen Yoga oder durch intensive Lektüre fremder mystischer Texte in Bezug auf ihre christliche Entwicklung durchgemacht haben.

So ergibt sich das Problem, inwieweit die Charakterisierung neureligiöser Gruppierungen als „Sekten" gegenüber den tatsächlichen Erscheinungsformen des Religiösen in der modernen Gesellschaft nicht ein wenig anachronistisch erscheint. Der Begriff *Religion* ist uneindeutig geworden. Er lässt sich nicht mehr herleiten vom dogmatisch-traditionellen Muster kirchlicher Glaubensvorstellungen. Ihre gesellschaftlich

1. Religiöse Voreingenommenheit im Begriff Sekte

durchgesetzte Religionspraxis ist keineswegs alleiniges Kriterium für die religiöse Einstellung der Menschen; institutionell überlieferte Dogmatik wird vielmehr häufig als eine Art Fremdbestimmung erfahren, gegenüber der sich ein mehr diffus antiinstitutionelles, auf religiöse Autonomie gründendes, nach neuen religiös-ästhetischen Ausdrucksmustern suchendes Bewusstsein etabliert, das mehr auf Akzeptanz und Toleranz statt auf Abgrenzung und Apologetik setzt. Die Frage nach der differenzierenden und relativierenden Wahrnehmung religiöser Verschiedenheit gerät in den Vordergrund. Schon 1978 schrieb Hans-Dieter Reimer von der Evangelischen Zentralstelle für Weltanschauungsfragen (EZW) in Stuttgart in seinem Buch *Stichwort Sekten*:

> „Diese Verschiedenheit haben wir bisher noch nicht genügend zur Kenntnis genommen. Wir müssen aber differenzieren, wenn wir uns sachgerecht verhalten wollen. Sollte sich dabei der überkommene Begriff ‚Sekte' als hinderlich erweisen, weil er von seiner Wurzel her undifferenziert ist und ein Vorurteil zum Inhalt hat, das uns den Zugang zu den Phänomenen selbst verstellt, dann müsste dieser Begriff zunächst einmal gänzlich fallengelassen werden."[5]

Hansjörg Hemminger schreibt in seinem Aufsatz: *Was sind Sekten?*[6]:

> „Gerade deshalb muß betont werden: Die Bezeichnung Sekte darf nicht zu einem Kampfbegriff werden, mit dem radikale weltanschauliche Gruppen pauschal diffamiert werden."

Aus diesem Grund versuchen etliche Weltanschauungsbeauftragte, vor allem aber die Einrichtung der Evangelischen Zentralstelle für Weltanschauungsfragen (EZW) in Berlin ein neues Bild von moderner Apologetik zu entwickeln. So postuliert Reinhard Hempelmann von der EZW 1999 in *Beiträge zu einer christlichen Apologetik* einen Weg zwischen kirchlicher Begegnung mit dem religiös Andersdenkenden und der Kontextualität des dialogischen Ansatzes folgendermaßen:

---

[5] Reimer, Hans-Diether (Hrsg.): Stichwort „Sekten". Glaubensgemeinschaften außerhalb der Kirche. Stuttgart 1977, S. 20 f.
[6] Hemminger, Hansjörg: Was sind Sekten? In: *Materialdienst* der EZW, Nr. 3/1994, S. 68 ff.

„M. E. kommt es im Kontext religiöser Vielfalt darauf an, das christliche Zeugnis erkennbar zur Sprache zu bringen. Die Situation des religiösen Pluralismus macht die Identifizierbarkeit und Profilierung einer vom Evangelium her bestimmten Glaubensperspektive nötig. Zugleich fordert diese Situation dazu heraus, die unterschiedlichen religiösen Geltungs- und Wahrheitsansprüche aufeinander zu beziehen. Für das Gespräch der Religionen miteinander ist dabei beides wichtig, Hörfähigkeit und Auskunftsfähigkeit im Blick auf die eigenen Glaubensgrundlagen. Verschmelzungswünsche und Harmonisierungsstrategien sind als Antwort auf die Situation religiöser Vielfalt ebenso untauglich wie fundamentalistische Abwehrreaktionen, die von starren Wahrnehmungsmustern ausgehen und vor allem an scharfen Abgrenzungen interessiert sind.

Deshalb gehört zum Dialog immer beides: die Bereitschaft, dem anderen mit Achtung, Respekt, Lernbereitschaft zu begegnen, aber auch der Mut, sich dem anderen zuzumuten mit dem, woran die christliche Hoffnung gebunden ist."[7]

Die kirchliche Beschreibung und Wertung der neureligiösen Szene bzw. der postmodernen Religiosität müsste den Begriff *Sekte* mit äußerster Vorsicht benutzen. Zu sehr steht der Verdacht im Raum, es ginge weniger um objektive gesellschaftliche Gefahren als vielmehr darum, konkurrierende Organisationen aus dem Feld zu schlagen. Die Verquickung des Begriffs mit dem anderen griechischen Wortursprung der *Häresie* liegt eben doch sehr nahe.

Die terminologische Unsicherheit gegenüber dem breiten Spektrum neureligiöser und weltanschaulicher Gemeinschaften wird auch in den kirchlichen Veröffentlichungen immer deutlicher. Andererseits ist man durchaus klar auf der Suche nach Unterscheidungskriterien, die den Begriff der *Sekte* weiterhin rechtfertigen könnten, zumal dieser Begriff auch in der angelsächsischen religionswissenschaftlichen Literatur, die nicht selten von *sects and cults* spricht, zum Ausdruck kommt.

---

[7] Hempelmann, Reinhard: Apologetik und Kontextualität. In: Petzold, Matthias / Nüchtern, Michael / Hempelmann, Reinhard: Beiträge zu einer christlichen Apologetik. EZW-Texte, Nr. 148, Berlin 1999, S. 33 f.

An dieser Stelle sollte allerdings nicht unerwähnt bleiben, dass das Verhältnis von theologischer Bewertung und religionswissenschaftlicher Befassung mit dem Thema „Neureligiöse Bewegungen" (NRB) gerade in den Neunzigerjahren zu einer spannungsvollen Kontroverse geführt hat. Manifest wurde dieser Konflikt durch den „Streitfall *Remid*". Als der Religionswissenschaftliche Medien- und Informationsdienst (*Remid*) im März 1998 in Marburg zu einer Tagung einlud unter dem Thema „Streitfall Neue Religionen", sagten die kirchlichen Weltanschauungsbeauftragten, sogar der Vertreter der EZW, Michael Nüchtern, ab. Während die Religionswissenschaftler in der kirchlichen Literatur über die NRB eher eine „Gefahr für die Religionsfreiheit" entdeckten, erhob der kirchliche Vertreter den Vorwurf, „die Tagung begegne den neuen Sekten und religiösen Kulten insgesamt nicht kritisch genug und sei zu wenig ‚diskursorientiert' angelegt".[8] Bei aller Uneinheitlichkeit sowohl im Lager der Religionswissenschaftler wie auch der Theologen gegenüber der Bewertung und Verwendung des Sektenbegriffs dokumentiert sich doch in diesem Streit deutlich die Frage nach Toleranz und/oder Kritik an den NRB.

2. Schwierigkeiten mit den Begriffen *Jugendreligion* und *postmoderne Religiosität*

Ein Blick in die jüngere Geschichte der Befassung mit Sekten und NRB zeigt eine Entwicklungslinie, die auch für unsere Betrachtung von Bedeutung sein wird.

Aus der Nomenklatur kirchlicher Sekten- und Weltanschauungsbeauftragter stammen die Begriffe *Jugendreligion* und *Jugendsekte*, die in den Siebzigerjahren in der deutschen Presse häufig Verwendung fanden. Diese Kategorisierung trug dem Umstand Rechnung, dass in den ersten Jahren nach der sogenannten *Studentenrevolte*, die sich in ihrer „aufgeklärten" Gesellschaftskritik zugleich der Religionskritik von Feuerbach und Marx verpflichtet fühlte, ein Neuaufbrechen der religiösen Frage spektakulär vor allem in der jüngeren Generation begann.

---

[8] epd-Meldung vom 24.3.1998

Die klassischen Neureligionen bzw. Jugendreligionen wie die *Kinder Gottes*, die *Vereinigungskirche*, die *Hare-Krishna*-Bewegung, die *Scientology-Kirche*, die *Bhagwan*-Bewegung und die schon in den Sechzigerjahren etablierte *Transzendentale Meditation* vermittelten zumindest teilweise ein zentrales Moment des Widerstandes. Ihre Wurzeln hatten sie in Indien bzw. in den Vereinigten Staaten und knüpften in ihrer Werbung recht geschickt an die protestierende Gemütslage studentischer Emsigkeiten an. „Hau ab aus diesem verdammten System", rief der Führer der *Kinder Gottes*, David Mose Berg, seinen Kindern zu:

> „Ihr lebt im Zeitalter der Maya. Wenn ihr im Sumpf der Maya zu versinken droht, wird euch Krishna an diesem Zopf wieder herausziehen."[9]

Mit diesen Worten begründete Bhaktivedanta Swami Prabhupada die bewusst auffällige, den bürgerlichen Ordnungssinn aufs Empfindlichste irritierende, bis auf einen Zopf kahl geschorene Äußerlichkeit seiner Jünger. In den *Ashrams*, den Meditationszentren von Bhagwan, wurden sonderbare, revolutionäre sexuelle Praktiken ausprobiert. Kurz, die Neureligionen sprechen ein auf jugendliche Erlebnisfrische getrimmtes, alternatives Bewusstsein an, adaptieren geschickt Elemente nonkonformistischer Attitüden in Kleidung, Haartracht, musikalischem Geschmack und kommuneähnlichen Lebensgemeinschaften; sie knüpfen am oppositionellen „Unbehagen an der Moderne"[10] an, vermitteln aber zugleich im Gegensatz zur entstandenen oppositionellen politischen Kultur eine Atmosphäre emotionaler Geborgenheit und gefühliger Identitätsorientierung.

Insofern mochten die Begriffe *Jugendreligion* und *Jugendsekte* in den ersten Jahren ihrer Verwendung, vor allem in den Veröffentlichungen der beiden wichtigsten Publizisten und Weltanschauungsbeauftragten Friedrich Wilhelm Haack und Rüdiger Hauth ein gewisses Recht behaupten. Spätestens Anfang der Achtzigerjahre aber wurde die Unhaltbarkeit solcher Bezeichnungen deutlich, besonders sinnfällig anlässlich

---

[9] Flugschrift der Internationalen Gesellschaft für Krishna-Bewusstsein der Hare-Krishna-Bewegung (ISKCON)
[10] Küenzlen, Gottfried: Das Unbehagen an der Moderne: Der kulturelle und gesellschaftliche Hintergrund der New Age-Bewegung. In: Hemminger, Hansjörg (Hrsg.): Die Rückkehr der Zauberer. New Age – Eine Kritik. Reinbek b. Hbg. 1987, S. 187–222

einer Demonstration von Bhagwan-Jüngern, *Sannyasins* genannt, in Köln, auf der eine größere Gruppe von Mittdreißigern – ein Pappschild um den Hals – durch die Innenstadt lief, auf dem groß und deutlich zu lesen war: „Ich bin ein verführter Jugendlicher."

Sehr schnell hatte sich herausgestellt, dass die sogenannten *Jugendreligionen* keine ephemere Zeiterscheinung darstellten, sondern sich immer mehr etablierten und zu vermögenden Organisationen heranwuchsen, weshalb Joachim Keden sein Buch zu diesem Thema 1989 dann auch bezeichnenderweise *Sogenannte Jugendsekten*[11] nannte.

Auch die zuweilen vorgetragene Hoffnung, dass die neuen Religionsgemeinschaften im Zuge des Ablebens ihrer jeweiligen Führer gleichfalls das Zeitliche segnen würden, stellte sich als handfeste Illusion heraus. Sowohl *Scientology* als auch die *Hare-Krishna*-Bewegung blieben nach gewissen internen Nachfolgekämpfen stabile Organisationen und konnten sogar ihre Missionserfolge, vor allem im Fall von Scientology, beträchtlich ausweiten. Etwas Ähnliches lässt sich auch in Bezug auf die *Bhagwan-Osho*-Bewegung des vor einigen Jahren verstorbenen Bhagwan Shree Rajneesh feststellen. Der Begriff *Jugendreligion* war, so gesehen, von Anfang an obsolet und trug mehr einer zunächst oberflächlichen, am äußeren Erscheinungsbild sich orientierenden Betrachtung Rechnung.

Die Problematik in der Auseinandersetzung mit neureligiösen Bewegungen bzw. Organisationen war von Anfang an mit der Verlegenheit behaftet, ihre gesellschaftliche Bedeutung und ihre organisatorische Beharrungskraft nicht richtig beschreiben zu können. Sowohl kirchliche als auch aus den Reihen der Betroffenen kommende Kritiker auf der einen Seite wie auch vorbehaltlosere, religionssoziologisch geschulte Fachleute auf der anderen Seite standen vor der Frage: Wie weit wird sich diese Zeiterscheinung ausdehnen? Welche Wachstumschancen können ihr zugerechnet werden? Dabei war das Auge Westeuropas immer auch auf die Quelle der neureligiösen Bewegungen gerichtet, auf die Veränderungen und Entwicklungen in den Vereinigten Staaten. Selbstredend lässt sich der Pluralismus religiöser Denominationen aus dortigen Gefilden schlecht oder gar nicht auf hiesige Verhältnisse an-

---

[11] vgl. Keden, Joachim (Hrsg.): Sogenannte Jugendsekten und die okkulte Welle. Verheißungen und Gefahren. Neukirchen-Vluyn ⁵1989

wenden. Trotzdem reicht oft ein Blick in die örtlichen Telefonbücher größerer Städte in Deutschland, um zu erkennen, dass fast alle öffentlich diskutierten und kritisierten neureligiösen Erscheinungen ihre Zentren und Kontaktadressen weithin ausgebreitet haben.

Andererseits zeigt ein Blick in die jüngere Religionsgeschichte, dass mit einigen NRB ein nicht unerhebliches Konfliktpotenzial verbunden ist, das in Europa seit etwa 25 Jahren auch ausgiebig politisch, kirchlich und gesellschaftlich diskutiert wird. Spätestens seit dem Gruppenselbstmord der Glaubensgemeinschaft *Tempel des Volkes* 1978 in Guayana, den dramatischen Ereignissen um die sogenannten *Davidianer* in den USA oder den *Sonnentemplern* in der Schweiz und Kanada 1994/95, aber auch dem aggressiven Giftgasanschlag der japanischen Sekte *AUM Shinrikyo* 1993 wird die gesellschaftliche Gefahr, die von fanatischen Sekten ausgeht, vehement in den Medien und in der Wissenschaft diskutiert. Hinzu kommt ein großer Markt an autobiografischen Darstellungen von ehemaligen Kultmitgliedern, die aus der Perspektive ihrer Betroffenheit über Hintergründe und totalitäre Praktiken in den NRB berichten. Die von den betroffenen Organisationen sich daran anschließenden juristischen und medialen Maßnahmen zur Rechtfertigung und Abwehr von Kritik tragen nicht gerade zur öffentlichen Beruhigung bei.

Aufgrund dieser Ereignisse fangen die europäischen Staaten an, sich Gedanken zu machen über politische und juristische Möglichkeiten, den Missbrauch der Religions- und Weltanschauungsfreiheit zu reflektieren und kommen dabei zu recht unterschiedlichen Lösungsvorschlägen.

Die Bundesregierung der BRD setzte 1996 eine Enquetekommission *Sogenannte Sekten und Psychogruppen* ein, um das Phänomen der NRB besser zu beurteilen und zu dementsprechenden staatlichen Maßnahmen zu kommen. Der Endbericht der Kommission erscheint 1998 unter dem Titel *Neue religiöse und ideologische Gemeinschaften und Psychogruppen in der Bundesrepublik Deutschland*. In diesem Bericht wird auf der einen Seite der Sekten-Begriff als zureichende Beschreibung der NRB infrage gestellt, auf der anderen Seite aber ebenso die Gefahren und Konfliktpotenziale, „die besondere, extreme Ausformung der Innen- und Außenbeziehungen, d.h. die Spannung zwischen ,totaler' In-

2. Schwierigkeiten mit den Begriffen

nenwelt (*total groups*) und Außenwelt (…) mit den Begriffen ‚Isolation' und ‚Insulation' (Rückzug auf eine Insel)" in einer Reihe von NRB gekennzeichnet.[12] Deviante Verhaltensmuster, totalitäre Gruppenstrukturen, extreme Formen des *commitments* (der „Bekenntnisverpflichtungen") u.a. dokumentieren die Notwendigkeit, nach staatlichen Maßnahmen zu fragen. Am Ende des Berichts werden eine Reihe von Handlungsempfehlungen diskutiert wie z.B. die Einrichtung einer Stiftung, Forschungsförderung, Beratungs- bzw. Mediationsangebote und die Entwicklung eines Gesetzes zur Lebensbewältigungshilfe. Im Vordergrund stehen dabei die beiden Aspekte: einerseits dem Religionspluralismus Rechnung zu tragen, andererseits aber auch den betroffenen Kultmitgliedern oder geschädigten Klienten von Psychogruppen zu helfen. Die Umsetzung der Vorschläge erweist sich indessen in der jüngeren Zeit als sehr mühselig und angesichts der finanziellen Engpässe als außerordentlich schwierig.

Zwischenergebnis

A. Begriffe wie *gefährliche Sekte*, *neue Jugendreligion* geistern durch den Medienwald, sodass es zuweilen ein wenig übertrieben rauscht. „Mein Sohn, in den Fängen eines Gurus", „meine Tochter Opfer von Satan" – solche oder ähnliche Überschriften gieren nach öffentlicher Aufmerksamkeit, pinseln mit grellen Farben, fotografieren in das Elend religiöser Niederungen hinein, verwirren und machen nicht wenige kopfscheu.

Es wäre des Gedankens wert, Begriffe scheidend, den Sensationsmatsch ein wenig trockenzulegen, eventuell sogar vor „Sektenhysterie" zu warnen, bevor man eine religiöse Gemeinschaft als „Sekte" anprangert. Denn ganz gewiss lässt sich auch ein gutes Geschäft mit schaurigen Abziehbildern von der Wirklichkeit machen. Nicht nur die Religionswissenschaften, auch liberale Religiosität erkennt zunehmend: Das Wort ist schwierig und belastet.

---

[12] Deutscher Bundestag (Hrsg.): Endbericht der Enquete-Kommission *Sogenannte Sekten und Psychogruppen*. Neue religiöse und ideologische Gemeinschaften und Psychogruppen in der Bundesrepublik Deutschland. Bonn (Referat für Öffentlichkeitsarbeit)1998, S. 33 f.

B. Der Begriff *Sekte* gehört eigentlich in das Arsenal apologetischer Rhetorik der christlichen Großkirchen und hat durch sie sein Negativimage erhalten. Achtbar-hintergründige Glaubens- und Weltanschauungsgemeinschaften wie zum Beispiel die *Wiedertäufer*, die *Unitarier*, die *Freimaurer*, wurden aus kirchlich-orthodoxer Sicht der *Häresie* angeklagt und mit nicht geringem Aufwand verfolgt. Die etymologische Erklärung bringt die Schwierigkeit im Umgang mit diesem Begriff ans Tageslicht. Erkenne ich in den alternativen Religionsgemeinschaften die bloße *Abspaltung* von den Großkirchen oder anerkenne ich sie als eigenständige religiöse Gruppe?

Die innerkirchliche Diskussion um den Sektenbegriff hat immer auch einen wertenden, zum Teil abwertenden Charakter. Maßstab ist ein dogmatisch-christlich geprägter Begriff von Glaubensgemeinschaft, der bestenfalls tolerierend, d.h. duldend den Andersgläubigen gegenübertritt.

C. So wäre gleich zu Beginn festzuhalten:
– Eine Auseinandersetzung mit der neureligiösen Szene kann und darf nicht Glaubens- und Weltanschauungsvorstellungen diskriminieren, seien sie auch noch so fremd, schwierig und in vielerlei Hinsicht den eigenen widersprechend.
– Die Gefahr der Verfolgung religiöser Minderheiten ist nicht nur ein Schreckgespenst, das *Scientology* an die Wand malt, sondern ein ernstzunehmendes Problem, an dem jegliche Kritik – auch und gerade die kirchliche – sich abzuarbeiten hat.
– In der Begegnung mit den Neureligionen sollte für alle Fachleute das Prinzip gelten: *In dubio pro reo.*
– Auch in der Begegnung mit fundamentalistischen Gemeinschaften stellt sich die Frage nach einer differenzierten Betrachtung der verschiedenen Spielarten fundamentalistischer Gemeinschaften und somit auch die Frage nach einem möglichen Diskurs.

Dies muss hier so pointiert vorgetragen werden, weil die derzeitige Diskussion oft selbstkritische Infragestellung missen lässt. Ist es nicht ein Unding, dass etwa die *Anthroposophie* oder der *Buddhismus*, um nur zwei Beispiele zu nennen, bei uns auch immer wieder unter Sektenverdacht gestellt werden? Sektenbeauftragte der beiden großen christlichen Konfessionen haben die unheilvolle Geschichte einer religiös-kulturellen Verfolgung von Andersgläubigen im Rücken. Das sollte nie vergessen werden und gilt namentlich für den europäischen Raum. Zahlreiche Be- und Verurteilungen zeigen, dass die Autoren die inkriminierten Gruppen wenig oder gar nicht von innen her kennen. Wer aber nie in einer neureligiösen Organisation gewesen ist, kann sich kein Urteil erlauben; wer Rudolf Steiner nicht gelesen hat, sollte über die Anthroposophie lieber schweigen.

Anstatt den kirchlichen Umgang mit alternativen religiösen Gemeinschaften jedoch nur zu kritisieren, sollte man sich vielmehr die Frage stellen, ob es nicht auch einen innertheologischen Bezugspunkt für ein offenes, empathisches Verhältnis zur Religionsvielfalt geben könnte.

3. Die fundamentalistische „Gefahr"

„Natürlich glaube ich an die Fundamente des Islams. Das ist das, was der Prophet Mohammed uns im Koran gesagt hat. Dazu gehört auch, daß eine Frau verschleiert sein muß, wenn sie von mir anerkannt werden will."
(Jussuf, Student, in einem Interview)

„Die ganze Weltlichkeit heute hat jeden Bezug zu den Fundamenten der Bibel verloren. Jesus hat uns durch die Heilige Schrift mitgeteilt, wie wir leben können. Er ist das Fundament. Und daran sollte niemand rütteln. Schon gar nicht die ganzen modernen Bibeldeuter, die nicht verstanden haben, was da steht."
(Susanne, Schülerin, in einem Interview)

„Von diesem propagierten Öko-Fundamentalismus können wir nicht leben. Das ist reine Theorie. In der Praxis der Landwirtschaft geht es um differenzierte Sichtweisen."
(Rudolf, Landwirt, in einem Interview)

„Der moderne Fundamentalismus im Islam oder im Christentum verführt zu allgemeinen Verdammungsurteilen und zu einer Art Schwarz-Weiß-Malerei, die keine differenzierten Farben mehr kennt."
(Carsten, Student der Religionswissenschaft in einem Interview)

Seit Anfang des 21. Jahrhunderts hat sich die Aufmerksamkeit der Öffentlichkeit und der Fachleute zunehmend einem scheinbar neuen Problem mit fundamentalistischen Gemeinschaften zugewendet. Ins Visier der Kritiker geraten Religions- und Weltanschauungsgemeinschaften, die aus den Traditionen der Großreligionen heraus ein Welt- und Glaubensbild entwickeln, das sich massiv gegen zentrale Verhaltensweisen der modernen Gesellschaften wendet. Die Hinwendung dieser Gemeinschaften zu den Offenbarungsquellen der eigenen religiösen Tradition gilt ihnen als einziges und absolutes Mittel zur Wahrheitsfindung. Die mit dem christlichen Fundamentalismus verbundenen Gedanken und Prinzipien sollen im Folgenden erörtert werden:

Als historiographische Kategorie kaum brauchbar bildet der Begriff *Fundamentalismus* eine ganze Palette von Verwertungs- und Bedeutungszusammenhängen ab, die gerade auch deshalb zu wohlfeilen Verdammungs- oder Bekenntnisurteilen herausfordert. Religionswissenschaftler und Theologen sprechen darum auch von einer Art „Containerbegriff", der wissenschaftliche Betrachtungen zur Differenzierung veranlassen sollte (Ulrich Dehn).

Die explizit positive Konnotation des Begriffs lässt sich vielleicht am besten durch die Betrachtung der amerikanischen Religionsgeschichte wiedergeben (Martin Riesebrodt, Ulrich Dehn).

„Der Begriff selbst stammt aus dem Umfeld christlicher Gruppen in den USA. In den Jahren 1910 bis 1915 erschien, finanziert von den beiden texanischen Ölmilliardären Lyman und Milton Stewart, eine Heftreihe mit dem Titel ‚The Fundamentals – A Testimony to the Truth'. Mit diesen Veröffentlichungen protestieren konservative Theologen gegen liberale Tendenzen der damaligen Theologie in den USA, nachdem sich bereits gegen Ende des 19. Jahrhunderts Widerstand gegen die modernen Wissenschaften und gegen die Darwinsche Evolutionstheorie geregt hatte."[13]

---

[13] Dehn, Ulrich: Im Blickpunkt: Islam im Kontext der Fundamentalismusdebatte. In: *Materialdienst* der EZW, Nr. 5/2006, S. 165–177

3. Die fundamentalistische „Gefahr"

Weil hier ein expliziter Bezug auf die Fundamente des Glaubens erkennbar ist und weil die daraus gewonnene Überzeugung beispielgebend für viele Bewegungen und Gemeinschaften im 20. Jahrhundert geworden ist, steht der protestantische Fundamentalismus aus den USA im Mittelpunkt dieses Kapitels.

Folgende fünf Glaubensaussagen prägen das Gedankengut der christlich-fundamentalistischen Gemeinschaften in den USA:

1. Die Bibel, als „Wort Gottes" verstanden, enthält keine Irrtümer. Sie muss wörtlich verstanden werden (Verbalinspiration).
2. Jesus wurde von einer Jungfrau geboren.
3. Jesu Tod ist als stellvertretendes Sühnopfer zu verstehen.
4. Jesus ist leiblich und tatsächlich auferstanden.
5. Die leibliche Wiederkunft Christi darf nicht geleugnet werden.

Fast will es scheinen, als habe die dogmatische Tradition der Christologie in den Großkirchen bei diesen Glaubensaussagen eher Pate gestanden als die so deutlich vorgetragene Bindung an die biblischen Schriften.

Andererseits lässt sich die geistesgeschichtliche Kontroverse, die in diesen Aussagen zum Ausdruck kommt, noch besser verstehen, wenn man sich anschaut, gegen wen oder was sie sich richten. Attackiert werden ganz bestimmte „moderne" Tendenzen, die angeblich den reinen unverfälschten Glauben untergraben:

1. die Bibelkritik der modernen Theologie, vor allem die historisch-kritische Methode in der Forschung,
2. die Evolutionstheorie in den Naturwissenschaften, welche die Schöpfungsgeschichte der Bibel infrage stellt,
3. die sozialreformerischen Tendenzen in den Gesellschaftswissenschaften und in den politischen Bewegungen,
4. der Darwinismus,
5. die Erkenntnisse und Theorien der Psychoanalyse.

Vor dem gesellschaftlichen Hintergrund, dass in den Zwanziger- und Dreißigerjahren des 20. Jahrhunderts in den USA einerseits eine starke Einwanderung und andererseits ein wirtschaftlicher Aufschwung großen Ausmaßes stattfand, entwickelte sich der US-Fundamentalismus sowohl in politischer wie in apolitischer Form. Er grenzte sich nicht selten vom Big Business ab und fand vor allem in den Unterschichten eine große Anhängerschaft.[14] Vor allem die Kontroverse mit der modernen Naturwissenschaft prägte das Bild des Fundamentalismus in der Öffentlichkeit. Fragen wie: Verleugnet das Menschenbild der Evolutionstheoretiker den nach dem Bilde Gottes geschaffenen Menschen? Ist die historische Kritik ein Feind der biblischen Botschaft? Verführen Freizügigkeit und Offenheit in einer modernen Gesellschaft den Menschen zu einer sündhaften Existenz? – haben in den USA zu einer heftigen öffentlichen Auseinandersetzung geführt. Der Kreuzzug der fundamentalistischen Bewegung führte im sogenannten „Affenprozess" 1925 in Dayton zu einer Art Höhepunkt. In diesem Prozess wurde der Biologielehrer John T. Scopes, „der die Abstammung des Menschen aus dem Tierreich vertreten hatte, gerichtlich gemaßregelt".[15] Die gegenwärtigen Debatten über das Thema „Kreationismus versus Evolutionismus" setzen diese Auseinandersetzung fort. Ist die Welt in sieben Tagen entstanden, oder ist sie das Ergebnis eines hoch komplexen über viele Millionen Jahre dauernden Entwicklungsprozesses? In dieser Debatte kreuzen sich weltanschauliche Argumente mit naturwissenschaftlich begründeten Beweis- oder Widerlegungsszenarien. Der protestantische Fundamentalismus belebt die öffentliche Diskussion über diese Fragen durch einen neuen „Kampfbegriff": *Intelligent Design* (ID). „Er umfasst die These der sogenannten Neokreationisten, dass eine solch komplexe biologische Lebensform wie der Mensch am besten durch eine intelligente Ursache erklärt werden könne und nicht durch einen ungeleiteten Vorgang wie die natürliche Selektion und Mutation. Sie müsse durch eine Art allmächtigen Designer konzipiert worden sein."[16] Hierbei handelt es sich indessen um eine gemäßigte Variante des Kreationismus.

---

[14] Vgl. Riesebrodt, Martin: Die Rückkehr der Religionen. Fundamentalismus und der „Kampf der Kulturen". München 2000.

[15] Joest, Wilfried: Fundamentalismus. In: *Theologische Realenzyklopädie*, Bd. 11, Berlin/New York 1983, S. 733–734

[16] Thießen, Jörn: Bestandsaufnahme zu religiösen Sondergemeinschaften und sogenannten Sekten, 2008, S. 22

3. Die fundamentalistische „Gefahr" 29

Diese ursprüngliche Entstehung des Fundamentalismus im amerikanischen Christentum des beginnenden 20. Jahrhunderts hat sicherlich Wurzeln in den gemeindlichen Entwicklungen des 19. Jahrhunderts, vor allem aber auch in der reformatorischen Tradition „in ihrer altprotestantisch-orthodoxen Gestalt".[17] Die fundamentalistischen Bewegungen haben schon im Laufe des 19. Jahrhunderts immer wieder öffentliche Erklärungen hervorgebracht wie z. B. die *Niagara Creed* 1879[18]. Der selektive Umgang mit dem aus der Reformation übernommenen *sola scriptura*-Prinzip führte zu einer Verdoppelung der aus der kirchlich-dogmatischen Tradition übernommenen theologischen Struktur, die folgende Elemente enthielt: die Dreieinigkeit Gottes, die Gottheit Jesu Christi, seine jungfräuliche Geburt, die Versöhnung durch sein Blut, seine leibliche Auferstehung, seine Wiederkunft in körperlicher Form, um Gericht zu halten und die Aufrichtung des Reiches Gottes zu vollenden. Das Menschenbild ist durch die Erbsünde geprägt und damit die Verfallenheit der Welt ausgemachte Sache. Damit knüpft der Fundamentalismus an die dogmatischen Grundaussagen der kirchlichen Lehre an, so wie sie etwa in den großen Glaubensbekenntnissen des *Apostolicums* oder des *Nicänums* vertreten werden. Ein Umstand muss in diesem Zusammenhang aber besonders hervorgehoben werden: Der Fundamentalismus verbindet die Übernahme der überkommenen Glaubenswahrheiten mit der Behauptung der Tatsächlichkeit. Wenn man so will, ist der Fundamentalist ein Tatsachenpositivist, d.h. er übernimmt den Tatsachenbegriff aus dem Begriffsarsenal einer modernen aufgeklärten Wissenschaft und überträgt ihn in eine theologische Aussage, ohne die damit verbundenen aufklärerischen Begründungszusammenhänge zuzulassen. Am Beispiel des oben erwähnten Kreationismusstreits wird dieser Widerspruch besonders evident. Die ebenfalls aus der Kirchengeschichte stammenden unterschiedlichen Deutungsweisen der biblischen Texte, hermeneutische Selbstverständlichkeit schon der frühen Kirche, werden von zahlreichen fundamentalistischen Autoren verdammt. Zwar spricht der christliche Fundamentalismus nicht von einem „Verbaldiktat", sondern nur von einer „Verbalinspira-

---

[17] Joest, Wilfried: Fundamentalismus, S. 733–734
[18] Joest, Wilfried: Fundamentalismus, S. 733–734

tion" des biblischen Wortes, bleibt aber jeglicher historischen Kritik an den biblischen Schriften gegenüber intransigent, soweit sie in der sogenannten „höheren Kritik" über die bloße Textkritik hinausgeht, d.h. die in der Bibel genannte Autorenschaft darf nicht infrage gestellt werden, sehr wohl aber die Dignität späterer Abschriften.

So wie der Fundamentalismus mit den Quellen durchaus selektiv verfährt, so ist sein Verhältnis zur „Geschichte *projektiv*"[19]:

> „Normen und Ideale werden in die Vergangenheit hineinprojiziert. Der historische Hindustaat oder der islamische Gottesstaat, auf die man sich dabei beispielsweise beruft, haben so niemals existiert, beide sind moderne Konstruktionen."

Wie selektiv die Wahrnehmung ist, wird in einem eher als satirisch geltenden Leserbrief deutlich gemacht, dessen Autor versucht, den Fundamentalismus anhand seiner selbst zu desavouieren. Dieser bibelfeste Amerikaner fragt Frau Laura Schlessinger, eine US-Radio-Moderatorin, die Menschen, die in ihrer Show anrufen, Ratschläge erteilt, einiges in Bezug auf die Gottesgesetze. Dazu muss man wissen, dass eben diese Moderatorin als achtbare Christin Homosexualität unter keinen Umständen befürwortet. Diese sei laut Leviticus (18,22) ein „Gräuel". Der Leserbrief wurde als offener Brief im Internet verbreitet:[20]

> „Liebe Dr. Laura!
>
> Vielen Dank, daß Sie sich so aufopfernd bemühen, den Menschen die Gesetze Gottes näherzubringen. Ich habe einiges durch Ihre Sendung gelernt, und versuche, das Wissen mit so vielen anderen wie nur möglich zu teilen. Wenn etwa jemand versucht, seinen homosexuellen Lebenswandel zu verteidigen, erinnere ich ihn einfach an das Buch Mose 3, Leviticus 18,22, wo klargestellt wird, daß es sich dabei um ein Greuel handelt. Ende der Debatte.

---

[19] Göhler, Lars: Fundamentalismus. Microsoft® Encarta® Online-Enzyklopädie 2008 http://de.encarta.msn.com © 1997–2008 Microsoft Corporation.
[20] Remmel, Dave: Bibelkritik: Offener Brief eines US-Bürgers an Dr. Laura Schlessinger. In: http://www.2jesus.de/bibel-faq-offener-brief-an-dr-laura.html

3. Die fundamentalistische „Gefahr" 31

Ich benötige allerdings ein paar Ratschläge von Ihnen im Hinblick auf einige der speziellen Gesetze und wie sie zu befolgen sind:

a) Wenn ich am Altar einen Stier als Brandopfer darbiete, weiß ich, daß dies für den Herrn einen lieblichen Geruch erzeugt (Lev 1,9). Das Problem sind meine Nachbarn. Sie behaupten, der Geruch sei nicht lieblich für sie. Soll ich sie niederstrecken?

b) Ich würde gerne meine Tochter in die Sklaverei verkaufen, wie es in Exodus 21,7 erlaubt wird. Was wäre Ihrer Meinung nach heutzutage ein angemessener Preis für sie?

c) Ich weiß, daß ich mit keiner Frau in Kontakt treten darf, wenn sie sich im Zustand ihrer menstruellen Unreinheit befindet (Lev 15,19–24). Das Problem ist, wie kann ich das wissen? Ich habe versucht zu fragen, aber die meisten Frauen reagieren darauf pikiert.

d) Lev 25,44 stellt fest, daß ich Sklaven besitzen darf, sowohl männliche als auch weibliche, wenn ich sie von benachbarten Nationen erwerbe. Einer meiner Freunde meint, das würde auf Mexikaner zutreffen, aber nicht auf Kanadier. Können Sie das klären? Warum darf ich keine Kanadier besitzen?

e) Ich habe einen Nachbarn, der stets am Samstag arbeitet. Exodus 35,2 stellt deutlich fest, daß er getötet werden muß. Allerdings bin ich moralisch verpflichtet, ihn eigenhändig zu töten?

f) Ein Freund von mir meint, obwohl das Essen von Schalentieren wie Muscheln oder Hummer ein Greuel darstellt (Lev 11,10), sei es ein geringeres Greuel als Homosexualität. Ich stimme dem nicht zu. Könnten Sie das klarstellen?

g) In Lev 21,20 wird dargelegt, daß ich mich dem Altar Gottes nicht nähern darf, wenn meine Augen von einer Krankheit befallen sind. Ich muß zugeben, daß ich Brillen trage. Muß meine Sehkraft perfekt sein oder gibt's hier ein wenig Spielraum?

h) Die meisten meiner männlichen Freunde lassen sich ihre Haupt- und Barthaare schneiden, inklusive der Haare ihrer Schläfen, obwohl das eindeutig durch Lev 19,27 verboten wird. Wie sollen sie sterben?

i) Ich weiß aus Lev 11,16–18, daß das Berühren der Haut eines Schweines mich unrein macht. Darf ich aber dennoch Fußball spielen, wenn ich dabei Handschuhe trage?

j) Mein Onkel hat einen Bauernhof. Er verstößt gegen Lev 19,19, weil er zwei verschiedene Saaten auf ein und demselben Feld anpflanzt. Darüber hinaus trägt seine Frau Kleider, die aus zwei verschiedenen Stoffen gemacht sind (Baumwolle / Polyester). Er flucht und lästert außerdem recht oft. Ist es wirklich notwendig, daß wir den ganzen Aufwand betreiben, das komplette Dorf zusammenzuholen, um sie zu steinigen (Lev 24,10–16)? Genügt es nicht, wenn wir sie in einer kleinen, familiären Zeremonie verbrennen, wie man es ja auch mit Leuten macht, die mit ihren Schwiegermüttern schlafen? (Lev 18,14)

Ich weiß, daß Sie sich mit diesen Dingen ausführlich beschäftigt haben, daher bin ich auch zuversichtlich, daß Sie uns behilflich sein können. Und vielen Dank nochmals dafür, daß Sie uns daran erinnern, daß Gottes Wort ewig und unabänderlich ist."

Der Brief zeigt drei kritische Aspekte auf:

1. Er nimmt die wortwörtliche Interpretation der Bibel scheinbar ernst und treibt sie auf diese Weise in eine auch für den Fundamentalisten kaum akzeptable Absurdität.
2. Er nimmt das fundamentalistische Selbstverständnis scheinbar ernst und überhöht dessen moralisch-ethische Rigidität ins Unerträgliche.
3. Er gibt den Kritikern des Fundamentalismus explizit unrecht, um sie durch sich logisch ergebende Überspitzungen in den Augen der Rechtgläubigen ins Recht zu setzen: „Na ja, so haben wir es nun auch wieder nicht gemeint!"

Alles in allem ist es der Versuch, den Fundamentalismus von innen zu kritisieren und ihn nicht durch äußere Kriterien wie mangelnde Toleranz, einseitiges Bibelverständnis oder fehlerhaftes Weltbild ins Unrecht zu setzen.

Ein weiteres Merkmal des christlichen Fundamentalismus ist die Abgrenzung zur Außenwelt. Das elitäre Heilsbewusstsein schafft eine auf

3. Die fundamentalistische „Gefahr"

„äußere Autorität gebaute Gehäusefrömmigkeit" (Gustav Mensching 1901–1978). Der „wiedergeborene Christ" ist ein der übrigen Welt gegenüber überlegener Mensch. Aus diesem Grunde besteht seine Aufgabe darin, alle anderen von der Wahrheit der eigenen Botschaft zu überzeugen. Alle Welt muss missioniert werden.

Damit eng verbunden ist auch sein Verhältnis zur Endzeit (*Eschatologie*), die nicht nur in der christlichen Tradition eine besondere Bedeutung hat. Die Naherwartung der Wiederkunft Jesu Christi (*Parusie*) steht im Gegensatz zu einer Eschatologie, die das Aufkommen des Heils „auf den St. Nimmerleinstag verschiebt, so wie es die Kirchen immer wieder tun".[21] Die Vorstellungen von der Endzeit sind in der fundamentalistischen Interpretation sehr unterschiedlich. Grundlegend ist der Gedanke verschiedener Zeitperioden (*dispensations – Dispensationalismus*), die den biblischen Texten entnommen werden. Teilweise geht man davon aus, dass die Wiederkunft Jesu sich vor dem Tausendjährigen Reich ereignet (*Prämilleniariamus*). Das Wort *Chiliasmus* kommt von dem griechischen Wort *chilioi* (tausend) ebenso wie der parallele aus der lateinischen Sprache stammende Begriff des *Millenniums* (Jahrtausend). Die darin verborgene Theorie von den drei oder mehr Reichen geht bis in das frühe Mittelalter zurück (Augustinus 354–430 und später Joachim von Fiore ca. 1130–1202).

„Während evangelikal-fundamentalistische und pentekostale Ausprägungen des Dispensionalismus weitgehend im Bereich eines dezidiert christlichen Selbstverständnisses verbleiben, spielen dispensationalistische Konzepte auch eine signifikante Rolle im Zusammenhang der Entstehung von Neureligionen und Neuoffenbarungsgruppen."[22]

Die gesellschaftlichen Themen, denen sich die fundamentalistischen Bewegungen sowohl in den USA als auch in Europa zuwandten, änderten sich im Laufe der Zeit.

---

[21] Interview-Text aus einer Radiosendung „Wo das Heil am hellsten leuchtet", Radio Bremen, 21.3.1983

[22] Hempelmann, Reinhard / Dehn, Ulrich / Fincke, Andreas / Nüchtern, Michael / Pöhlmann, Matthias / Ruppert, Hans-Jürgen / Utsch, Michael (Hrsg.): Panorama der neuen Religiosität. Sinnsuche und Heilsversprechen zu Beginn des 21. Jahrhunderts. Hrsg. im Auftrag der EZW. Gütersloh 2005, S. 442 f. (siehe zum Beispiel die Theologie der *Vereinigungskirche*)

In den Siebzigerjahren kamen vor allem die Protestbewegungen gegen das Recht auf Abtreibung, die Gleichberechtigung der Frau und die Sexualaufklärung an den Schulen in Gang. Es blieben aber weiterhin die Grundthemen: gegen kritische Bibelforschung, gegen die Evolutionstheorie, gegen Abtreibung, Prostitution, Pornographie, voreheliche Sexualität und Feminismus.

Hintergrund des sich weltweit ausbreitenden christlichen Fundamentalismus sind der aus der Erweckungsbewegung heraus entstandene *Evangelikalismus* und das moderne *pfingstlerisch-charismatische Christentum*.

Evangelikalismus

Grundlegende Idee des Evangelikalismus ist der in der Kirchen- und Religionsgeschichte immer wieder auftauchende Gedanke, dass es einen Widerspruch gibt zwischen der Botschaft des Evangeliums und der Wirklichkeit der Kirche. Schon Petrus Waldes (nach ihm benannt die *Waldenser*) predigte im 12. Jahrhundert das Armutsideal, das er selbst zu verwirklichen suchte – im Gegensatz zum Reichtum der Großkirche. In der Reformation versuchten die großen protestantischen Theologen durch ihre Betonung des Lebens nach dem Evangelium ein neues Verständnis des christlichen Lebens gegen die etablierte dogmatisch erstarrte Wirklichkeit der Kirche zu verbreiten. Die kirchlichen Nonkonformisten und die Baptisten des 17. Jahrhunderts setzten diese Ideen mit der dazugehörigen Lebenspraxis weiter fort.

Der Hauptgedanke dieser Art von kirchlicher Erneuerung hat einen theologischen Kern, der bis heute konstitutiv geblieben ist:

a) Der Mensch braucht eine ganz persönliche und lebendige Beziehung zu Jesus Christus.
b) Er wird durch eine geistliche Wiedergeburt zu einem neuen, vollkommen veränderten Dasein berufen.
c) Die Bibel ist der Maßstab des Lebens und nicht die kirchlichen Vorschriften. Die Bibel mit ihren geschichtlichen, moralischen und glaubensmäßigen Aussagen ist unfehlbar.

3. Die fundamentalistische „Gefahr"

Dennoch muss einschränkend festgehalten werden, dass „eine Gleichsetzung von Evangelikalismus und Fundamentalismus (...) historisch nicht gerechtfertigt"[23] erscheint. Das, was unter Evangelikalismus firmiert, hat nach allgemein anerkanntem Verständnis seine Verwurzelung im *Pietismus* und im *Methodismus*. Die Erweckungsbewegung stand ebenfalls Pate. 1846 wurde in London die sogenannte *Evangelische Allianz* begründet. Dieser Name spielt auch im gegenwärtigen Evangelikalismus noch eine große Rolle.

Der neuzeitliche Evangelikalismus verbindet innerhalb und außerhalb der Großkirchen orthodoxe Strömungen mit gegenwärtigen Erweckungsbewegungen. Insofern ist der Fundamentalismus des frühen 20. Jahrhunderts durchaus nicht dasselbe, aber geistlich und moralisch eng mit der Tradition des Evangelikalismus verknüpft. Etwas anders indessen nehmen sich Gemeinschaften aus, die ein charismatisch-pfingstlerisches Christentum vertreten:

Pfingstkirche – charismatische Bewegung

> „Pfingstkirchen und Charismatische Bewegung haben die größte Wachstumsrate unter den christlichen Kirchen des 20. Jahrhunderts zu verzeichnen."[24]

Hintergrund ist die amerikanische *Heiligungsbewegung* im ausgehenden 19. Jahrhundert

Zwei theologische Merkmale sind hervorstehend:
a) die Betonung der Bekehrung und die darauf folgende Geisttaufe und
b) die Fähigkeit der sogenannten *Zungenrede*, auch *Glossolalie* genannt.

Religionsgeschichtlich stehen sicher auch die *pietistischen Bewegungen* im 18. Jahrhundert sowie der *Puritanismus* aus dem 17. Jahrhundert Pate.

---

[23] Hempelmann, Reinhard: Zeitgeschehen: Evangelikalismus ist nicht Fundamentalismus. In: *Materialdienst* der EZW, Nr. 7/2008, S. 243–245

[24] O'Malley, J. Steven: Pfingstkirchen/Charismatische Bewegung. In: *Theologische Realenzyklopädie*, Bd. 26, Berlin/New York 1996, S. 398

Folgende Merkmale sind dabei konstitutiv:
a) Glaube als persönliches Erleben jenseits kirchlicher Definitionen,
b) Jesus als personaler Bezugspunkt,
c) die Naherwartung des kommenden Heils (die Parusie steht unmittelbar bevor),
d) der moralisch-sittliche Perfektionismus als ein besonderer Zug der Heiligungserfahrung,
e) offensive Missionsbemühungen vor allem gegenüber Andersgläubigen oder Andersdenkenden.

Die pfingstlerische Bewegung ergriff vor allem die unteren Schichten Amerikas und zeitigte große Erfolge in den Kirchen der *Baptisten* und *Methodisten*. John Wesleys (Gründer des Methodismus) Vorstellung von der „völligen Heiligung" spielt beim Begreifen von Bekehrung, Wiedergeburt und Geisttaufe eine wesentliche Rolle.

Sowohl die Geisttaufe als auch die Glossolalie haben biblische Bezüge. So ist die *Geisttaufe* als Initiation erst im Erwachsenenalter durchaus biblisch wesentlich besser belegt als die in den Großkirchen praktizierte Kindstaufe. Auch die sogenannte *Zungenrede* kennen wir aus den urchristlichen Gemeinden. Dieser *Glossolalie* (*glossae* = „Zunge", *lalein* = „reden") genannte Brauch wird im Neuen Testament durchaus positiv bewertet, wenngleich gewisse Übertreibungen vor allem bei Paulus auch auf kritische Betrachtungen treffen. Der Gedanke, dass Gott auch heute noch direkt durch seinen Sohn Jesus Christus spricht, dass solche Sprache direkt und unmittelbar erfahrbar ist, übt eine große Faszination aus. Das Problem der unkontrollierten und unkontrollierbaren Geisterfahrungen kennzeichnet eine Konfliktsituation, die nicht selten Anlass zum Streit innerhalb der Pfingstbewegung ist.

Der Begriff *Charismatische Bewegung* geht ebenfalls auf eine neutestamentliche Erfahrung zurück. Das in der Urkirche bekannte Amt des Charismatikers bezeichnet eine durch die Geisttaufe erlangte Gnadengabe (*charisma*), in Zungen zu reden, zu prophezeien, zu heilen sowie die Fähigkeit, Sprachen auszulegen oder Geister zu sehen (1 Kor 12,8–10). Die moderne charismatische Bewegung (in Kalifornien 1960 entstanden) zeichnet sich durch moderne Netzwerke aus, die in die Groß-

3. Die fundamentalistische „Gefahr"

kirchen durch Missionserfolge hineinwirken sowie eigenständige Bewegungen durch charismatische Führer gründen.

Die Pfingstbewegung ist von Beginn an durch eine gewisse Dynamik gekennzeichnet, die so im Evangelikalismus kaum anzutreffen ist.

> „Dazu gehörten die Anziehungskraft auf die Arbeiterklasse und schließlich auch auf manche der wirklich Armen, außerdem ihr rassenverbindender Zug, ihre Offenheit für Frauen im Pfarramt und ihre Ablehnung von festen Formen des Bekenntnisses, der kirchlichen Ordnung und der Liturgie."[25]

Bis 1908 hatte die pfingstlerische Bewegung sich weltweit ausgebreitet, vor allem auch in Großbritannien und auf dem gesamten europäischen Kontinent, in Asien und Afrika. Die Theologie der Geisttaufe sowie die chiliastische Endzeiterwartung (Joel 2,23–25) charakterisieren ihre starke Wirkung.

Innerhalb der weltweit wirkenden Pfingstbewegungen gibt es sehr verschiedene Ausprägungen, aber auch eine lebendige Ökumene. Mittlerweile sind die Missionserfolge in den lateinamerikanischen Ländern, namentlich in Brasilien fulminant. Sie stehen der Bewegung der sogenannten *Politischen Theologie* und den damit verbundenen sozialpolitischen Engagements nicht selten entgegen.

Gegenwärtig setzt sich der Erfolg der Pfingstkirchen und der Charismatischen Bewegungen fort.

Alles in allem sind die vielfältigen Strömungen des Evangelikalismus ebenso wie die pfingstliche und charismatische Bewegung durch das christlich-fundamentalistische Weltbild bestimmt. Die Tendenz in christlich-fundamentalistischen Gemeinschaften in den letzten Jahren, Judenmission zu betreiben, um auf diese Weise die Juden vor ihrem „Verderben" zu bewahren, hat in der Öffentlichkeit zu heftigen Reaktionen geführt. In der Auseinandersetzung mit Andersgläubigen zeigt sich auch der moderne Fundamentalismus nicht gerade von seiner sensiblen Seite, um es vorsichtig auszudrücken.

---

[25] O'Malley, J. Steven: Pfingstkirchen/Charismatische Bewegung. In: *Theologische Realenzyklopädie*, Bd. 26, Berlin/New York 1996, S. 400

Zusammenfassende Thesen zur Geschichte und Gegenwart des christlichen Fundamentalismus

1. Der christliche Fundamentalismus geht von der Irrtumslosigkeit der Bibel als Heiliger Schrift aus. Im katholischen Bereich gilt sie als vom Heiligen Geist inspiriert, auf evangelischer Seite wird an das reformatorische *sola scriptura*-Prinzip angeknüpft. Materialistisches Schriftprinzip (James Barr) bedeutet, dass alle in der Bibel geschilderten Geschehnisse historische Tatsachen sind. Außerdem kann die Heilige Schrift sich nicht widersprechen.
2. Religionsgeschichtlich hat der Fundamentalismus seine Wurzeln im Pietismus des 17., 18. und 19. Jahrhunderts. Man nennt diesen Pietismus auch einen Zwilling der Aufklärung (Gerhard Sauter). Er befindet sich in der Kontroverse zur altprotestantischen Orthodoxie, also zum damaligen Dogmatismus der Kirche.
3. Im Gegensatz zum modernen Fundamentalismus hat sich der Pietismus durchaus positiv zur entstehenden Bibelwissenschaft gestellt.[26] Die wissenschaftliche Textkritik wird indessen auch von Teilen des modernen Fundamentalismus anerkannt.
3. Die im 18. und 19. Jhd. entstandene Aufklärung sowie die französische Revolution standen im krassen Widerspruch zur aufkommenden fundamentalistischen Frömmigkeit. Der aufkommende fundamentalistische Geist zeigte ein neues Lebensgefühl: Abneigung gegen ein philosophisches oder theologisches Theoretisieren, Suche nach einem neuen Glaubensleben, Wiedergeburt eines neuen praktischen Daseins, Weckung eines intensiven Gemeinschaftsgefühls und Gewinnung einer ganz persönlichen Heilsgewissheit. Dieses Lebensgefühl bestimmt auch heute noch den modernen Fundamentalismus.
4. Bultmanns Frontalangriff durch die historisch-kritische Exegese, seine Kerygmatheologie und Entmythologisierungsdebatte wurden

---

[26] Bengel, Johann Albrecht: *Gnomon Novi Testamenti in quo es nativa verborum vi simplicitas, profunditas, concinnitas, salubritas sensuum coelestium indicatur opera Io. Alberti Bengelii*. Tübingen (Heinrich Philipp Schramm) 1742
[= Erste Ausgabe des bedeutenden, bis ins 20. Jahrhundert immer wieder aufgelegten Werkes. Mit diesem Kommentar des Neuen Testamentes legte der evangelische Theologe J. A. Bengel (1687–1752) aus dem Geist des Pietismus den Grund zu einer geschichtlich-apokalyptisch gerichteten Bibeltheologie des „Reiches Gottes".]

3. Die fundamentalistische „Gefahr"

von fundamentalistisch denkenden Kreisen als Angriff auf den Glauben aufgefasst.

5. Entstehung der Erweckungsbewegungen: „Kein anderes Evangelium". Neuere kleinere Gemeinschaften erhielten vor allem Impulse durch das gegenwärtige Charismatikertum.
6. Erweckungsbewegung: Sie geht auf Hesekiel 37 (erwachende Totengebeine) zurück. Hier findet sich das biblische Bild für den durch den Glauben an Gott vom Tod Erweckten. Das englische Wort *revival* ist seit der 1. Hälfte des 19. Jhd.s in Gebrauch: Der Glaubensinhalt wird das Gebet um Erweckung (Hermannsburger Mission 19. Jhd).
7. Evangelikale Bewegung: *Evangelical* heißt eigentlich nur evangelisch, seit den Sechzigerjahren eingedeutscht als Bezeichnung von unterschiedlichen Strömungen innerhalb und außerhalb der Großkirchen.
8. Pfingstkirchen/Charismatische Bewegungen: Die Pfingstkirche nimmt die Ausgießung des Heiligen Geistes als Qualitätsmerkmal neuer geistlicher Wiedergeburt sehr ernst. Die Gnadengaben des Heiligen Geistes (Zungenrede, Prophetie, Glaubensheilung) zählen zu den wesentlichen Praktiken in diesen Gemeinschaften.

Fundamentalismus in anderen Religionen
Der Begriff Fundamentalismus wird auch auf die anderen Weltreligionen angewendet.

> „Vom islamischen Fundamentalismus oder auch Islamismus spricht man seit der islamischen Revolution des Ayatollah Khomeini im Iran 1979. Die Ursachen des Islamismus finden sich jedoch weit früher, vor allem im Zusammenhang mit dem Zerfall des Osmanischen Reiches, als 1924 das Kalifat durch eine säkulare Staatsform ersetzt wurde, und im Sechstagekrieg 1967. Die Niederlage mehr oder weniger säkularer Staaten der arabischen Welt in diesem Krieg gegen Israel ließ die Rufe nach einem islamischen Gottesstaat lauter werden. Als geistige Väter des islamischen Fundamentalismus gelten der Ägypter Sayyid Qutb (1906–1966) und al Maududi (1903–1979), der Gründer der Vereinigung Dschamaat-i Islami in Pakistan."[27]

---
[27] Göhler, Lars: Fundamentalismus. Microsoft® Encarta® Online-Enzyklopädie 2008 http://de.encarta.msn.com © 1997–2008 Microsoft Corporation.

Der Ruf nach einem *Gottesstaat* taucht in ähnlicher Weise auch in einigen christlich-charismatischen Bewegungen auf. Andererseits ist dabei durchaus die Frage, ob dabei dasselbe gemeint ist. Der Ruf nach einem Leben nach dem Koran, nach einer islamischen Gemeinschaft, in der das Recht der *Sharia* gilt, ist auch als Reaktion auf den „westlichen Kolonialismus" im Orient zu verstehen.

Werfen wir noch einen Blick auf den sogenannten *Hindufundamentalismus*:

> „Hinduistischer Fundamentalismus, häufig auch als Hindu-Nationalismus bezeichnet, ist eine Strömung innerhalb des Hinduismus, die sich auf die alten religiösen Schriften des *Veda* oder der großen indischen Epen (*Mahabharata, Ramayana*) stützt, eine gemeinsame kulturelle Identität Indiens als Hindu-Nation anstrebt und den Islam als seinen religiösen Hauptgegner betrachtet. Er trat in das Blickfeld der Weltöffentlichkeit, als ein fanatisierter Hindumob im Dezember 1992 die Babri-Moschee von Ayodhya zerstörte, um an gleicher Stelle einen Tempel des Hindu-Gottes Rama zu errichten. In Indien wird hinduistischer Fundamentalismus von allem mit der BJP (*Bharatiya Janata Party*) [„Indische Volkspartei" = rechtskonservative Partei] assoziiert. Weitere hindu-nationalistische Organisationen sind die RSS (*Rashtriya Svayamsevak Sangh*) [„Nationale Freiwilligenorganisation" = hierarchisch strukturierte Kaderorganisation] und die VHP (*Vishva Hindu Parishad*) [„Welt-Hindu-Rat"]. In den neunziger Jahren verzeichnete der Hindu-Nationalismus einen großen Aufschwung, der sicherlich zum Teil auf Fehler der bis 1996 regierenden Kongresspartei, aber auch auf die seither verfolgte Politik der radikalen Modernisierung des Landes zurückzuführen ist. Die BJP wuchs in den neunziger Jahren zur stärksten politischen Kraft Indiens heran und erlangte 1998 die Regierungsgewalt."[28]

Als Merkmale des weltweiten religiösen Fundamentalismus werden immer folgende Aspekte genannt:

1. Rückkehr zur idealen Urzeit,
2. wortwörtliches Verstehen der heiligen Schriften,

---

[28] Göhler, Lars: Fundamentalismus. Microsoft® Encarta® Online-Enzyklopädie 2008 http://de.encarta.msn.com © 1997–2008 Microsoft Corporation.

3. politisches Umsetzen der heiligen Gesetze,
4. dualistisches Weltbild,
5. Abwehrhaltung gegenüber dem Pluralismus der Moderne,
6. Bekämpfung der Andersgläubigen.

Wie problematisch solche begrifflichen Übertragungen indessen sind, merken die Autoren meistens selbst. Denn erstens gibt es in diesen Religionen keine einheitlichen Großinstitutionen. Dementsprechend vielfältig sind auch die Derivate, die sich aus den verschiedenen dogmatischen Traditionen bilden. Zweitens zählt der Begriff *Fundamentalismus* nicht zum Selbstverständnis innerhalb der östlichen Religionen – anders als in den christlichen Bewegungen. Wenn man zum Beispiel den islamischen Fundamentalismus in der Weise beschreibt, dass es sich um eine Berufung

> „auf einen reinen und gottgewollten Urzustand zur Stifterzeit (...) auf die frühe medinensische Umma um Muhammad anhand des Vertrages von Medina [allgemein auf] eine Rückkehr zum Reinen und Unverdorbenen"[29]

handele, dann bewegt man sich im „Reich der Projektionen". Und drittens folgt daraus die Gefahr, dass der Begriff Fundamentalismus durch seine unterschiedlichsten Konnotationen selbst unbrauchbar wird.

Dieser Gedanke führt zu einer abschließenden Betrachtung.

Würdigung der neuzeitlichen Fundamentalismus-Debatte
Wer sich näher mit sogenannten *fundamentalistischen Bewegungen und Gemeinschaften* beschäftigt, wer in sie hineingeht, mit den Mitgliedern spricht, wer ihre Gottesdienste besucht oder Erfahrungen mit ihrer jeweiligen Spiritualität macht, bekommt doch ein sehr differenziertes Bild, das eine Vereinheitlichung nur schwer ermöglicht. 7 Aspekte sollen am Ende dieses Kapitels kurz festgehalten werden.

1. Der christliche Fundamentalismus bietet in den Bewegungen und Gemeinschaften, die sich ihm verbunden fühlen, ein sehr unterschiedli-

---

[29] Dehn, Ulrich: Im Blickpunkt: Islam im Kontext der Fundamentalismusdebatte. In: *Materialdienst* der EZW, Nr. 5/2006, S. 165–177

ches Bild dar. In der einen Gemeinschaft ist die Kleiderordnung ganz anders als in einer anderen. In der einen Gemeinschaft wird Popmusik erlaubt, in der anderen ist sie verpönt. In der einen Gemeinschaft wird die Zungenrede streng kontrolliert, in der anderen lässt man ihr freien Lauf usw. Eine Pfingstkirche kann streng oder weniger streng sein. Die Vielfalt und Heterogenität innerhalb des Fundamentalismus sollte vor einer vorschnellen Vereinheitlichung bewahren.
2. Dieser Aspekt wird noch verstärkt durch den Umstand, dass sogenannte klassische Sekten oder christlich geprägte Glaubensgemeinschaften deutlich fundamentalistische Züge tragen, andererseits aber eine Gemeinschaft oder Ökumene mit den oben beschriebenen Bewegungen ablehnen.
3. Die Frage, ob und inwieweit eine Charakterisierung fundamentalistischer Weltanschauungen und religiöser Überzeugungen umgekehrt eine Art Feindbild kreiert, das einen möglichen Dialog erschwert bzw. verhindert, sollte ernsthaft sowohl von Theologen als auch von Religionswissenschaftlern erörtert werden.
4. Andererseits gilt das Resümee von Jörn Thießen, das er mit zahlreichen Fachleuten teilt: Der Fundamentalismus „umfasst die Betonung eines absoluten Wahrheitsstandpunktes und die meistens damit gekoppelte Ablehnung von Werten wie Pluralismus, Toleranz, Relativismus und Säkularisierung. Fundamentalistische Gruppierungen sind charakterisiert durch ein ausgeprägtes Elite- und Auserwählungsbewusstsein sowie eine starke interne Hierarchisierung."[30]
5. Und weiter schreibt Thießen: „Fundamentalisten denken ahistorisch. Zu Grunde liegt in der Regel ein geschlossenes, dem geometrischen Axiomensystem vergleichbares Weltbild, was bedeutet, dass die Infragestellung eines Teils des Weltbildes das ganze System zu Fall bringt. Fundamentalisten bieten grob vereinfachte Antworten auf komplexe Fragen. Diese Reduktion von Komplexität macht für viele Anhänger den Reiz aus."[31]

---

[30] Thießen, Jörn: Bestandsaufnahme zu religiösen Sondergemeinschaften und sogenannten Sekten, 2008, S. 21
[31] Thießen, Jörn: Bestandsaufnahme zu religiösen Sondergemeinschaften und sogenannten Sekten, 2008, S. 21

6. Oftmals zeigen fundamentalistische Gemeinschaften eine deutliche politische Komponente. Religion und Politik gehen ineinander. Der Wunsch und die Sehnsucht nach einem Staat, der sich ausschließlich auf die göttlichen Gebote konzentriert, wird immer wieder vorgetragen.
7. Der Fundamentalismus ist, wie oben dargestellt, vielfältig in seiner Gestalt. Im Mittelpunkt dieser Darstellung stand der protestantische Fundamentalismus aus den USA. Der Fundamentalismus in der römisch-katholischen Kirche stand nicht zur Debatte. Das hängt unter anderem damit zusammen, dass die Frage, ob eine Übertragung des Begriffs *Fundamentalismus* auf traditionalistische Bewegungen sinnvoll ist, schwer zu beantworten ist.

Ein Gespräch mit Fundamentalisten erscheint notwendig, die Suche nach möglichen Dialogstrukturen dringend erforderlich.
An dieser Stelle soll ein Kapitel folgen, das versucht sowohl innertheologische als auch religionswissenschaftlich relevante Kriterien zu finden, die durchaus kritisch mit religiösen Konzepten der Gegenwart umgehen, ohne sich dabei dem Verdacht der Xenophobie auszusetzen.

4. Neue Offenbarungen und ihr Kriterium – ein theologischer Exkurs

Die Begegnung mit fundamentalistischen oder neuen religiösen Gemeinschaften, Weltanschauungen, esoterisch-okkulten Gruppierungen, New-Age-bewegten Praktiken interessierte zahlreiche Theologen spätestens seit dem 19. Jahrhundert. Einer der herausragenden Denker des 20. Jahrhunderts, der sich mit dem Phänomen der religiösen Vielfalt seiner Zeit auseinandergesetzt hat, war Paul Tillich (1886–1965). Seine Darstellung zur „religiösen Lage der Gegenwart" in den Zwanzigerjahren versuchte theologischen Scharfsinn mit gleichzeitiger Offenheit gegenüber den religiösen Strömungen dieses Jahrzehnts zu vereinen. Seine Vorschläge für den interreligiösen Dialog scheinen nach wie vor modern und unüberholbar.
Erkennen wir in den religiösen Gemeinschaften und Bewegungen so etwas wie eine *Offenbarung*, die diese Gruppen als religiös auszeichnen,

dann stellt sich die Frage nach dem Begriff der *Offenbarung* und seinem Kriterium.

Kriterien der Offenbarung: nach Paul Tillich

1. In Paul Tillichs Darstellung des Offenbarungsbegriffs verbindet sich „ein intuitiv-deskriptives mit einem existentiell-kritischen Element",[32] d.h. der Sinninhalt der Offenbarung wird in unmittelbarer Weise beispielhaft beschrieben und dabei zugleich der Anspruch universaler Gültigkeit in Bezug auf Existenz überhaupt kritisch beleuchtet.

1.1 Tillich stellt Offenbarung zuerst als eine Dimension dar, „die den Schleier von etwas entfernt, was in einer besonderen und außergewöhnlichen Weise verborgen ist".[33]

Für Tillich besteht ein Zusammenhang zwischen seinem Begriff des **Mysteriums** und dem, was Rudolf Otto (1869–1937) das „Heilige" nennt. Er übernimmt darum auch dessen beide Begriffe *fascinosum* (das „Anziehende", „Beseligende") und *tremendum* (das „Unheimliche", „Furchtbare"): „Diese Verborgenheit wird oft Mysterium genannt."[34] Das Mysterium geht der rationalen Subjekt-Objekt-Spaltung voraus. Es hat etwas mit dem zu tun, was Augen und Mund verschließt, eine Dimension des Lebens und der Erfahrung, die dem rationalen Zugriff entzogen ist, ihn gewissermaßen transzendiert, ohne die Rationalität zu zerstören. Dieser Gedanke ist ebenso wichtig wie der zweite, was den Begriff des Mysteriums anbelangt: Das Mysterium wird durch seine Offenbarung nicht getilgt. Es geht vielmehr um die Beziehung zu nichtrational fassbaren Dimensionen des Lebens auf der Ebene der Erfahrung und des Erlebens.

---

[32] Tillich, Paul: Der Begriff der Offenbarung. In: Systematische Theologie, Bd. I.1, Berlin/New York [8]1987, S. 130

[33] Tillich, Paul: Offenbarung und Glaube. Schriften zur Theologie II. In: Gesammelte Werke, Bd. 8, hrsg. von Renate. Albrecht, Stuttgart 1970, S. 120

[34] Tillich, Paul: Der Religionsphilosoph Rudolf Otto [1925]. In: Begegnungen. Paul Tillich über sich selbst und andere. Gesammelte Werke, Bd. 12, hrsg. von Renate Albrecht, Stuttgart 1971, S. 181

4. Neue Offenbarungen und ihr Kriterium

„Das Wort Mysterium sollte nicht gebraucht werden für etwas, das aufhört Mysterium zu sein, nachdem es offenbart worden ist."[35]

Insofern ist die Offenbarung weder antirational noch gegen das Mysterium gerichtet.

„Die Offenbarung ergreift ein Individuum oder eine Gruppe, und zwar meistens eine Gruppe durch ein Individuum; nur in dieser Korrelation hat sie ihre offenbarende Macht. Offenbarungen, die außerhalb der konkreten Situation empfangen worden sind, sind nichts anderes als Berichte von Offenbarungen."[36]

Würde man dieses Modell der Offenbarungskorrelation zwischen dem Subjekt der Offenbarung und der Kultur bzw. der Gesellschaft, in die hinein diese Offenbarung gesprochen wird, bei der Betrachtung alternativer Religiosität zugrunde legen, so wäre dieses ein Kriterium, das einerseits subjektivistische Überreizungen, andererseits aber auch die Einbettung der Symbol- und Erlebniswelt des Offenbarers in die Kultur- und Geisteswelt, in die sie hineingesprochen wird, deutlich machen könnte. Mystische Eingebungen und Initiationen müssten sich messen lassen an geschichtlicher Objektivität, ohne den Geheimnischarakter zu negieren. So stellt sich dann die Frage: Auf welche Weise werden diese Offenbarungen empfangen?

1.2 Tillich führt den Begriff **Ekstase** ein als Moment subjektiven Empfangens des Mysteriums der Offenbarung. Er weiß um die prekäre, subjektivistische Seite dieses Begriffs.

„Der Begriff Ekstase muß von seinen entstellenden Nebenbedeutungen gereinigt und zu nüchternem theologischen Gebrauch wiederhergestellt werden."[37]

Dieser Gedanke führt ihn zu seiner auch uns leitenden Definition:

„Ekstase (,außer seiner selbst stehen') weist auf einen Bewußtseinszustand hin, der außergewöhnlich ist in dem Sinne, daß das Bewußtsein

---
[35] Tillich, Paul: Der Begriff der Offenbarung. In: Systematische Theologie, Bd. I.1, Berlin/New York [8]1987, S. 133
[36] Tillich, Paul: Der Begriff der Offenbarung, S. 134
[37] Tillich, Paul: Der Begriff der Offenbarung, S. 135

seinen gewohnten Zustand transzendiert. Ekstase ist keine Negation der Vernunft. Sie ist der Bewußtseinszustand, in dem die Vernunft jenseits ihrer selbst ist, d.h. jenseits ihrer Subjekt-Objekt-Struktur."[38]

Hier nennt Tillich eine Gefahr, die für uns bei der Betrachtung neureligiöser Erscheinungen von besonderer Relevanz ist.

„Die sogenannten ekstatischen Bewegungen sind in fortwährender Gefahr – der sie ziemlich häufig erliegen –, religiöse Überreizung mit der Gegenwart des göttlichen Geistes oder mit dem Offenbarungsereignis zu verwechseln. In jeder echten Manifestation des Mysteriums geschieht etwas sowohl objektiv wie subjektiv. Im Zustand religiöser Überreizung geschieht etwas rein Subjektives, das häufig künstlich produziert wird."[39]

In diesem Zusammenhang scheint es wichtig zu sein, auf das Beispiel des alttestamentlichen Propheten hinzuweisen, der in seiner Ekstase immer den konkreten Bezug zur Geschichte und ihren geistigen Voraussetzungen durch seine prophetische Kritik bewahrt. Eine Ekstase muss sich daran messen lassen, inwieweit in ihr die **rationale Struktur des Geistes,** die man ja auch als ein schöpferisches Produkt Gottes betrachten kann, immanent ist, oder inwieweit sie schlicht negiert wird. Eine archaisch strukturierte Ekstase kann also nicht einfach im Zeitalter der Aufklärung oder präziser Postmoderne adaptiert werden, ohne ihre geistige Legitimation zu verlieren. Daraus folgt:

„Das Gefühl [obgleich konstitutives Element in der Ekstase] ist dem Geheimnis der Offenbarung und ihrer ekstatischen Aufnahme nicht näher als es die kognitive und die übrigen Vernunftfunktionen sind."[40]

Beides wird bei Tillich als ein Bestandteil der göttlichen Gabe erkannt. Dieser Gedanke scheint dort bedeutsam, wo man beständig nach gefühliger Esoterik und subjektivistischer Gottes- bzw. Geisterfahrung ruft.

---

[38] Tillich, Paul: Der Begriff der Offenbarung, S. 135
[39] Tillich, Paul: Der Begriff der Offenbarung, S. 136
[40] Tillich, Paul: Der Begriff der Offenbarung, S. 138

4. Neue Offenbarungen und ihr Kriterium

1.3 In gleicher Weise spricht Tillich über das **Wunder** in der Offenbarung. Für ihn ist das Wunder kein außersinnliches Ereignis, kein supranaturales Eingreifen jenseitiger Mächte, sondern im Sinne des NT *semeion*, „Zeichen" oder „zeichengebendes Ereignis", „das, was Verwunderung erregt". Wunderheilungen im 20. Jahrhundert, Dämonenaustreibungen, die Krebsgeschwüre beseitigen helfen sollen, erscheinen so als Formen des Wunders, die sich jeglichem rationalen Zugang entziehen. Es geht nicht darum, paranormale, außersinnliche Erfahrungen *a priori* zu bestreiten. Sie haben sicherlich ihren Stellenwert und können Momente des „Wunders" in diesem Sinne an sich tragen. Trotzdem bedarf es einer korrelativen Betrachtung, die Wunder und Vernunft nicht für vollkommen unvereinbar hält.

„Die Vernunft empfängt die Offenbarung in Ekstase und Wunder; aber die Vernunft wird durch die Offenbarung nicht zerstört, wie auch die Offenbarung durch die Vernunft nicht entleert wird."[41]

Letzteres könnte an die Adresse derjenigen gesagt sein, die einem Offenbarungserlebnis quasiwissenschaftliche Dignität verleihen wollen, indem sie die Worte „Wissen" und „Weisheit" mehr oder weniger absichtsvoll mit einem rational-empirischen Wissenschaftsverständnis vermischen.

2. Im zweiten Abschnitt stellt Tillich die Frage nach den „Medien der Offenbarung". Dabei ergeben sich drei Ebenen, die sich in folgende Stichworte zusammenfassen lassen:
1. Offenbarung in der Natur,
2. Offenbarung durch die Geschichte und
3. Offenbarung im Wort.

2.1 Wenn für Tillich die **Natur** als Medium infrage kommt, dann aber nur in klarer Abgrenzung gegenüber jeglicher „natürlichen Offenbarung". Zahlreich sind für ihn die „Naturereignisse, die in eine Offenbarungskonstellation eintreten können: die Himmelsbewegungen, der Wechsel von Tag und Nacht, Wachsen und Vergehen, Geburt und Tod, Naturkatastrophen, Gefahr, psychosomatische

---

[41] Tillich, Paul: Der Begriff der Offenbarung, S. 142

Vorgänge, z. B. der Reifungsprozess, Krankheit, Geschlechtlichkeit. In all diesen Fällen hat nicht das Ding oder das Ereignis als solches Offenbarungscharakter; sie offenbaren das, was sie zum Medium oder Träger der Offenbarung macht.

Daraus ergibt sich indessen eine kritische Anfrage gegenüber der sich absolut setzenden Idylle ökologischer Harmonie im politisch-weltanschaulichen Bereich postmoderner Konzepte ebenso wie gegenüber der magischen Überhöhung bestimmter Gegenstände, die als Träger geistiger oder kosmischer Energien auf dem Markt okkulter oder esoterischer Möglichkeiten angeboten werden. Beispielhaft ausgedrückt: Ein Mädchen bekommt Schreikrämpfe, als ihr im Krankenhaus die *Mala* (Holzperlenkette mit einem Konterfei Bhagwans) weggenommen wird; sie glaubt, sie habe die geistigen Kräfte Bhagwans in dieser Kette verloren.

2.2 Schwierig wird es bei der Offenbarung *durch* die **Geschichte**, die Tillich abgrenzt von der Offenbarung *in* der Geschichte. Wenn auf der einen Seite Offenbarung immer an Geschichte gebunden ist, weil sie in ihr geschieht, so kann Geschichte selbst, z. B. nationale Geschichte nie Offenbarung sein. Kritisch wird zum Beispiel gegen San Myun Mun eingewendet, in seinem universalgeschichtlichen Konzept sei der Ost-West-Gegensatz durch eine Darstellung als Kampf zwischen einer *Kain-* und einer *Abel-Macht* verfabelt und somit der dritte Weltkrieg als „letzte Maßnahme Gottes" gewissermaßen ein „notwendiger Gewaltakt".

2.3 Das **Wort** als Medium der Offenbarung wiederum ist einerseits „notwendiges Element des Offenbarungsereignisses", und zwar in seiner semantischen wie in seiner hermeneutischen Bedeutung, andererseits transzendiert es jede Art von Alltagssprache. Anders gesprochen:

„Das ‚Wort Gottes' als Wort der Offenbarung ist transparente Sprache. Etwas scheint (genauer: tönt) durch die alltägliche Sprache hindurch, nämlich die Selbstmanifestation der Tiefe des Seins und Sinns."[42]

---

[42] Tillich, Paul: Der Begriff der Offenbarung, S. 149

4. Neue Offenbarungen und ihr Kriterium

Diese eigentümliche Spannung wird beispielhaft erörtert durch den Begriff *Wort Gottes* im Sinne des *logos*. Die schon in der frühen Kirche entwickelte christliche Lehre von der Inkarnation des *logos* enthält das Paradox, „daß das ‚Wort Gottes' zum Gegenstand des Anblicks und der Berührung geworden ist"[43].

Ein solches Sprachmodell stellt Offenbarungen infrage, die die buchstäbliche Gleichheit von Wort und Wortsinn postulieren. Buchstäbliche Übertragungen alter Offenbarungen sind in neuen religiösen Erscheinungen, namentlich im Bereich des christlichen Fundamentalismus indessen ebenso Usus wie das andere Extrem, das alte religiöse Schriften kaum noch zur Kenntnis nimmt und ihre Worte in einen allgemeinen esoterischen Sinn verwandelt.[44]

3. Paul Tillichs Unterscheidung von **originaler** und **abhängiger** Offenbarung erweitert die Offenbarungskorrelation auf viele verschiedene Offenbarungssituationen, die sich zwar alle auf das originale Offenbarungsgeschehen beziehen, das den Ursprung der Offenbarungsgeschichte bildet, aber als abhängige Offenbarung ebenfalls die Merkmale: Mysterium, Wunder und Ekstase tragen. Das bedeutet, das ursprüngliche Offenbarungsgeschehen muss immer wieder neu erfahren werden, denn zeitgeschichtliche Bedingungen und individuelle Voraussetzungen ändern sich. Dieses Modell einer *revelatio continua* (einer „fortlaufenden Offenbarung") würde das Auftreten neuer Offenbarungsträger, die sich selbst in Bezug zur originalen Offenbarung eines Christus oder eines Gautama Siddharta Buddha setzen, ermöglichen. Warum sollte ein Rajneesh nicht eine „Reinkarnation Buddhas" sein oder Mun der „neue Messias"? Dies sollte zunächst eine legitime Frage sein. Man könnte sie sehr wohl sehen als eine neue „Gegenwart des Mysteriums des Seins und eine Manifestation dessen, was uns unbedingt angeht"[45].

Die Ambivalenz neuerer Offenbarungen, die häufig bei ihrer kritischen Betrachtung verloren geht, scheint in diesem Zusammenhang besonders deutlich zu werden. Deshalb ist das kritische Mo-

---

[43] Tillich, Paul: Der Begriff der Offenbarung, S. 148
[44] vgl. Steiners Bibelübersetzungen
[45] Tillich, Paul: Die Dynamik der Offenbarung. In: Systematische Theologie, Bd. I.1, Berlin/New York [8]1987, S. 153

ment, das Tillich hinzufügt, von grundlegender Bedeutung. Wenn diese Art von abhängiger Offenbarung herabgezogen wird auf die Ebene „einer Zwiesprache zwischen zwei Wesen (...), ist sie blasphemisch und lächerlich"[46]. Dieses zeigt sich deutlich, wenn man sich den letzten Gesichtspunkt vor Augen führt, der für Tillich den Begriff der Offenbarung ausmacht:

3.1 Die **Offenbarungserkenntnis**. Zunächst einmal erscheint dieser Begriff wie eine *contradictio in adjecto*. Denn wie kann Offenbarung, die rationale Erkenntnis transzendiert, selbst wieder Erkenntnis sein? Deshalb erscheint es unabdingbar notwendig, festzuhalten, wie Tillich seinen Begriff abgrenzt. Offenbarungserkenntnis vermehrt nicht „unsere Erkenntnis über die Strukturen der Natur", auch widerlegt sie nicht die Einsichten in die „historischen Gegebenheiten".

„Offenbarungserkenntnis kann nicht mit der gewöhnlichen Erkenntnis in Widerspruch geraten, ebenso kann gewöhnliche Erkenntnis nicht mit Offenbarungserkenntnis in Widerspruch geraten."[47]

Es gilt vielmehr umgekehrt:

„Wenn die Offenbarungserkenntnis mit der natürlichen Erkenntnis in Widerspruch geriete, dann würde sie wissenschaftliche Ehrlichkeit und methodische Integrität zerstören. Sie wäre dämonische Besessenheit, nicht göttliche Offenbarung."[48]

Die Form solcher Erkenntnis der Offenbarung ist analog, nicht logisch, ihre Ausdrucksform symbolisch.

„Die Redewendung ‚*nur* ein Symbol' sollte vermieden werden, weil nichtanaloge oder nichtsymbolische Erkenntnis über Gott einen geringeren Wahrheitsgrad hat als analoge oder symbolische Erkenntnis."[49]

Mit der Bezeichnung von Offenbarungen im Widerspruch zur natürlichen Erkenntnis als *dämonische Besessenheit* hat Tillich einen

---

[46] Tillich, Paul: Die Dynamik der Offenbarung, S. 153
[47] Tillich, Paul: Die Dynamik der Offenbarung, S. 156
[48] Tillich, Paul: Die Dynamik der Offenbarung, S. 155
[49] Tillich, Paul: Die Dynamik der Offenbarung, S. 158

4. Neue Offenbarungen und ihr Kriterium

polemischen Begriff entwickelt, der für unsere Auseinandersetzung mit neuen Formen sogenannten „Wissens" oder „Erkenntnissen" noch eine wesentliche Rolle zu spielen hat.

3.2 Für Tillich findet der Begriff des **Offenbarungsträgers** seine repräsentative Bedeutung in Christus.

Im Bild des Christus findet er das Beispiel eines Offenbarungsträgers, der den Grund des Seins gefunden hat und bereit ist, sich dafür zu opfern. Er widersteht der dämonischen Kraft, der Versuchung, seinem endlichen Sein Unbedingtheit zu geben.

Diese Versuchung begegnet ihm in vielerlei Gestalt, unter anderem in seinen Jüngern, die ihn schon zu Lebzeiten zu einem Götzen machen wollen.

„Christus ist nur darum Christus, weil er nicht auf seiner Gottgleichheit bestand, sondern darauf verzichtete, sie als persönlichen Besitz zu haben."[50]

Daraus folgt:

„Der Anspruch einer endlichen Größe, von sich aus letztgültig zu sein, ist dämonisch."[51]

4. Bewährung des Kriteriums an Beispielen alternativer Religiosität.
4.1 Das erste Offenbarungsmerkmal nach Tillichs kritisch-phänomenologischer Betrachtungsweise war das **Mysterium** als „Manifestation von etwas Verborgenem". Wesentlicher Gedanke dabei erschien uns, dass die Offenbarung des Mysteriums seinen Charakter als „Geheimnis" nicht verletzt. In der Auseinandersetzung mit neuen alternativen religiösen Erscheinungen stellen wir fest, dass das Mysterium der Offenbarung von besonderer Relevanz ist. Gerade in diesem neu gewonnenen Mysterium erkennen die Glaubens- und Weltanschauungsgemeinschaften die Legitimation ihrer Existenz gegenüber den großen, etablierten Systemen der traditionellen Religiosität. Bedeutsam ist dabei der mystische Charakter des Offenbarungserlebnisses. Dass Erlebnisse solcherart nicht neu, also keineswegs eine „postmoderne" Beson-

---

[50] Tillich, Paul: Die aktuelle Offenbarung. In: Systematische Theologie, Bd. I.1, Berlin/New York ⁸1987, S. 161

[51] Tillich, Paul: Die aktuelle Offenbarung, S. 161

derheit sind, zeigt uns u.a. Tillichs Auseinandersetzung mit der vor allem in der Literatur (vgl. H. Hesse) auffindbaren Mystik in den 20er-Jahren dieses Jahrhunderts. So schreibt er 1926 in *Die religiöse Lage der Gegenwart* zum Thema „außerkirchliche Mystik":

„Es ist durchaus verständlich, daß der Gegenschlag gegen den Geist der bürgerlichen Gesellschaft von der mystischen Seite herkam".[52]

Oder – um es in der Sprache der von der *Dialektik der Aufklärung*[53] geprägten Kritik an der spätbürgerlichen Gesellschaft zu sagen: Die Herrschaft der instrumentellen Vernunft, die auf einer rigiden Subjekt-Objekt-Spaltung basiert, gebiert gewissermaßen die Frage oder besser die Sehnsucht nach der Einheit mit Gott. Diese Sehnsucht vergegenständlicht sich oftmals in außersinnlichen Erfahrungen subjektiver Offenbarungserlebnisse, die selbst nun wieder den Anspruch empirischer Verbindlichkeit stellen. Es ist vielleicht dabei verständlich, dass gerade in dem Land, in dem die instrumentelle Vernunft zur unbegrenzten Möglichkeit gelangte, solche Offenbarungserlebnisse in Hülle und Fülle seit dem vorletzten Jahrhundert entstanden sind. Zwei in ihrer Genese eher verschieden strukturierte Offenbarungserlebnisse seien hier zitiert:

Am 21. September 1823 erhielt der nach dem Glauben der Gruppe sogenannte „Prophet" Joseph Smith folgende Vision:

„Während ich so im Gebet zu Gott begriffen war, gewahrte ich, daß ein Licht in meinem Zimmer erschien, das zunahm, bis der Raum heller war als am Mittag, worauf alsbald ein Engel neben meinem Bett erschien, in der Luft stehend, denn seine Füße berührten den Boden nicht. (...) Er nannte mich beim Namen und sagte mir, er sei als ein Bote von der Gegenwart Gottes zu mir gesandt worden und heiße Moroni; Gott habe ein Werk für mich zu tun, und mein Name werde bei

---

[52] Tillich, Paul: Die religiöse Lage der Gegenwart [1926]. In: Die religiöse Deutung der Gegenwart. Gesammelte Werke, Bd. 10, hrsg. von Renate Albrecht, Stuttgart 1968, S. 66; Hauptwerke, Bd. 5: Religiöse Schriften, Berlin/New York 1988, S. 74

[53] vgl. Adorno, Theodor / Horkheimer, Max: Dialektik der Aufklärung. Philosophische Fragmente. In: Gunzelin Schmid Noerr (Hrsg.): Gesammelte Schriften, Bd. 5: *Dialektik der Aufklärung und Schriften 1940–1950, Frankfurt a.M. 1987*

4. Neue Offenbarungen und ihr Kriterium

allen Völkern, Geschlechtern und Sprachen für gut und böse gelten, oder man werde bei allen Völkern sowohl Gutes als auch Böses von mir sagen."[54]

Und in einer neueren Schrift der Glaubensgemeinschaft heißt es zum Thema „Neuere Offenbarungen":

„Wenn Gott früher gesprochen hat, ist es dann unvernünftig zu glauben, dass er auch heute sprechen kann? Welcher Mensch würde daran denken, Gott das Recht zu verweigern, sich zu äußern? Kurz gesagt, nimmt der Mormonismus für sich in Anspruch, eine neuzeitliche Offenbarung alter Grundsätze zu sein, die mit neuer Betonung und in Vollständigkeit in unserer Zeit von Gott offenbar worden sind."[55]

Im deutschen Raum nehmen sich Offenbarungserlebnisse ähnlich aus. Die Prophetin Gabriele Wittek des ehemaligen *Heimholungswerks* und jetzigen *Universellen Lebens* schreibt:

„Mir ist es möglich, meiner Seele die Kräfte des Geistes zu belassen, damit ich jederzeit bereit sein kann, mein inneres Ohr dem zu weihen, der mir das Prophetenamt übertrug, Gott, unserem Vater. (...) Im großen und ganzen gesehen ist mein Weg auch euer Pfad, mit Ausnahme des prophetischen Amtes."[56]

Und an anderer Stelle schreibt sie:

„Die Mystik in ihrer reinen Gestalt ist das himmlische Wissen um die absoluten Dinge des Lebens. (...) Der Mystiker ist derjenige, der zu dieser Vereinigung gelangt, nicht der, der darüber redet."[57]

---

[54] 1. Buch Nephi S. V-VIII. In: Das Buch Mormon. Ein Bericht, von der Hand Mormons auf Platten geschrieben, von den Platten von Joseph Smith jun. ins Englische übersetzt; hrsg. von der Kirche Jesu Christi der Heiligen der letzten Tage. 16. revidierte deutsche Auflage

[55] Hinckley, Gordon B.: Offenbarung. In: Wer sind eigentlich die Mormonen? Mormoneninfo. Ein Informationsangebot über die Kirche Jesu Christi der Heiligen der Letzten Tage, http://www.mormoneninfo.de/Glaube/Artikel/Wer_sind_die_Mormonen/wer_sind_die_mormonen.html

[56] Wittek, Gabriele: Mystische Erfahrungen und Erkenntnisse der Prophetin des Herrn. [Würzburg] (Heimholungswerk Jesu Christi) 1984, S. 64

[57] Wittek, Gabriele: Mystische Erfahrungen und Erkenntnisse, S. 31

Drei kritische Aspekte seien hervorgehoben:
a) Das Mysterium verliert in der Offenbarung dieser Art seinen „Geheimnis"-Charakter. Es wird zu einem verfügbaren Wissen oder theoretischen Konzept, das dem Offenbarungsträger exklusiv zur Verfügung steht.
b) Das Mysterium hat den Charakter eines irrational-supranaturalen Eingriffs jenseitiger Mächte in die Alltagswelt der Menschen.
c) Das Mysterium in der Offenbarung verleiht einem bedingten Subjekt unbedingte, absolute Autorität. Dieser Gesichtspunkt wird uns im letzten Abschnitt noch in besonderer Weise beschäftigen.

Zur Wertung dieser Visionen scheint es noch einmal wichtig, Tillichs Darstellung von 1926 zu Wort kommen zu lassen:

„Durch die Gesamtheit dieser Einflüsse ergab sich eine Atmosphäre, in der ein mystisch gefaßter Gottesgedanke unmittelbare Gewißheit hatte (…) Der moderne Mystiker (…) verwendet die Mystik zur völligen Beiseiteschiebung der positiven Religion. Damit hängt der ästhetische Charakter der modernen Mystik zusammen (…) Ihr fehlt der Lebensernst, ‚der den echten Mystiker immer auch zum Asketen machte'."[58]

Anders gesprochen: In den Offenbarungserlebnissen neuerer religiöser Ansätze findet eine ernsthafte Auseinandersetzung mit Religions- und Kulturgeschichte der Adressaten entweder überhaupt nicht statt, oder sie wird pur negiert. Von einer Korrelation im Tillich'schen Sinne kann nur sehr selten gesprochen werden.

4.2 Das zweite Merkmal der Offenbarung, die **Ekstase**, die die Subjekt-Objekt-Spaltung rationaler Strukturen transzendiert, ohne sie zu zerstören, beschreibt die subjektive Seite im Offenbarungserleben. Und in diesem Zusammenhang scheint nun der Hinweis wesentlich zu sein, dass Ekstase nicht antirational sein kann, weil der Bewusstseinszustand des Ekstatikers die rationa-

---

[58] Tillich, Paul: Die religiöse Lage der Gegenwart [1926]. In: Die religiöse Deutung der Gegenwart. Gesammelte Werke, Bd. 10, hrsg. von Renate Albrecht, Stuttgart 1968, S. 108

4. Neue Offenbarungen und ihr Kriterium

len Elemente des Bewusstseins überhaupt nicht zu negieren vermag. Gerade im Hinblick auf Tillichs Abgrenzung des Begriffs *Ekstase* gegenüber der *religiösen Überreizung*, die rein subjektiven Charakter hat, wird uns ein Maßstab genannt, die oben zitierten Offenbarungserlebnisse kritisch zu werten. Religionspsychologische Untersuchungen ekstatischer Erfahrungen könnten an dieser Stelle ansetzen, ohne das Phänomen der Ekstase als bloße subjektivistische Aberration zu verkürzen. Schwierig wird es indessen, wenn das ekstatische Erleben selbst Erkenntnischarakter beansprucht und sich auf diese Weise mehr oder weniger verschwiegen mit rational-empirischer Erkenntnis vergleicht. Der schillernde Umgang mit Begriffen wie „neues Wissen" oder „Erkennen" scheint in diesem Zusammenhang einer Erwähnung wert. Tillich versucht dies deutlich zu machen am Beispiel der sogenannten *Inspiration*.

„Inspiration [im Gegensatz zur ekstatischen Erfahrung, die die rationale Struktur des Seins nicht negiert,] wird verstanden als mechanischer Akt des Diktierens oder, in subtilerer Weise, als Akt mitteilender Information. Solchem Gebrauch von Inspiration liegt die Vorstellung zugrunde, daß die Vernunft von einem Wissen überfallen wird, das wie ein Fremdkörper ist, mit dem sie sich nicht vereinen kann; ein Fremdkörper, der die rationale Struktur des Bewusstseins zerstören würde, wenn er in ihm bleiben müsste. Tiefer gesehen ist eine mechanische oder irgendeine andere Form der nichtekstatischen Inspirationslehre dämonisch. Sie zerstört die rationale Struktur, die die Inspiration empfangen soll."[59]

Diese antirationale Gebärde neuerer Inspirationen ist mehr oder weniger allein konstitutiv. Im Buch Mormon heißt es z.B.:

„Dann wird der, der gelehrt ist, sprechen: Ich kann es nicht lesen. Darum wird es sich begeben: Der Herr, Gott, wird das Buch und die Worte darin

---

[59] Tillich, Paul: Der Begriff der Offenbarung. In: Systematische Theologie, Bd. I.1, Berlin/New York [8]1987, S. 138–139

abermals dem geben, der nicht gelehrt ist; und der Mann, der nicht gelehrt ist, wird sprechen: Ich bin nicht gelehrt."[60]

Gabriele Wittek schreibt:

„Es kommt nicht darauf an, daß wir uns mit nutzlosem Wissen belasten, sondern auf die innere Liebe, die göttliche Harmonie, den ewigen Frieden und die wahre Seligkeit."[61]

Und ein moderner Epigone esoterischer Intuition, L. Ron Hubbard denunziert die Wissenschaft mit den Worten:

„Die Naturwissenschaften, die der Fähigkeit des Menschen, den Menschen zu begreifen, gedankenlos weit vorausgeeilt sind, haben ihn mit schrecklichen und gründlichen Waffen versehen."[62]

Dagegen setzt er auf Intuition:

„Dann kam der Augenblick, in dem ein beinahe intuitiver Gedanke auftauchte: daß nämlich das Verstehen des Menschen sich in dem Verhältnis steigerte, wie er seine bruderschaftliche Beziehung zum Universum erkannte. Das war eine hochfliegende Idee, doch sie brachte Ergebnisse."[63]

Die antirationale Polemik ist konstitutiver Bestandteil neuerer Offenbarungen oder Inspirationen neuerer Weisheiten und sie stehen damit in verhängnisvoller Kontinuität großkirchlicher Traditionen.

4.3 Andererseits sind sie bereit, konservative **Wunder**erfahrungen als Beleg ihrer geistigen Kräfte zu bestimmen. Wunderheilungen, hellseherische Fähigkeiten, magische Praktiken, supranaturale Eingriffe in menschliche Schicksale und dergleichen mehr tauchen in allen neueren Offenbarungen auf und dienen als Beleg ihrer „tatsächli-

---

[60] 2. Buch Nephi, 27,18 f. In: Das Buch Mormon. Ein Bericht, von Mormon mit eigener Hand auf Platten geschrieben, den Platten Nephis entnommen. Aus dem Original von den Platten ins Englische übersetzt von Joseph Smith jun.; hrsg. von der Kirche Jesu Christi der Heiligen der Letzten Tage. Frankfurt a.M. 2003, http://scriptures.lds.org/de/bm/ttlpg
[61] Wittek, Gabriele: Mystische Erfahrungen und Erkenntnisse, S. 27 ff.
[62] Hubbard, Lafayette Ron: Dianetik – die moderne Wissenschaft der geistigen Gesundheit. Kopenhagen 1986. Kap. 1: Die Reichweite der Dianetik, S. 17
[63] Hubbard, Lafayette Ron: Dianetik, 1986, S. 18

4. Neue Offenbarungen und ihr Kriterium

chen Wahrheit". Wenn Wunder, wie oben entwickelt, ein Zeichen ist, das „was Verwunderung erregt", den Menschen in ekstatische Erregung versetzt, ohne dass seine natürliche Erkenntnis durchgestrichen wird, dann könnte man mit Tillich zu dem Urteil kommen:

„Jedenfalls ist eine supranaturalistische Theologie als untragbar abzulehnen, die Modelle der Besessenheit und Zauberei benutzt, um das Wesen der Offenbarung zu beschreiben (oder zu beweisen), und damit die subjektive und die objektive Vernunft der Zerstörung preisgibt."[64]

5. Wenden wir uns den Medien neuerer Offenbarungen zu:

5.1 Gegen eine sog. **natürliche** Offenbarung macht Tillich geltend, dass sie gewissermaßen einen Widerspruch in sich selbst darstellt. Dies lässt sich an folgendem Beispiel verdeutlichen: Sind etwa kosmische Strahlungen oder Energien wissenschaftlich erklärbar, dann braucht es keine höheren Formen der Erkenntnis, Intuition oder Inspiration. Sind sie in keiner Weise empirisch-wissenschaftlich oder in einer anderen Form rationaler Struktur erfassbar, dann handelt es sich aber auch nicht um eine *natürliche Erkenntnis*, die rationale Verbindlichkeit postulieren kann.

In solcher Weise lässt sich etwa auch das Grundargument der Astrologie darstellen in seiner eigentümlichen Vermischung von rationalen und irrationalen Strukturen. Gehen wir davon aus, dass Mond und Sonne z. B. wissenschaftlich feststellbare Auswirkungen auf Physis und Psyche menschlichen Lebens haben, die mit bestimmten astro-physikalischen Wirkungen einhergehen, diese Wirkungen aber ebenso, wenn auch nicht in gleichem Maße feststellbar, auf andere Planeten und Sterne zutreffen, dann – so behauptet der Astrologe – ist seine Welt- und Menschendeutung gewissermaßen ein Erfahrungswissen, das aus dem komplizierten Vergleich von Sternenkonstellationen mit bestimmten Ereignissen in der Vergangenheit zu möglichen Extrapolationen in die Zukunft führen kann. Insofern wäre es dann durchaus möglich, von einer Ambivalenz okkult-esoterischer Erfahrungen zu sprechen,

---

[64] Tillich, Paul: Der Begriff der Offenbarung. In: Systematische Theologie, Bd. I.1, Berlin/New York [8]1987, S. 141

die in ihrer Allgemeinheit außer- und übersubjektive Kräfte benennt, deren Wirkungen zwar rational nicht erfassbar, andererseits aber auch nicht unbedingt antirational sein müssen.
Die aus solchen Praktiken gewonnenen konkreten Vorhersagen indessen, ausgestattet gewissermaßen mit der Dignität der von Tillich genannten *natürlichen Vernunft*, können freilich in der Praxis Formen von „dämonischer Besessenheit" erhalten, wenn das Individuum, dem sie gelten, gewissermaßen „besessen" von der Idee ihrer Wahrheit in einer Art vorauseilenden Gehorsams ihre Verwirklichung befördert und z.B. den vorausgesagten Unfall unbewusst herbeiführt gemäß dem aus der amerikanischen Soziologie stammenden Modell der *selffulfilling prophecy*. Die Vermischung von *natürlicher Vernunft* und Offenbarungserlebnis scheint überhaupt eines der Hauptprobleme in zahlreichen neueren religiösen oder quasireligiösen Erscheinungen zu sein. Ob es sich um modernen Aberglauben handelt oder magische Praktiken, Wunderheilungen, zauberhaftes Herbeiführen von Bewusstseinsveränderungen u.ä., sie teilen mit der Herrschaft der instrumentellen Vernunft das instrumentelle Verhältnis zur Wirklichkeit. Ihr Ideal ist das der grenzenlosen Machbarkeit.

5.2 Ein ähnliches Problem entdeckt man bei der Betrachtung des Verhältnisses neuerer Offenbarungen zur Geistes- und Religions**geschichte**. Mag sein, dass, wie oben dargestellt, der sogenannte *Synkretismus* als Bewertungsmerkmal infrage gestellt werden muss. Denn wenn Synkretismus heißt, dass verschiedene religiöse, konfessionelle, geistesgeschichtliche Elemente in einem religiösen Konzept sich vereinigen, so kann man diesen Begriff entweder kritisch gegen alle Religionen oder gegen keine geltend machen. Die Vermischung religiöser Symbole, kulturgeschichtlicher Elemente oder religionsphilosophischer Aussagen bei den Neuoffenbarungen treibt indessen zuweilen skurrile Blüten und verbindet sich sehr häufig mit einem nebulösen Universalismus.
Eine schon fast abenteuerliche Vermischung asiatischer und europäischer Religiosität erleben wir bei San Myun Mun.

4. Neue Offenbarungen und ihr Kriterium

In den *Göttlichen Prinzipien*[65] behauptet er sinngemäß:

„Die orientalische Philosophie versteht Gott nur als Wesen mit polarer Wesensart von Positivität und Negativität. Sie weiß jedoch nicht, daß Gott aus Sung-Sang und Hyung-Sang besteht, die fundamentaler sind als Positivität und Negativität."[66] (...)

„So stelle ich abschließend fest, daß der Fall des Menschen durch einen Akt der Unzucht, d.h. durch eine unerlaubte sexuelle Beziehung zwischen Menschen und dem Erzengel stattfand."[67] (...)

„Der Sündenfall fand jedoch geistig und physisch statt. Die Erlösung des Menschen muß also auch auf geistiger und physischer Ebene stattfinden, damit er frei werden kann von der ursprünglichen Sünde. Zu diesem Zweck muß die Wiederkunft Christi stattfinden."[68]

Diese Wiederkunft wird nach Mun durch eine fundamentale geschichtliche Veränderung wie den 3. Weltkrieg bewirkt; durch diesen

„muß die himmlische Seite durch die Abel-Typ-Weltanschauung in Übereinstimmung mit der neuen Wahrheit das demokratische Fundament (...) die gesamte Menschheit vereinigen, so daß die Eine Welt entsteht"[69].

Als letztes ein Zitat von Gabriele Wittek:

„Wir wissen alle: Wenn unsere Fernsehantennen nicht präzise auf einen Sender ausgerichtet sind, erhalten wir auf unserem Bildschirm Phantombilder. Das hat zur Folge, daß wir kein Bild genau betrachten können (...) Entsprechend ist es auch mit dem Weg zu Gott: Wenn wir die Lehre

---

[65] Mun, San Myun: Die göttlichen Prinzipien. Deutsche Erstauflage hrsg. von der Gesellschaft zur Vereinigung des Weltchristentums e.V., Übersetzung aus dem Englischen von Paul Werner [Originalausgabe: *The Divine Principle*, 1. Auflage 1966], Frankfurt a.M. 1972
[66] Paraphrase aus einem Interview mit Zentrumsleitern in Bremen, Radio Bremen, März 1983
[67] Kim, Young Whi: Die Göttlichen Prinzipien – Studienführer, Teil 1. Frankfurt a.M. 1973, S. 125; vgl. auch Mun, San Myun: Die göttlichen Prinzipien, Teil 1, Kap. 2: Der Sündenfall
[68] Kim, Young Whi: Studienführer, S. 284; vgl. auch Mun, San Myun: Die göttlichen Prinzipien, Teil 1, Kap. 2: Der Sündenfall
[69] Mun, San Myun: Die göttlichen Prinzipien, Teil 2, Kap. 5: Die Zeit der Vorbereitung auf die Wiederkunft Christi

des Herrn annehmen und verwirklichen, zugleich aber unsere Antenne auf andere meditative Schwingungen ausrichten, so erhalten die Seele und auch der physische Leib Phantombilder."[70]

Die Vermischung okkult-esoterischer Weltanschauung, christlicher Theologie und asiatischer Religiosität in neueren Offenbarungsstrukturen zeigt folgende Tendenzen:
1. Kultur-, geistes- und religionsgeschichtliche Verwurzelungen werden gewissermaßen gekappt. Der Bezug zu ihrer eigenen Geschichte ist nicht mehr erkennbar. Gerade im Hinblick auf asiatische Religionen scheint dies eine ganz wichtige These zu sein. In seiner Schrift *Nichtkirchliche Religionen* geht Tillich sogar so weit, dass er ein prinzipielles Unvermögen postuliert:

„Dieses Verstehenwollen der asiatischen Seelenhaltung auf literarischem Wege – und den anderen Weg gibt es für uns zur Zeit so gut wie nicht – ist eine Illusion. Es ist nicht möglich, eine geistige Wirklichkeit zu verstehen, mit der nicht ein Blutzusammenhang geschaffen ist."[71]

Das etwas merkwürdige Wort „Blutzusammenhang" wird für unsere Ohren verständlicher, wenn wir ihm die Lessing'sche Interpretation aus der Ringparabel an die Seite stellen:

„Nun, wessen Treu und Glauben zieht man denn am wenigsten in Zweifel? Doch der Seinen? Doch deren Blut wir sind? Doch deren, die von Kindheit an uns Proben ihrer Liebe gegeben? Die uns nie getäuscht, als wo getäuscht zu werden uns heilsamer war? Wie kann ich meinen Vätern weniger als du den deinen glauben?"[72]

Wenn dieser Gedanke in der christlichen Apologetik mehr Raum einnehmen würde, dann wären das vielleicht die besten Ausgangsbedingungen für den Dialog. So sehr also vordergründigen Parallelisierungen oder gar Identifizierungen von religiösen Traditionen, Bräuchen und Symbolen kritisch begegnet werden muss, so ernsthaft

---

[70] Wittek, Gabriele: Mystische Erfahrungen und Erkenntnisse, S. 6
[71] Tillich, Paul: Nichtkirchliche Religionen [1929]. In: Hauptwerke, Bd. 5: Religiöse Schriften, Stuttgart 1987, S. 132
[72] Lessing, Gottfried Ephraim: Nathan der Weise, 3. Akt, 7. Auftritt

4. Neue Offenbarungen und ihr Kriterium

sollte man sich der darin verborgenen Frage stellen. Mit dem Bild von Lessing ausgedrückt: Nur im eigenen Haus lassen sich echte religiöse Erfahrungen machen, auf dem Fundament eigener Traditionen, Bräuche und Symbole. Andererseits sollte man sich vielleicht immer wieder neu die Frage stellen: Gibt es nicht Verbindungstüren zu den anderen Häusern oder existieren da wirklich nur Wände?

2\. Die Verkürzung religiöser Symbole, Riten und Kultformen führt zu einer Verdinglichung religiöser Praxis. Wenn ein japanischer Kultführer das Rosenkranzgebet in der katholischen Kirche in seiner rein äußerlichen Gestalt als mehr oder weniger wohlfeile Heilmethode in Japan geschäftlich veräußern würde, gäbe es im Westen wahrscheinlich vehementen Protest. Die ebengleiche Verdinglichung östlicher Meditationspraktiken wie *Yoga* und *Zen* ist in der westlichen Hemisphäre ebenso Usus wie Abusus.

3\. Die Verabsolutierung bestimmter geschichtlicher Prognosen im Binnenraum der Glaubensgemeinschaft oder in der sie umgebenden Zeitgeschichte führt abermals zu einer Art „dämonischer Besessenheit". Diese Besessenheit kann in eine individuelle oder gruppenpsychologische Katastrophe führen, wenn z. B Vorhersagen nicht eintreffen, bestimmte Geschichtsdeutungen sich als falsch erweisen, Kultführer sterben usw.[73]

5.3 Offenbarungen drücken sich in **Worten** aus. Es ist nur die Frage, was man unter „Wort" versteht: Sinn, Begriff, Symbol, semantische Zeichen – es gibt verschiedene Zugänge. Für die neueren Offenbarungen gibt es im Grunde nur zwei Deutungsmuster: Entweder verstehen sie die Worte alter religiöser Schriften buchstäblich, verlieren jeglichen Bezug zur Spannung von Wort und Geist und kleben an einer fundamentalistischen Lebenspraxis oder aber sie verdünnen den Wortsinn oder Symbolgehalt eines Wortes zu einer dünnen Abstraktion, die selbst über ihren Ursprung kaum noch Auskunft gibt. Weder ist das Wort der Offenbarung eine Information Gottes, noch lässt es sich auflösen in ein sogenanntes „inneres Wort", das sich in der Weite eines subjektivistischen Seelenlebens kriterienlos verliert.

---

[73] Vgl. Tillich, Paul: Die kognitive Funktion der Vernunft und die Frage nach der Offenbarung. In: Systematische Theologie, Bd. I.1, Berlin/New York [8]1987, S. 117

6. Als vorerst letzter Gedanke ein Aspekt zur Betrachtung der Autorität des **Offenbarungsträgers** selbst, sein Verhältnis zur originalen Offenbarung und seiner Tendenz, sich selbst absolut zu setzen. Fast alle neuen Offenbarungen verstehen sich selbst nicht als *originale Offenbarungen* sondern als *abhängige Offenbarungen* im Sinne von Tillich, d. h. sie knüpfen an die Gestalt eines oder mehrerer Religionsstifter an und verstehen sich selbst als deren Nachfolger.

Dabei scheint das Kriterium besonders wichtig zu sein, das Tillich im Bild des Christus auffindet, nämlich den Gedanken, dass der Offenbarungsträger seine eigene Person zum Maßstab von Offenbarungen überhaupt macht. Anders ausgedrückt: Der Offenbarungsträger gibt seinem endlichen Sein Unbedingtheit. An dieser Stelle entsteht das, was Tillich auch die „metaphysische Perversion" der Dämonie[74] nennt.

Sie lässt Vergötzung des Offenbarungsträgers auf der einen Seite entstehen und fanatische Besessenheit auf der anderen Seite. Dass die daraus resultierenden heteronomen Strukturen einer Glaubensgemeinschaft zu autoritären Gebilden führen und letztlich zu einer „dämonischen Besessenheit" ihrer Träger, weist Tillich gerade an der Geschichte der Kirche schlüssig nach. Es ist vielleicht eine fatale Erscheinung, dass die Alternative in den neuen Offenbarungen sehr häufig nicht den Charakter des prophetischen Protestes zeigt, sondern lediglich die heteronomen Strukturen einer autoritären Kirche adaptiert. Ausdrücklich sei in diesem Zusammenhang darauf hingewiesen, dass diese Aussage keineswegs für alle neueren oder alten oppositionellen Glaubensgemeinschaften gelten kann.

Schlussfolgerungen

Zum Schluss seien noch einige Konsequenzen angedeutet, die sich bei der Beschäftigung mit neueren Offenbarungen ergeben. Auch, wenn der folgende Gedanke im Hinblick auf die zuletzt entwickelten Thesen abenteuerlich erscheint: Die Beschäftigung mit neuen religiösen Offenbarungen bringt für die innerkirchliche Diskussion einige durchaus positive Impulse:

---

[74] Tillich, Paul: Der System der religiösen Erkenntnis, 1. und 2. Version. In: Religion, Kultur, Gesellschaft, Teil 2 (= Ergänzungs- und Nachlaßbände zu den Gesammelten Werken, Bd. 11), Berlin/New York 1999, S. 133

4. Neue Offenbarungen und ihr Kriterium

1. Es sollte nicht nur in religionsgeschichtlicher Hinsicht, sondern auch im Horizont systematischer Theologie die Frage nach den kirchlichen Häresien immer wieder neu gestellt werden. Wie ernsthaft beschäftigen wir uns mit außerbiblischen Quellen und ihrem Wahrheitsgehalt? Wie weit ist z. B. die noch heute verbreitete These als *communis opinio* in der Theologie verbreitet, dass Gnosis oder Manichäismus Aberrationen von Glauben und Denken seien? Vielleicht sollte man nicht nur in evangelikalen Kreisen z. B. neu nach der Dignität der Wiedertäufer fragen.

   Auch wenn wir bei genauerer Betrachtung zu dem Schluss gelangen, dass die sogenannten *neuen Offenbarungen* in ihrer Offenbarungsstruktur keineswegs neu sind, sondern in ähnlicher, teilweise gleicher Weise in der Geschichte der Religionen immer wieder auftauchen, ist dies ja keineswegs ein Verdikt. Es stellt sich die Frage nach der Ernsthaftigkeit ihrer Korrelationen nach Momenten ihres prophetischen Protestes gegen etablierte Religiosität immer wieder neu.

2. Die vordergründige Assimilation asiatischer Religiosität im Westen, bestimmte Formen des Schamanismus, magische Praktiken in der westlichen Zivilisation evozieren mitunter recht kritische Anfragen vonseiten evangelischer Theologie aus dem eigenen christlich-systematischen Ansatz heraus. Andererseits bleibt die Frage nach ihren Wurzeln bestehen und auch das Problem, sich einem tieferen Verständnis anderer Religionen zu öffnen. Dieses scheint auf den ersten Blick selbstverständlich zu sein. Aber wie sieht es z. B. mit einem Theologiestudium aus, an dessen Ende der Examenskandidat religiöse Schriften wie die *Bhagavadgita* oder den *Koran* noch nicht einmal zur Kenntnis zu nehmen braucht, um das Examen zu bestehen.

3. Die Auseinandersetzung mit den neuen religiösen Offenbarungen sollte indessen nicht von Opportunismus und beliebiger Toleranz geprägt sein. Es geht immer wieder dabei um die Frage nach verantwortbaren Kriterien, die die Geister scheiden. Maßstab für ein solches Kriterium kann auf keinen Fall allein der eigene evangelische, christliche – oder wie er auch immer sich etikettieren mag – Wahrheitsanspruch sein. Es muss immer auch darum gehen, den Wahrheitsanspruch der neuen Offenbarungen immanent an sich selbst zu prüfen und dabei das Verhältnis von Anspruch und Wirklichkeit die-

ser Glaubens- und Lebensgemeinschaften im Auge zu behalten. In diesem Sinne sind obige Erörterungen auch nur bedingt adäquat, vor allem im Hinblick auf ihre Wertungen und ihre Kritik gegenüber den neuen religiösen Konzepten.

4. Die Gratwanderung kirchlicher Apologetik zwischen toleranter Beliebigkeit und orthodoxer Stigmatisierung fremdartiger religiöser Erscheinungen ist eine holperige Angelegenheit. Kirchliche Auseinandersetzung mit fremden und andersartigen Offenbarungen, wenn man sie denn so nennen darf, sollte mehr integrativen als apologetischen Charakter tragen. Denn entweder ist Theologie als ganze Apologie im Sinne einer Antwort des Menschen auf den sich offenbarenden Grund des Seins, wie Tillich es etwa ausdrücken würde, oder sie ist es gar nicht. Die darin enthaltene Offenheit ist allerdings auch nicht allein im Sinne der Toleranz zu verstehen. Denn Toleranz heißt ja nur, dass wir den anderen erdulden, ertragen, leidlich annehmen, vielleicht nach der Devise des polnischen Aphorismendichters Stanislaw Jerzy Lec: „Liebet eure Feinde, vielleicht schadet das ihrem Ruf." Gibt es vielleicht die Möglichkeit, auch einen anderen Weg zu gehen, der mehr ist als Duldung, ohne den eigenen Standort zu verleugnen? Einer der beliebtesten Sätze von Goethe lautet in diesem Zusammenhang: „Toleranz sollte eigentlich nur eine vorübergehende Gesinnung sein: Sie muss zur Anerkennung führen. Dulden heißt beleidigen."[75]

5. So wäre am Schluss des theologischen Exkurses die Frage nach der Dialogfähigkeit christlichen Selbstverständnisses zu stellen. Auch hier scheint das, was Tillich einmal als die Struktur des interreligiösen Dialogs entwickelt hat, unüberholbar aktuell.

„Die erste Voraussetzung ist, daß beide Partner der Religion des anderen nicht ihren Wert absprechen, sondern sie als Religion gelten lassen, die letztlich auf Offenbarungserfahrung beruht (...) Die zweite Voraussetzung ist, daß beide Partner ihren religiösen Standpunkt mit Überzeugung vertreten können, sodaß das Gespräch eine ernsthafte Gegenüberstellung der verschiedenen Standpunkte ist. Die dritte Voraussetzung ist, daß es

---

[75] Goethe, Johann Wolfgang von: Sprüche in Prosa: Sämtliche Maximen und Reflexionen. Hrsg. von Harald Fricke. Frankfurt a.M. 2005, Nr. 6

eine gemeinsame Basis gibt, die sowohl Einigkeit wie Widerspruch ermöglicht. Und schließlich ist es nötig, daß beide Partner der Kritik zugänglich sind, die gegen ihre eigene religiöse Stellung gerichtet ist."[76]

Zahlreiche neue Bewegungen und Gemeinschaften lassen sich aber nicht als religiöse Offenbarung im oben entwickelten Sinne bezeichnen. Sie zeigen ganz andere Strukturen und außer- oder übersinnliche Erkenntnisse, die historiographisch und theologisch auf besondere Weise beschrieben werden sollten.

5. Neomystische Tendenzen in den Bewegungen des *New Age*

Eine der sicherlich hervorragendsten, wenn auch zum Teil umstrittenen Veröffentlichungen zum Thema *New Age* ist die Untersuchung von Christoph Bochinger *New Age und moderne Religion* aus dem Jahr 1994. Er widmet sich ausführlich der religionswissenschaftlichen und ethnologischen Analyse der mit diesem Begriff umschriebenen Bewegungen, ihrer Literatur und ihrer Wirkungsgeschichte:

„Der englische Ausdruck ‚New Age' hat sich in den 70er und 80er Jahren im deutschen Sprachraum eingebürgert. Zunächst nur vereinzelt zitiert, wurde er in den 80er Jahren zu einem Sammelbegriff für den nichtkirchlichen Teil der gegenwärtigen religiösen Szenerie."[77]

Ist die Begriffsgeschichte auch heterogen, so wird für Bochinger deutlich eine Verbindung zur alternativen Religiosität in Amerika sichtbar.

„In Nordamerika hat das Stichwort ‚New Age' eine ähnliche Karriere hinter sich, die allerdings früher begann und in der andere Akzente gesetzt wurden. Man spricht dort von ‚New Age Religions' im Plural (...). Obwohl viele der hierzulande mit ‚New Age' assoziierten Gruppen und Lehren von Amerika inspiriert sind, wäre es verfehlt, darin einen amerikanischen Import zu sehen, denn auch in Amerika ist ‚New Age' keine

---

[76] Tillich, Paul: Das Christentum und die Begegnung der Weltreligionen [1961 / 1963]. In: Gesammelte Werke Bd. V: Die Frage nach dem Unbedingten. Hrsg. von Renate Albrecht, Stuttgart 1964, S. 81

[77] Bochinger, Christoph: New Age und moderne Religion – Religionswissenschaftliche Analysen. Gütersloh 1994, S. 103

Einheit. Darüber hinaus haben sich die amerikanischen Impulse im deutschen Sprachraum verändert und mit autochthonen Momenten verbunden."[78]

Wesentlich ist dabei aber vor allem der Unterschied von *New Age* und den überlieferten Zeitalterlehren:

„Gerade die Tatsache, daß ,New Age' ein neudeutscher Anglizismus ist, kann für die genauere Charakterisierung der gegenwärtigen Szenerie in ihrer Vielfalt und Wandlungsfähigkeit behilflich sein: Während die Rede vom Neuen Zeitalter (groß- oder kleingeschrieben) schon in früheren Epochen und in den verschiedensten religionsgeschichtlichen Räumen von Bedeutung war, ist die Geschichte des Anglizismus ,New Age' im deutschen Sprachraum kurz und überschaubar. Der Ausdruck wurde in wenigen Jahren bekannt, erreichte eine Breitenwirkung, geriet bald darauf in Verruf und ist mittlerweile fast nur noch als Stichwort der Sekundärliteratur im Gebrauch."[79]

Nicht nur *New Age* sondern auch die gesamte neureligiöse Szenerie

„scheint durch das Fehlen bzw. die Auflösung traditioneller religiöser Strukturmerkmale charakterisiert zu sein: Es gibt keine Kirche, keine Lehre, kein Ritual, keine festgefügte religiöse Lebensordnung; sondern gerade die Beliebigkeit der Formen, das Schillern zwischen Kommerz und persönlicher Hingabe, zwischen modischen Accessoires und existentieller Erfahrung ist ein wesentliches Merkmal der Szenerie."[80]

Gewisse Affinitäten zur Mystik werden schon in diesen Kennzeichnungen erkennbar. Andererseits sind die New-Age-Bewegungen immer auch unter anderen Namen in der Diskussion.

Die Begriffe sind vielfältig. In vielen Veröffentlichungen werden die unterschiedlichen Bezeichnungen praktisch synonym gebraucht: *New Age, Esoterik, Neomystik*, alles scheint dasselbe zu sein. Klare und plausible Unterscheidungen zu finden, die religionswissenschaftlich tragen, mutet fast unmöglich an. Der Aufsatz von Hans-Jürgen Ruppert *Esoterik heute* –

---

[78] Bochinger, Christoph: New Age und moderne Religion, S. 103
[79] Bochinger, Christoph: New Age und moderne Religion, S. 103
[80] Bochinger, Christoph: New Age und moderne Religion, S. 104

Altes Wissen auf neuen Wegen [81] macht diese Aporie deutlich. Berührungen zu dem, was wir in der religionskundlichen Literatur unter Mystik verstehen könnten, werden auch hier sichtbar. Ruppert unterscheidet indessen zwischen *ernsthafter Esoterik*, wie er sie zum Beispiel in der *Theosophie* oder in der *Anthroposophie* zu entdecken meint und der Esoterikwelle eines „event- und erlebnishaften" Marktes. Er bezieht sich bei der Charakterisierung dieser neuen Strömungen oder Bewegungen in der *Neo-Esoterik* auf die Untersuchungen der amerikanischen Religionssoziologen Stark und Bainbridge[82], die unterscheiden zwischen *audience cult* („Publikumskult"), *client cult* („Klientenkult") und *cult movement* („Kultbewegung" in organisierten Weltanschauungsgemeinschaften). Letztere wird auch als *System-Esoterik* bezeichnet.[83]

Die neureligiösen Ansätze werden von Ruppert im Kontext der Dispersion des Religiösen[84] in der Gegenwart gesehen. Sie passten gut zu dem Individualismus einer modernen *Erlebnis-Gesellschaft*. Vor allem Bildungsbürger seien auf dem Trip: „Ich suche mir meine eigene Religion!"

Es entstehe so etwas wie eine „Verdünnung" von Religion und Weltanschauung, ein amorpher „ideologischer Nebel" vor dem Hintergrund einer diffusen monistischen Weltsicht. Diese führe wiederum zu einer Entgrenzung und Entdifferenzierung aller Lebensbereiche.

Umso spannender ist in diesem Zusammenhang ein Blick in die Theologiegeschichte und die Geschichte von Esoterik und Theosophie geworden. Darstellungen dessen, was man unter *Mystik* verstehen könne und wie neureligiöse Bewegungen sich darin einordnen lassen, begegnen uns nämlich ähnlich wie die *neuen Offenbarungen* schon in den Zwanzigerjahren.

Begriffliche Probleme mit neomystischen Ansätzen

Albert Schweitzer schreibt in seinem Buch *Die Mystik des Apostels Paulus*, das 1929 das erste Mal erschien, zum Begriff der Mystik:

---

[81] Ruppert, Hans-Jürgen: Esoterik heute – Altes Wissen auf neuen Wegen. In: *Materialdienst* der EZW, Nr. 9/1998, S. 257–273

[82] Stark, Rodney / Bainbridge, William Sims: The Future of Religion: Secularization, Revival and Cult Formation. Berkeley/Los Angeles 1985

[83] Vgl. hierzu die genaueren Ausführungen in Kap. IV: Heilungsbewegungen und Psychokulte.

[84] Ebertz, Michael N.: Kirche im Gegenwind. Zum Umbruch der religiösen Landschaft. Freiburg i.Br./Basel/Wien 1997

„Was ist Mystik? Mystik liegt überall da vor, wo ein Menschenwesen die Trennung zwischen irdisch und überirdisch, zeitlich und ewig als überwunden ansieht und sich selber, noch in dem Irdischen und Zeitlichen stehend, als zum Überirdischen und Ewigen eingegangen erlebt.

Es gibt eine primitive und eine vollendete Mystik. Die primitive Mystik hat den Begriff des Universums noch nicht erreicht und bewegt sich noch in naiven Anschauungen von irdisch und überirdisch, zeitlich und ewig. Das Eingehen zum Überirdischen und Ewigen läßt sie durch ein Mysterium, einen magischen Akt, zustande kommen. Durch diesen tritt der Mensch mit einem göttlichen Wesen derart in Gemeinschaft, daß er an dessen übernatürlicher Seinsart teilhat."[85]

Schweitzers Unterscheidung von *primitiver* und *vollendeter Mystik* nimmt einen Gedanken auf, wie ihn viele Religionskundler damals geäußert haben. Schweitzer setzt dem Begriff *Mystik* den des *Dogmas* gegenüber.

„Niemals kann Mystik Dogma werden. Niemals aber kann Dogma, ohne von Mystik umgeben zu sein, lebendig bleiben."[86]

In gewisser Weise ist nach Schweitzer Mystik immer dogmenkritisch, sie lässt sich institutionell nicht einbinden. Was für gravierende Schlussfolgerungen für ihn sich deshalb zu seinem Paulus-Verständnis ergeben, kann hier nicht das Thema sein. Aber für unsere Würdigung der neuen Mystik ist dieser Gedanke von erheblicher Bedeutung.

Ein zweites Beispiel aus dem Jahr 1926 sei hier erwähnt, das versucht die damals gegenwärtige religiöse Situation außerhalb der Großkirchen zu beschreiben.

Paul Tillich charakterisiert die Veränderungen im Bereich kirchlicher und außerkirchlicher Religiosität als ein Kulturereignis.

„Der Weg von der Religion zur Kultur ist nun ins Auge zu fassen. Dabei zeigt sich sofort eine Doppelseitigkeit: auf der einen Seite stehen die in-

---

[85] Schweitzer, Albert: Die Mystik des Apostels Paulus. In: Gesammelte Werke in 5 Bänden, Bd. 4, München 1965, S. 25
[86] Schweitzer, Albert: Die Mystik des Apostels Paulus, S. 498

5. Neomystische Tendenzen in den Bewegungen des New Age

nerkirchlichen Bewegungen, auf der anderen Seite zeigen sich eine Reihe außerkirchlich religiöser Bewegungen, die das Gesicht der Gegenwart zweifellos mehr bestimmen als jene."[87]

Er gewinnt in der Darstellung der außerkirchlichen Religiosität eine Unterscheidung, die gerade für unsere Frage nach der Mystik in der modernen Kultur relevant werden könnte:

„Wenn wir nun den Versuch machen, die zahlreichen religiösen Bewegungen unserer Tage zu gruppieren, so bietet sich folgender Gesichtspunkt dar: das Verhältnis des Endlichen zum Unendlichen, des Zeitlichen zum Ewigen kann grundsätzlich in doppelter Weise gemeint sein. Das Ewige kann aufgefaßt werden als das Gegenwärtige, Tragende, Erfüllende des Zeitlichen und seiner endlichen Form; es kann aber auch aufgefaßt werden als das Jenseitige, Fordernde, Richtende gegenüber allem Zeitlichen und jeder endlichen Form. Beides ist im Wesen des Ewigen und seinem Verhältnis zur Zeit enthalten. Beides strebt nach Ausdruck, und die ganze Religionsgeschichte ist ein Ringen um den Ausgleich beider Richtungen. Die erste Richtung ist verwirklicht von der mystischen Seite der Religion, sowohl der reinen Mystik wie der kultischen und sakramentalen Mystik; die andere liegt vor in den endgerichteten Bewegungen, in denen sich die Hoffnung auf eine jenseitige Vollendung mit dem Gedanken der Forderung und des Gerichtes verbinden."[88]

Es scheint, als könnten diese Zeilen auch 2009 geschrieben sein. Nicht wenige Religionswissenschaftler unterscheiden im außerkirchlichen Bereich die beiden religiösen Hauptströme ganz ähnlich: auf der einen Seite die *neomystisch-esoterischen* Bewegungen auf der anderen Seite die *adventistisch-charismatisch-fundamentalistischen* Bekenntnisgemeinschaften.

Konzentrieren wir uns nun nur auf die erste Richtung der von Tillich dargestellten religiösen Bewegungen und sehen in ihr eine Art Opposition zur etablierten Religiosität der Großkirchen, so folgert Tillich:

---

[87] Tillich, Paul: Die religiöse Lage der Gegenwart [1926]. In: Die religiöse Deutung der Gegenwart. Gesammelte Werke, Bd. 10, hrsg. von Renate Albrecht, Stuttgart 1968, S. 65–66; Hauptwerke, Bd. 5: Religiöse Schriften, Berlin/New York 1988, S. 74.

[88] Tillich, Paul: Die religiöse Lage der Gegenwart, S. 65–66 / S. 74

> „Es ist durchaus verständlich, daß der Gegenschlag gegen den Geist der bürgerlichen Gesellschaft von der mystischen Seite herkam."[89]

Tillich entdeckt in der neuen Mystik seiner Zeit eine Art Gegenbewegung gegen den Geist des Bürgertums und vergleicht diese Opposition mit den Wurzeln eben der bürgerlichen Kultur. Gegen „den katholischen Sakramentalismus ist die bürgerliche Gesellschaft entstanden"[90].

Nun ereile die bürgerliche Gesellschaft und die sie begleitenden Großkirchen ein ähnliches Schicksal wie die katholische Kirche im ausgehenden Mittelalter. Sie verlören den Bezug zu unmittelbaren Lebensformen. In der *Lebensphilosophie* von Johannes Müller erkennt Tillich zum Beispiel eine „Verkündigung des unmittelbaren Lebens", die im Gegensatz zur „Verdinglichung und Rationalisierung der Wirklichkeit sowohl in der bürgerlichen Philosophie wie in der kirchlichen Dogmatik"[91] stehe.

> „Er sucht die Quellen des inneren Lebens aus der dinglichen Verschüttung frei zu machen und hatte auf nicht wenige der jüngeren Generation eine wahrhaft priesterliche Wirkung."[92]

> „Er befreite sie von der Last der begrifflichen Gegensätze und stellte das religiöse Leben auf sich selbst."[93]

Diese scharfsinnige Charakterisierung neureligiöser Bewegungen könnte gleichermaßen auch heute noch gelten.

So wurde mit einem Mal die Wiederentdeckung der alten Mystiker in der vollkommen aufgeklärten Gesellschaft der Zwanzigerjahre zu einem wichtigen Anliegen. „Wichtiger wurde die Wiederentdeckung der alten Mystiker." Diese Tendenz verband sich zudem mit einem **interreligiösen** Grundanliegen der Zeit:

> „Die Grenzen des abendländischen Kulturkreises wurden überschritten. Wie die Mystik sich grundsätzlich über alle Formen zu dem namenlosen

---

[89] Tillich, Paul: Die religiöse Lage der Gegenwart, S. 66 / S. 74
[90] Tillich, Paul: Die religiöse Lage der Gegenwart, S. 66 / S. 74
[91] Tillich, Paul: Die religiöse Lage der Gegenwart, S. 66 / S. 74
[92] Tillich, Paul: Die religiöse Lage der Gegenwart, S. 67 / S. 74–75
[93] Tillich, Paul: Die religiöse Lage der Gegenwart, S. 67 / S. 75

5. Neomystische Tendenzen in den Bewegungen des New Age

Einen erhebt, so durchbrach die mystische Bewegung auch die christlich-europäischen Formen und fühlte sich bis Indien und China durch."[94]

Standen die neureligiösen oder besser neomystischen Bewegungen einerseits in Opposition zu den etablierten Großkirchen, so andererseits aber auch gegen den materialistischen, positivistisch-rationalen Zeitgeist.

„Durch die Gesamtheit dieser Einflüsse ergab sich eine Atmosphäre, in der ein mystisch gefaßter Gottesgedanke unmittelbare Gewißheit hatte. Die materialistische oder atheistische Lösung des Gottesproblems erschien mehr und mehr als gänzlich abwegig und unmöglich. Aber auch ein eigentlicher Pantheismus, wie ihn die geistig völlig dem 19. Jahrhundert angehörige monistische Bewegung vertritt, fand in den Kreisen der höheren Bildung kein Gehör mehr."[95]

Die Situation der Großkirchen kennzeichnet Tillich als ein Elend der religiösen Lage, das darin bestehe,

„daß die begrifflichen Formen, in denen der Gottesgedanke religiösen oder philosophischen Ausdruck gefunden hatte, durchweg zerstört oder kraftlos geworden waren. Eine kümmerliche, dauernd zurückweichende kirchliche Apologetik hatte die alten Begriffe noch mehr um ihre Schätzung gebracht. Von hier aus war eine Wendung undenkbar"[96].

Diese Warnung vor oberflächlicher kirchlicher Apologetik erscheint gerade vor dem Hintergrund der heutigen Sektendiskussion wieder aktuell.

Für Tillich besteht der Kern der neu entstehenden Religiosität darin, „daß jenseits aller Begriffsformen die unmittelbare Wirklichkeit des Religiösen entdeckt und zu lebendiger Anschauung gebracht wurde". Gerade darin liegt für ihn aber auch der Inbegriff der Mystik.

Die Mystik ist „ja selbst das Produkt der Zersetzung alter kultischer Formen und der Versuch, jenseits aller Formen mit dem göttlichen Abgrund eins zu werden"[97].

---

[94] Tillich, Paul: Die religiöse Lage der Gegenwart, S. 67 / S. 75
[95] Tillich, Paul: Die religiöse Lage der Gegenwart, S. 68 / S. 75
[96] Tillich, Paul: Die religiöse Lage der Gegenwart, S. 68 / S. 75
[97] Tillich, Paul: Die religiöse Lage der Gegenwart, S. 68 / S. 76

Diese Verbindung zwischen neureligiösen Ansätzen wird aber auf der anderen Seite von Tillich auch apologetisch hinterfragt auf der Grundlage seines Mystik-Begriffs.

Fundamentaler Unterschied heutiger Mystik zur alten

Die alte Mystik „ging hervor aus der Entwicklung einer positiven konkreten Religion und blieb dauernd mit ihr in engstem Zusammenhang. Der Mystiker überflog Kultus und Sakrament, aber er kritisierte sie nicht. Der moderne Mystiker dagegen verwendet die Mystik zur völligen Beiseiteschiebung der positiven Religion."[98]

Moderne Mystik habe darum einen ästhetischen Charakter – sie finde vor allem in der Dichtung und Darstellung statt.

Es fehle ihr „der Lebensernst, der den echten Mystiker immer auch zum Asketen machte". Sie bleibe im „bürgerlichen Individualismus". Warum kommt Tillich zu dieser kritischen Beurteilung neureligiöser Bewegungen? Ganz einfach deswegen, weil für ihn das Wesen dieser neuen Mystik in ihrem *okkulten* Charakter zu suchen sei.

„Okkultismus ist der Inbegriff all derjenigen Vorstellungen und Handlungen, die sich auf eine dem natürlichen Bewußtsein verborgene Wirklichkeit beziehen."[99]

„Wichtig dagegen ist für die Beurteilung unserer religiösen Lage die Frage, wie sich eine solche okkulte Zwischenwelt zur religiösen verhalten müßte. Dazu ist zu sagen, daß das in der Religion Gemeinte, also das Göttliche, das unbedingt Verborgene, das alle (auch okkulte) Erfahrung Übersteigende ist. Dem Ewigen gegenüber ist auch das Okkulte ein Zeitliches, Diesseitiges, Endliches. Religiöse Bedeutung hat die okkulte Sphäre durch sich selbst also nicht."[100]

Tillich gelingt es nicht, zu einer wertarmen Betrachtung neureligiöser Bewegungen vorzudringen. Seine Kritik an den neureligiösen Erscheinungen seiner Zeit impliziert ein bestimmtes theologisches Vorver-

---

[98] Tillich, Paul: Die religiöse Lage der Gegenwart, S. 68 / S. 76
[99] Tillich, Paul: Die religiöse Lage der Gegenwart, S. 68–69 / S. 76
[100] Tillich, Paul: Die religiöse Lage der Gegenwart, S. 69 / S. 76

5. Neomystische Tendenzen in den Bewegungen des New Age

ständnis von dem, was wahre, tiefe, echte Mystik sei. Und dieses Verständnis steht für ihn außer Frage. Die Frage, ob *okkulte Mystik* auch Mystik sei, wird von ihm eindeutig negativ beantwortet. Er entdeckt in ihr einen mechanistischen Zugang zur mystischen Erfahrung:

> „Das Gebiet der magischen Wirkungen von Mensch zu Mensch oder vom Menschen auf Dinge ist Ausdruck einer bestimmten psychisch-technischen Fähigkeit, wahrzunehmen und zu wirken."[101]

Nur der absolute Hiatus zwischen Wirklichkeit und Jenseits, zwischen dem Menschlichen und dem Göttlichen, zwischen Zeit und Ewigkeit ist für ihn konstitutiv und kennzeichnet echte mystische Erfahrung:

> „Die Mystik, auch die neuplatonische, bricht in ihrer letzten und ersten Setzung durch die Geistes- und Ideenwelt hindurch zu dem Abgrund, der jenseits aller Formen liegt. Sie kennt den Sprung aus der Zeit, auch der überirdischen Zeit, in die Ewigkeit. Nur dann haben Theosophie und Anthroposophie religiösen Charakter, wenn sie auch die Zwischenwelt unter sich lassen. Sonst bringen sie es zu einer Weltanschauung, die wohl in hohem Maße hinweisend auf das Göttliche sein kann und insofern in Widerspruch steht zum Geist der bürgerlichen Gesellschaft, aber sie bringen es nicht zu einer eigentlichen religiösen Haltung."[102]

Ausdrücklich sollte aber an dieser Stelle betont werden, dass, so scharfsinnig die Beschreibungen Tillichs für gewisse neomystische Strömungen auch sein mögen, seine Würdigung von Anthroposophie und Theosophie – milde ausgedrückt – wenig kenntnisreich ist. Bleiben wir darum mehr auf der Ebene seiner Darstellung der religiösen Lage allgemein und beziehen seine Aussagen auf das was heutzutage als Esoterik auf dem neureligiösen Markt erscheint, dann können wir vielleicht seinem Gedanken folgen, dass für fast alle dieser Angebote, in denen „okkulte und religiöse Elemente verschmolzen sind" dasselbe gilt.

> „Die auf Willensmystik, Atemtechnik und ähnliches gegründeten Gemeinschaften wie die Christliche Wissenschaft, die Gesundbeter, Mazdaznan usw. reichen ihrem Prinzip nach wohl in die okkulte, nicht aber

---

[101] Tillich, Paul: Die religiöse Lage der Gegenwart, S. 69 / S. 77
[102] Tillich, Paul: Die religiöse Lage der Gegenwart, S. 69 / S. 77

in die religiöse Welt. In dieser Mystik zweiter Ordnung ist überall eine Steigerung des menschlichen Bewußtseins mit religiöser Haltung verwechselt. Die in sich ruhende Endlichkeit ist zwar zwiespältig geworden, sie zerfällt in eine niedere und eine höhere Sphäre; aber sie ist nicht wirklich durchbrochen, denn auch die höhere Welt bleibt Welt, während in der echten Mystik die Welt aller Stufen vor dem unanschaubaren Jenseits der Welt, vor dem Ewigen verschwindet. Eine Überwindung des Geistes der in sich ruhenden Endlichkeit kann der Okkultismus als solcher nicht erwirken. Er kann an vielen Stellen auflockern, er kann auf die Welt der wahren Wesenheiten hinweisen, aber kommt nicht darüber hinaus. So wichtig er darum für die religiöse Lage der Gegenwart ist, so begrenzt ist eine grundsätzliche religiöse Bedeutung."[103]

Tillichs Unterscheidung von *religiöser* und *okkulter Mystik* könnte eventuell helfen, gewisse neureligiöse und neomystische Erscheinungen kritisch zu hinterfragen.

Dennoch bleibt ein gewisses Unbehagen: Wird hier nicht ein bestimmter theologischer Begriff von Mystik gewonnen, der andere Möglichkeiten und Erfahrungen mystischen Erlebens von vornherein ausschließt?

Warum wird die okkulte Mystik in Bausch und Bogen religionsphilosophisch abgewertet?

Die religionskundlichen Darstellungen folgen doch vielleicht zu schnell kirchlich-theologischer Begriffsbildung. Die großen Erörterungen über das Wesen der Mystik, wie wir sie kennen von Nathan Söderblom, Friedrich Heiler, Rudolf Otto und anderen, die klaren Unterscheidungen zwischen prophetischer Frömmigkeit und mystischer Frömmigkeit, Heilers Unterscheidung zwischen personaler Gottesmystik und impersonaler Unendlichkeitsmystik kennzeichnen den Versuch, reflektierend traditionale Elemente der Mystik auf die Gegenwart zu beziehen.

Auf der anderen Seite gibt es, wie oben schon erwähnt, seit der Jahrhundertwende eine relativ breite esoterische Bemühung aus der *Theosophie* heraus, das, was mystisches Erleben in der Neuzeit meinen könnte, neu zu durchdenken. *Okkulte Erkenntnis* und okkultes Erleben erhält in ihr eine ganz andere Bedeutung. Bahnbrechendes leistete hier die neu

---

[103] Tillich, Paul: Die religiöse Lage der Gegenwart, S. 71 / S. 78

5. Neomystische Tendenzen in den Bewegungen des New Age 75

entstandene *Anthroposophie* auf der Grundlage der theosophischen Weltanschauung. In seiner Schrift *Wie erlangt man Erkenntnisse der höheren Welten?*, vorzüglich paraphrasiert in dem Vortrag *Die psychologischen Grundlagen und die erkenntnistheoretische Stellung der Anthroposophie*[104] versucht Rudolf Steiner gewissermaßen eine Brücke zu bauen zwischen dem religionspsychologischen Begriff mystischen Erkennens und einer Art „übersinnlichen Erkenntnis". Ob Steiners Darstellung der Mystik-Tradition in jeder Hinsicht nachvollziehbar ist, sei in diesem Zusammenhang dahingestellt. Dennoch gibt es in seinem Erkenntnismodell einen Ansatz, der das neomystische Treiben in der Gegenwart möglicherweise besser erfassen lässt als die klassischen Begriffssysteme, obgleich der weltanschauliche Anteil der Anthroposophie dabei eine nicht unerhebliche Rolle spielt. Dieser Zusammenhang verwehrt es, Steiners Erkenntnismodell auch nur annähernd ausführlich zu beschreiben. Es soll jetzt nur auf einen Aspekt ankommen, der sich in dem andeutet, was Steiner unter „intuitiver Erkenntnis" versteht.

Der Weg zu dieser Erkenntnis ist für Steiner streng methodisiert. Der Geistesforscher, wie er ihn nennt, geht einen bestimmten Weg, der ihn durch Wiederholung verschiedener „Seelenübungen" von der Imagination über die Inspiration zur Intuition führt. Diese Entwicklung ermöglicht nach Steiner eine das „Selbst" des Erkennenden grundlegend verändernde Erkenntnis.

> „Er muß die Seele frei machen können von allem, was noch unter der Nachwirkung seiner an die sinnliche Außenwelt sich anlehnenden Übungen erlangt worden ist."[105]

Die anthroposophische Erkenntnislehre ist also zwar auf der einen Seite an sinnliche Erfahrung und die durch Logik und Erkenntnistheorie strukturierte Denkweise gebunden: „Die wahre Geistesforschung nimmt den ganzen inneren Seelenapparat von Logik und Selbstbesonnenheit mit."[106] Aber in der Durchdringung dieser Elemente der Er-

---

[104] Steiner, Rudolf: Die psychologischen Grundlagen und die erkenntnistheoretische Stellung der Anthroposophie. In: Philosophie und Anthroposophie. Gesammelte Aufsätze 1904–1923, Gesamtausgabe Bd. 35, Dornach 1984, S. 16–39

[105] Steiner, Rudolf: Die psychologischen Grundlagen, S. 27

[106] Steiner, Rudolf: Die psychologischen Grundlagen, S. 33

kenntnis, in der Unterdrückung dessen, was das „Selbst" auf diese Weise rational steuert, ergibt sich für den Geistesforscher ein „unmittelbares Verhältnis des Selbst zur übersinnlichen Welt"[107]. In einem weiteren Schritt, der den Übergang zur „intuitiven Erkenntnis" kennzeichnet, wird es dem Erkennenden möglich, dass das Selbst „sich dem Leeren gegenüber findet". Oder aber, und dieses erscheint mir nun für unseren Gedankengang wesentlich zu sein:

> „Oder aber es wird sich dem Wesenhaften der übersinnlichen Welt noch unmittelbarer gegenübergestellt finden als bei der inspirierten Erkenntnis. (...) bei der hier charakterisierten Erkenntnisart, ist das Selbst vollständig ausgeschaltet. Will man einen dem gewöhnlichen Bewußtsein angepaßten Ausdruck haben für diese Seelenverfassung, dann kann man sagen: das Bewußtsein erlebe sich nunmehr als Schauplatz, auf dem ein wesenhafter übersinnlicher Inhalt nicht vorgestellt wird, sondern sich selbst vorstellt."[108]

Was dies gerade auch im Hinblick auf die Menschenkunde Rudolf Steiners bedeutet, soll hier auch weiterhin unerwähnt bleiben.

Worauf es ankommt und was auch die neomystischen Erkenntnisweisen strukturiert, sei noch einmal kurz zusammengefasst:

a) die Annahme Steiners einer übersinnlichen Welt. Eventuell deutet sich hier gewissermaßen das an, was Tillich „Zwischenwelt" nannte und was er für das religiöse Leben als zu überwindende Dimension beschrieb. Die Frage ist nur, ob bei Tillich nicht zu stark theologisch gewertet wird, und wir eine ganze Reihe von theosophischen Erlebniswelten gewissermaßen durch radikalmetaphysische Voraussetzungen abwerten. Könnte es sein, dass wir auch bei der religionsphilosophischen Betrachtung der Mystik zu ganz ähnlichen Konsequenzen kämen, die uns durch die Emanationslehren aus dem *Neuplatonismus* und aus der mittelalterlichen *Kabbala* Einblicke in eine Welt ermöglichen, die zwischen Himmel und Erde ein Jenseits beschreiben oder besser erleben, das uns über eine pure negative Theologie heraushebt? Ich verweise in diesem Zusammenhang auf den hervorragenden Auf-

---

[107] Steiner, Rudolf: Die psychologischen Grundlagen, S. 29
[108] Steiner, Rudolf: Die psychologischen Grundlagen, S. 29

5. Neomystische Tendenzen in den Bewegungen des New Age

satz von Gershom Scholem *Das Ringen zwischen dem biblischen Gott und dem Gott Plotins in der alten Kabbala*[109] und auf das Buch von Karl Albert *Einführung in die philosophische Mystik*.

b) Die zweite Annahme Steiners betrifft seinen Erkenntnisbegriff. Sollte es möglich sein, einen Erkenntnisbegriff zu erhalten, der die Subjekt-Objekt-Spaltung überwindet zugunsten eines Erlebens, das analoge Verbindlichkeit erhält wie das rationale Erfassen von Gegenständen, in dem aber gewissermaßen Subjekt und Objekt vertauscht werden? D. h. nicht ich erkenne etwas, sondern es erkennt sich etwas in mir? Philosophisch entstünde so etwas wie ein „Aufstieg zur unmittelbaren Schau des Seins"[110]. Die Erfahrung zahlreicher neomystischer Meditationsansätze versucht, das Individuum von dem Druck des aktiven Produzierens von Erkenntnissen und bestimmten Erlebnissen zu befreien.

c) Ein weiterer Aspekt in der Steinerschen Erkenntnislehre bezieht sich auf die streng methodisierte Form des Erlebens. Er versucht auf diese Weise der Begegnung mit den „übersinnlichen Welten" den Charakter der bloßen subjektivistischen Spinnerei zu nehmen, ein Einwand, der gerade immer wieder von der theologischen Betrachtung okkulter Erkenntnis erhoben wird. Übersinnliche Erkenntnis und Wissenschaft, intuitives Erleben und rationaler Diskurs müssen keinen Gegensatz bilden.

d) Okkulte Erkenntnislehre mündet in die Vorstellung von einer, alle manifesten Religionen übersteigenden kosmischen Wahrheit, in der *Mikrokosmos* (Menschenkunde) und *Makrokosmos* (Weltenlehre) einander entsprechen. Sie enthält sowohl ein Moment des personalen Gotteserlebens wie des im klassischen Sinne impersonalen Unendlichkeitsstrebens. Der Synkretismus ist ihr inhärent.

e) Okkulte Erkenntnislehre wird indessen nicht mechanistisch gedacht. Der Generalverdacht Tillichs und seiner nachfolgenden Apologetengenerationen erscheint problematisch. Im Gegenteil, Steiner wird nicht müde, immer wieder zu betonen, dass der übersinnliche Erkenntnisprozess letztlich ambivalent und nicht verfügbar ist.

---

[109] Scholem, Gershom: Das Ringen zwischen dem biblischen Gott und dem Gott Plotins in der alten Kabbala. In: Über einige Grundbegriffe des Judentums. Frankfurt a.M. 1996, S. 9–52

[110] Albert, Karl: Einführung in die philosophische Mystik. Darmstadt 1996. Vgl. hier seine Darstellung der durch Eros bestimmten Erkenntnis des Letztletzten bei Plato, S. 59

Eine solche religionsphilosophische Betrachtung aus der Sicht der Theosophie ist zwar durchaus problematisch, vor allem im Hinblick auf ihre begriffliche Klarheit. Andererseits kennzeichnet auch die neuere Diskussion über die Mystik eine gewisse Verlegenheit, wie man anders zu ihr durchdringen könnte. Nicht umsonst schreibt Georg Schmid in seinem Buch *Die Mystik der Weltreligionen*:

> „Weil der Mystiker in allen philosophischen Konzepten und Bildern, die er vorlegt, nie das Bild und das Konzept meint, sondern in der bewußten Vielfalt und Widersprüchlichkeit der Bilder und Konzepte das Erleben der *unio* oder der Erleuchtung anspricht, deshalb greift letztlich alles Typologisieren und Katalogisieren ins Nebensächliche und Unwesentliche. Eine Mystikforschung, die sich in erster Linie dem Typologisieren verschreibt, verliert sich im voraus ans Unwesentliche."[111]

Aus diesem Grunde sind aber auch gerade die apologetischen Umgangsweisen mit neureligiösen Erscheinungen fragwürdig, wie folgende Argumente zeigen:

Theologisch-apologetische Probleme

Wir kehren noch einmal zurück zu den Ausführungen von Hans-Jürgen Ruppert, weil sie in gewisser Weise typisch sind für die moderne apologetische Würdigung esoterischer Angebote. Es sind vor allem drei Argumente, die uns in der theologischen Literatur immer wieder begegnen und die auch Rupperts Grundeinwände gegenüber der Neuesoterik bestimmen:
1. der angebliche „weltanschauliche *Monismus*" in der Rede von einer „einheitlichen, universellen Lebensenergie",
2. der „pädagogische *Evolutionismus*": ein sogenannter moderner „Fortschrittsglaube", ein „mystischer *Utopismus*"[112],
3. „eine für die *Gnosis* typische Erkenntnis- und Erlösungslehre im Sinne von Selbsterkenntnis als Erlösung."[113] Diese laufe auf eine moderne „Selbstverwirklichungs-Eschatologie" hinaus: „Erinnere dich, dass du ein Gott bist."

---

[111] Schmid, Georg: Die Mystik der Weltreligionen – Eine Einführung. Zürich 1991, S. 73
[112] Ruppert, Hans-Jürgen: Esoterik heute – Altes Wissen auf neuen Wegen. In: *Materialdienst* der EZW, Nr. 9/1998, S. 264
[113] Ruppert, Hans-Jürgen: Esoterik heute, S. 264

Diese Charakterisierung ist aus mehreren Gründen schwierig. Einmal, weil sie religionswissenschaftlich problematisiert werden könnte, denn in der neueren Esoterik sind ebenso deutlich monistische wie dualistische Elemente enthalten. Außerdem spielen Begriffe wie Gnade und Schicksal gleichermaßen eine große Rolle. Und inwieweit man von *Gnosis* oder *Neo-Gnosis* sprechen kann, erscheint zumindest fragwürdig. Der moderne Synkretismus ist nur sehr schwer auf einen bestimmten theologiegeschichtlichen oder religionsgeschichtlichen Nenner zu bringen.

Ebenfalls problematisch erscheint es, wenn die apologetische Literatur ständig bestimmte theologische Topoi zur Bewertung neu-esoterischer Angebote heranzieht, um ihr auf diese Weise eine sogenannte „biblisch-evangelische" Alternative entgegenzuhalten.

An folgenden fünf protestantischen Prämissen unserer Tage wird dies besonders deutlich:
1. personaler Gottesglaube versus universaler Energie,
2. Schöpfungsgedanke versus Emanation und kosmischer Evolution,
3. Rechtfertigungslehre versus Karma,
4. biblisches Menschenbild versus gnostischer Dualismus,
5. Auferstehung versus Reinkarnation.

Alle fünf Topoi sind in ihrer jeweiligen Religionsgeschichte und in ihren biblischen Zusammenhängen derart heterogen und vielschichtig, dass eine solche Gegenüberstellung religionswissenschaftlich zumindest zweifelhaft erscheint. Wie unterschiedlich sind die Gottesbilder im Alten und Neuen Testament? Enthält nicht sogar der paulinische Glaubensbegriff ein Moment religiöser Leistung? Lässt sich der Emanationsgedanke nicht ansatzweise auch in der johanneischen Theologie entdecken? Ist die Bibel wirklich frei von gnostischen Grundzügen? Welche Bedeutung hat der Begriff der Wiedergeburt im Neuen Testament? Die klaren Begriffe und Bewertungen neomystischer Bewegungen entstammen eventuell eher dem theologischen Interesse und weniger dem biblischen Befund.

An dieser Stelle wird für mich auch ein Mangel in der protestantischen Theologie der Gegenwart und der jüngeren Vergangenheit deutlich. Ein Mangel, der in der Theosophie und in der Esoterik neu diskutiert wird. Es handelt sich dabei um das, was Tillich „die Zwischenwelten" nennt. Die große Kluft zwischen Transzendenz und Immanenz, zwischen dem Jenseits Gottes und dem Diesseits der Welt wird von der Theosophie ganz grundsätzlich infrage gestellt. Sie knüpft dabei an die antike Dämonen- und Ätherlehre ebenso an wie an die mittelalterliche Metaphysik, die Engel- und Geisterlehren, die Frage nach einem Jenseits, das bildhaft und symbolisch die mystischen Erfahrungen durchdringen kann. Die protestantische Theologie verdrängt solche Wirklichkeitserfahrungen grundsätzlich durch den Begriff des *Aberglaubens*, mit dem sie Magie und Okkultismus abwertet. Über ihr schwebt das Damoklesschwert des „Entmythologisierungsprogramms". Dennoch bleiben die Fragen und das Erleben mystischer Geisterbegegnungen. Der absolute, heilige Geist der Bibel ist scheinbarer Gegner eines Glaubens an Geister. Aber sollen wir diese Erfahrungsebenen nur den Esoterikern und den Theosophen überlassen? Wie könnte eine Antwort aussehen, die versucht, das Erlebnis höherer Welten zu integrieren?

Nur wer sich diese Frage ernsthaft stellt, könnte auch zu einem Gesprächspartner für die gegenwärtigen Ansätze des *New Age* werden. Wie sich solche Jenseitserfahrungen in den neureligiösen Bereichen artikulieren, sollten wir nicht aus dem Blick verlieren.

Trotz aller Unvoreingenommenheit und Differenzierungen in der Begegnung mit der neuzeitlichen Mystik und der auf verschiedenartigen Offenbarungen beruhenden religiösen Gemeinschaften, bleibt die Frage nach den Grenzen des „Erträglichen". Wann wird eine Organisation oder Bewegung zur konfliktträchtigen, schwer tolerierbaren Zeiterscheinung? Gibt es problematische Züge, die Organisationen mit Recht zum Gegenstand öffentlicher Kritik werden lassen? Darüber sollte auch grundsätzlich nachgedacht werden.

6. Neureligiöse Bewegung und „destruktive Kulte"

Aus der Situation der Betroffenheit und der erfahrenen Schädigung entstand in Amerika der Begriff des *destructive cult,* des „destruktiven Kults". In der amerikanischen Religionswissenschaft gibt es wohl den Begriff *cult* als auch den Begriff *denomination* für Religions- und Glaubensgemeinschaften. Die mehr wertfreie, liberale Betrachtung der neu-

6. Neureligiöse Bewegung und „destruktive Kulte"

religiösen Szene in den USA war in Deutschland in diesem Maße bislang nicht möglich. Die Frage nach den Grenzen des Pluralismus wird eben aus der Situation der Betroffenheit anders diskutiert als auf der Ebene wissenschaftlicher Beschreibung.

Andererseits ist es nicht zu übersehen, dass sich in dem immer größer werdenden Spektrum neureligiös-weltanschaulicher Gemeinschaften Organisationen einnisten, die nur schwerlich den Namen verdienen, den sie sich nach außen hin geben. Hier aber liegt das Problem der vorsichtig-differenzierenden Beschreibung.

Es gibt die zahlreichen Einzelfälle dramatisch veränderter Biografien, schwerer psychischer Abweichungen, zerrütteter Familien, finanzieller Ruinierungen, die durch religiös-weltanschauliche Beeinflussungen entstanden sind und Menschen in eine für sie bedrohliche Situation gebracht haben.

Damit ist das Dilemma angedeutet, zwischen einer apologetisch-diskriminierenden Stigmatisierung neureligiöser Gemeinschaften einerseits und toleranter Beliebigkeit andererseits einen Weg zu finden, der der Vielfalt gerecht wird, Maßstäbe zu entwickeln, die einen kritischen Umgang mit destruktiven Erscheinungen in der Bandbreite des religiösen Angebots ermöglichen.

Außerhalb der religiösen Großinstitute ergibt sich daher ein vielfältiges und schillerndes Gebilde neureligiöser Angebote, das sich vielleicht folgendermaßen unterteilen lässt:
1. die neureligiösen Gemeinschaften und Psychokulte, die als fest strukturierte Organisationen auftreten (z.B. *Scientology, Vereinigungskirche, Universelles Leben, TM* u.a.);
2. die Veränderung in dem Bereich der sogenannten „klassischen Sekten", die sich zum Teil als fundamentalistische, aber auch als sich öffnende Organisationen darstellen können (z.B. *Zeugen Jehovas, Christliche Wissenschaft, Mormonen, Freie Bibelgemeinde* u.a.);
3. die Bereiche der Neomystik, der Esoterik und des Okkultismus, die zu keinen fest gefügten Organisationen führen. Sie erscheinen auf dem Markt der Möglichkeiten mehr in Form von häufig individuell angebotenen weltanschaulichen Konzepten über kleine sporadisch auftretende Workshops, Seminare und Heilgruppen bis hin zum aus-

gedehnten Büchermarkt, der derzeit Kaufhäuser und kleine Läden überschwappt (z. B. Kartenleger, Geistheiler, *Reiki*, parapsychologische Experimente, u. a.).

In allen drei Bereichen, vor allem im ersten, ergeben sich destruktive Momente, die unterdessen gesellschaftlich bedeutsam geworden sind und die kritisch hinterfragt werden müssen. Der ehemalige Sekten- und Weltanschauungsbeauftragte von Bayern, Friedrich Wilhelm Haack hatte zu Beginn der öffentlichen Auseinandersetzung über diese „Neureligionen" Kriterien angegeben, die lange Zeit als zentrale Merkmale der *Jugendreligionen* galten:
1. das „rettende Rezept", das eine bestimmte *Weltanschauung* verabsolutiert und diese allen anderen Weltanschauungen gegenüberstellt,
2. der „heilige Meister", der als lebende, zentrale *Kultfigur* die Organisation beherrscht,
3. die „gerettete Familie", die eine eigene, meistens rigide strukturierte *alternative Lebensgemeinschaft* darstellt.

Diese drei Merkmale sollten präzisiert werden, um eine deutlichere Unterscheidung des *destruktiven Kults* gegenüber anderen neureligiösen Bewegungen zu ermöglichen.

Nimmt man die gegenwärtige Diskussionslage ernst, dann ergeben sich eine Reihe von Präzisionen und Ergänzungen in der Darstellung destruktiver oder konfliktauslösender Momente neureligiöser Kulte. Sie lassen sich etwa folgendermaßen umschreiben. Ein Kult gerät immer dann in Konflikt mit der ihn umgebenden demokratischen Gesellschaft, wenn er folgende Kriterien erfüllt:
1. Er bildet eine von der gesellschaftlichen Umgebung isolierte Gemeinschaft, die sich strikt von der Außenwelt abgrenzt. Die Mitglieder leben wie auf einer Insel (*Insulation*) der Seligen, ihre Kommunikation mit der sie umgebenden Gesellschaft wird auf ein Minimum begrenzt.
2. Es besteht eine krasse Diskrepanz zwischen äußerer Erscheinung des Kults und der internen Wirklichkeit. Diese Diskrepanz wird vonseiten des Kults systematisch verschleiert. Er reagiert empfindlich bis aggressiv auf Untersuchungen und Hinterfragungen, stellt

6. Neureligiöse Bewegung und „destruktive Kulte"

sich öffentlichkeitsscheu und abwehrend vor seine internen Verhältnisse. Ein Außenstehender hat keine Möglichkeit, Einblick hinter diese Fassade zu bekommen.

3. Der Kult entwickelt ein religiös-weltanschauliches Konzept, das *doktrinäre Züge* trägt. Dieses Konzept, das wir im weiteren Verlauf *religiöse Ideologie* nennen wollen, verfolgt Andersdenkende, trägt rassistische Züge oder verlangt den *totalen Gehorsam* gegenüber den Führergestalten dieses Kults. Gedanken, die eigene Grenzen aufzeigen, Toleranz gegenüber Andersdenkenden sind dieser Ideologie fremd. Dem Konzept entsprechend führt der Kult ein rigides, auf Bestrafung und Belohnung beruhendes Regiment, das die Anhänger zu willigen und gefügigen Rädchen in der Organisation werden lässt, ohne dass dies ihnen selbst bewusst wird. Sie fühlen sich frei und ungebunden, sind indessen reines Anhängsel der Kultmaschinerie.

Folgende drei Kriterien klassifizieren die *religiöse Ideologie:*

3.1 Die religiöse Ideologie vermischt religiöse Inhalte verschiedenster Herkunft mit faschistoiden politischen Gedankeninhalten. Besonders wichtig ist dabei das *Führerprinzip*.

3.2 Die religiöse Ideologie entwickelt ein doktrinäres Weltanschauungskonzept, das naiv-dualistisch nur schwarz und weiß, böse und gut, Freund und Feind kennt. Ihr Heilsversprechen vertritt einen Absolutheitsanspruch, der jeder Abweichung feindselig gegenübersteht ist. Daraus ergibt sich ein Elitebewusstsein, das den Andersdenkenden diskriminiert.

3.3 Die religiöse Ideologie fanatisiert ihre Anhänger systematisch, sodass sie nur noch über ein eingeschränktes Wahrnehmungsvermögen verfügen. Gegen Kritiker erlaubt dieses Konzept, unerbittlich vorzugehen.

4. Hinter dem Deckmantel der „Gemeinnützigkeit" verbergen sich *rein wirtschaftliche Ziele,* die den Kult zu einem profitablen Unternehmen werden lassen. Er gründet sogenannte *Tarnorganisationen,* die, von ihm geführt und inspiriert, den wirtschaftlichen Erfolg zur obersten und zum Teil einzigen Maxime erheben. Kultabhängige werden zu kostenlosen Arbeitskräften, die mehr oder weniger unentgeltlich Tag und Nacht für die Organisation arbeiten.

5. Es werden *pseudotherapeutische* Angebote gemacht mit Heilungsgarantien, die aufgrund mangelnder Qualifikation in keiner Weise gewährleistet werden können. Selbsternannte Heiler, Therapeuten, Meister oder Trainer etikettieren sich mit Titeln, die Kompetenz und Erfahrung vorgeben. Aufgrund ihrer mangelnden diagnostischen Fähigkeiten bringen sie labile Persönlichkeiten und latent psychisch Kranke in ausweglose Situationen, die später nur mühsam psychotherapeutisch und psychiatrisch behandelt werden können.
6. Der Kult übt Gruppendruck auf seine Mitglieder aus, kontrolliert ihr soziales Milieu, ihre familiären und freundschaftlichen Kontakte (*Milieukontrolle*), schreibt eine bestimmte *Nomenklatur* vor (*Sprach- bzw. Bewusstseinskontrolle*). Gegenüber Abtrünnigen oder Kritikern wendet er massiven Druck an. Nach außen wird der Eindruck erweckt, alle Mitglieder des Kults lebten in Harmonie und Eintracht. Eine innerorganisatorische Kontroverse wird entweder strikt verborgen oder von vornherein zum Schweigen gebracht.
7. Gegenüber kritischen Anfragen von außen oder von innen, entwickelt der Kult *Verfolgungswahn*, er glaubt sich gesellschaftlich in die Enge gedrängt und interpretiert skeptische Berichte als Verschwörung gegen seine Existenz. Die innergesellschaftliche Diskussion seiner Praktiken wird nicht selten mit der Verfolgung während der NS-Zeit oder mit der kirchlichen Inquisition verglichen.

Selbstredend gelten diese Kriterien in der neureligiösen Szene in unterschiedlicher Weise und in verschiedenem Maße, erscheinen aber trotzdem als hilfreich und hinreichend präzis, um das Spektrum zu differenzieren. An dieser Stelle gilt es, klar und deutlich Grenzen zu ziehen, damit ernstzunehmende neureligiöse Ansätze eine Chance haben, sich auch als Alternative zu den Großkirchen zu etablieren. Sollte einerseits die Rundum-Ächtung als „Sekte" durchaus vermieden werden, gilt es doch, den Tatbestand *destruktiver bzw. konfligierender Wirkungen* klar zu benennen und zu beschreiben, um Menschen vor dem Schicksal der *Kultabhängigkeit* zu bewahren.

Im Folgenden wird zunächst allgemein dargestellt, wie sich die *Kultkarriere* gewissermaßen prototypisch entwickelt bis hin zu einer *neuen Kultidentität*.

7. Die prototypische Kultkarriere

1. Schritt: Missionsgespräch

Sabine M. wird auf der Sögestraße angesprochen: „Bist du glücklich? Oder hast du Probleme?" Sie reagiert verunsichert, aber doch interessiert. Endlich einmal wird sie angesprochen, muß sie nicht den ersten Schritt tun. Sie folgt dem freundlich-fröhlichen Missionar ins Center. Sie beginnt ihre Kultkarriere. Am Ende steht sie als psychisches und finanzielles Wrack da.

Eltern, Angehörige, Freunde fragen entsetzt: Wie konnte es dazu kommen? Die dramatische Persönlichkeitsveränderung, die radikale Änderung der Lebensverhältnisse erzeugt Erschrecken.

In den Fußgängerzonen der Innenstädte, an den Bahnhöfen, teilweise vor den Schultoren begegne ich den sogenannten *Missionaren*. Was mir anfangs vollkommen unklar war: Sie sind auf diese Gespräche im Kult lange Zeit trainiert worden. Nach außen hin erscheint alles so spontan und improvisiert. Die Missionare treten nur sehr selten allein auf, meistens mindestens zu zweit. Sie suchen ihre Ansprechpartner nach einem vorgegebenen Schema aus. Menschen, die zielgerichtet durch die Innenstadt gehen, werden weniger angesprochen als diejenigen, die suchend und also andeutend, dass sie innerlich unsicher, vielleicht sogar orientierungsschwach sind, durch die Stadt flanieren.

Die *Objekte für das Missionsgespräch* sollen in dieser ersten Begegnung herausgefiltert werden. Es kommen in erster Linie Menschen infrage, die sich in einer tief greifenden *Orientierungskrise* befinden. Probleme in der Familie, Arbeitslosigkeit, psychische Labilität, Schulprobleme haben im Leben des Angesprochenen *latent* oder *bewusst* eine solche Bedeutung erlangt, dass ihm ein Ausweg kaum oder gar nicht mehr möglich erscheint. Bestehende soziale Beziehungen, eventuell existierende Beratungs- oder Anlaufstellen haben ihre Relevanz verloren. Wichtig dabei ist die Tatsache, dass die von den Missionaren Angesprochenen diesen Umstand sich selbst gegenüber noch nicht eingestanden haben oder dazu bislang noch nicht in der Lage waren.

Aus diesem Grund ist der Gesprächseinstieg meist sehr direkt und unmittelbar: „Hast du Probleme?" oder „Glaubst du an Gott?" oder

„Bist du glücklich?" Ein wildfremder Mensch geht auf den Betreffenden zu und zielt direkt auf seine persönliche Befindlichkeit. Es wird nicht erst „lange herumgeredet", sondern der unmittelbare Zugang zur Persönlichkeit des Angesprochenen gesucht.

An dieser Stelle scheidet sich schon einmal die Spreu vom Weizen. Stabile Personen, die in einem für sie festen sozialen Bezugsrahmen stehen und eine klare weltanschaulich-religiöse Überzeugung haben, gehen achtlos vorüber oder reagieren abwehrend. Nur *Orientierungsschwache* sollen im Netz des Missionsgesprächs hängenbleiben.

Im Gespräch selbst haben die Missionare die Aufgabe, zunächst einmal nicht so sehr ihre neue Lehre zu entwickeln, um Befremdungen zu vermeiden, sondern sich selbst als *persönlichen Beleg eines neuen, alternativen Lebens* vorzuführen. Sie erscheinen als glückliche, in sich ruhende, immer fröhliche Menschen, die nichts anderes im Sinn haben, als andere glücklich zu machen. Die persönliche Zuwendung (in den USA auch *love bombing* genannt) zu den Problemen der Gesprächspartner steht im Vordergrund. Als Gesprächstaktik ist dies für den Außenstehenden nicht erkennbar. Am Ende des Missionsgesprächs steht die *Einladung, in das Zentrum des Kults zu kommen*.

2. Schritt: *Das erste Erlebnis im Zentrum des Kults*

Die Neulinge – wir nennen sie der Einfachheit halber *Novizen* – begeben sich in das Zentrum des Kults, zunächst im Bewusstsein, dieses nur einmal kennenzulernen.

Dort potenziert sich das Erlebnis auf der Straße. Es tritt ihnen eine Gemeinschaft erlöster, vollkommen glücklicher und stabiler Menschen entgegen, sich kennzeichnend durch dieses typische, wie der *Spiegel* es nennt, „seligmachende Grinsen". Die Mitglieder des Kults zeigen sich dem Novizen gegenüber als *liebende Gemeinschaft*. Der Novize soll das Gefühl des vollkommenen Angenommenseins erhalten: „Du bist einer von uns!" Typisches Zeugnis eines ehemaligen Kultabhängigen: „Ich hatte das Gefühl, die kennen mich schon immer!"

Die Gespräche drehen sich immer noch in erster Linie um die Belange und Probleme des Novizen. Von der Lehre, der Weltanschauung erfährt der Novize nur wenig, meist nur einige Bruchstücke. Das persönliche Erlebnis in der Gruppe steht im Vordergrund. Spruch der *Familie der Liebe*:

„Du mußt ein Baby sein, um in den Himmel zu kommen! Einem Baby kann man auch nicht sofort eine richtige Mahlzeit vorsetzen!"

Nur eines wird dem Novizen von der „neuen Lehre" zu Beginn vermittelt. Sie ist absolut anders, neu und radikal verändernd. Wer sich dieser Lehre anschließt, erfährt die völlige Umkehr zu einer glücklichen, vollkommenen, in sich ruhenden Persönlichkeit.

Von der totalitär-autoritären inneren Struktur des Kults ist am Anfang nichts zu spüren. Alles, was getan wird, erscheint, als käme es ganz auf den freien Willen und die innere Begeisterung der Kultmitglieder an.

Vor allem die Bedeutung des *Kultführers,* dessen Konterfei in den meisten Zentren gut sichtbar hängt, wird heruntergespielt: „Der, ach der hat nur einige wichtige Bücher geschrieben." Oder: „Bhagwan ist nur ein Witz!"

Auch die auf den Novizen zukommenden Anforderungen werden systematisch verschwiegen. Am Anfang sind die Preise, Spenden, Gebühren noch verhältnismäßig überschaubar. Die späteren finanziellen Belastungen stehen nicht in Rede.

Im Unterschied zu einem Noviziat in einem Kloster, das von vornherein den Interessenten die Anforderungen deutlich erklärt, außerdem dem Novizen ein jederzeitiges Verlassen des Klosters während der Phase des Noviziats einräumt, hält der *destruktive Kult* jegliche Informationen über seine Praktiken zurück.

3. Schritt: Der Weg in den destruktiven Kult

Die Novizen nehmen an Wochenendseminaren, an Meditationskursen, an Workshops teil. Sie machen vertiefte Erfahrungen mit dem Kult. Häufig tun Kultmitglieder so, als seien sie selbst neu in der Gruppe, und bestätigen die *wunderbaren Wirkungen* der durchgeführten Veranstaltungen. Diese geschickte Verkaufsstrategie wird in Amerika bezeichnenderweise als *snapping* benannt, das im Vorfeld der systematischen Beeinflussung stattfindet.

Der Kult fängt an, den Novizen zu *kontrollieren* (*Milieukontrolle*). Daten über ihn werden gespeichert, private, sehr persönliche Erkenntnisse gesammelt, um sie für alle Fälle verfügbar zu haben (z.B. der *kostenlose Persönlichkeitstest*). Mitglieder und Lehrer des Kults überprüfen die Wirkungen ihrer Maßnahmen. Alle erscheinen begeistert. In diesen Sog der Begeisterung wird der Novize mit hineingezogen. Zunächst ist die Kontrolle relativ unauffällig. Ein ehemaliges Mitglied der *Vereinigungskirche* erzählt vom ersten Schulungskurs in Camberg im Taunus. Der Tag war angefüllt mit Vorträgen und Belehrungen, stundenlangen Gesprächen mit den Schulungsleitern. Es gab nur wenig Pausen, in denen man sich erholen konnte:

> „Mir fiel auf, als ich in den Pausen gerne einmal nach draußen gehen wollte, um frische Luft zu schöpfen, daß alle Ausgänge des Zentrums besetzt waren mit den Mitgliedern der Moonies. Wenn man an ihnen vorbei wollte, wurde man sofort ins Gespräch verwickelt: Hast du noch Fragen? Ist es dir gut ergangen beim letzten Vortrag? Komm, laß uns doch noch ein wenig weiter sprechen. Das hat dazu geführt, daß ich mich gar nicht mehr nach draußen traute."

Äußert der Novize irgendwelche Einwände, Probleme mit den erfahrenen und auch anfangs gern finanzierten Maßnahmen, gibt es vonseiten des Kults ein ständig wiederholtes Antwortschema. Der Novize wird in seiner Problematik bestätigt:

> „Es ist toll, daß du dein Problem so gut erkennen konntest durch unseren Kursus. Darum haben wir auch die nächste Stufe für dich vorbereitet, die eben dieses Problem behandeln wird!"

Nicht wenige fallen auf dieses simple Argumentationsschema immer wieder herein.

Der Kult hat eine eigene Sprache, eine *Nomenklatur,* die dem Novizen augurenhaft nur stückweise vermittelt wird. Auch gängige Worte haben in den Augen des Kults eine ganz andere Bedeutung als in der Außenwelt. Bei *Scientology* bedeutet etwa das Wort „Ethik" Gehorsam gegenüber Scientology. Wenn die Kulte das Wort „Wissenschaft" benutzen, dann denken sie dabei an ihre religiös-spirituellen Weisheiten. Die akademische Bedeutung dieses Wortes ist ihnen vollkommen fremd.

Aus diesem Grund versteht der Novize vieles nicht, was ihm im Kult gesagt wird. Nur in Bruchstücken vermag er das Gelernte zu verarbeiten. Die anderen Mitglieder lächeln überlegen-mitfühlend: „Da kommst du auch noch hin!"

7. Die prototypische Kultkarriere

Die Novizen machen merkwürdige *Außenerfahrungen*. Sie vertreten die Bruchstücke der neuen alternativen Weltanschauung gegenüber Freunden, Arbeitskollegen oder Familienangehörigen, die den zum Teil sehr radikalen Vorstellungen befremdet gegenüberstehen. Sie können nicht verstehen, was das alles soll. Auch die sonderbaren Verhaltensänderungen erscheinen ihnen unverständlich.

Der Kult hat es auf diese *Entfremdung* gegenüber den außenstehenden sozialen Kontakten der Novizen abgesehen. Sie sind zum Teil geplant und werden systematisch ins Werk gesetzt. (Der sogenannte *Trennungsbefehl* bei Scientology, die fortwährend beteuerte, tautologische Wiederholung vonseiten des Kults: „Die anderen können uns nicht verstehen, weil sie nicht bei uns sind!")

Letztlich gibt es nur eine Alternative: Mitmachen oder Gegnerschaft!

Der Kult programmiert den Novizen auf die religiöse Ideologie seines Kultführers hin. Dieses *programming* ist aber dem Novizen nicht klar. Er empfindet es häufig als eine Art von Betreuung und eifrige Zuwendung der Gruppe.

Die *Anforderungen* des Kults in finanzieller und zeitlicher Hinsicht werden immer aufwendiger. Der Terminplan nimmt den Novizen fast lückenlos in Anspruch. Es entsteht ein merkwürdiger *Selbstrechtfertigungsdruck*. Weil er schon so viel investiert hat, kann die Sache doch nicht ganz falsch sein. Die Gruppe demonstriert durch die übrigen Mitglieder immer wieder: „Wenn etwas falsch läuft, dann muß es an dir liegen!"

4. Schritt: Die Kultidentität

Die Novizen werden vom Kult vollkommen vereinnahmt. Persönliche Bedürfnisse werden verweigert um der versprochenen „Erlösung" willen. Vor allem wird häufig der Schlaf entzogen.

Es findet vonseiten des Kults eine umfassende Kontrolle statt, die dem Novizen zunächst vollkommen entgeht. Das Denken wird kontrolliert, die Sprache wird dauernd verbessert, dem Kultduktus angepasst. Aber vor allem auch die sozialen Beziehungen des Novizen werden unter die Lupe genommen. Alle *Sprach-*, *Bewusstseins-* und *Sozialkontrolle* geschieht nur aus „Liebe" und „Fürsorge".

Die finanziellen Erfordernisse sind ins Maßlose gestiegen. Ohne es zu merken, hat sich der Novize in einen *Kultabhängigen* verwandelt.

Schlafentzug und ständige Überwachung werden als Betreuung und Stählung des Charakters ausgegeben.

Der Kult stellt den Kultabhängigen vor die Frage, sich ganz für die Sache hinzugeben oder die angefallenen Schulden zu bezahlen:

> „Wir haben so viel für dich getan. Das kannst du gar nicht bezahlen. Die Größe der Erlösung, die du bei uns erfährst, steht in keinem Verhältnis zu den finanziellen Mitteln, die wir von dir fordern!"

Immer wieder kommt es in dieser Phase bei Kultabhängigen zu *neuen Identitätskrisen*. Die Erfahrung, dass hohe materielle und psychische Forderungen gestellt werden, die Privatsphäre kontrolliert und jeder abweichende Gedanke mit Strafen geahndet wird, erzeugt tief greifende *Ambiguitätskonflikte:* Wie können die gleichen Mitglieder, die so liebend und annehmend waren, derart hasserfüllt auch nur die kleinste Abweichung bestrafen? Warum werden Außenstehende, Angehörige, Freunde und Eltern als Feinde behandelt (*suppressive persons* bei den Scientologen)? Ein besonders eindrückliches Beispiel für diese Art von inneren Krisen im Kult erzählte Ingrid, Kultadeptin von Bhagwan Shree Rajneesh, in der Sprache der Gruppe: Sie hatte *Sannyas* genommen. Ihren Mann und ihr kleines Kind hatte sie verlassen, war nach Oregon (USA), dem damaligen internationalen Zentrum dieser Bewegung, gereist und vollkommen erfüllt danach wieder aus den USA zurückgekommen. Sie arbeitete fortan im Bielefelder Zentrum. Eines Tages wurden sie vom damaligen Zentrumsleiter aufgefordert, sich im Meditationsraum an den Wänden in der Reihe aufzustellen und die Augen zu schließen. Der Zentrumsleiter las einige Texte von Bhagwan vor und sagte dann unvermittelt, dass eine neue Zeit angebrochen sei, die sogenannte *Money-Time*. Alle Anwesenden sollten zeigen, wie weit sie bereit seien, „für Bhagwan zu gehen". Sie sollten dies andeuten, indem sie auf eine gedachte Mittellinie im Raum zugehen. Ingrid wurde in diesem Moment tief verunsichert:

> „Jetzt dachte ich, das ganze ist eine Riesensauerei. Die wollen nur dein Geld!"

Aus Angst vor der Gruppe ging sie mit den anderen mit und vollzog auf diese Weise ihre Gefolgschaft. Aber am selben Abend, zu Hause, kam sie

7. Die prototypische Kultkarriere

ins Nachdenken und schickte ihre *Mala* (eine Holzperlenkette mit einem Konterfei Bhagwans, die ihre Mitgliedschaft äußerlich dokumentierte) an das Zentrum zurück. Doch damit war die Krise nicht ausgestanden.

In solchen Phasen innerer Krisen stellt sich für den Kultabhängigen, der mittlerweile fast alle Außenkontakte abgebrochen hat, die einzige Frage: Wer wird außerhalb des Kults noch bereit sein, die Tür zu öffnen und sich vorbehaltlos einem Gespräch stellen?

Die andere Möglichkeit für den Kultabhängigen ist das vollständige Aufgehen in der Kultgemeinschaft. Er bekommt einen neuen Namen, einen neuen Charakter, er darf das erste Mal seinem Kultführer begegnen oder einem anderen prominenten Mitglied des Kults. Die *Initiation* kann verschieden aussehen.

Der Kult überprüft die Loyalität der Mitglieder dadurch, dass er sie selbst als Missionare einsetzt. Nur wer die Sache umstandslos nach außen vertritt, gilt ihm als vollwertiges Mitglied. Die Phase einer *neuen Identität* ist abgeschlossen, die Kultkarriere mit dem Aufgehen in die destruktive Kultgemeinschaft zunächst beendet.

Angehörige, Freunde, Ehepartner, Kinder oder Eltern sind entsetzt und verzweifelt. Sie haben das Gefühl, jeglichen Zugangsweg zum Bewusstsein des Kultabhängigen zu verlieren. Er steht ihnen *verschlossen* und „fanatisch borniert" gegenüber. Es ist, als trage er „eine Jalousie vor dem Gehirn, die nichts anderes mehr durchlässt als die Gedanken und Anweisungen der Sekte". Verzweiflung und Ratlosigkeit auf der einen Seite, trügerisches Sicherheitsgefühl und die Illusion einer erlösten Problemlosigkeit auf der anderen Seite bilden auf lange Zeit eine schreckliche Kluft des Missverstehens, immer wieder neu hervorbrechender Ängste und zum Teil tragisch verlaufender Streitigkeiten. Die Frage, ob sich je etwas ändert oder etwas ändern lässt, macht viele mutlos und resigniert. Inge beschreibt sehr eindrücklich, wie sie den Ausstieg aus dem Kult der *Kinder Gottes* oder der *Familie der Liebe* empfunden hat:

> „In den nächsten zwei Monaten war bei mir im Herzen und im Kopf die Hölle los. Ich habe manchmal nicht mehr gewußt, warum ich eigentlich da bin, ob ich glaube oder nicht glaube, ob ich mich nicht besser umbringen soll, ob alles überhaupt noch Sinn hätte. Es ist schwer zu beschreiben, aber ich denke, den Zustand haben alle, die herausgekommen

sind, so ein unbeschreiblicher Zustand, wo man sehr, sehr viel leidet, körperlich und seelisch.

Es ist für mich ein Merkmal, daß sehr viele, die aus den Sekten herauskommen, regelrechte Entzugserscheinungen haben, wie es sonst nur bei Drogenabhängigen der Fall ist. Das kann im Einzelfall so aussehen, daß man zittert, viel Durst hat, schlecht schlafen kann, daß die Sucht zurück zur Sekte so groß ist, daß der Körper das fast nicht aushalten kann, daß man nicht da ist. Und daran bin ich wirklich krank geworden. Ich habe Kopfschmerzen bekommen, Magenkrämpfe. Und es ist leider so, daß einige von uns in psychiatrischer Behandlung bis heute sind. Wo man nicht weiß, wie man die anpacken muß, um sie zu heilen, ihnen zu helfen. Tatsache ist, daß diese Krankheit in der Sekte aufgebrochen ist und daß die bis heute daran knabbern und von ihrer Krankheit nicht mehr herunterkommen."

Ihre Freundin Jutta erzählt:

„Ich halte die Sekten für eine echte Gefahr für uns jüngere Menschen. Wir können an nichts mehr glauben und sind total mißtrauisch geworden. Wenn ich nicht meine Eltern gehabt hätte und ich mich nicht auch selbst stabilisiert hätte, das wäre schlimm geworden. Ich weiß, daß einer von uns in der Gruppe einen Selbstmordversuch gemacht hat. Der ist nach mir, etwas später, herausgegangen. Der nimmt heute wieder Drogen. Ich finde das furchtbar."

Die religiöse Enttäuschung, der Verrat an den Idealen, mit denen sich die Kultabhängigen so sehr identifiziert hatten, führt zu einem extremen Sinn-Vakuum. Sie wissen nicht mehr, wohin sie sich nun noch neu orientieren können.

Dennoch zeigen viele Kultschicksale, dass es sehr wohl eine Rückkehr in stabile und normale Verhältnisse gibt.

Thesen zum Fanatismus
Besonders kritisch wird es, wenn bestimmte religiöse Gemeinschaften aus ihrem dualistisch-ideologischem Verständnis heraus so etwas wie eine *fanatische Besessenheit* entwickeln. Darum zum Schluss dieses Kapitels einige Thesen zu der phänomenologischen Struktur der fanatischen Besessenheit:

7. Die prototypische Kultkarriere

a) Der Fanatiker ist blind für die Wirklichkeit. Er betrachtet die Wirklichkeit nicht mehr von verschiedenen Seiten wie andere, er hat jeglichen Sinn für Wirklichkeitsdeutungen außerhalb seines eigenen Interpretationsrasters verloren.
b) Der Fanatiker ist blind gegenüber der Andersartigkeit von Menschen. Wer anders lebt und glaubt als er, ist vom Teufel und ist darum auch *des* Teufels. Daraus folgt für ihn zwingend:
c) Er verfolgt den Andersdenkenden oder Andersgläubigen mit blindwütigem Hass. Der religiöse Fanatiker will nicht nur fremde Meinungen bekämpfen, sondern auch die Personen, die als Träger dieser Meinungen deren *Inkarnationen* sind.
d) Er entwickelt umgekehrt einen schier unerschöpflichen Missionseifer. Alle, die es wollen oder auch nicht wollen, müssen so denken wie er. Wenn sie zögern oder sich gar dagegen wehren, gilt der Satz: „Bist du nicht willig, dann brauch ich Gewalt."
e) Der Fanatiker ist auch blind sich selbst gegenüber. Er unterwirft sich unglaublichen Strapazen und Exerzitien. Er begibt sich in eine Abhängigkeit, die ihn körperlich und seelisch zerstört.

Kurz, der *religiöse Fanatiker* hat ein zerstörerisches Wesen. Er trennt, schafft oder vertieft Konflikte und ist in seinem Vorgehen absolut unbarmherzig, weil er sich im Besitz der absoluten Wahrheit oder mit dem Absoluten sich im Bunde wähnt. Übersteigert wird der Fanatismus besonders dann, wenn der *Offenbarungsträger* sich selber höher setzt als das von ihm zitierte *Offenbarungsoriginal* (Jesus, Buddha usw.).

Umgekehrt gerät die von ihm vertretene *Offenbarungswahrheit* dann in eine Katastrophe, wenn sie von der Wirklichkeit für ihn unausweichbar überholt, widerlegt oder vernichtet wird; dann gerät er selbst in eine religiöse und persönliche Katastrophe. Die Suizidgefahr ehemaliger religiös Abhängiger wird auf diese Weise evident. Wer in der täglichen Beratungspraxis für religiös abhängig gewordene Menschen und deren Angehörige steht, der gewinnt für den Begriff der *dämonischen Besessenheit* – obgleich er so dramatisch übertrieben klingt – immer mehr Verständnis.

Andererseits muss festgestellt werden, dass der Begriff *destruktiver Kult* aus der Fachliteratur heutzutage weitgehend gestrichen wird. Die sogenannten Kulte zeigen oftmals Entwicklungen, die eine solche Zuordnung schwierig machen. Trotzdem gelten die Begriffe *Kult* und *neureligiöse Bewegung* auch in einem kritischen Sinne den Gemeinschaften gegenüber als brauchbare Kategorisierung.

8. Literatur

Albert, Karl: Einführung in die philosophische Mystik. Darmstadt 1996
Berger, Peter L.: Der Zwang zur Häresie. Religion der pluralistischen Gesellschaft. Frankfurt a.M. 1980, Freiburg i.Br. ²1992
Bermann, Morris: Die Wiederverzauberung der Welt. Am Ende des Newtonschen Zeitalters. Reinbek b.Hbg. 1985
Binder, Franz: Astrali Banali. Vom Mißbrauch der Esoterik. Eine Streitschrift. Ergolding 1992
Bochinger, Christoph: New Age und moderne Religion. Religionswissenschaftliche Analysen. Gütersloh 1994; München ²1995
Capra, Fritjof: Wendezeit: Bausteine für ein neues Weltbild. Bern/München/Wien ⁶1983; 1987; 2004
Dethlefsen, Thorwald: Schicksal als Chance. Das Urwissen zur Vollkommenheit des Menschen. München 1984; 2000
Drury, Nevill: Lexikon esoterischen Wissens. München 1988; Darmstadt 2005
Deutscher Bundestag (Hrsg.): **Endbericht** der **Enquete-Kommission** *Sogenannte Sekten und Psychogruppen*. Neue religiöse und ideologische Gemeinschaften und Psychogruppen in der Bundesrepublik Deutschland. Bonn (Referat für Öffentlichkeitsarbeit)1998
Ferguson, Marilyn: Die sanfte Verschwörung. Persönliche und gesellschaftliche Transformation im Zeitalter des Wassermanns. Basel 1982; München 1985
Finger, Joachim: Gurus, Ashrams und der Westen. Eine religionswissenschaftliche Untersuchung zu den Hintergründen der Internationalisierung des Hinduismus. Reihe: *Studia Irenica*, Bd. 32. Frankfurt a.M./Bern/New York/Paris/Wien 1987; ²1988
Flasche, Rainer: New Age – Gegenstand der Religionswissenschaft? In: *Spirita – Zeitschrift für Religionswissenschaft* (Marburg), Nr. 1/1987, S. 39–41
Frick, Karl Richard Hermann: Weltanschauungen des modernen Illuminismus, in: Mohler, Armin / Peisl, Anton (Hrsg.): Kursbuch der Weltanschauungen. Reihe: Schriften der Carl-Friedrich-von-Siemens-Stiftung, Bd. 4. Frankfurt a.M./Berlin/Wien 1980; 1981, S. 245–300

8. Literatur

Gasper, Hans / **Müller**, Joachim / **Valentin**, Friederike (Hrsg.): Lexikon der Sekten, Sondergruppen und Weltanschauungen. Fakten Hintergründe, Klärungen. Freiburg/Basel/Wien 1990; ⁴1996; ⁶2000; ⁷2001

Grof, Stanislav: Das Abenteuer der Selbstentdeckung. Heilung durch veränderte Bewußtseinszustände. Ein Leitfaden. München 1987; Reinbek b.Hbg. ⁶2004

Grom, Bernhard: Faszination Esoterik. In: *Aus Politik und Zeitgeschichte* (Beilage zur Wochenzeitung *Das Parlament*, 8.10.1993), Nr. 41–42/1993, S. 9–15

Hemminger, Hansjörg (Hrsg.): Die Rückkehr der Zauberer. New Age – Eine Kritik. Reinbek b.Hbg. 1987;1990

Hummel, Reinhart: Nirmala Devi und ihr Sahaja Yoga. In: *Materialdienst* der EZW, Nr. 6/1991, S. 290–295

Hummel, Reinhart: Reiki – Heilungsmagie aus Japan. In: *Materialdienst* der EZW, Nr. 6/1991, S. 163–166

Kakuska, Rainer: Esoterik. Von Abrakadabra bis Zombie. Weinheim/Basel 1991; **Neuerscheinung**: Der Esoterik-Leitfaden. Von Abrakadabra und Alphawellen bis Zodiak und Zombie. Reihe: Psychologie heute. München 1994

Künzlen, Gottfried: New Age – ein neues Paradigma? Anmerkungen zur Grundlagenkrise der Moderne. In : *Materialdienst* der EZW, Nr. 2/1986, S. 28–38; **Neuerscheinung**: Die sanfte Verschwörung: New Age – ein neues Paradigma? In: *Korrespondenzblatt evangelischer Schulen und Heime*, Nr.1/1987, S. 19–26

Langel, Helmut: Asiatische bzw. von Asien ausgehende Gruppen und Bewegungen. In: Klöcker, Michael /Tworuschka, Udo (Hrsg.): Handbuch der Religionen. Kirchen und andere Glaubensgemeinschaften in Deutschland. München 1998, Kap. VIII, S. 1

Leuenberger, Hans-Dieter: Das ist Esoterik. Eine Einführung in esoterisches Denken und in die esoterische Sprache. Dem Neugierigen wird das notwendige Grundwissen vermittelt. Freiburg i.Br. ⁴1989; **Neuerscheinung**: Das ist Esoterik. Freiburg i.Br. ⁸1999

Miers, Horst E.: Lexikon des Geheimwissens. München 1986; 2001

Pahnke, Donate: Postmoderne Religion: Ökologisch, magisch, weiblich? In: Antes, Peter / Pahnke, Donate (Hrsg.): Die Religion von Oberschichten. Religion – Profession – Intellektualismus. (Veröffentlichung der Jahrestagung der Deutschen Vereinigung für Religionsgeschichte, Bd. 19) Marburg 1989, S. 243–255

Panikkar, Raimon: Der Weisheit eine Wohnung bereiten. Hrsg. von Christoph Bochinger. München 1991; 1999

Ray, Barbara: Das offizielle Reiki Handbuch. Hrsg. von AIRA (*American International Radiance Association*) 1985, interne Veröffentlichung der Reiki-Bewegung für Seminarteilnehmer

Ray, Barbara: Der Reiki-Faktor. Eine Einführung in das authentische Usui-System. Vorwort von Elisabeth Valerius Warkentin. Übersetzung aus dem Amerikanischen. von Anna-Christine Rassmann. St. Petersburg/Florida ^{1}1985; **Neuerscheinung TB**: Der „Reiki"-Faktor: Die Einführung in das berühmte Heilsystem von seiner Begründerin: ein Standardwerk. Reihe: Heyne Esoterisches Wissen, Nr. 9553. München ^{1}1990; ^{4}1994; 1997

Reller, Horst (Hrsg.): Handbuch Religiöse Gemeinschaften. Erarbeitet vom VELKD-Arbeitskreis *Religiöse Gemeinschaften* im Auftrag des Luth. Kirchenamtes. Gütersloh 1990; **Neuerscheinung**: Reller, Horst / Krech, Hans / Kleiminger, Matthias (Hrsg.) : Handbuch Religiöse Gemeinschaften. Im Auftrag der Kirchenleitung der VELKD. Gütersloh ^{6}2006

Rössler, Andreas: Freiheit als Lebensgrundlage und Maßstab. In: *Freies Christentum. Auf der Suche nach neuen Wegen.* (Hrsg.: Bund für Freies Christentum e.V., Denkendorf /Stuttgart-Degerloch) Nr. 5/1998, S. 65 ff.

Rudolph, Kurt: Die Gnosis. Wesen und Geschichte einer spätantiken Religion. Göttingen ^{2}1980; ^{4}2005

Ruppert, Hans-Jürgen: New Age. Endzeit oder Wendezeit?. Wiesbaden 1985; Witten 1998

Schimmel, Annemarie: Wie universal ist die Mystik? Die Seelenreise in den großen Religionen der Welt. Freiburg i.Br. 1996

Schmid, Georg: Die Mystik der Weltreligionen. Eine Einführung. Zürich 1991; ^{4}2000, neu gestaltet

Scholem, Gershom: Über einige Grundbegriffe des Judentums. Frankfurt am Main 1996; ^{8}2005

Schorsch, Christof: Die New-Age-Bewegung. Utopie und Mythos der Neuen Zeit. Eine kritische Auseinandersetzung. Gütersloh 1988; ^{3}1989

Schweitzer, Albert: Die Mystik des Apostels Paulus [1930]. In: Grabs, Rudolf (Hrsg.): Gesammelte Werke in 5 Bänden, Bd. 4 (München 1974), S. 19 ff.; Tübingen 1930; 1981

Steiner, Rudolf: Die psychologischen Grundlagen und die erkenntnistheoretische Stellung der Anthroposophie. In: Gesamtausgabe, Bd. 35: Philosophie und Anthroposophie. Gesammelte Aufsätze 1904–1923. Dornach 1984

Steiner, Rudolf: Wie erlangt man Erkenntnisse der höheren Welten? [1904/05] In: Gesamtausgabe, Bd. 10, Dornach 1993

8. Literatur

Stieglitz, Klaus von: Die Christosophie Rudolf Steiners. Voraussetzungen, Inhalt und Grenzen. Witten 1955

Sudbrack, Josef: Neue Religiosität – Herausforderung für die Christen. Mainz ²1987; ³1988

Tillich, Paul: Der Mut zum Sein [1952]. Stuttgart 1954; Berlin/New York 1991 und in: Gesammelte Werke, hrsg. von Renate Albrecht, Bd. 11: Sein und Sinn. Stuttgart ³1982, S. 13–139

Tillich, Paul: Die religiöse Deutung der Gegenwart. In: Gesammelte Werke, hrsg. von Renate Albrecht, Bd. 10. Stuttgart 1968, 64 ff.

Tillich, Paul: Die religiöse Lage der Gegenwart [1926]. In: Gesammelte Werke, hrsg. von Renate Albrecht, Bd. 10: Die religiöse Deutung der Gegenwart. Stuttgart 1968, S. 41–63

Tillich, Paul: Systematische Theologie [1951–1963]. Bd. I.1: Vernunft und Offenbarung, Bd. I.2: Sein und Gott, Bd. II: Die Existenz und der Christus, Berlin/New York ⁸1987 (= Nachdruck von 1984); Bd. III: Das Leben und der Geist. Die Geschichte und das Reich Gottes. Berlin/New York ⁴1987 (= Nachdruck von 1984)

Tiryakian, Edward A.: Toward the Sociology of Esoteric Culture. In: *American Journal of Sociology*, Bd. 78, Nr. 3/1972, S. 491–512 und in: *On the Margin of the Visible. Sociology, the Esoteric and the Occult.* New York 1974, S. 257–280

Wehr, Gerhard: Wörterbuch der Esoterik. Zugänge zum spirituellen Wissen von A–Z. Freiburg i.Br. 1989

Werner, Helmut: Lexikon der Esoterik. Wiesbaden 1991; genehmigte Sonderausgabe München 1991

Wichmann, Jörg: Die Renaissance der Esoterik. Eine kritische Orientierung. Stuttgart 1990; ³1992

Wittek, Gabriele: Das ist mein Wort – Alpha und Omega. 3 Bände, Bd. 3: Das Evangelium Jesu. Die Christus-Offenbarung, welche die Welt nicht kennt. Würzburg 1991; ²1993; **Neuerscheinung**: Das ist mein Wort – Alpha und Omega. Das Evangelium Jesu. Die Christus-Offenbarung, welche inzwischen die wahren Christen in aller Welt kennen. Würzburg ⁸2008

Wittek, Gabriele: Mystische Erfahrungen und Erkenntnisse der Prophetin des Herrn. [Würzburg] (Heimholungswerk Jesu Christi) 1984

Zinser, Hartmut: Schamanismus im New Age. Zur Wiederkehr schamanistischer Praktiken und Séancen in Europa. In: Pilger, Matthias / Rink, Steffen (Hrsg.): Zwischen den Zeiten. Das New Age in der Diskussion. Marburg 1989, S. 63–71 und in: *Zeitschrift für Religions- und Geistesgeschichte*, Bd. 39, Nr. 4/1987, S. 319–327

II. Beispiele neureligiöser Kulte

Aufgrund der oben ausführlich dargestellten terminologischen Problematik haben wir uns entschieden, im Folgenden den Begriff *Kult* für die NRB zu verwenden. Einerseits hat sich dieser Begriff im internationalen Sprachgebrauch durchgesetzt, zum anderen assoziiert man mit diesem Wort einen die gegenwärtige religiöse Szene beschreibenden *terminus technicus*. Wie bereits dargestellt[114] unterscheiden Stark und Bainbridge[115] im Bereich der neuzeitlichen Esoterik mit den Begriffen *audience cult* („Publikumskult"), *client cult* („Klientenkult") und *cult movement* („Kultbewegung" in organisierten Weltanschauungsgemeinschaften) unterschiedliche Formen des *commitments* (der „Bekenntnisverpflichtungen")[116], welche *cum grano salis* auch auf die neureligiösen Bewegungen übertragen werden können. In diesem Sinne kann man auch von *neureligiösen Kulten* sprechen, denn viele der NRB kennen ebenso verschiedene Formen der Bindung an den Kult. Wir haben uns entschieden, auf die Bezeichnung „destruktiv" nur dann zurückzugreifen, wenn wir bestimmte Elemente und Eigenschaften beschreiben, von denen wir ausgehen, sie könnten *aberrante* („abirrende") und *deviante* („von der Norm des üblichen Sozialverhaltens abweichende") Lebensformen hervorbringen. Natürlich sind wir uns dabei bewusst, dass damit immer auch subjektive, aus der Situation der Betroffenheit eingehende Bewertungen eingehen. Es scheint aber sinnvoll und notwendig zu sein, immer auch die ganze Geschichte der beschriebenen Kulte im Auge zu behalten. Außerdem wird in den folgenden Einzeldarstellungen ein Gesichtspunkt verfolgt, den Reinhard Hummel recht deutlich in seiner Auseinandersetzung mit der Geschichte und den neueren Veränderungen der *Vereinigungskirche* betont hat.[117] Die modernen Kulte, aber auch die sogenannten

---

[114] Vgl. das Kap. I.5. Neomystische Tendenzen in den Bewegungen des *New Age*.
[115] Stark, Rodney / Bainbridge, William Sims: The Future of Religion: Secularization, Revival and Cult Formation. Berkeley/Los Angeles 1985
[116] Vgl. hierzu die Ausführungen in Kap. IV: Heilungsbewegungen und Psychokulte.
[117] Hummel, Reinhart: Vereinigungskirche im Wandel. In: *Materialdienst* der EZW, Nr. 7/1997, S. 205 ff

II. Beispiele neureligiöser Kulte

klassischen Sekten unterliegen Veränderungen und Verschiebungen, nicht nur in ihrer äußeren soziologischen Gestalt (Mitgliederzahlen, Organisationsstruktur), sondern auch in ihrer Lehre und ihren Umgangsweisen mit den Mitgliedern.

> „Bei der Auseinandersetzung mit neureligiösen Bewegungen kann es einem gehen wie dem Hasen mit dem Igel: Kaum glaubt man, ihn gefasst zu haben, ist er schon wieder anderswo."[118]

Es gilt die ganze Geschichte des Kults in ihrer Dynamik zu umschreiben, die destruktiven Elemente in der Zeit des Auftretens nicht zu verschweigen, andererseits aber ebenso Veränderungsansätze vor Augen zu halten.

Wir können und wollen in diesen Kapiteln nur einige typische Beispiele moderner Kulte ausführlicher behandeln. Dieses exemplarische Verfahren hängt unter anderem damit zusammen, dass die Anzahl solcher Organisationen, vor allem auf dem Markt der esoterischen Neomystik, beständig zunimmt und aus diesem Grund ein Überblick fast nur noch den Fachleuten möglich ist. Es gibt aber mittlerweile eine Reihe von Lexika, die auch dem Außenstehenden einen groben Einblick in die Welt der neureligiösen Szene verschaffen kann.[119]

Wir beginnen zunächst mit der Darstellung von neu entstandenen Kulten, die sich in erster Linie religiös legitimieren oder unmittelbar an bestimmte religiöse Traditionen anknüpfen, setzen die Betrachtung mit zwei Beispielen aus dem religiösen Fundamentalismus fort und kommen dann zu einem dritten Bereich, den esoterischen neomystischen Bewegungen, die mehr allgemein beschrieben werden.

Die Darstellung folgt nach einem bestimmten Strukturprinzip, das es auch dem Außenstehenden ermöglicht, sich kurz und präzis zu informieren und gleichzeitig die Möglichkeit zu finden, sich weitergehender Lektüre zu widmen. Wesentlich ist dabei die schon oben angedeutete Frage: *Wie geraten Menschen in den Kult hinein? Wie nehmen sie ihn in der Anfangsphase wahr und was spielt sich zugleich hinter den Kulissen ab?* Nur wer diesen Widerspruch erkennt, wird gegenüber Mission und Werbemethoden einiger Kulte skeptisch werden. Die Kultzitate stammen, so-

---

[118] Hummel, Reinhart: Vereinigungskirche im Wandel, S. 205
[119] siehe Literaturverzeichnis

weit sie nicht weiter belegt werden, aus Flugblättern, Plakaten, Kurzschriften der Kulte selbst bzw. aus zahlreichen Interviews, die der Autor mit Anhängern und ehemaligen Kultabhängigen geführt hat. Die Namen der derzeitigen oder ehemaligen Kultmitglieder wurden verändert. Die Anonymität war eine der wesentlichen Voraussetzungen für die Interview-Partner, sich überhaupt zu ihren Erfahrungen zu äußern. So erhalten einige Kapitel über die destruktiven Kulte folgenden Aufbau:

1. Der Weg in den Kult, der sich in bestimmten, teilweise aber auch unterschiedlichen Schritten vollzieht, wird in einigen Kultporträts anhand von Aussteigerberichten dargestellt. Die Sichtweise der ehemaligen Kultmitglieder, ihre Perspektive, die durchaus auch subjektiv geprägt ist, wird zunächst einmal so dargestellt, wie sie von den Mitgliedern selbst empfunden wurde, auch wenn die offiziellen Erklärungen und Bekundungen der betreffenden Kulte es ganz anders sehen.
2. Eine Kurzbiografie des Kultführers und die Geschichte seiner Organisation.
3. Eine kurze Darstellung der Lehre des Kults und ihre Einordnung.
4. Der derzeitige organisatorische Aufbau und die gesellschaftlich diskutierten Konfliktpotenziale, die mit den Praktiken des Kults verbunden sind.
5. Gegenwärtige Veränderungen im Charakter und in der Bewertung des Kults, soweit sie sich erkennen lassen.
6. Ein Glossar, das einen groben Einblick verschafft über die Nomenklatur und die Unterorganisationen des betreffenden Kults.
7. Material und Literaturhinweise zum Weiterlesen und Vertiefen.

A. SCIENTOLOGY

Vorbemerkung
Wir beschreiben die Kultbiografie von Heike. Sie erzählt aus ihrer Perspektive, wie sie in den Kult der Scientologen hineingekommen ist, was sie dabei erfahren hatte, was ihr aber vor allem auf dem Weg in die Organisation verborgen blieb. Die Zitate stammen zum einen aus Werbebroschüren und Flugblättern von Scientology, zum anderen aus Aussagen, die Heike bei ihrem Bericht machte.

1. Der Weg in den Kult

„Gewinnen Sie Kontrolle über Ihr Leben"
„Nutzen Sie die restlichen 90 % Ihres geistigen Potenzials!"

1. Schritt: Kontaktaufnahme und Überzeugungsarbeit
In der Fußgängerzone begegnet Heike in ihren Berichten einem Scientologen. Geduldig und ausdauernd steht er in der Mitte der Straße mit einem kleinen Haufen Zetteln in den Händen. Ganz in der Nähe steht ein Büchertisch. Viele, die meisten, gehen achtlos vorüber, einige reagieren aggressiv auf die freundliche Ansprache des Missionars. Er jedoch bleibt gleichmütig freundlich. Das imponiert Heike. Sie hört genauer hin:

„Hast du Probleme?"

„Nutzt du wirklich dein wahres geistiges Potenzial?"

„Wie kannst du dich selbst besser verstehen?"

Noch nie hat sie sich darüber weiter Gedanken gemacht. Der Missionar hält ihr einen Werbezettel für ein Buch entgegen:

„Ich habe hier ein Taschenbuch, das ist zum Weltbestseller geworden. Es heißt: Dianetik, die moderne Wissenschaft der geistigen Gesundheit."

Die Stichworte gehen ein: „Moderne Wissenschaft", „geistiges Potenzial", „Erfahrung mit dem Selbst". Heike möchte mehr darüber erfahren.

Der Missionar ist so gewinnend und verständnisvoll. Er will gar keine neue Lehre verkaufen, einfach nur Verständnis zeigen für die Fragen und Probleme, die ihm da auf der Straße vorgetragen werden. Er ist *clear*, „gut drauf" und überhaupt scheint er „alle Probleme hinter sich gelassen zu haben". Heike will mehr darüber erfahren. Sie wird eingeladen zu einem kostenlosen Persönlichkeitstest ins Zentrum von Scientology.

Erst später beschreibt Heike dieses Ereignis ganz anders:
Die Missionare werden für diese Straßengespräche und Werbefeldzüge ausgiebig geschult. Ihre Aufgabe besteht darin, auf jeden Fall die Kurse zu verkaufen. Äußert einer Kritik, reagiert abwehrend oder aggressiv,

heißt die Parole: Abgleiten lassen! Freundlich bleiben! Dem Gesprächspartner gilt es deutlich zu zeigen:

> „Es kommt auf dich an, wir sind für dich da! Du kannst mit uns über alles sprechen! Was du sonst nirgendwo erlebst, wir kümmern uns um dich!"

2. Schritt: Der kostenlose Persönlichkeitstest
Im Zentrum wird Heike in ihren Erzählungen genauso freundlich empfangen und angesprochen wie auf der Straße. Die Aufmachung der Einrichtung erscheint ihr kostbar und einladend. Alles wirke sehr „professionell", ähnlich wie in einer psychologischen Praxis. Die Mitarbeiter wirken auf sie wie gut ausgebildete Therapeuten, sie zeichnen sich durch eine eigentümliche Fachsprache aus, die Heike zunächst kaum versteht. Sie nimmt an dem kostenlosen Persönlichkeitstest teil. 200 Fragen sollte sie beantworten, so erinnert sie sich. Der Mitarbeiter hört ihr dabei ernst und aufmerksam zu. Es sind auch Fragen dabei, die sie zunächst nicht gern beantworten möchte, sie betreffen ihre Persönlichkeitssphäre:

> „Müssten Sie sich eindeutig anstrengen, über Selbstmord nachzudenken?"

oder

> „Denken Sie oft über vergangene Krankheiten oder schmerzliche Erfahrungen nach?"

oder

> „Sind Sie für Rassentrennung und Klassenunterschiede?"

Viele der Fragen kann sie gar nicht verstehen. Der Mitarbeiter ermutigt Heike, alles offen und ohne Vorbehalte zu beantworten.

Am Ende der Befragung wird der Bogen ausgewertet. Mit fachmännischem Blick wird Heike eine Diagnose angeboten. Sie habe Probleme und leichte Defizite, die sich aber leicht bewältigen ließen. Ihr wird ein relativ preiswerter *Kommunikationskurs* angeboten. Heike nimmt an.

1. Der Weg in den Kult

Erst später beschreibt Heike diese Ereignisse ganz anders:
Der Persönlichkeitstest wird mit allen gewonnenen Daten über sie gespeichert. Die Organisation hat ein klares Bild von ihren Problemen, das die Mitarbeiter jederzeit abfragen können.

Die Diagnose ist immer die gleiche. Allen Teilnehmern an dem kostenlosen Persönlichkeitstest werden leichte oder schwerere Defizite im persönlichen Bereich attestiert. Die Lösung ist ebenfalls immer die gleiche: ein *Kommunikationskurs* bei Scientology.

3. Schritt: Du kannst ein Operating-Thetan werden!

Heike erhält, so ihre Darstellung, sogenannte *Auditing-Stunden*, in denen sie dem *Auditor* (so nennt sie den Mitarbeiter von Scientology) Probleme und Details aus ihrer Kindheit preisgibt. Sie erfährt, dass sie momentan noch ein *Preclear* sei, der sich durch diesen Kursus auf dem Weg zum *Clear* befinde. Alle Fragen habe sie aber auf jeden Fall aufrichtig zu beantworten. Dies sei eine Vorbedingung für die Gewinnung der „geistigen Gesundheit". Heike wird in diesen sie in gewisser Weise an ein Verhör erinnernden Auditing-Stunden an ein sogenanntes *E-Meter* angeschlossen. Es ist eine Art *Lügendetektor*. Sie soll zwei Dosen in den Händen halten, hinter einer kleinen Wand steht das Gerät. Sie kann den Ausschlag der Nadel auf dem E-Meter nicht sehen. Nur der Auditor liest ab. Verschweigt sie in ihrer „Beichte" etwas oder hält eine Information zurück, die der Auditor haben will, dann gilt sie als *overt*, d.h. ihre Handlungen und Aussagen werden als „schädlich" eingestuft.

Heikes Verstand und ihre Kritikfähigkeit will sich noch nicht ganz der Kontrolle durch den Auditor stellen, er gilt deshalb als „reaktiver Verstand". Um letzteren dem Denken von Scientology anzupassen, muss sie noch mehrere Kurse belegen. Sie nimmt auch an einem *Reinigungsprogramm* teil. Man verabreicht ihr merkwürdige Vitaminpräparate und stundenlange Saunagänge, die sie physisch außerordentlich strapazieren und angeblich ebenfalls nur ihrer geistigen Gesundheit dienen sollen. Man verspricht Heike sogar, sie würde durch diese Strapazen physisch immun, unter anderem auch gegen radioaktive Strahlungen. Zuweilen kann sie sich des Einrucks nicht erwehren, das Ganze sei eine Art Gehirnwäsche.

Erst später beschreibt Heike dieses Ereignis ganz anders:
Das *Auditing-Programm* hat die Aufgabe, in die Persönlichkeitssphäre des Klienten einzudringen. Wenn sie die Sitzungen versäumt oder Widerstände anzeigt, ins Zentrum zu kommen, wird sie mit Telefonaten, Briefen, Besuchen durch Scientology-Mitarbeiter überzogen.

Auch auf der Straße wird sie von diesen Mitarbeitern angesprochen, die ihr scheinbar wie zufällig begegnen.

Das *E-Meter* ist ein primitives Gerät, das keine präzisen Messdaten zeigen kann. Außerdem ist es nach ihrer Erinnerung vollkommen überteuert.

Die physischen Strapazen können die Klienten für das Programm und die Weltanschauung von Scientology gefügig machen. Die Klienten merken kaum, dass sie in ihren ganzen Einstellungen und Anschauungen grundsätzlich verändert werden.

4. Schritt: Der finanzielle Ruin – die Bestrafungstechniken bei Scientology

Die Kurse werden immer kostspieliger für Heike. Zunächst waren es noch einige Hundert, dann werden es mit einem Mal mehrere Tausend Mark, die sie aufbringen muss. Fast ihr ganzes Gehalt investiert sie mittlerweile in das Programm für ihre „geistige Gesundheit". Scientology bietet ihr an, mit ihr zusammen zur Bank zu gehen, um einen kurzfristigen Kredit aufzunehmen, um die Auditing-Stunden und weitere Kurse zu bezahlen.

Man erzählt ihr, sie könne zum *Operating-Thetan* werden, eine Art Geistesriese, der in der Lage sei, „wissentlich und willentlich Ursache über Denken, Materie, Energie, Raum und Zeit" zu sein. Mittlerweile hat sie begriffen, dass alles in der von den Mitgliedern genannten *Org* auf die Philosophie von Lafayette Ron Hubbard hinausläuft. Nur seine Ideen, seine Weltanschauung gelten etwas. Keiner wagt, seine Theorien und Forderungen infrage zu stellen.

Als Heike auf ihren kritischen Anfragen besteht und mit den Mitarbeitern und Mitgliedern über ihre Einwände diskutieren will, wird sie zu einem sogenannten *Ethic-Officer* bestellt, der sie belehrt über ihr *enturbulierendes* Tun, das der Organisation sehr schade, und ihr eine *Ethik-Maßnahme* mitteilt. Diese besteht in einer Geldstrafe oder einer außeror-

1. Der Weg in den Kult

dentlichen Dienstleistung für Scientology. Mittlerweile merkt Heike, dass ihre Verschuldung gegenüber Scientology immer größer geworden ist. Da bietet ihr die Organisation an, für die Sache von Scientology kostenlos zu arbeiten, um auf diese Weise ihre Schulden zu mindern.

Heikes Persönlichkeit hat sich vollkommen verändert. Freunden, Kollegen und Verwandten gegenüber tritt sie als rücksichtslose Scientologin auf, so wie sie es gelernt hat. Rücksichtslosigkeit sei ein wesentliches Überlebensprinzip, hat man ihr gesagt. Nur die Starken und Fähigen hätten ein Recht zu überleben. Das Einzige, was sie noch in die Nähe ihrer früheren Freunde und Verwandten bringt, ist die Bitte um Geld. Da die Angehörigen nicht umstandslos bereit sind, diese Forderungen zu befriedigen, kommt von Scientology der sogenannte *Trennungsbefehl*. Sie habe sich von allen Personen, die Scientology stören, zu trennen, auch von der eigenen Familie.

Erst später beschreibt Heike diese Ereignisse ganz anders:
Durch die systematische Verschuldung der Kursusteilnehmer bereichert sich Scientology nicht nur, sondern bringt ihre Klienten zudem in finanzielle Abhängigkeit.

Wer für Scientology arbeitet, weiß nie, wie hoch die Entlohnung sein wird. Scientology baut auf den Idealismus seiner Mitarbeiter und Mitarbeiterinnen und nutzt diesen weidlich aus. Die Entlohnung ist zum großen Teil lächerlich klein und steht in einem krassen Missverhältnis zu den Kursgebühren, die auch Mitarbeiter weiterhin entrichten müssen, um den Pfad zu höheren Graden der Erkenntnis zu beschreiten.

Für jeden Mitarbeiter gilt das Prinzip des Kultführers L. Ron Hubbard, so viel wie möglich an Kursen zu verkaufen. Erfolgreich kann nur der sein, der Tag und Nacht seine Zeit für Scientology opfert. Funktionieren die Mitglieder nicht im Sinne der Organisation, werden sie durch *Ethic-Orders* bestraft. Ein ehemaliges Mitglied schreibt:

„Die Züchtigungsmaßnahmen reichen von körperlicher Strafarbeit bis zum Verfassen selbstquälerischer Berichte über das eigene Fehlverhalten."

Freunde, die sich kritisch gegenüber den Praktiken von Scientology äußern, werden von der *Org* als *suppressive persons* eingestuft und wie Feinde verfolgt.

Am Ende gibt es für das neue Mitglied und also auch für Heike nur die eine Alternative: der finanzielle und psychische Ruin oder absolute Treue und Gefolgschaft für Scientology.

Wir haben hier Heikes Sichtweise paraphrasiert, so wie sie es aus ihren Erinnerungen erzählen konnte. Dabei stellte sich heraus, dass die von ihr beschriebenen Eindrücke auch von anderen Interviewpartnern bestätigt werden konnten.

Eine ehemalige Scientologin beschreibt dramatisch das Ende ihrer Kultkarriere bei Scientology:

> „In der nun folgenden Zeit stellte ich mit Entsetzen fest, wie sehr ich mich verändert hatte. Anweisungen machten mir keine Schwierigkeiten, die war ich gewohnt, aber ich verstand die Sprache nicht mehr. Was war mit mir geschehen? Warum war ich auf einmal so unsicher und willenlos? Ich fühlte mich unendlich klein. Wie konnte ich mich Menschen gegenüber verständlich machen? Die Worte hatten durch Scientology einen anderen Sinn erhalten, sodaß es immer wieder zu Mißverständnissen kam. Ich konnte nachts nicht schlafen und litt unter Verfolgungsängsten. Ich war nicht in der Lage, eine simple Kaufentscheidung zu treffen, und fühlte mich von allen Menschen bedroht. Ich bekam Depressionen und fühlte mich unendlich einsam. Ich war unfähig, für Stunden, Tage oder Wochen im voraus zu denken, geschweige denn zu handeln. Ein Zeitbegriff existierte für mich nicht mehr."[120]

2. Der Kultführer Lafayette Ron Hubbard

„Mach Geld, mach mehr Geld, mach, daß andere Leute Geld machen!"

Hubbard wird von Scientology als „Religionsstifter" bezeichnet. Geboren wurde er am 13.3.**1911** in Tilden, Nebraska. Schon als Kind, so fabelt die Selbstdarstellung, zeigte er „außerordentliche Fähigkeiten".

---

[120] Rieger, Angelika: „Ich wollte mich nur noch umbringen". Erfahrungen einer ehemaligen Scientologin. In: Herrmann, Jörg (Hrsg.): Mission mit allen Mitteln. Der Scientology-Konzern auf Seelenfang. Reinbek b.Hbg. 1992, S. 37 f.

2. Der Kultführer Lafayette Ron Hubbard

Weiter wird berichtet, dass Hubbard schon in jungen Jahren die ganze Welt bereist und dabei schier unglaubliche Abenteuer erlebt haben soll.

Er hat verschiedene Studien angefangen, aber keines beendet. Von **1934** an erscheinen von ihm Abenteuergeschichten, Wild-West-Stories und Science-Fiction-Erzählungen in regelmäßiger Reihenfolge. Hubbard, ein gekonnter Selbstdarsteller, versucht von sich das Bild eines allseits gebildeten Kosmopoliten zu entwickeln.

1950 bringt er seine religiöse Wahrheit auf den Markt, das Buch *Dianetik, der Leitfaden zum menschlichen Verstand*. Das Buch wird in großer Zahl verkauft. Zu einem späteren Zeitpunkt nennt er die Quellen seiner selbst gestrickten Theorie und drückt ihnen seine Anerkennung aus: die Veden, das Tao, Buddha, Jesus, Sokrates, Bacon, Voltaire …

Hubbard wird Mitglied im *Ordo Templi Orientis*, einem okkulten Teufels- und Dämonenorden. Er bewundert den geistigen Führer dieses Ordens, den Schwarzmagier Aleister Crowley, und übernimmt Elemente seines Denkens.

In den Fünfzigerjahren entwickelt er seine Theorie weiter und versetzt sie mit Science-Fiction-Material seiner frühen Elaborate. Es entsteht eine Art *Science-Fiction-Lebensphilosophie*, die er in dem Buch *The Modern Science of Mental Health* („Die moderne Wissenschaft der geistigen Gesundheit") niederlegt.

1954 wird die *Church of Scientology of California* ins Leben gerufen. Sie breitet sich zunächst in den USA und im englischsprachigen Raum aus.

1971 gründet sich die *Scientology-Kirche* in Deutschland. Das eigentümliche Kreuz, Markenzeichen der Organisation, ist dem okkulten Kreuz des Magierordens nachgebildet.

Hubbard führt in der Scientology-Organisation ein rigides Regiment. Die Form der finanziellen Ausplünderung der Mitglieder stößt vor allem zunächst in den USA auf öffentliche Kritik. In mehreren Ländern wird Hubbard wegen unterschiedlicher Delikte gesucht und zum Teil verurteilt.

1966 zieht er sich aus der Organisation Scientology zurück und hinterlässt ein straff organisiertes, linientreues Management.

1968 erlassen die britischen Behörden für ihn ein Einreiseverbot. Hubbard bleibt indessen geistiger Vater und wirtschaftlicher Nutznießer von Scientology. Er schreibt eine Reihe von Büchern, die seine Science-Fiction-Lebensphilosophie ausbauen.

Sein Hassobjekt, so schreiben viele Kommentatoren, sei die Psychiatrie. Psychiater und die dementsprechenden Einrichtungen und Krankenhäuser sind für ihn „medizinischer Imperialismus" oder „psychiatrischer Sadismus". In Deutschland wird von Scientology die *Kommission für Verstöße der Psychiatrie gegen Menschenrechte* gegründet und eine ausgedehnte, öffentliche Kampagne in Gang gesetzt.

Hubbard verbringt viele Jahre auf See, in der sogenannten *Sea-Org*. Dieses als „Forschungsreisen" apostrophierte Herumfahren auf den sieben Weltmeeren hat wohl, so könnte man vermuten, seinen Hintergrund mehr in der Tatsache, dass er in zahlreichen Ländern polizeilich gesucht wird.

Am 24. Januar **1986** stirbt L. Ron Hubbard auf seiner kalifornischen Ranch. Scientology arbeitet weiter in seinem Sinne. Die finanziellen Erfolge sind erheblich.

Nach Selbstdarstellung von Scientology im Sommer 1993 ist die Zahl der weltweit operierenden Scientology-Organisationen, Missionen und Gruppen auf über eintausend angewachsen. Sie seien mittlerweile in über 79 Ländern der Erde vertreten. Wenn das so weitergehe, würde man binnen 15 Jahren in jedem Land der Erde zu finden sein. Das Ziel der *Org*, den ganzen „Planeten zu *clearen*", sei damit fast erreicht.

Im Laufe der Jahre hat Scientology in den Darstellungen der Kommentatoren und Kritiker eine komplexe Organisationsstruktur aufgebaut, die „straff und dirigistisch" geführt wird. Die Führungsstruktur besteht aus dem *Religious Technology Center*, welches ein internationales Management entwickelt hat, das in verschiedene Sektoren aufgeteilt ist. Es gibt weiterhin die *Scientology-Church*, das *World Institute of Scientology Enterprises* („Weltinstitut für Scientology-Unternehmen" – WISE), die *Association for Better Living and Education* („Vereinigung für bessere Lebensqualität und Erziehung" – ABLE) und eine weitere Reihe von Vereinigungen. Scientology operiert weltweit und verfügt in den verschiedenen Ländern über eine ganz unterschiedliche

2. Der Kultführer Lafayette Ron Hubbard

Anerkennung.[121] Skandale und mysteriöse Ereignisse pflastern aber weiterhin den Weg von Scientology. So beschreibt Michael Utsch in seiner Einleitung zu der Schrift *Wie gefährlich ist Scientology?* die Gefahren und Probleme, die auch in der Gegenwart mit dieser Organisation verbunden sind:

„Wie gefährlich ist Scientology? Durch manipulatives und vereinnahmendes Vorgehen werden jedenfalls die Grundrechte und die Würde einzelner Mitglieder missachtet. Das zeigen einige Schicksale und Ereignisse, die in den letzten Monaten eine zum Teil umfangreiche öffentliche Berichterstattung nach sich gezogen haben:

- der mysteriöse Selbstmord (Mord?) des Scientology-Kritikers Shawn Lonsdale in den USA,

- die Befreiung der Französin Martine Boublil aus scientologischer ‚Therapie-Haft' in Sizilien,

- der Suizid einer 20-jährigen Studentin in Nizza kurz nachdem sie den Scientology-Persönlichkeitstest durchgeführt hatte,

- der Ausstieg des bekannten US-Schauspielers Jason Beghe, der Scientology nach zwölf Jahren verließ und die Organisation in einem Internet-Video mit harten Vorwürfen angriff,

- die im Internet veröffentlichten geheimen Scientology-Protokolle eines langjährigen Scientology-Mitglieds,

- die Schließung der belgischen Zentrale von Scientology in Brüssel von der Polizei.

Zuvor hatten Sondereinheiten das Gebäude durchsucht und zahlreiche Daten beschlagnahmt. Scientology wird vorgeworfen, Arbeitslosen einen Job in Aussicht gestellt, sie aber stattdessen verpflichtet zu haben, einen Scientology-Kurs zu besuchen. Die Staatsanwaltschaft wirft der Organisation nun Betrug, Urkundenfälschung und sittenwidrige Verträge vor."[122]

---

[121] Vgl. Diringer, Arnd: Die Brücke zur völligen Freiheit? Struktur, Dogmatik und Handlungspraxis der Scientology-Organisation. In: EZW-Texte, Nr. 188, Berlin 2007
[122] Utsch, Michael (Hrsg.): Wie gefährlich ist Scientology? EZW-Texte, Nr. 197, Berlin 2008, Einleitung

3. „Wissenschaft" als Science-Fiction-Programm

„Dies ist ein kaltblütiger und sachlicher Bericht über unsere letzten sechzig Billionen Jahre." (Hubbard)

Wer das Buch *Dianetik – die moderne Wissenschaft der geistigen Gesundheit* zur Hand nimmt und sich hineinvertieft, ist zunächst einmal verwundert, wie wenig wissenschaftlich, sondern eher aggressiv und martialisch die Sprache des Autors ist. Rassistische Formulierungen, die die Bewohner Afrikas als „Primitive" und psychisch Kranke als „Schwachsinnige" bezeichnen, oder die Charakterisierung des Mitgefühls als „unsinniges Flehen" und „widerliche Gefühlsduselei" zeigen eine Sprache an, die gewissermaßen mit Hammer und Zange an der Seele herumdoktert. Nach Hubbards mechanistischem Menschenbild ist der humane Geist eine Art „Computer", der, in seinen Funktionen stark eingeschränkt, durch das selbst gestrickte Programm der *Dianetik* dazu gebracht werden kann, dass er „richtig tickt". *Dianetik* ist ein Kunstwort, das eine Bewusstseinstechnik beschreibt, mit der Menschen *clear* gemacht werden sollen.

> „In der Dianetik wird der menschliche Geist bzw. Verstand als ‚Mind' bezeichnet und als eine Art Computer verstanden, dessen Zweck darin besteht, Probleme in Bezug auf Überleben aufzustellen und zu lösen und die Anstrengungen des Organismus gemäß diesen Lösungen zu lenken."[123]

In dem Überlebenskampf der Individuen machen sie Fehler durch falsche Rücksichtnahmen.

> „Die Planung für Scientology ist so angelegt, daß die Fähigen fähiger gemacht werden, während die Unfähigen vorerst sich selbst überlassen bleiben, bis wir richtige Anstalten für sie gebaut haben. Wenn wir das machen, wachsen wir. Wenn wir, wie das einige unkluge Leute tun, uns die Unfähigen, die Hilflosen und die Zurückgebliebenen aufhalsen, werden wir nicht in der Lage sein, schnell genug hoch voranzuschreiten."[124]

---

[123] Hubbard, Lafayette Ron: Dianetik – die moderne Wissenschaft der geistigen Gesundheit. Kopenhagen 1986, S. 517
[124] Field Staff Member (FSM)-Newsletter, Nr. 3/1992

3. „Wissenschaft" als Science-Fiction-Programm 111

Dieses Zitat wird von maßgeblichen Scientologen immer wieder infrage gestellt, beleuchtet aber auch in seiner legendären Gestalt recht klar das Sortierungsprinzip dieser Weltanschauung.

Unfähig wird der *Mind* nach Hubbard durch *Engramme*, die seinen Einsatz stark einschränken. *Engramme* sind Bewusstseinsinhalte, die gewissermaßen im Unterbewusstsein den Verstand steuern, ohne dass er es merkt. Sie schaden dem *analytischen Mind* in seiner Durchsetzungsfähigkeit beträchtlich und werden auf diese Weise die

„einzige Ursache von Aberrationen und psychosomatischen Krankheiten"[125].

Mithilfe des in Dianetik ausgebildeten *Auditors* werden die Engramme in sogenannten *Auditing-Sitzungen* (von lat. *audire* = „hören") aus früheren Lebensphasen, später sogar Engramme aus früheren Inkarnationen in Erinnerung gebracht und „ausgelöscht". Menschen, die noch nicht ganz nach den Prinzipien von Scientology leben, gelten als „aberriert". Hubbard experimentierte, so wird über ihn berichtet, längere Zeit mit Hypnose-Praktiken herum und brachte diese in seiner Bewusstseinstechnik zum Einsatz, um aberrierte (lat. *aberrare* = „abirren") Persönlichkeiten in „Bewusstlosigkeit" zu versetzen. Dieses sogenannte *Verdampfen* oder *Abkochen* des Bewusstseins auf dem *Time-Track* (der „Zeitspur") in die Vergangenheit soll helfen, Engramme zu löschen, um das „dynamische Prinzip des Daseins – Überleben" voll in Kraft zu setzen.

Der Mensch hat nach Hubbard einen *analytischen Mind* und einen *reaktiven Mind*. Letzterer ist negativ und führt das Individuum dazu, dass es mit seiner Umgebung nicht „fertigwerden" kann. Scientology soll den *Preclear*, also jenen, der „die dianetische Therapie durchläuft", in einen *Clear*, ein Wesen also, „das seinen eigenen reaktiven Mind nicht mehr hat", verwandeln. Ein *Clear* „ist voll da und fähig".

Weil die Engramme nach Hubbard elektrisch geladen sind, kann man sie durch ein sogenanntes *Elektropsychometer* (*E-Meter*) aufspüren und auslöschen. Das alles sei eine Frage der geschickten Bewusstseinstechnologie. Bis zu dieser Stelle könnte man noch von einer Art *Gehirn-*

---

[125] Hubbard, Lafayette Ron: Dianetik, S. 515

wäsche sprechen, die den aberrierten Kunden im System der Dianetik versprochen wird.

Ab Mitte der Sechzigerjahre ergänzt Hubbard nun seine Bewusstseinstechnologie durch eine Science-Fiction-Metaphysik titanischen Ausmaßes. Hinter dem *reaktiven Mind* und dem *analytischen Mind* entdeckt der Scientologe einen Geistesriesen namens *Thetan*. In dem Werk *The modern science of Mental Health* gehen Hubbards Gedanken ins Universum. Vor etwa 75 Billionen Jahren soll ein Fürst mit Namen *Xenu* die Thetanen versklavt haben und auf die Erde, in die Materie „hineingebeamt" haben. Ursprünglich waren die Thetanen masselos, lebten unsterblich und geistig allmächtig. Diese Fähigkeiten verlieren sie auch nicht durch ihre materielle Versklavung. Nach dem Tod wandern sie in einen anderen Körper. Leider haben sie durch die unzähligen Schädigungen in Form von *Engrammen*, die sie wie Geschwüre an sich tragen, auf ihrer unendlich langen Wanderschaft vergessen, was sie ursprünglich einmal waren. Scientology verfügt nun nicht nur über die Erkenntnis, was diese Thetanen im Grunde sind, sondern auch noch über die Technik, sie ganz und gar zu befreien.

Wem es gelingt, sich in unzähligen Kursen seiner Engramme Stück für Stück zu entledigen, kann zum OT werden, zum *Operating Thetan*. Dieser sei in der Lage, nicht nur sich selbst, sondern auch seine ganze Umwelt und überdies das ganze Universum, Raum, Zeit, Materie und Energie zu kontrollieren. Hubbard entwickelte in seiner religiösen Ideologie mehrere OT-Stufen. Sie führten bis 1988 auf die Ebene von OT-VIII. Der lange Weg zu diesem Geistesriesen wird von Hubbard dann endgültig in seinem Buch *History of Man* („Geschichte der Menschheit") entwickelt. Das Buch beginnt mit dem bescheidenen Ansinnen:

> „Dies ist ein kaltblütiger Tatsachenbericht über die vergangenen sechzig Billionen Jahre."

Die religiöse Ideologie von Hubbard, ihr mechanistisches Menschenbild, die dualistische Bewertung des individuellen und gesellschaftlichen Handelns führt zu ebenso brutalen wie simplen Klischees in der Menschenbehandlung durch Scientology:

3. „Wissenschaft" als Science-Fiction-Programm

„Das Leben blutet. Es leidet. Es hungert. Und solange nicht ein goldenes Zeitalter kommt, muß es das Recht haben, seine Feinde abzuschießen."[126]

In knallharten Worten drückt Hubbard die Prinzipien seiner Ethik aus. Vor allem Feinden und Kritikern gegenüber ist er nicht gerade zimperlich:

„Eine Person, die in den Ethik-Zustand des Feindes zurückgestuft worden ist, gilt als vogelfrei: man darf ihr Eigentum abnehmen, sie in jeder Weise verletzen, ohne daß man von einem Scientologen bestraft wird. Man darf ihr Streiche spielen, sie verklagen, sie belügen oder vernichten."[127]

Ethik in Scientology-Manier ist ein Bestrafungssystem, das Anhänger auf Linie bringen und Kritiker ausschalten soll:

„Fürchte nie, einen anderen in einer gerechten Sache zu verletzen."[128]

Oder:

„Ethik existiert in erster Linie, um Technologie hinzubekommen. Tech kann nicht funktionieren, wenn Ethik nicht bereits ‚in' ist. Wenn Tech ‚out' geht, kann Ethik (und das wird von ihr erwartet), sie wieder hinbekommen."[129]

Andreas Grünschloß resümiert über die „Ethik" bei Scientology:

„So gilt z. B. die Nichtbefolgung wichtiger Anordnungen der Vereinigung, die Anstiftung zum Ungehorsam, das Lächerlichmachen von Materialien oder Richtlinien der Scientology oder eine Nachlässigkeit im Hinblick auf den Schutz der Urheberrechte als Verbrechen. Als Schwerverbrechen werden die Abkehr von Scientology sowie Handlungen angesehen, die unternommen werden, um die Vereinigung oder ihre Mitglieder wissentlich zu unterdrücken, einzuschränken oder zu behindern."[130]

---

[126] Hubbard, L. Ron: Einführung in die Ethik der Scientology. Kopenhagen o.J., S. 265
[127] *Hubbard Communication Office Policy Letter* (HCOPL), 18.10.1967
[128] Hubbard, L. Ron: Der Ehrenkodex, Punkt 12. In: *Bulletin für Professionelle Auditoren*, Nr. 40, 26.11.1954 und derselbe: Scientology 0-8. Das Buch der Grundlagen. Kopenhagen 2007
[129] *Hubbard Communication Office Policy Letter* (HCOPL), 1.9.1965: VIII. Ethikschutz, zitiert nach Utsch, Michael, EZW-Texte 197
[130] Grünschloß, Andreas: To get Ethics in. In: Utsch, Michael (Hrsg.): Wie gefährlich ist Scientology? EZW-Texte, Nr. 197, Berlin 2008, S. 38 ff.

Scientology arbeitet seit Jahren gemäß den Grundsätzen des Kultführers mit massivem Druck gegenüber ehemaligen Mitgliedern und außenstehenden Kritikern.

„Schieben Sie immer Macht in die Richtung eines jeden, von dessen Macht Sie abhängen, sei es in Form von mehr Geld für die Machtperson oder größeren Erleichterungen oder einer flammenden Verteidigung der Machtperson gegenüber einem Kritiker. Es kann sogar darin bestehen, daß einer seiner Feinde in der Dunkelheit dumpf aufs Straßenpflaster klatscht oder das ganze feindliche Lager als Geburtstagsüberraschung in Riesenflammen aufgeht."[131]

Am Ende wird der totalitäre Charakter der religiösen Ideologie von Scientology unverblümt ausgesprochen. Gegner, die die Auswüchse dieser Vorstellungen am eigenen Leib verspürt haben, sind häufig psychisch regrediert und leben in ständiger Verfolgungsangst. L. Ron Hubbard ist bislang der einzige Kultführer, der in bedenkenloser Offenheit über den doktrinären Charakter seiner Ideologie gesprochen hat.

Interessant ist in diesem Zusammenhang eine Besprechung der englischsprachigen Erstausgabe *Dianetics. The Modern Science of Mental Health*, von Erich Fromm 1950 im *New Yorker Herald Tribune Book Review* veröffentlicht. Dort resümiert Fromm am Ende:

„Übermäßige Vereinfachungen, Halbwahrheiten und platte Absurditäten, die propagandistische Technik, (...) mit der Größe, Unfehlbarkeit und Neuheit des Systems (...) zu beeindrucken, das Versprechen beispielloser Resultate (...). Diese Mixtur stellt eine Technik dar, die zu den verhängnisvollsten Ergebnissen im Bereich der Medizin oder Politik führt."[132]

---

[131] Hubbard, L. Ron: Einführung in die Ethik der Scientology. Kopenhagen o.J., S. 270 f.
[132] Fromm, Erich: *„Dianetics" – For Seekers of Prefabricated Happiness* [„Dianetik" – Für Sucher nach dem vorfabrizierten Glück]. In: *The New York Harald Tribune Book Review*, 3.9.1950, S. 7; dt.: „Dianetik" – die Heilslehre der Scientology-Church. Übersetzung aus dem Englischen: Karl von Zimmermann, Copyright © 2001 by The Literary Estate of Erich Fromm, c/o Dr. Rainer Funk

4. Organisationen und Unterorganisationen

„Den Planeten clear machen"

Die Einzelorganisationen von Scientology sind hierarchisch gegliedert. Die europäische Zentrale ist in Kopenhagen. Weltweit wird Scientology von den USA aus dirigiert. In Deutschland gibt es sogenannte *Orgs* und *Kirchen*, denen die Missionen untergeordnet sind.

Scientology versuchte im Jahr 1993 ein eigens entwickeltes Schüler- und Kinderprogramm auf den Markt zu bringen. Mitarbeiter sprachen Schüler auf der Straße an und versuchten, die Einwilligung der Eltern für sogenannte *Kinder-Kommunikations-Seminare* zu erwirken. Ausführlich geht der Bericht der Enquetekommission auf die Fragwürdigkeit dieses Programms und die damit verbundenen Gefahren ein.[133]

Bundesweit bietet Scientology unter dem Titel *Narconon* eine sogenannte Drogenhilfe an. Einige *Narconon-Center* arbeiten mit Drogenabhängigen und versuchen, diese in das Dianetik-Programm hineinzuziehen.

Eine Reihe von Tarnorganisationen, häufig als *Bürgerinitiativen* ausgegeben, versuchen in der Öffentlichkeit Sympathie für Scientology zu wecken.

Auch die wirtschaftlichen Aktivitäten von Scientology sind beträchtlich. Einige der wirtschaftlichen Aktivitäten werden im folgenden Kapitel genannt. Scientology versucht immer wieder auch in politischen Parteien unerkannt Einfluss zu gewinnen.

Die öffentliche Kritik an den Praktiken von Scientology wurde in den Neunzigerjahren immer lauter. Aussteigerberichte wiesen auf skandalöse Verhältnisse in der Organisation, vor allem auch in den USA hin, sodass die Bundesregierung beschloss, Scientology vom Verfassungsschutz beobachten zu lassen. In einigen Städten wurde Scientology ein Verbot der Straßenwerbung erteilt. Dennoch versucht die Organisation, vor allem auch durch die sogenannte *Kommission für Verstöße der Psychiatrie gegen Menschenrechte* weiterhin ihre Propa-

---

[133] Deutscher Bundestag (Hrsg.): Endbericht der Enquete-Kommission *Sogenannte Sekten und Psychogruppen*, Bonn 1998, S. 173

ganda öffentlichwirksam zu vertreten. Zahlreiche Prozesse werden gegen die Organisation sowohl von öffentlichen Institutionen als auch von ehemaligen Mitgliedern geführt – mit unterschiedlichem Erfolg. Über die Rechtslage im internationalen Bereich und Urteile im Einzelnen informiert ausführlich der Endbericht der Enquetekommission.[134] Die europäische Staatenwelt reagiert auf die Aktivitäten von Scientology immer noch auf unterschiedliche Art und Weise. Von Einschränkungsmaßnahmen bezüglich ihrer öffentlichen Auftrittsmöglichkeiten bis hin zur verschärften Beobachtung durch Verfassungsschutzbehörden gibt es eine Bandbreite von Reaktionen, die das kritische Verhältnis westeuropäischer Institutionen gegenüber Scientology dokumentieren.

Auf der anderen Seite ist Scientology vor allem in den USA aber auch weltweit nicht faul, die eigene Legitimation im demokratischen Kontext der jeweiligen Länder immer wieder zu betonen. Öffentlichkeitswirksame Auftritte international bekannter Stars wie John Travolta, Kelly Preston, Chick Corea und vor allem Tom Cruise dienen der Organisation als Aushängeschild ihres Erfolges und ihrer weltweiten Anerkennung.[135] Darüber hinaus werden von Scientology Gutachten verbreitet, die belegen sollen, daß ihre Lehre als „Religion", die Gemeinschaft als „Religionsgemeinschaft" anzusehen ist.

Die Aufmerksamkeit, die Scientology gerade der Anerkennung als Religionsgemeinschaft zollt, zeigt, wie zentral dieses Anliegen für das gesellschaftliche Ansehen ist, vielleicht vor allem wegen der damit verbundenen Privilegien.

> „Daß es sich bei diesen Gutachten durchweg um ‚Auftragsgutachten', mithin also Ausarbeitungen gegen Entgelt handelt, ist zwar nicht zwingend, wie bei jedem Gutachten jedoch zumindest sehr naheliegend."[136]

Dennoch kann Scientology mittlerweile durchaus den einen oder anderen gerichtlichen Erfolg verbuchen. Im Oktober 2007 gelang es ihr in Spa-

---

[134] Deutscher Bundestag (Hrsg.): Endbericht der Enquete-Kommission *Sogenannte Sekten und Psychogruppen*, Bonn 1998, S. 210 ff.
[135] Diringer, Arnd: Die Brücke zur völligen Freiheit? Struktur, Dogmatik und Handlungspraxis der Scientology-Organisation. In: EZW-Texte, Nr. 188, Berlin 2007, S. 78 ff.
[136] Diringer, Arnd: Die Brücke zur völligen Freiheit, S. 18 f.

nien durch ein Urteil des nationalen Gerichtshofes „die Eintragung der spanischen Scientology-Niederlassung in das öffentliche Register der religiösen Organisationen" zu erwirken. Scientology ist nach eigenem Verständnis auf diese Weise der staatlichen Anerkennung in Europa einen Schritt weiter gekommen[137]. 2007 startete Scientology auch eine Werbeoffensive in Berlin, was zu der Annahme verleitet, dass „die Scientologen auch in Deutschland mehr gesellschaftlichen Einfluss nehmen wollen"[138].

Die gegenwärtige Verfassung von Scientology wird mittlerweile in der kritischen Literatur in ihrer ganzen Komplexität dargestellt. Besonders ausführlich und gründlich ist eine solche Darstellung gelungen in einer Veröffentlichung der EZW von Arnd Diringer *Die Brücke zur völligen Freiheit*. Nicht nur in dieser Schrift wird betont, dass Scientology – gleich in welcher organisatorischen Gestalt – ihren Grundprinzipien treu bleibt. Bei all der kritischen Darstellung der Praktiken von Scientology sollte indessen immer auch im Blick bleiben, dass es einen großen Unterschied gibt zwischen den sogenannten Chefideologen der Organisation und den einfachen Mitgliedern, die vielleicht nur einen Kurs besucht haben und sich von den Veröffentlichungen Hubbards angezogen fühlen.

5. Zentrale Begriffe

Wir erklären im Folgenden einige Begriffe, die den Umgang mit Scientology erleichtern helfen. Vor allem erscheinen hier auch die Namen einiger Scientology nahe stehender Organisationen:

ABERRATION: Abweichung vom rechten Weg, den Scientology vorgibt, wenn etwa jemand intern Kritik äußert oder Probleme mit den Anforderungen der Organisation bekommt. Als aberriert gelten auch Personen, deren Verstand noch nicht so funktioniert, wie L. Ron Hubbard ihn definiert.

ACADEMIE: Initiative zur Förderung selbstständigen Lernens. Unterorganisation.

---

[137] Scientology in Spanien. In: *Materialdienst* der EZW, Nr. 2/2008, S. 69–70
[138] Utsch, Michael: Scientology auf Expansionskurs? In: *Materialdienst* der EZW, Nr. 3/2007, S. 101–103

AFFINITÄT: einer der drei Werte, die Hubbard gewissermaßen in einem Beziehungsdreieck zusammengefasst hat: *Affinität, Realität, Kommunikation,* auch *ARC-Dreieck* genannt. Affinität umfasst die Gefühle wie z. B. Liebe oder Hass; Realität meint das Wirklichkeitsbewusstsein in der Weise, wie Scientology die Wirklichkeit sieht. Kommunikation geschieht nach den Mustern von L. R. Hubbard.

AUDITING: eine Art Gesprächsführung im Verhörstil. Die Personen müssen mit beiden Händen zwei Dosen eines sogenannten *E-Meters* halten, während sie durch eine bestimmte, von Hubbard entwickelte Befragungstechnik durch einen *Auditor* verhört werden. Dabei werden Fragen gestellt, die in die Intimsphäre des Einzelnen gehen, Erinnerungen aktualisiert, Probleme herausgefordert. Negative Erfahrungen werden als *Engramme* bezeichnet und sollen durch das Auditing beseitigt werden.

AUDITOR: (wörtl.: „jemand, der zuhört"), von Scientology ausgebildetes Personal, das das sogenannte *Auditing* (s. o.) durchführt.

BRÜCKE: Die „Brücke zur totalen Freiheit" erreicht man durch Belegen außerordentlich kostspieliger Kurse, die die Teilnehmer zum sogenannten *Operating Thetan* (s. u.) ausbilden.

CFAP: College für Angewandte Philosophie, Unterorganisation von Scientology.

CLEAR: „Geklärt" sind Menschen, die das Scientology-Programm beherrschen, bei denen alle für Scientology negativen Einflüsse (*Engramme*) gelöscht sind. Für Hubbard ist ein *Clear* ein optimaler Mensch. Vor diesem Zustand ist er ein *Preclear,* einer, der – wie Scientology in der Werbung sagt – nur 10% seines geistigen Potenzials nutzt. Hubbard wollte die ganze Welt *clear* machen, um auf diese Weise Scientology zur Macht zu bringen.

COMMUNICATION CENTER: Unterorganisation von Scientology in Ulm.

DEUTSCHE LIGA FÜR MENSCHENRECHTE: Unterorganisation.

DIANETIK: (griech.: *dia* = „durch", und *nous* = „Geist") soll nach Hubbard eine neue „Wissenschaft des Geistes" sein. Das Buch veröffent-

5. Zentrale Begriffe

lichte er zuerst 1950 in den USA. In ihm ist die Weltanschauung von Scientology entwickelt, die den Menschen vom *reaktiven Mind*, von seinen *Aberrationen* und *Engrammen* befreien soll. Das Ziel ist, die Menschheit *clear* zu machen.

DSA: Das *Department of Special Affairs* („Abteilung für spezielle Angelegenheiten") ist der spezielle Geheimdienst von Scientology. Das DSA ist zuständig für Rechts- und Medienangelegenheiten.

DYNAMIKEN: für Scientology die acht Triebkräfte des menschlichen Lebens: 1. Drang zum Dasein. 2. Drang zum anderen Geschlecht, 3. Drang zum Leben in der Gruppe, 4. Drang zum Dasein in der Menschheit, 5. Drang zum Dasein im organischen Leben, 6. Drang zum Dasein im physikalischen Universum, 7. Drang zum Dasein als geistiges Wesen, 8. Drang zum Dasein als Unendlichkeit. Alle acht Dynamiken meint Hubbard wissenschaftlich nachweisen zu können. Wer innerhalb einer der Dynamiken gegen den Regelkanon von Scientology verstößt, erhält eine sogenannte *Ethic-Order*, d.h. er wird von der Organisation bestraft.

E-METER: eine Art *Lügendetektor*, dessen technischer Wert bei ca. 100 Euro liegt, aber wesentlich teurer verkauft wird (siehe auch *Auditing*).

ENGRAMME: negative Bestandteile des Bewusstseins, die nach Auffassung von Scientology beseitigt werden müssen.

ETHIC-ORDER: kompliziert verfasste Bestrafungsbriefe an Mitglieder, die gegen die interne Disziplin, auch *Ethik* genannt, verstoßen haben.

ETHIK: Dem Selbstverständnis von Scientology zufolge ist „Ethik gleichbedeutend mit Vernunft. Die höchste Stufe an Ethik wären langfristige Überlebenskonzepte mit minimaler Zerstörung entlang jeder der Dynamiken"[139]. Das Ethik-System von Scientology hat indessen mit einem allgemeinen Verständnis von Ethik oder Moral wenig oder gar nichts zu tun. Unter Ethik versteht die Organisation ein rigides Normensystem, das Mitglieder nach dem Schema „Befehl und Gehorsam" auf autoritäre Strukturen hin festlegt. Kleinste Verhaltensabweichungen oder Meinungsdifferenzen werden durch sogenannte *Ethic-Orders* empfindlich

---

[139] Vgl. Glossar Freie Zone e.V.: http://www.freezone.de/german/glossar.htm

bestraft. Höchstes Ethik-Ziel ist das Überleben einer neuen, durch Scientology *geklärten* „zukünftigen Rasse". Wer in diesem Überlebenskampf nicht bestehen kann, hat nach Scientology auch kein Existenzrecht.

HANDHABEN: von Personen in der Organisation heißt, offensiv zu bestimmen, was sie zu tun oder zu lassen haben.

HCO: *Hubbard Communication Office* („Hubbard-Kommunikationsbüro"). Früher war es die Zentrale von Scientology. Die sogenannten *HCO-Briefe* enthielten Befehle an die einzelnen Unterorganisationen – *Orgs* oder *Missionen* –, die sofort und absolut zu befolgen waren.

KOMMISSION FÜR VERSTÖSSE DER PSYCHIATRIE GEGEN MENSCHENRECHTE: eingetragener Verein in München, Unterorganisation von Scientology, um die etablierte Psychiatrie zu bekämpfen.

KOMMUNIKATIONSKURSE: Scientology bietet unter diesem Begriff ihre Kurse an, in denen man eine bestimmte Art der Gesprächsführung lernt. Es kommt dabei darauf an, Gesprächstechniken anzuwenden, die den Gesprächspartner dem eigenen Willen unterwerfen, d.h. ihn *handhabbar* machen.

MIND: Die Scientology-Weltanschauung ist streng dualistisch, d.h. es gibt nur schwarz oder weiß, gut oder böse, einen *reaktiven Mind*, d. i. einen fehlerhaften Verstand, gefüllt mit Aberrationen und falschen Gedanken, oder einen *analytischen Mind,* bereit für die Wertvorstellungen von Scientology.

NARCONON: stellte sich als eine uneigennützige Drogenhilfe-Organisation dar. Diese Institution diente Scientology dazu, Finanzmittel von Angehörigen von Drogenabhängigen abzuziehen und letztere mit dem Scientology-Programm zu konfrontieren. Scientology versuchte, über die Gesundheitsämter für ihr *Narconon*-Programm zu werben.

NEW ERA PUBLICATIONS (NEP): riesiges scientologisches Verlagshaus mit Zentrale im europäischen Zentrum von Scientology, in Kopenhagen.

OPERATING THETAN (OT): Nach dem Glauben von Scientology ist der *Thetan* die Seele des Menschen, die ewig existiert. Wer die horren-

5. Zentrale Begriffe

den Kosten für alle Kurse aufbringt, die zum OT führen, wird dann in der Sprache von Scientology zu einem Wesen, „das wissentlich und willentlich Ursache über Denken, Leben, Form, Materie, Energie, Raum und Zeit sein kann, subjektiv und objektiv"[140]. Ein wirklicher Operating Thetan ist vollständig frei. Er ist sogar immun gegenüber radioaktiven Strahlungen.

ORG: intern verwendete Abkürzung für „Organisation". Die *Org* ist den *Missionen* übergeordnet.

OVERT AKT: eine Kennzeichnung von Scientology für die Ethik-Abteilung, um schädliches Verhalten zu bestimmen.

PERSÖNLICHKEITSTEST: Scientology lädt in den Fußgängerzonen in der Innenstadt und vorwiegend am Hauptbahnhof an Büchertischen oder durch Flugblattverteiler zu einem *kostenlosen Persönlichkeitstest* ein. Scientology stellt bei dem Interessenten dann immer bestimmte persönliche Defizite fest und wirbt für den Einkauf bestimmter Kurse.

PRECLEAR: Dieser Begriff bezeichnet im Grunde alle Personen außerhalb von Scientology. Wer ihr Programm noch nicht durchgeführt hat, ist eine noch „ungeklärte" Person.

POTENTIAL TROUBLE SOURCE (PTS): „eine mögliche Schwierigkeitsquelle" – so werden vor allem Mitglieder bezeichnet, die mit Kritikern der Organisation Kontakt haben. Solche Verbindungen erzeugen angeblich Krankheiten und müssen daher sofort abgebrochen oder unterbunden werden.

RELIGIÖSE TECHNOLOGIE: Nach Aussagen von Scientology-Mitarbeitern ist die Verwirklichung der religiösen Vorstellungen deshalb möglich, weil sie funktionierende Verfahren entwickelt haben, die exakt anwendbar sind.

SCIENTOLOGY: ein Kunstwort, in dem die beiden Worte lat. *scire* = „wissen" und griech. *logos* = „Wort", „Lehre" enthalten sind. Für Hub-

---

[140] Hubbard, L. Ron: Was ist Scientology? Kopenhagen 1993, S. 814; ²1998, S. 688; siehe auch derselbe: Handbuch für den ehrenamtlichen Geistlichen. Kopenhagen ²1983, S. 764

bard ist Scientology die „Wissenschaft der Wissenschaft". Der Schöpfer dieses Wortes ist indessen Anastasius Nordenholz, der bereits 1934 ein Buch mit dem Titel *Scientologie* herausgab.

SUPRESSIVE PERSONS (SP): Nach Hubbard gibt es nur zwei Kategorien von Menschen: diejenigen, die Scientology befürworten, und diejenigen, die Scientology kritisieren. Letztere sind *suppressive persons,* „unterdrückerische Personen", die mit allen Mitteln bekämpft werden dürfen.

THETAN: abgeleitet vom griechischen Buchstaben *Theta* als Symbol für „Gedanke" oder „Geist" soll der Begriff das Bewusstsein des Einzelnen, seine Identität, quasi die *unsterbliche Seele* bezeichnen. Der *Thetan* existiert bereits seit mehreren Millionen Jahren, kommt nach der Science-Fiction-Weltanschauung von Scientology aus dem Universum auf die Erde und verkörpert sich in den Menschen. Diese Verkörperung ist für den *Thetan* eine Art Gefängnis. Scientology bezeichnet sich als „wissenschaftliche Methode", um den *Thetan* zu befreien, ihn in einen OT zu verwandeln (siehe OT).

ÜBERLEBENSPOTENZIAL: Über jedes Mitglied wird eine Statistik angelegt, die der *Org* Auskunft darüber gibt, wie erfolgreich es im Verkauf ist, d.h. wie groß sein Überlebenspotenzial ist. Die Ethik-Abteilungen von Scientology kontrollieren diese Statistiken und bestrafen erfolglose Mitglieder.

ZIEL: Zentrum für Individuelles und Effektives Lernen, Unterorganisation.

6. Literatur

Quellen

Hubbard, Lafayette Ron: Das Handbuch für den Ehrenamtlichen Geistlichen. Kopenhagen 1983

Hubbard, Lafayette Ron: Der Ehrenkodex. In: Bulletin für Professionelle Auditoren, Nr. 40, 26.11.1954 und: Scientology 0–8. Das Buch der Grundlagen. Kopenhagen 2007

Hubbard, Lafayette Ron: Der Leitfaden für den menschlichen Verstand. Berkshire 1992

6. Literatur

Hubbard, Lafayette Ron: Der Weg zum Glücklichsein. Kopenhagen 1985
Hubbard, Lafayette Ron: Dianetik – die moderne Wissenschaft der geistigen Gesundheit. Kopenhagen 1986
Hubbard, Lafayette Ron: Die Wissenschaft des Überlebens. Kopenhagen 1983
Hubbard, Lafayette Ron: Einführung in die Ethik der Scientology. Kopenhagen o.J.
Hubbard, Lafayette Ron: Scientology. Kopenhagen 1990
Hubbard, Lafayette Ron: Was ist Scientology? Kopenhagen (*New Era Publications International*) 1993; ²1998
Kritische Darstellungen
ABI – Aktion Bildungsinformation e. V. (Hrsg.): Die Scientology-Sekte und ihre Tarnorganisationen. Stuttgart o.J.
Billerbeck, Liane von / **Nordhausen**, Frank: Der Sekten-Konzern. Scientology auf dem Vormarsch. Berlin 1993, ²1994
Diringer, Arnd: Die Brücke zur völligen Freiheit? Struktur, Dogmatik und Handlungspraxis der Scientology-Organisation. In: EZW-Texte, Nr. 188, Berlin 2007
Fromm, Erich: *„Dianetics"* – *For Seekers of Prefabricated Happiness* [„Dianetik" – Für Sucher nach dem vorfabrizierten Glück]. In: *The New York Harald Tribune Book Review*, 3.9.1950, S. 7; dt.: „Dianetik" – die Heilslehre der Scientology-Church. Übersetzung aus dem Englischen: Karl von Zimmermann, Copyright © 2001 by The Literary Estate of Erich Fromm, c/o Dr. Rainer Funk
Haack, Friedrich-Wilhelm: Scientology – Magie des 20. Jahrhunderts. München 1982, ³1995
Herrmann, Jörg (Hrsg): Mission mit allen Mitteln. Der Scientology-Konzern auf Seelenfang. Reinbek b.Hbg. 1992, ⁴1994
Landesamt für Verfassungsschutz Hamburg (Hrsg.): Der Geheimdienst der Scientology-Organisation – Grundlagen, Aufgaben, Strukturen, Methoden und Ziele. Hamburg 1998
Materialdienst der EZW – Evangelische Zentralstelle für Weltanschauungsfragen, Berlin (Stichwort „Scientology", mehrere Ausgaben)
Utsch, Michael: Scientology auf Expansionskurs? In: *Materialdienst* der EZW, Nr. 3/2007, S. 101–103
Utsch, Michael (Hrsg.): Wie gefährlich ist Scientology? EZW-Texte, Nr. 197, Berlin 2008

B. DIE VEREINIGUNGSKIRCHE (VK) – gegenwärtig Familienförderung für Weltfrieden und Vereinigung e. V.

In ihren Ursprüngen betrachtete sich die Vereinigungskirche als *Holy Spirit Association for the Unification of World Christianity* („Heilig-Geist-Gesellschaft zur Vereinigung des Weltchristentums"). Bekannt wurde sie auch unter dem koreanischen Namen *Tong Il Kyo* oder *Unification Church* („Vereinigungskirche" – VK). Der Name sollte zugleich das edle Ziel dieser Vereinigung zum Ausdruck bringen. Gründer und Führer der VK ist der Koreaner San Myun Mun. Aufgrund zahlreicher dramatischer Einzelschicksale geriet die VK sowohl in den USA als auch in Deutschland Mitte der Siebzigerjahre in die Kritik. Sektenkundler und Aussteiger beschrieben destruktive Praktiken der Organisation. Wir wollen diesen Aspekt ihrer Geschichte kurz durch die Sichtweise einer ehemaligen Anhängerin sichtbar machen, denn angesichts des sich gegenwärtig ändernden Profils der VK scheint es dennoch sinnvoll zu sein, die problematischen Aspekte ihrer Geschichte nicht aus den Augen zu verlieren. Wir erzählen darum zu Beginn die Geschichte von Adelheid aus der Perspektive ihrer Erfahrungen heraus. Ergänzt wird dies durch Zitate von Zentrumsleitern der VK, die mit diesen Erlebnissen konfrontiert wurden.

Die folgenden Zitate entstammen Werbematerial oder Aussagen von Mitgliedern oder ehemaligen Mitgliedern der VK aus Tonbandinterviews mit dem Autor.

1. Der Weg in den Kult

1. Schritt: Das Missionsgespräch und seine Hintergründe
Auf den Hauptstraßen der Innenstädte begegnen Adelheid die Missionare der Vereinigungskirche. Sie singen zur Gitarre und verteilen Flugschriften. Das Lied, das sie singen, bringt ein freudiges Bekenntnis zum „neuen Messias aus dem Osten" zum Ausdruck:

> „Sonnenschein bricht im Osten hervor von dem Vaterland, bringt die Botschaft der neuen Welt den Menschen auf dem Feld (…) Gloria, herrlicher Herr!"

1. Der Weg in den Kult

Adelheid fühlt sich durch die stimmungsvolle Einführung und durch die frische Lebendigkeit der Missionare angesprochen:

> „Ich bin von der Vereinigungskirche angesprochen worden, von einer Französin und von einer Amerikanerin, die haben mich gefragt, was ich so mache, wie es mir geht (…) Sie haben mir gesagt, daß sie etwas Wunderbares gefunden hätten. Sie würden mit Gott im Mittelpunkt leben. Und sie hätten den Drang und das Bedürfnis, das allen Leuten zu zeigen. Sie haben mich eingeladen, in das Zentrum zu kommen.
>
> Ich bin dann also da hingegangen. Sie haben sich lange mit mir unterhalten. Und dann haben sie mir einen Vortrag gehalten über den ersten Teil der ‚Göttlichen Prinzipien', nämlich die Entstehung der Welt und die Absichten Gottes, nämlich die drei Segnungen: Seid fruchtbar, mehret euch und machet die Erde untertan. Die Menschen haben mir so gefallen, auch das Gespräch, die haben mehrere Stunden Zeit für mich gehabt. Da habe ich mir gedacht, das gefällt mir wirklich gut, da geh ich öfter hin, die können mir wirklich etwas geben."

So wie Adelheid werden zahlreiche, eher jüngere Erwachsene angesprochen. Neben die Ausstrahlung der Missionare tritt noch der intellektuelle Anspruch. Sie erscheinen als gebildete, feinfühlige und adrett gekleidete Personen, die an ihre Zeitgenossen seriöse Angebote machen. Auch bei ihrem Auftreten in den Wohngebieten zeigen sie sich von bewahrender und hilfreicher Gesinnungsart. Sie verteilen zum Beispiel Briefe und Handzettel an die Haushalte:

> „Liebe Nachbarn, bitte haben Sie Verständnis, daß wir uns auf diesem Wege an Sie wenden. Wir bieten Ihnen unser Nachbarschaftshilfeprogramm an. Mit Entschlossenheit möchten hier junge Männer und Frauen mit christlicher Nächstenliebe ihre Hilfe zur Verfügung stellen."

Andere Briefchen versuchen tugendhaftes Deutschtum und patriotische Vorstellungen unter das Volk zu bringen: „FRÜHLING IN DEUTSCHLAND" – „GOTTES SEGEN FÜR DEUTSCHLAND"

> „Nur für ernsthafte Menschen ist dieser Studienkurs. Sie sollten sich damit auseinandersetzen. Die Kosten für diesen Kursus betragen vierzig Mark. Außerdem sind Sie herzlich zu Gesprächen in unser Zentrum eingeladen."

Später gewinnt Adelheid eine kritische Perspektive und beschreibt die Hintergründe aus ihrer Sicht:
In der Vereinigungskirche wurden die Missionare ebenfalls systematisch ausgebildet. Es ging darum, „Mitkämpfer" für die Ziele der Organisation zu werben. Das vorgetragene Interesse an den individuellen Problemen diente nur dem Zweck, sogenannte „Gäste" für das Zentrum zu gewinnen. Die vorgeführte deutsch-nationale Gesinnung verdeckte die Tatsache, dass es sich in erster Linie um eine Vereinigung aus Korea handelt. Für die Missionare galt die Aufforderung:

> „Jeder Missionar soll jeden Monat der Familie ein neues Mitglied zuführen."

Auch war ihr nicht klar, dass die gelassene und ungezwungene Art der Missionare im Widerspruch zu dem strengen Regiment der Organisation steht.

2. Schritt: Begegnung mit einer neuen Familie
Die Missionare laden ihre Gesprächspartner ins Zentrum ein. Dort findet Adelheid eine Gruppe liebevoller und annehmender Menschen, die ihr zuhören, aber auch einiges erzählen, das sie einerseits zwar unmittelbar anspricht, zugleich aber schwer verständlich erscheint. Die Mitglieder im Zentrum nennen sich *Familie* und behandeln sie wie eine Schwester, die schon immer zu ihnen gehört. Auch wenn in den Aussagen einiges fremd, die Sprache der Gruppe kaum nachvollziehbar erscheint – es bleibt der positive persönliche Eindruck. Ein anderes ehemaliges Mitglied erzählt:

> Sie „rückte (...) sich einen Stapel DIN-A-4-Blätter zurecht und begann, eifrig Schaubilder zu zeichnen und dazu zu reden. Auf diese Weise erklärte sie mir das ‚Prinzip der Schöpfung', wobei für mich manches einfach klar oder eigentlich wahr und im Grunde gar nicht so neu war. Trotzdem gefiel es mir irgendwie, daß diese Dinge so schematisch dargestellt und in Zusammenhang gebracht wurden, daß das Ganze sich ein bißchen wissenschaftlich anhörte und daß etwas Religiöses so rational und logisch betrachtet werden konnte (...) Ich war am Ende dieses Gesprächs insgesamt ziemlich fasziniert (...) An diesen ‚Göttlichen Prinzipien' mußte irgendwie etwas dran sein."

1. Der Weg in den Kult

An der Wand des Zentrums entdeckt Adelheid das Porträt eines Koreaners. Es ist der Führer der Vereinigungskirche: San Myun Mun. Sie fragt nach der Bedeutung dieses Bildes. Die Gruppe reagiert ein wenig ausweichend:

> „Das ist ein Reverend aus Korea. Er hat einige wichtige Bücher geschrieben und uns viele Hinweise für unser Leben gegeben."

Später gewinnt Adelheid eine kritische Perspektive und beschreibt die Hintergründe aus ihrer Sicht:
Die Vereinigungskirche schulte ihre Mitglieder im Umgang mit Gästen im Zentrum. Oberstes Prinzip: immer freundlich bleiben, auch kritischen Fragen annehmend begegnen. Dass die liebende und sich spontan und ungezwungen gebende Gemeinschaft auf ein bestimmtes Programm der Vermittlung ihrer *Göttlichen Prinzipien* festgelegt war, wurde Adelheid nicht deutlich gemacht. Auch die Bedeutung des Kultführers wurde nach außen heruntergespielt. Dass er über absolute Autorität verfügte, rigide von oben nach unten sein Imperium verwaltete und seine Organisation als Kampfgemeinschaft betrachtete, die jeden Tag ein *Gelöbnis* ablegte, an dessen Ende sie schworen:

> „Ich werde unter Einsatz meines Lebens kämpfen. Ich werde verantwortlich sein, meine Pflicht und meine Mission zu erfüllen, das gelobe ich und schwöre ich."

All das wurde Adelheid in ihrer ersten Begegnung nirgends deutlich.

3. Schritt: Die Studienkurse

So wie Adelheid ist auch Marianne von der Vereinigungskirche zunächst fasziniert. Sie möchte die Menschen und ihre erlösende Lehre näher kennenlernen. Man bietet ihr einen Wochenendkursus in Camberg im Taunus an, dem Schulungszentrum der Vereinigungskirche. Marianne erlebt diesen Kursus und kehrt nach kurzer Zeit zu ihrer Familie zurück. Die Eltern, mit denen sie sich bislang ausgezeichnet verstanden hat, sind entsetzt. Mariannes Mutter berichtet:

> „Da kam sie dann nach einem Wochenende wieder. Und da war sie vollkommen verändert. Das war überhaupt gar nicht mehr mein Kind. Die

Haare ganz kurz abgeschnitten, blaß und übernächtigt, mit einem ganz anderen Gesichtsausdruck, einem ganz anderen Augenausdruck, streng und müde. Mein Mann sagte nachher: Das ist ja gar nicht mehr unsere Tochter. Einen ganz leeren Blick. Und dann plötzlich war sie auch uns gegenüber so verändert. Mein Mann sagte mir: Sie hat uns vollkommen haßerfüllt angesehen. Sie wollte mit ihm und mit mir nicht darüber sprechen. Später hat sie dann erzählt, daß jetzt alles ganz anders werde und sie wollten jetzt kämpfen. Und ich hatte gar keine Ahnung, wofür sie kämpfen wollten. Und dann sagte sie: Ich komme morgen noch einmal wieder. Ich bring euch noch Sachen, die ich nicht gebrauchen kann, und die Möbel und das andere wird alles abgeholt. Und dann fahre ich erst einmal wieder nach Camberg.

Erst viel später hat sie wieder mit uns darüber gesprochen und gesagt: Die Menschen müßten alle vereinigt werden. Gott hätte das nicht gewollt, daß alles so getrennt würde. Die Menschen wären alle so ungläubig geworden. Und es müßte jetzt gekämpft werden. In Camberg, sagte sie, wäre alles so wunderschön gewesen. Sie wäre dort aufgenommen worden, als hätte sie diese Menschen schon ewig gekannt, als wenn sie eine Schwester wäre (…) Und ihr ganzes Eigentum hat sie mit einem Mal der Gruppe gegeben."

So wie Marianne machen viele neue Mitglieder Konflikterfahrungen mit ihrer eigenen Familie. Die Vereinigungskirche vertritt nach außen immer wieder beredt das *Ideal der Familie*; sie versucht auch, Kontakt mit den Familienangehörigen aufzunehmen, lässt aber andererseits keinen Zweifel aufkommen, dass die sogenannte „physische Familie" ihre Bedeutung vor der „neuen Familie" in ihrer Gemeinschaft verliert.

In den Studienkursen lernen Marianne und Adelheid das Lehrsystem der *Göttlichen Prinzipien* kennen. Es ist ein außerordentlich kompliziertes System, das verstandesmäßig schwer zu durchdringen ist. Die Lehrer arbeiten nach einem *Studienkurs – Göttliche Prinzipien*, um die Weltanschauung verständlich zu machen. Sie beteuern immer wieder, sie würden sich streng nach den Lehren der Bibel ausrichten, die ihr geistiger Vater, der „neue Messias" San Myun Mun nur deuten würde. Immer wieder wird betont, dass es letztlich nur um die Vereinigung aller Menschen gehe. Schwarz und weiß, alle Glaubensrichtungen würden in der neuen Lehre ihres Meisters vereinigt.

1. Der Weg in den Kult

Schwierig und belastend ist der Tagesablauf in der „neuen Familie". Es gibt wenig Schlaf, pausenlose Gespräche.

„Man hatte das Gefühl, die lassen dich keinen Augenblick aus den Augen."

Merkwürdigerweise bleibt in dieser Phase häufig der Eindruck, dies sei eine Form von Fürsorge und Anteilnahme für das neue Mitglied.

Später gewinnt Adelheid eine kritische Perspektive und beschreibt die Hintergründe aus ihrer Sicht:

Das Leben in der neuen Gemeinschaft wurde streng geregelt, jede Minute am Tag war verplant. Einige ehemalige Mitglieder berichteten, sie hätten teilweise nur zwei Stunden in der Nacht geschlafen. Die pausenlose Betreuung diente der Kontrolle, ob das neue Mitglied sich auf dem Weg in die Gemeinschaft befand und seine Ansichten dem neuen Denken anpasste. Der Pressesprecher der Vereinigungskirche, auf diese Praktiken angesprochen, versuchte sie zu rechtfertigen:

„Es ist klar, daß man sich im Zusammenleben auch einschränken muß. Das, was man vorher alles hatte, Musik hören, lesen und andere Dinge, das fällt flach, wenn man in unseren Wohngemeinschaften zusammenlebt. Man muß mit Menschen auskommen, die man vielleicht gar nicht so gern mag. Das ist ein Lernprozeß. Wir müssen lieben lernen. Das sind alles Konsequenzen, die sich aus der Lehre für das Leben ergeben."

Das neue Mitglied muss lernen, dass es von nun an einer *neuen Familie* angehört, d.h. die Zentrumsmitglieder sind *Geschwister*, die Leiter die jeweiligen *Eltern* des Zentrums, denen gegenüber man absoluten Gehorsam walten lassen muss. Das vierte Gebot wird strikt auf die Hierarchie der Vereinigungskirche angewendet.

Ingrid, ein einfaches Mitglied der Vereinigungskirche, beschreibt ihren entbehrungsreichen Tagesablauf:

„So Viertel vor sechs ist allgemeines Aufstehen. Sechs Uhr Gebetsgemeinschaft, danach kurzes Frühstück. Danach Putzen und Saubermachen für die Gruppe. Ab zehn Uhr für die, die nicht zur Arbeit gehen und für uns verdienen, gehen die anderen auf die Straße und laden Gäste ein.

Und das geht so den ganzen Tag über. Und abends ist Abendessen. Der Letzte geht gegen ein Uhr schlafen. Sechs Stunden Schlaf ist schon immer sehr viel. Viele von uns schlafen sehr viel weniger, so vier oder höchstens fünf Stunden."

Der Leiter eines Zentrums, auf diese Art des Schlafentzugs befragt, antwortete darauf gelassen:

„Es kann schon sein, daß man sehr viel Zeit investiert in Arbeit. Und es kann auch vorkommen, daß es zu weniger Schlaf kommt. Das sind Notwendigkeiten, die zweckgebunden sind. Es kann auch sein, daß man auf diese Weise einmal nur drei Stunden zum Schlafen kommt. Aber ich denke, das ist heutzutage überall so. Menschen, die sich ganz besonders einsetzen, verzichten auf gewisse Dinge eben, um der Sache willen."

4. Schritt: Mitgliedschaft in der Kampfgemeinschaft einer neuen Familie
Marianne und Adelheid werden eines Tages gefragt:

„Willst Du nicht zu uns kommen? Wir feiern diesen Tag als deinen ‚geistigen Geburtstag'. Du gehörst dann ganz zu uns. Wir versorgen dich."

Beide haben diesen Schritt getan, obgleich viele Fragen offen waren. Aber die Atmosphäre der *Geschwisterlichkeit*, das Leben miteinander, die „Nähe und Geborgenheit", die die Gruppe ausstrahlte, haben sie überzeugt.

Nach dieser Entscheidung wurden die Anforderungen enorm:

„Man hat uns immer wieder gesagt, daß es jetzt auf der ganzen Welt nichts Wichtigeres gäbe, als andere zur Familie zu bringen, damit auch sie aus Satans Welt freikämen und wieder andere befreien."

Die neuen Mitglieder werden häufig in andere Länder beordert, müssen in vollkommen fremder kultureller und religiöser Umwelt ihre Missionsfeldzüge ableisten. Die Trennung von den bisherigen sozialen Bezügen scheint ein Mittel zu sein, die Rückkehr zu früheren Lebenszusammenhängen zu erschweren. So wurde Marianne nach Thailand verschickt, um dann in Bangkok lange Zeit zu missionieren und Produkte der Vereinigungskirche zu verkaufen.

Die Vereinigungskirche verfügt über zahlreiche wirtschaftliche Unternehmungen, in denen sie ihre Mitglieder mehr oder weniger kostenlos arbeiten lässt. Der deutsche Pressesprecher der Vereinigungskirche beschreibt das wirtschaftliche Engagement der Vereinigungskirche so:

> „Wir haben hier in Deutschland die Rechtsform eines eingetragenen Vereins. Viele Mitglieder haben sich da auch wirtschaftlich engagiert, auch Wirtschaftsunternehmen aufgebaut. Das geht von der Würstchenbude bis zur Schwerindustrie. Es sind Import-Exportfirmen. In Korea gibt es Industrieunternehmen, wo Drehbänke hergestellt werden, große Firmen. Auch Vertriebsfirmen, die z. B. den Ginseng-Tee verbreiten und andere asiatische Heilmittel und Produkte."

Später gewinnt Adelheid eine kritische Perspektive und beschreibt die Hintergründe aus ihrer Sicht:

Wer sich entschließt, für die Welt des „neuen Messias" zu arbeiten, gibt sein ganzes persönliches Leben, seine individuellen Entscheidungen, seine Lebensplanungen und sozialen Beziehungen ganz in die Hände der Vereinigungskirche. Diese verfügt über ein Imperium religiös, politisch und vor allem auch wirtschaftlich operierender Unternehmen, die weltweit S. M. Muns Interessen vertreten. Die Organisation verplant ihre Mitglieder in streng hierarchischen, für den Einzelnen undurchschaubaren Entschlüssen. Die Gehorsamsbereitschaft wird besonders deutlich durch das Bekenntnis einer jungen Frau, die nach eigenen Angaben „ihr Leben Mun übergeben" hat:

> „Reverend Mun ist der Gründer der Vereinigungskirche, und er wird von uns als ein Prophet angesehen, ein Prophet heute, durch den Gott zu uns direkt spricht. Von mir persönlich kann ich sagen, ich sehe in ihm einen Mann Gottes. Ich kann sehen, daß Gott durch ihn wirkt und arbeitet. Die innere Stimme in mir sagt, daß wir dem Willen Muns folgen müssen. Mun hat die absolute Autorität von Gott."

2. Der Kultführer: San Myun Mun und die Geschichte der VK

Yong Myung Mun wird am 25. Februar **1920** in Chongju, in Nordkorea geboren. Er stammt aus einer Bauernfamilie, die **1930** zum presbyterianischen Christentum konvertierte. Nach den Interna der Organisation wird dieses Datum folgendermaßen beschrieben:

> „An diesem Tag wurde einem Menschen das Leben geschenkt, dem der göttliche Auftrag für die schwierigste Aufgabe der Geschichte bestimmt war: die Welt zu erneuern."

Schon **1936** soll Mun eine erste Vision gehabt haben, in der Jesus ihm den Auftrag gab, seine unabgeschlossene Sendung auf Erden zu erfüllen. Mun kommt während des Zweiten Weltkrieges nach Japan und studiert dort Elektrotechnik. Seine Visionen setzen sich fort.

1946 kehrt er in das befreite Korea zurück. In dieser Zeit wird er in bemerkenswerter Weise geistlich und geistig beeinflusst durch einen sechsmonatigen Aufenthalt im *Israel-Kloster* von Kim Baek-Mun, einem Schüler von Guk Ju Hwang.[141] Nach Hummel hat Kim Baek-Mun schon wesentliche Gedanken der von San Myung Mun entwickelten *Göttlichen Prinzipien* vorweggenommen.

Mun gründet in dieser Zeit eine *pfingstlerische* Kirche und wird von der Presbyterianischen Kirche ausgeschlossen. Ein prägender Abschnitt in seiner Biografie ist seine Verhaftung durch die kommunistischen Behörden. **1948** wird er zu fünf Jahren Arbeitslager verurteilt, aber schon **1950** von UN-Truppen befreit.

Ab **1951** predigt Mun seine eigene Lehre.

Am 15.5.**1954** gründet er seine eigene Organisation. In einer Kurzfassung der Geschichte nach offizieller Darstellung klingt das so:

> „S. Myun Moon wurde 1920 geboren in Korea. Er begann mit der Arbeit, eine Vereinigungsbewegung zu gründen etwa 1945. Zu dieser Zeit sammelten sich erste Nachfolger um ihn. Seine Absicht war ursprünglich nie, eine eigenständige Kirche zu gründen, sondern eine Vereinigungsbewegung, um das zersplitterte Christentum in Korea zusammenzuführen.

---

[141] „In diesen Kreisen wurde der Sündenfall sexuell gedeutet: Der Mensch müsse sein durch den Sündenfall verdorbenes Blut durch *Blutaustausch* reinigen lassen. Erlösung komme dadurch zustande, dass er durch Geschlechtsverkehr an die Blutlinie des Messias Anschluss findet. In Korea ist bis heute die Annahme verbreitet, dass auch in der Frühzeit der VK *Blutaustausch* zwischen Mun und seinen Anhängerinnen in dieser Form praktiziert wurde. Die *Weinzeremonie* könnte ein symbolischer Ersatz dafür sein" (Hummel, Reinhart: Vereinigungskirche und Mun-Bewegung. In: *Materialdienst* der EZW, Nr. 12/1992, S. 347).

2. Der Kultführer: San Myun Mun und die Geschichte der VK

Wir glauben, daß Einheit unbedingt notwendig ist, damit Gottes Segen auf der christlichen Gemeinschaft überhaupt liegen kann. Von daher auch der ursprüngliche Name der Vereinigungskirche: HEILIGGEIST-GESELLSCHAFT FÜR DIE VEREINIGUNG DES WELTCHRISTENTUMS. Diese Gesellschaft wurde 1954 gegründet, hat sich immer mehr durchsetzen können und ist heute eine recht respektierte und etablierte Gemeinschaft geworden. Sie ist in Korea bedeutend stärker vertreten als in irgendeinem westlichen Land. Sie hat etwa 600.000 Mitglieder in Korea, in Japan 400.000, in Amerika 30.000, in der Bundesrepublik etwa 2.000 Mitglieder. 1964 wurde die Vereinigungskirche in Deutschland offiziell gegründet."

1957 bringt Mun sein Hauptwerk *Die göttlichen Prinzipien* heraus.

Ab **1958** beginnen die Aktivitäten Muns im Ausland. Eine seiner herausragendsten Anhängerinnen für die Entwicklung der Vereinigungstheologie ist die Professorin Young Oon Kim. Sie ist eine Anhängerin Swedenborgs und leistet einen maßgeblichen Beitrag zur Systematisierung der *Göttlichen Prinzipien*. Ihr *Studienführer*[142] ist vor allem in der späteren Mission eine Hauptquelle für die Unterweisung der Anhängerschaft Muns.

„Der gegenwärtige Forschungsstand reicht noch längst nicht aus, um ihre Rolle und diejenige anderer Personen bei der Entstehung der Vereinigungstheologie (…) abschätzen zu können. Jedenfalls gibt es eine Reihe von Übereinstimmungen, die einen Einfluss Swedenborgs auf die Vereinigungstheologie möglich erscheinen lassen."[143]

Nachdem ihn seine erste Frau verlassen hat heiratet Mun **1960** Hak-Ja Han. Diese Heirat gilt als die „Hochzeit des Lammes", was den messianischen Charakter dieser Ehe als die *wahren Eltern* unterstreichen soll.

Ab **1961** kommt es zu sogenannten *Massenhochzeiten* in der Bewegung, die „vollkommene" Ehen mit „sündlosen Kindern" aufbauen sollen. Aus seiner eigenen Ehe gehen zwölf Kinder hervor.

---

[142] Kim, Young Oon: Die göttlichen Prinzipien. Studienführer von Young Oon Kim. Hrsg.: Gesellschaft zur Vereinigung des Weltchristentums e.V. Essen ^{4}1971

[143] Hummel, Reinhart: Neue Offenbarungen: Woher kommen sie, und was bedeuten sie? In: *Materialdienst* der EZW, Nr. 11/1995, S. 325

Zwei weitere Hauptaktivitäten prägen den Charakter der Vereinigungsbewegung: 1. der Aufbau verschiedener wirtschaftlicher Unternehmungen und 2. eine mithilfe von Oberst Bo Hi Pak ins Leben gerufene antikommunistische Tätigkeit, die sicherlich etwas mit der besonderen Situation des Kommunismus in Ostasien zu tun hat.

1964 wird die Vereinigungskirche in Deutschland als *Gesellschaft zur Vereinigung des Weltchristentums* eingetragen. Sie arbeitet vor allem bislang in den Großstädten der Republik, versucht aber auch durch in Kleinbusse verfrachtete Missionare auf dem Lande wirksam zu werden. Die VK kauft als Ausbildungszentren **1973** die Neumühle bei Camberg im Taunus und **1976** die Regelsmühle bei Alfeld in Mittelfranken.

Ab **1972** verlegt Mun seine zentralen Aktivitäten nach Amerika. Bedeutsam ist sein öffentliches Eintreten für den amerikanischen Präsidenten Nixon. **1975** werden das *Unification Theological Seminary* (UTS) und die verschiedenen Unterorganisationen gegründet, die das Vereinigungswerk der VK auf zahlreichen Ebenen befördern sollen: ICUS („Internationale Konferenz über die Einheit der Wissenschaften"), WMC („Weltmedien-Konferenz"), IOWC (*The International One World Crusade* – „Der internationale Eine-Welt-Kreuzzug"); **1980** erfolgt die Gründung von *New ERA* und **1983** der IRF (Internationale Religionsstiftung) – um nur einige zu nennen. Die Rekrutierungsmethoden und Finanzpraktiken geraten in den Siebzigerjahren zunehmend in die Kritik der Öffentlichkeit. Kultbiografien von sogenannten ehemaligen *Moonies* berichten über Gruppendruck und rigide Umgangformen in der VK. In den Jahren **1982** bis **1984** wird Mun wegen Steuerhinterziehung zu einer Gefängnisstrafe verurteilt, ein Urteil, das in der amerikanischen Öffentlichkeit nicht unumstritten bleibt. **1982** erwirbt die VK die *Washington Times* und gründet den *Paragon Verlag.*

Weiterhin finden Segnungen von Paaren, sogenannte Massenhochzeiten statt. In Seoul sollen **1982** 5.837 Paare gesegnet worden sein.

Der friedliche Untergang des Kommunismus wird von der VK **1990** als das „Ende des 3. Weltkriegs" bezeichnet. Es kommt zu einer persönlichen Begegnung zwischen Mun und Gorbatschow. Die Vereinigungskirche nimmt sofort ihre missionarische Tätigkeit im Osten auf. Nach eigenen Angaben geht es ihr vor allem um die Förderung des interreligiösen Gesprächs und der interkonfessionellen Vereinigung. Dieser Aspekt bringt der Vereinigungskirche auch in den Reihen christlicher Theologen eine gewisse Anerkennung ein.[144]

Die Ehefrau Muns wird in den Neunzigerjahren durch die Gründung der *Women's Federation for World Peace* aktiv, die in Deutschland unter dem Namen „Frauenföderation für den Weltfrieden" firmiert.

Seit 1995 deutet sich innerhalb der VK ein Wandel an, der vor allem interne Praktiken und die öffentliche Darstellung ihres politischen und religiösen Anliegens betrifft. Insbesondere dem in der Öffentlichkeit immer wieder geäußerten Vorwurf eines „destruktiven" und „autoritären" Kults tritt die VK entschieden, auch juristisch entgegen. Der von dem Bundesministerium für Familie 1996 herausgegebenen Broschüre begegnet die VK mit einer Klage.

3. Lehre

Nach der Lehre von S. M. Mun ist die Geschichte

„der Kurs der Wiederherstellung des gefallenen Menschen aus dem Zustand der gefallenen Natur in den Zustand der ursprünglichen Natur und aus dem Zustand der Ignoranz in den Zustand der Erkenntnis".[145]

Die Aufgabe der Religionen bestehe darin,

„das wahre Verständnis um das Leben und um Gott zu bringen, das von allen Menschen akzeptiert werden kann"[146].

Der Mangel der bisherigen Religionen bestehe darin, dass sie die physische Welt ablehnen.

---

[144] vgl. Eimuth, Kurt-Helmuth: Mun im Schafspelz. In: *Materialdienst* der EZW, Nr. 1/1993, S. 29

[145] Kim, Young Whi: Die Göttlichen Prinzipien – Studienführer, Teil 1. Frankfurt a.M. 1973, S. 20

[146] Kim, Young Whi: Studienführer, Teil 1, S. 21

„Die Menschen, die diesen Religionen angehören, trachten nur nach der Welt nach dem Tode, ohne zu erkennen, wie wichtig die Erfüllung ihrer eigenen Mission ist, um Gottes ideale Welt auf Erden zu errichten."[147]

Muns Weltanschauung geht von einem dualistischen Weltprinzip aus, das aus Sung-Sang und Hyung-Sang bestehe, was Positivität und Negativität bedeute.[148] Der religionsgeschichtliche Hintergrund ostasiatischer Kosmologie bildet den Hintergrund dieses Prinzips. So schreibt der Religionswissenschaftler Friedrich Heiler:

„Charakteristisch für den Glauben vieler Völker ist die Annahme, daß der Himmel als göttliches oder heiliges Element, als Numen in enger Verbindung mit der Erde steht. Himmel und Erde bilden ein Ehepaar, das ursprünglich in Einigkeit verbunden war, in Urehe. (...) Der Himmelsglaube findet sich bei den meisten antiken Völkern. Er ist besonders ausgeprägt in China. Auch hier bildeten ursprünglich Himmel und Erde als ‚Vater und Mutter aller Dinge' (Shu-ching) die große kosmische Einheit. Dies entspricht ganz der steten starken Betonung der beiden kosmischen Prinzipien yang (zeugende Manneskraft) und ying (weibliche Kraft). Später tritt die Erde zurück, und der Himmel wird als Urahn und als Urbild des Kaisers leicht personifiziert (...); der Kaiser wird als ‚Himmelssohn', als irdischer Stellvertreter des Himmels bezeichnet."[149]

In der *Vereinigungstheologie* mischen sich wahrscheinlich diese Vorstellungen vom Gegenüber des weiblichen und männlichen Aspektes, die sich im gegenseitigen Ergänzen zu einer Einheit entwickeln und somit Ziel und Ursprung der Welt ausmachen, mit christlich-jüdischen Vorstellungen von der Ursprungsharmonie in der Schöpfung. Insofern ist es auch folgerichtig, dass nach diesem Prinzip Gott nicht der alleinige Herr der Welt ist, sondern ihm gewissermaßen eine Art *Gegengott* in Form von Satan gegenübersteht.

---

[147] Kim, Young Whi: Studienführer, Teil 1, S. 22
[148] Kim, Young Whi: Studienführer, S. 34 ff.; vgl. auch: Kim, Young Oon: Vereinigungstheologie. Eine Annäherung. Frankfurt a.M. 1995, Kap. 3: Das Prinzip der Schöpfung: Göttliche Polarität
[149] Heiler, Friedrich: Erscheinungsformen und Wesen der Religion. Reihe: Religionen der Menschheit, Bd. 1. Stuttgart 1961, S. 62 f.

3. Lehre

Drei Aufträge und somit drei Stufen der Vereinigung formulieren sich nach Deutung der VK in den drei von Gott gegebenen Segnungen: 1. „Seid fruchtbar!" (Herz und Körper sollen auf Gott ausgerichtet werden.), 2. „Mehret euch!" (Das Zeugen von Kindern ist eine wesentliche Aufgabe der Familie.), 3. „Herrsche!" (Alle Dinge des Universums sollen Objekte des einzigen und richtigen Herrschers sein.)

Über die drei Wachstumsstufen (Gestaltungs-, Wachstums- und Vollendungsstufe) sollen die Menschen zur Vollkommenheit gelangen. Das Geheimnis des Sündenfalls – nach der Lehre der VK von Mun Satan entrissen – ist das Prinzip Satans, der das Werk der Vollendung mit dem von ihm angestifteten Sündenfall durch „unerlaubte sexuelle Beziehung zwischen dem Menschen und dem Erzengel" gestört habe.[150] Die VK stellt nun aufgrund der Störung des Verhältnisses zwischen göttlicher und irdischer Welt durch Satan die Geschichte als eine Abfolge von Wiederherstellungsversuchen oder *Dispensationen* dar, da Satan in der Welt die Position Gottes angenommen habe. Bemerkenswert ist die Intensität, mit der Mun das Leiden Gottes an der Störung seiner Schöpfungsordnung beschreibt. Im zähen Ringen suchte Mun darum sieben Jahre lang nach Antwort auf die Frage nach der *vollkommenen Offenbarung*.

> „Im Verlauf dieser Jahre des Kampfes entdeckte er die Göttlichen Prinzipien, Gottes gesamten Plan für die Menschheit, die verborgene Bedeutung der menschlichen Geschichte und das geheime Verbrechen Satans. Nachdem er diesen Schlüssel zur Lösung der Probleme der Welt entdeckt hatte, forderte er Satan zum kosmischen Kampf heraus, den er mehr als zwanzig Jahre lang allein gegen ihn kämpfte."[151]

Hummel sieht in diesem Kampf eine

> „Verbindung von Neuoffenbarung und schamanistischem Geisterkampf"[152].

---

[150] Kim, Young Whi: Studienführer, S. 125; vgl. auch Mun, San Myun: Die göttlichen Prinzipien, Teil 1, Kap. 2: Der Sündenfall
[151] Kim, Young Whi: Studienführer, S. 12 f.
[152] Hummel, Reinhart: Neue Offenbarungen: Woher kommen sie, und was bedeuten sie? In: *Materialdienst* der EZW, Nr. 11/1995, S. 326

In der Folge der Wiederherstellung, der *Dispensation* Gottes kommt es zu einer Reihe von Versuchen, die aber im Ergebnis immer wieder scheitern mussten. Die Wiederherstellungsgeschichte ist in drei Zeitalter eingeteilt, die jeweils 2.000 Jahre dauerten: Von Adam bis Abraham, von Abraham bis Jesus und von Jesus bis zur *Wiederkunft* im *Neuen Testament-Zeitalter*. Die Krone dieser Entwicklung bildet das *Erfüllte-Testament-Zeitalter*. In der Reihe der Wiederherstellungsversuche steht auch Jesus. Jesus ist in den Augen Muns der Messias, dessen Werk aufgrund des Todes am Kreuz nicht vollendet werden konnte. Jesus habe aber durch die Verbindung mit dem „Heiligen Geist", gedacht als eine *wahre Mutter*, neues Leben geschenkt. Auf diese Weise fand nach Mun die Erlösung auf geistiger Ebene statt.

> „Der Sündenfall fand jedoch geistig und physisch statt. Die Erlösung des Menschen muss also auch auf geistiger und physischer Ebene stattfinden, damit er frei werden kann von der ursprünglichen Sünde. Zu diesem Zweck muss die Wiederkunft Christi stattfinden."[153]

Mun führt in seinen *Göttlichen Prinzipien* zwei weltanschauliche Grundideen vor: die *Kain-Typ-Welt* und die *Abel-Typ-Welt*.[154] und wendet diese Prinzipien unmittelbar auf die jüngste Geschichte an. Kosmologie und Heilsgeschichte, politische Wirklichkeit und metaphysische Gesetzmäßigkeiten bilden gewissermaßen eine Einheit. So werden die beiden ersten Weltkriege von Mun als göttlicher Versuch gewertet, „den Zweck der Abel-Typ-Weltanschauung", von ihm identifiziert mit den *westlichen Demokratien*, umzusetzen. Da die bisherigen Versuche gescheitert seien, brauche es einen neuen, *dritten Weltkrieg*:

> „Der dritte Weltkrieg, in dem die demokratische Welt die kommunistische Welt unterwerfen muß, ist die letzte Maßnahme Gottes (…). Durch den muß die himmlische Seite durch die Abel-Typ-Weltanschauung in Übereinstimmung mit der neuen Wahrheit das demokratische Fundament auf der Ebene der Vollendungsstufe legen und auf diesem Fundament die gesamte Menschheit vereinigen, so daß die EINE WELT ent-

---

[153] Kim, Young Whi: Studienführer, S. 284
[154] Mun, San Myun: Die Göttlichen Prinzipien. Teil 2, Kap. 5: Die Zeit der Vorbereitung auf die Wiederkunft Christi, S. 495

steht. Der dritte Weltkrieg ist der letzte Krieg, in dem die himmlische Seite zur Zeit der Vollendung der menschlichen Geschichte alles, was sie an Satan übergeben mußte, wiederherstellen soll."[155]

Für Mun ist der Kommunismus der letzte *Feind Gottes und der Menschheit* und der Kampf gegen diese Macht soll deshalb auf geistiger wie politischer Ebene stattfinden. Die *antikommunistischen Aktivitäten* der VK und ihrer Unterorganisationen sind somit notwendige Konsequenzen ihrer Metaphysik. An dieser Stelle muss indessen betont werden, dass die VK nicht müde wird, den friedlichen Charakter dieser „geistigen Auseinandersetzung" zwischen den Weltanschauungen zu betonen. Von einem Krieg im militärischen Sinne hat sie sich vor allem in der letzten Zeit deutlich distanziert und auf diese Weise den realen Gegebenheiten weltpolitischer Veränderung Rechnung getragen.

Um die *letzte Maßnahme Gottes* ins Werk zu setzen, braucht es einen *neuen Messias*, einen *Herrn der Wiederkunft*. In dieser durchaus weltlichen und geistlichen Funktion eines *Weltenführers* sieht sich San Myung Mun selbst. Durch Zahlenreihen und symbolische Anspielungen wird plausibilisiert, dass es nur eine Gestalt aus dem Osten sein kann, die dieses Werk der *Wiedergutmachung* besorgt. Korea ist die *Nation der Offenbarung*, dieses Land würde, nachdem „die zweitausendjährige Periode der Wiedergutmachung erfüllt war", den neuen Messias hervorbringen. So wird San Myung Mun zum „Herrn der Wiederkunft", „zum unumschränkten Sieger von Himmel und Erde. Die gesamte geistige Welt beugte sich am Tage des ‚Sieges' vor ihm."[156] Die besondere Qualität dieses Erlösers besteht nun darin, dass er durch seine Heirat, der *Hochzeit des Lammes*, die geistige Vollendung auch physisch vollziehen kann. Das Ehepaar Mun stellt die Einheit der *wahren Eltern* dar, die die Menschheit in den Zustand der Sündlosigkeit führen kann. Die Wiederherstellung vollzieht sich folgerichtig auf politischer, kultureller und religiöser Ebene: Religion und Wissenschaft werden ebenfalls vereinigt.

„Alle Christen werden sich um den ‚Herrn der Wiederkunft' aus Korea sammeln. Die Anhänger anderer Religionen werden mit dem Christen-

---

[155] Mun, San Myun: Die Göttlichen Prinzipien, Teil 2, Kap. 5: Die Zeit der Vorbereitung auf die Wiederkunft Christi, Abschnitt 4: Der dritte Weltkrieg, S. 537
[156] aus einer Broschüre der VK

tum als der ‚zentralen Religion' verbunden werden und sich um den neuen Messias scharen."[157]

Die Aufgabe der Anhänger der VK ist daher auch der geistige und praktische Kampf für Muns Sendung.

Es ist schwierig die Vereinigungstheologie zu klassifizieren. Auf der einen Seite zeigen sich in ihr deutlich Züge des ostasiatischen religiösen Umfelds, sie stellt also gewissermaßen eine Synthese aus taoistischem Denken und biblischen Motiven dar, auf der anderen Seite sieht sich die VK selbst als eine rein christliche Bewegung an. Inwieweit dies – wie behauptet – lediglich eine missionsstrategische Betonung biblisch-theologischen Denkens gegenüber den westlichen Adressaten ist oder eine Art Christianisierung östlicher Lebensphilosophie, ist schwer zu beurteilen. Wie immer man auch diese Frage entscheiden mag, die drei Impulse der Vereinigungstheologie, die sie gerade auch im Gegenüber zu den kirchlichen Konfessionen formuliert, müssen noch religionswissenschaftlich diskutiert werden:

1. die Synthese zwischen asiatischer Spiritualität bzw. asiatischem Spiritismus und biblischer Heilserwartung,
2. das Messias-Bild, das sich auf die Person San Myung Muns konzentriert und auf seine geschichtliche Existenz gerichtet ist und
3. die Einheit von religiöser und politischer Aufgabe, die auch in heutiger Diktion in den Augen von Kritikern noch stark ideologische Züge trägt. Nach dem friedlichen Untergang des Kommunismus, der als Vernichtung der satanischen Seite begriffen wird, konzentriert sich die Lehre der VK auf den sogenannten *Gottismus* oder *Unificationismus*.

In der VK sind neben der Bibel als Träger der göttlichen Offenbarung vor allem *Die Göttlichen Prinzipien* von San Myung. Mun und der sie deutende *Studienführer* von Prof. Young Oon Kim (genannt Miss Kim), später *Die Göttlichen Prinzipien – Studienführer*, von Dr. Young Whi Kim anerkannte und verbindliche Schriften. Dazu kommen die Reden von San Myung Mun, die in verschiedenen internen Ausgaben herausgegeben werden. In einer Darstellung Muns über seinen eigenen geistlichen Autoritätsanspruch heißt es:

---

[157] Hummel,, Reinhart: Vereinigungskirche und Mun-Bewegung. In: *Materialdienst* der EZW, Nr. 12/1992, S. 350

3. Lehre

„Im Verlauf meiner Tätigkeit ist die ganze Geisterwelt gegen mich angetreten, und an einem Punkt war sogar Gott gegen mich und sagte: ‚Ich kenne dich nicht.' Sogar Gott prüfte mich, aber ich widerstand bis zum Ende und überlebte sogar die Prüfung Gottes. Dann gab Gott auf und sagte: ‚Dies ist mein Sohn, dem ich das gesamte Reich überlassen kann.' Gott und ich machten einen Bund. Gott sagte: ‚Du bist der eine Sohn, den ich gesucht habe, der eine, der meine ewige Geschichte beginnen kann. Nun bist du hier.' Und ich sagte: ‚Ich habe nach dir gesucht, und am Ende darf ich wissen, daß du mein Vater im Himmel bist, und ich bin dein eigener Sohn.' Unser Bund als Vater und Sohn wurde geschlossen (…) Ich bin stolz, daß ich den Anspruch habe, Gottes gesamte Liebe zu empfangen, und daß ich der Kanal dieser Liebe geworden bin. Am Ende kann ich stolz sein, daß ich berechtigt bin, Gottes Reich zu ererben."[158]

In seinem Anspruch, Kanal der Liebe Gottes, sein Sohn zu sein, lehnt Mun sich an gewisse Jesus-Worte an, die das innige Verhältnis zwischen Sohn und Vater beschreiben (vor allem im Johannesevangelium). Neu an dieser Art von Offenbarung ist indessen, dass Mun in seiner Mission Gott in seiner Erkenntnis gewissermaßen überlegen ist. Er hat etwas erkannt, was Gott noch erkennen muss. Damit bekommt der *neue Messias* einen eigenen *göttlichen Charakter*, der ihn zum Träger absoluter Wahrheit macht. San Myung Mun, auf Koreanisch: Mun, Son-Myong, wird offiziell auch als Reverend Moon bezeichnet, intern liebevoll „Vater". Die von ihm selbst eingeführte *Vergöttlichung* als Offenbarungsträger ist ein Kennzeichen einer Reihe von Neureligionen, die sich in der Auseinandersetzung mit der Religionswelt zur zentralen und somit zu einer Art *synthetischer Überreligion* entwickeln. Von Hummel wird die VK darum auch als „synkretistische Universalreligion" bezeichnet.

Neben Mun als religiöse Autorität treten seine Frau und seine Kinder. Der Tod seines Sohnes Heung Jin 1986 wurde von ihm deshalb im Sinne seiner *Wiedergutmachungstheologie* gedeutet:

„Wenn ich darüber geweint hätte, meinen eigenen geliebten Sohn tot zu sehen, wie hätte sich dann Gott gefühlt? Mit Freude würde ich ein Opfer

---

[158] San Myung Mun, 1977, zitiert nach Hummel, Reinhart: Vereinigungskirche und Mun-Bewegung. In: *Materialdienst* der EZW, Nr. 12/1992, S 353 f.

von tausend oder zehntausend Söhnen bringen, wenn es Gottes Herz voll Schmerz und Bitterkeit erlösen könnte (...) Wenn ich keine Wiedergutmachungsbedingungen, einschließlich der Vereinigungszeremonie und des Tages des Sieges der Liebe gemacht hätte, wäre Heung Jins Tod bedeutungslos gewesen."[159]

Seine Frau Hak-Ja Han Mun hat vor allem in den letzten Jahren durch die Gründung ihrer Frauenbewegung als religiöse Autorität neben ihrem Mann von sich reden gemacht.

4. Kultus und Organisation

Im Mittelpunkt des VK-Kultus steht die Segnung von Paaren in möglichst großer Zahl. In den Medien wurde oftmals von sogenannten *Massenhochzeiten* gesprochen. Die Segnung wird nach jüngsten Veröffentlichungen als eine *Zeremonie* verstanden, „in der die Ehe Gott geweiht wird"[160]. Segnung und Mitgliedschaft werden dabei voneinander unterschieden. Auch Nichtmitglieder der VK können an einer solchen Segnung teilnehmen. Selbst rechtsgültig Verheiratete haben die Möglichkeit, ihre Ehe noch einmal durch Muns Segen festigen zu lassen. Nach „Blessing 97" umfasste die Segnung früher fünf Rituale:

1. Die *Heilige-Wein-Zeremonie*, in der Paare gewissermaßen an die Abstammungslinie von Mun „angepfropft" werden.
2. Die *Segnungszeremonie*, in der die Ehe Gott geweiht wird,
3. Die *Zeremonie der Vergebung und Versöhnung*.
4. Die *Zeremonie zur Reinhaltung der Liebe*. Erst nach einer Zeit der Trennung und der Bewährung war es den Paaren früher erlaubt, zusammen zu leben und Kinder zu zeugen, die als physische Kinder der *wahren Eltern* gelten.
5. Die *Zeremonie zur Heiligung der ehelichen Liebe*, damit die Ehe nun in bestimmter Weise vollzogen und somit „die Sexualität des Menschen als Ausdrucksform der reinen göttlichen Liebe" proklamiert werden kann.

---

[159] San Myung Mun, 1977, zitiert nach Hummel, Reinhart: Vereinigungskirche und Mun-Bewegung. In: *Materialdienst* der EZW, Nr. 12/1992, S. 353

[160] zitiert nach Hummel, Reinhart: Vereinigungskirche im Wandel. In: *Materialdienst* der EZW, Nr. 7/1997, S. 206

4. Kultus und Organisation

Die mit Muns Ehestiftungen verbundenen gelegentlichen Einschnitte in bestehende familiäre Bindungen war lange Zeit ständiger Konfliktherd zwischen den Moonies und ihren Angehörigen, wobei sich die VK gegenwärtig bemüht, die vormaligen Auseinandersetzungen friedlich zu bewältigen. Wie ernst dieser Ansatz gemeint ist, wird vielleicht erst die Zukunft erweisen. Zahlreiche Anhänger der VK setzen sich auch für die dritte Segnung ein, d. h. sie sorgen durch ihre anstrengenden Aktivitäten für die „vollkommene Herrschaft" des „Herrn des Universums" durch einen strikt geregelten Tagesablauf, in dem vor allem die Mission (das sogenannte *Witnessen*), das *fundraising* (Spendensammeln, Verkauf von Pflanzen, Kunstgewerbeerzeugnissen, Postkarten und Schriften), der Einsatz in wirtschaftlichen Unternehmen der VK im Mittelpunkt stehen. Mitglied bei der VK wird man durch die Teilnahme an Seminaren und das Studium der *Göttlichen Prinzipien*.

Anerkannt wird man als Mitglied, wenn man die *Göttlichen Prinzipien* akzeptiert und das *Gelöbnis* spricht. Viele bringen ihren persönlichen Besitz und Verdienst in die Gemeinschaft ein. Insgesamt deuten sich indessen in der letzten Zeit Entwicklungen an, die das Bild der Vereinigungskirche in der Öffentlichkeit verändern könnten. Zum Beispiel wurde das ursprüngliche von den Mitgliedern gesprochene *Gelöbnis*, in dem die Rede war von „Blut", „Schweiß" und „Tränen" sowie vom „Einsatz des Lebens", 1994 aus dem Verkehr gezogen.[161] Das neue sogenannte *Familiengelöbnis* wirkt nicht mehr so drakonisch. Es lautet:

„Wir, als Familie, gegründet auf wahre Liebe, geloben,

unsere wahre Heimat zu finden, und das ursprüngliche Schöpfungsideal, das Reich Gottes auf Erden und im Himmel, zu errichten,

Gott und den Wahren Eltern Herzenserwiderung, um als Familie den Kosmos zu repräsentieren und sein Mittelpunkt zu werden sowie unsere Aufgaben als treue Söhne und Töchter in der Familie, als Patrioten unseres Landes, als Heilige in der Welt und als wahre Söhne und Töchter des Himmels und der Erde zu erfüllen,

---

[161] Im Internet findet sich folgender Einwand von Thomas Gandow (Handel und Wandel in der Mun-Bewegung, Teil 2: Das Gelöbnis im Wandel – Blut, Schweiß und Tränen – Ackerfurchen als esoterische Kluft, Bericht von Thomas Gandow. In: http://www.religio.de/dialog/299/17_13-16.htm):

die vier Großen Herzensbereiche, sowie die Souveränität der drei Generationen und die Tradition der Wahren Königlichen Familie zu verwirklichen,

das Schöpfungsideal Gottes, die kosmische Familie, zu schaffen, und die Welt der Freiheit, des Friedens und des Glücks zu verwirklichen, – den Prozess der Vereinigung der himmlischen Welt als Subjekt mit fier irdischen Welt als Objekt stetig voranzubringen,

als Stellvertreter Gottes und der Wahren Eltern (...) eine Familie zu werden, die die Gunst des Himmels erwirkt und den himmlischen Segen weitergibt,

die Welt der Kultur des Herzens zu verwirklichen, die mit der ursprünglichen Abstammungslinie verbunden ist,

das Ideal der Einheit der Liebe zwischen Gott und Mensch durch absoluten Glauben, absolute Liebe und absoluten Gehorsam im Erfüllten Testamentzeitalter zu verwirklichen und den Bereich der Befreiung des Reiches Gottes auf Erden und im Himmel zu vollenden.

Das geloben wir (...)"[162]

---

[161] (Fortsetzung) Dies führt Hummel als Beleg für einen Verzicht auf „verbale Militanz" an. Tatsächlich gilt aber das „alte" Gelöbnis immer noch als – wenn auch von den einzelnen Mitgliedern bisher nicht zu erreichender – Standard. Das „alte" Gelöbnis ist darum auch nicht „aus dem Verkehr gezogen", sondern kann nach wie vor von den Computern der Mun-Bewegung im Internet in verschiedenen Sprachen heruntergeladen werden. Das neue „Familien-Gelöbnis" wurde gerade zu dem Zweck geschaffen, viel mehr Leute zu dem Standard des „alten" Gelöbnisses hinzuführen.
Der mit diesen Gelöbnissen gesetzte „Standard" ist auch heute maßgeblich. Jedoch habe – außer Mun und seiner Frau – noch niemand diesen verbindlichen Standard erreichen können. darum habe Mun 1994 ein weiteres, neues und auch öffentlich zu verwendendes Gelöbnis installiert. *„Wenn wir uns auf dies* [neue – T.G.] *Familien-Gelöbnis* [kor.: Katschong Mängse] *zentrieren und gemäß dem Familien-Gelöbnis leben, dann können wir den Standard von ‚Mein Gelöbnis'* [kor.: Na Ui Mängse] *erreichen"*, erläuterte Kwak, Chung Hwan am 8. Mai 1994, eine Woche nachdem Mun das neue Gelöbnis eingeführt hatte, den Grund für die Einführung des neuen Gelöbnisses.

[162] *Familiengelöbnis*, zitiert nach Hummel, Reinhart: Vereinigungskirche im Wandel. In: *Materialdienst* der EZW, Nr. 7/1997, S. 205 f.

4. Kultus und Organisation

Der etwas gedrechselte, schwer verständliche Text beinhaltet aber deutlich auch weiterhin eine Verpflichtung auf die „wahren Eltern" und somit auf die Person San Myung Muns. Trotzdem gibt die VK zu erkennen, dass sie auf ein friedlicheres Image bedacht ist und konfliktträchtige Formulierungen meidet. In der Auseinandersetzung mit der 1996 von der Bundesregierung herausgegebenen Schrift *Die Mun-Bewegung* versuchte die VK deutlich zu machen, dass die ihr zugeschriebenen militanten und destruktiven Züge keineswegs mehr dem modernen Bild der Vereinigungskirche entsprechen. So wird zum Beispiel die Rede von einem *dritten Weltkrieg* zu einer geistesgeschichtlichen Auseinandersetzung erklärt, ein deutliches Bekenntnis zur Demokratie, die den Volkswillen in den Vordergrund stellt, formuliert und nicht zuletzt der Friedenswille durch die Gründung einer *Familienföderation für Vereinigung und Weltfrieden* unterstrichen. Man könnte an dieser Stelle eine veränderte Sichtweise gegenwärtiger politischer Gegebenheiten erkennen. Auf der anderen Seite bleibt die Frage bestehen, inwieweit nicht doch auch im gegenwärtigen Bild der Vereinigungskirche die Tendenz zu einer „Mun-Herrschaft" mit etwas milderem Anstrich bestehen bleibt. Andererseits ist in den jüngsten Veröffentlichungen der VK durchaus der Wunsch erkennbar, politischen Machtanspruch und religiöse Utopie voneinander zu unterscheiden. Schwerpunktthema ist dabei die *gottzentrierte Familie* und die Rückkehr zu Familienwerten, ohne bestehende Familienbande auseinanderzureißen.

Neben Mun gibt es offiziell einen Stiftungsvorstand von Koreanern. Seine Söhne werden mittlerweile mit Führungsaufgaben betraut.

Die VK ist weltweit in nationale Vereinigungen gegliedert, die wirtschaftlich selbstständig arbeiten. Nationale Sektionen sind in Regionen und in lokale Zentren aufgeteilt. Mun hat das Unternehmen „Vereinigungsbewegung" (*Unification Movement*) in verschiedene Zweige und Unterabteilungen aufgeteilt, die zum großen Teil weltweit operieren. Nicht alle, die in diesen Organisationen arbeiten, sind Vollzeitmitglieder. Folgende Bereiche sollen kurz durch einige sie repräsentierende Organisationsnamen gekennzeichnet werden:[163]

---

[163] Schipmann, Monika: Informationen über neue religiöse und weltanschauliche Bewegungen und sogenannte Psychogruppen. Hrsg.: Senatsverwaltung für Jugend und Familie, Berlin/Brandenburg 1994, S. 75 f.

„Religiöse Organisationen:

AWR ‚Assembly of World Religions'

IRF ‚International Religious Foundation'

CARP ‚Collegiate Association for the Research of Principle' (Studentenorganisation/ Hochschulgemeinden)

New ERA ‚New Ecumenical Research Association'

Kultur:

ICF ‚International Cultural Foundation'

Little Angels (Ballett)

New York Symphony Orchestra

Wonhwa-Do ‚Der Weg der Harmonie' (Mun-Karate)

Wissenschaft:

ICUS ‚Int. Conference and the Unity of Science'

PWPA ‚Professors World Peace Academy'

Politik:

CAUSA ‚Confederation of Association for the Unity of the Societies of the Americans'

Unterorganisationen von CAUSA:

‚World Media Association'

‚International Security Council'

FGF ‚Forum für Geistige Führung'

FFW ‚Frauen für [den] Weltfrieden e. V.'

SCWP ‚Summit Council for the World Peace'

CARP

Presse:

Washington Times

Ultimates Noticias (Montevideo)"

4. Kultus und Organisation

Hinzu kommen noch diverse Wirtschaftsunternehmen:

Tong-Il Industries (unter anderem Waffenproduktion)

Il Hwa Pharma (Tai Ginseng Produkte)

Happy World Inc. (in Japan mit ca. 600 Betrieben)

eine eigene Fischereiflotte

Verlage: Aquarius und KANDO.[164]

Die Mitgliederzahlen schwanken in den Angaben, die von Weltanschauungsbeauftragten und von der VK selbst gemacht werden, erheblich. Nach eigenen Angaben sollen es weltweit aber ca. 2 Millionen Anhänger sein. In Deutschland hat sie indessen nach eigenen Angaben 1.300 Mitglieder und etwa 10.000 Sympathisanten. Nach Angaben der VELKD beträgt die Mitgliedschaft in Deutschland dagegen „mindestens 200" Personen (mit Kindern: 350) plus lediglich etwa 1.000 Sympathisanten.

Immer mehr versucht die Vereinigungskirche, einen positiven Kontakt zu kirchlichen Organisationen anzuknüpfen, schon um ihr ökumenisches Anliegen zu demonstrieren. Sie stellt nach außen immer wieder ihren interreligiösen und interkonfessionellen Anspruch in den Vordergrund. Vonseiten der Kirchen wird indessen die Ernsthaftigkeit ökumenischer Bestrebungen bezweifelt. Die Frage, ob und inwieweit die VK Muns eine tragfähige und glaubwürdige neureligiöse Gemeinschaft darstellt oder eher einen *destruktiven Kult*, wird unter Theologen und Religionswissenschaftlern kontrovers diskutiert.[165] Die Vereinigungskirche hebt auf ihrer Internetseite hervor, dass sie von der Evangelischen Zentralstelle für Weltanschauungsfragen (EZW) 2007 zu deren Jahrestagung der Weltanschauungsbeauftragten eingeladen wurde, um „über neueste Entwicklungen in der Vereinigungskirche" zu referieren.

---

[164] Hummel, Reinhart: Vereinigungskirche und Mun-Bewegung. In: *Materialdienst* der EZW, Nr. 12/1992, S. 346

[165] Kehrer, Günther (Hrsg.): Das Entstehen einer neuen Religion. Das Beispiel der Vereinigungskirche. München 1981

Der Wandel der VK, der sich nicht zuletzt auch in der Änderung des Namens andeutet, wird ausführlich analysiert in dem 1998 erschienenen Buch von Reinhard Hummel *Vereinigungskirche – die „Moon-Sekte" im Wandel*. Am Beispiel der VK wird sichtbar, wie stark auch neureligiöse Kulte einem Wandel unterliegen. Dennoch bleibt es sicherlich wichtig, die Ernsthaftigkeit der Liberalisierung, die interreligiösen Offenheit und die Toleranz des Kultes auf den Prüfstand zu stellen.

Bezeichnend für die neuere Entwicklung in der staatlichen Bewertung dieser Religionsgemeinschaft ist die Tatsache, dass das Bundesverfassungsgericht am 9.11.2006 ein Urteil veröffentlichte, das die Einreiseverweigerung gegenüber dem Leiter der Vereinigungskirche alias *Familienföderation für den Weltfrieden* San Myung Mun und seiner Frau Hak-Ja Han (Mun), die aus dem Jahr 1995 stammt, für verfassungswidrig erklärt, da sie „dem Grundrecht auf freie Ausübung der Religion" widerspreche. Diese allgemein feststellbare Tendenz der Gerichte, mit *neureligiösen Gemeinschaften*, aber auch mit sogenannten *klassischen Kulten* und *Sekten* toleranter umzugehen, zeigt eine Wende in der Wahrnehmung des Rechtsgutes der Religionsfreiheit. Kritiker sehen darin aber immer auch eine große Gefahr, weil sie die sogenannten „Opfer" in diesen Organisationen nicht genügend geschützt sehen.

Im Ganzen ist es um die VK und die sich nun anschließende Bewegung ruhiger geworden. Das Leben der Anhänger hat sich aus den Zentren in die Familie verlagert, die Anwerbungsmethoden sind vorsichtiger geworden, der enthusiastische und radikale, früher teilweise militante Charakter ist einer eher theologisch argumentierenden Form der Auseinandersetzung gewichen, das Bekenntnis zur Demokratie ist sichtbarer geworden, ja es ist auch in einigen Fällen die Bereitschaft zur Selbstkritik erkennbar, ein Moment, das in neureligiösen Kulten eher selten anzutreffen ist.

Andererseits kann nicht verschwiegen werden, dass gemäß kritischen Kommentaren über die Vereinigungskirche der Machtanspruch Muns, seine Theorie über die Vereinigung von Religion und Politik, also das Anstreben einer Art *Gottesstaat* unter seiner Führung häufig, Gegenstand seiner Reden sei. Immer wieder werden gern Zitate aus Muns Reden als Beleg hierfür angeführt wie zum Beispiel das folgende:

„Die Welt hat keinen Führer. Weder die Russen noch die Amerikaner. Sie rufen nach ihrem wahren Führer. Glaubt ihr, daß der Führer, nach dem sie rufen, der Mann aus Asien ist, Mun genannt?"

Dass dies eine Art von Selbstironie sei, ist schwerlich zu belegen.

5. Zentrale Begriffe

Die Vereinigungskirche hat nicht wie andere Kulte eine stark ausgeprägte eigene Nomenklatur. Aus diesem Grund fällt das Glossar verhältnismäßig knapp aus. Wir bringen im Folgenden eine Auswahl der zentralen Begriffe im Sprachgebrauch der Vereinigungskirche.

ABEL-TYP-WELTANSCHAUUNG: Diese Weltanschauung verkörpert die Demokratie westlichen Typs, für die Mun und seine Organisation mit allen Mitteln kämpfen wollen.

CARP: *Collegiate Association for the Research of Principle* – „Studentenvereinigung zur Erforschung der [Göttlichen] Prinzipien". Diese rechtskonservative Studentenvereinigung der Vereinigungskirche; wirkt häufig vor allem an den Hochschulen durch Flugblätter und Traktate.

CAUSA: *Confederation of Associations for the Unity of the Societies of the Americans* wurde 1980 gegründet. Die Organisation versucht, die politischen Ziele Muns umzusetzen. Die politische Philosophie dieser Organisation ist nach der Überwindung des Kommunismus der sogenannte *Gottismus*.

DIE NEUE HOFFNUNG: Zeitschrift der Vereinigungskirche.

FAMILIE: Das zentrale Ideal der VK wird als Modell für die ganze Organisation gesehen. Die Familie gilt als Vorbild für den Einzelnen ebenso wie für die ganze Bewegung. Die daraus früher entstandenen Konflikte werden heute entschärft.

FAMILIENGELÖBNIS: 1994 wird das drakonisch klingende *Gelöbnis* durch das eher milde formulierte Familiengelöbnis ersetzt (vgl. auch Anm. 162).

FUNDRAISING: Spendensammeln, Verkauf von Pflanzen, Kunstgewerbeerzeugnissen, Postkarten und Schriften.

HEILIGE-WEIN-ZEREMONIE: In diesem Ritus werden Paare gewissermaßen an die Abstammungslinie von Mun „angepfropft". „Ein besonderes, geheimes Blutritual sollte vor der öffentlichen *Adoption* auch den *physischen* Wechsel der Abstammungslinie bewirken. In der koreanischen Anfangszeit wurde der ‚Blutaustausch' (kor. *pikarim*) anscheinend durch rituellen Verkehr mit dem neuen Adam vollzogen. Dieses anstößige und massenhaft nur schwer zu praktizierende Ritual erscheint heute abgelöst durch die ‚Heilige-Wein-Zeremonie' (kor. *Sung Ju Sik*) bei der sich die Partner gegenseitig ein u.a. Blut von Mun und seiner Frau enthaltendes nach alchemistischen Vorschriften hergestelltes Getränk reichen: ‚Bei der Wein Zeremonie benutzen wir einen besonderen Wein, der 21 verschiedene Dinge enthält und auch das Blut von Vater und Mutter' – ‚*actual blood*'. ‚Die Zeremonie geht folgendermaßen, Mann und Frau stehen sich gegenüber, aber zuerst nimmt Vater die Position des Ehemannes ein und er gibt diesen besonderen Heiligen Wein der Ehefrau. Indem du diesen Heiligen Wein von Vater nimmst, wirst du zuerst wiederhergestellt, Frauen werden zuerst wiederhergestellt, dann stellst du deinen eigenen Mann wieder her, das ist der Weg, wie es geht.'"[166]

KAIN-TYP-WELTANSCHAUUNG: Diese Weltanschauung verkörpert nach der Lehre Muns Satans Werk. Hierunter fällt vor allem die kommunistische Ideologie.

MOONIES: Bezeichnung der Anhänger der Vereinigungskirche, vor allem von Außenstehenden benutzt.

SUNG-SANG: bedeutet „Positivität" – das eine Prinzip, nach dem die Schöpfung nach Mun eingerichtet ist. Ihm steht polar das zweite gegenüber: HYUNG-SANG (die „Negativität").

THE NEW HOPE SINGERS: ein Chor von 9–12-jährigen Kindern, der bei großen öffentlichen Veranstaltungen das Programm begleitet und in den USA schon mehrere Fernsehauftritte hatte.

VK: Abkürzung für Vereinigungskirche.

WITNESSEN: frühere Bezeichnung für Werbung und Mission in der Öffentlichkeit.

---

[166] Gandow, Thomas: Segnung 1995, Kap. 8: Reines Blut – Holy Wine Ceremony (*Sun Yu Sik*). In: http://www.religio.de/dialog/295/295s47.html#8

6. Literatur

Quellen

Mun, San Myun: Die Göttlichen Prinzipien. [Originalausgabe: *The Divine Principle*, 1. Auflage 1966]. Deutsche Erstauflage hrsg. von der Gesellschaft zur Vereinigung des Weltchristentums e.V., Übersetzung aus dem Englischen von Paul Werner , Frankfurt a.M. 1972

Kim, Young Oon: Die göttlichen Prinzipien. Studienführer von Young Oon Kim. Hrsg.: Gesellschaft zur Vereinigung des Weltchristentums e.V. Essen [4]1971

Kim, Young Oon: Vereinigungstheologie. Eine Annäherung. Übersetzung aus dem Amerikanischen von J. Heinrichs, H. Krcek und Th. Schellen. Frankfurt a.M. 1995 [Originalausgabe: *Unification Theology*. New York 1980]

Kim, Young Whi: Die Göttlichen Prinzipien – Studienführer, Teil 1. Frankfurt a.M. 1973

Mun, San Myung: Ein Prophet spricht heute – Die Worte des Rev. San Myung Mun. Frankfurt a.M. 1976

Reden Rev. San Myung **Muns**, in Ausschnitten zitiert in: *Materialdienst* der EZW 12/1992, S. 353 ff.

Kritische Darstellungen

Eimuth, Kurt-Helmuth: Mun im Schafspelz. In: *Materialdienst* der EZW, Nr. 1/1993

Gandow, Thomas: Handel und Wandel in der Mun-Bewegung, Teil 2: Das Gelöbnis im Wandel – Blut, Schweiß und Tränen – Ackerfurchen als esoterische Kluft, Bericht von Thomas Gandow. In: http://www.religio.de/dialog/299/17_13–16.htm

Gandow, Thomas: Mun-Bewegung, CARP, CAUSA und „Vereinigungskirche" des San Myung Mun. München 1993

Gandow, Thomas: Segnung 1995, Kap. 8: Reines Blut – Holy Wine Ceremony (*Sun Yu Sik*). In: http://www.religio.de/dialog/295/295s47.html#8

Gasper, Hans / **Müller**, Joachim / **Valentin**, Friederike: Lexikon der Sekten, Sondergruppen und Weltanschauungen. Fakten Hintergründe, Klärungen. Freiburg/Basel/Wien [5]1995, S. 703 ff.; [7]2001

Haack, Friedrich-Wilhelm: Jugendreligionen – Ursachen, Trends, Reaktionen. München 1979; [2]1981

Hauth, Rüdiger: Tong-Il-Kyo – neue Sekte. „Internationale Vereinigungskirche" im Angriff, München 1975

Hauth, Rüdiger: Vereinigungskirche. „Tong-Il Kyo" im Angriff. München 1977; ⁶1981

Hummel, Reinhart: Neue Offenbarungen: Woher kommen sie, und was bedeuten sie? In: *Materialdienst* der EZW, Nr. 11/1995, S. 322–325

Hummel, Reinhart: Vereinigungskirche – die „Moon-Sekte" im Wandel. Neukirchen-Vluyn 1998

Hummel, Reinhart: Vereinigungskirche im Wandel. In: Materialdienst der EZW, Nr. 7/1997, S. 205ff

Hummel, Reinhart: Vereinigungskirche und Mun-Bewegung. In: *Materialdienst* der EZW, Nr. 12/1992, S. 345–353

Karow, Yvonne: Bhagwan-Bewegung und Vereinigungskirche. Religions- und Selbstverständnis der Sannyasins und der Munies. Stuttgart/Berlin/Köln, 1990

Kehrer, Günther (Hrsg.): Das Entstehen einer neuen Religion. Das Beispiel der Vereinigungskirche. München 1981

Langel, Helmut: Die Vereinigungskirche. In: Tworuschka, Udo / Klöcker, Michael (Hrsg.): Handbuch der Religionen. Kirchen und andere Glaubensgemeinschaften in Deutschland. München 1998

Reimer, Hans-Diether: Erfahrungsberichte „Vereinigungskirche". *Orientierungen und Berichte* der EZW, Nr. 6/1977

Schipmann, Monika: Informationen über neue religiöse und weltanschauliche Bewegungen und sogenannte Psychogruppen. Hrsg.: Senatsverwaltung für Jugend und Familie, Berlin/Brandenburg 1994

C. DAS UNIVERSELLE LEBEN (UL) – HEIMHOLUNGSWERK AUS WÜRZBURG (HHW)

1. Der Weg in den Kult

Im Folgenden stellen wir zunächst die Kultbiografie von Jürgen vor, der aus seiner Sicht die Erlebnisse auf den Weg in die Organisation beschreibt. Unsere Darstellung folgt seiner subjektiven Sichtweise:

1. Schritt: Begegnung mit dem Missionar
Jürgen lernt das Universelle Leben bei einem Stadtgang kennen. Er will nur noch kurz einige Einkäufe erledigen. Eine junge Frau spricht ihn an und übergibt ihm eine freundliche Einladung:

> „Stell dir vor, Gott spricht! Fast alle Menschen glauben an Gott bzw. an eine höhere Macht. Viele kennen die Bibel oder andere prophetische Bücher oder haben davon gehört. Es sind Aufzeichnungen aus vergangenen Zeiten."[167]

Jürgen ist zunächst skeptisch. Er hat viel über sogenannte Sekten und gefährliche religiöse Gruppen gehört. Für ihn ist die Bibel ein überkommenes Relikt aus vergangenen Zeiten. Über seine religiösen Fragen hat er sich schon lange keine Gedanken mehr gemacht. Doch die Einladung konfrontiert ihn mit einer verblüffenden Behauptung:

> „Daß Gott heute erneut zu den Menschen spricht, das ist für die meisten unfaßbar. Und doch ist es so. Gott-Vater, Christus und Engel der Himmel sprechen zu uns, direkt in verständlichen Worten durch den Mund von Propheten."[168]

Wer denn diese Propheten seien, die durch die freundliche Einladung angekündigt werden, will er wissen. Die Missionarin lächelt geheimnisvoll. Sie weist ihn noch einmal darauf hin, dass er mehr darüber erfahren könne, wenn er ins Zentrum kommen würde:

---

[167] Werbeschrift des UL
[168] Werbeschrift des UL

„Diese und weitere Fragen werden in einem Vortrag und in der anschließenden Aussprache beantwortet. Durch die Einspielung einer Christus-Offenbarung von Kassette besteht die Möglichkeit für den Besucher, sich frei und unbefangen mit dem Phänomen des Prophetischen Wortes zu befassen."[169]

Zwar weiß Jürgen nun immer noch nicht, wer der geheimnisvolle Prophet ist, der da von Kassette zu ihm sprechen soll. Aber seine Neugier ist geweckt. Er beschließt, das Zentrum des Universellen Lebens zu besuchen. Eintrittspreis für den Vortrag: 5,00 DM.

Erst später kommt Jürgen zu der folgenden Einschätzung:
Hinter den sagenumwobenen Propheten, von denen die Einladung spricht, verbergen sich die Offenbarungen einer früheren Kontoristin mit Namen Gabriele Wittek, die seit 18 Jahren direkte Eingebungen von Gott bzw. dem *Geistlehrer Bruder Emanuel* erhält. Sie bilden die Grundlehren des Universellen Lebens.

Die Missionare haben den Auftrag, möglichst viele Fremde ins Zentrum zu holen, damit sie die Vorträge hören und Kassetten bzw. Bücher und Schriften kaufen. Die Organisation nennt das: „Geschwister anziehen!"

Ihr freundliches, einnehmendes Gebaren erscheint nur dem Kultinsider als eingeübtes, durch den Kult vorprogrammiertes Missionsverhalten. Dass Gabriele Wittek die zentrale, geistige Autorität, das „absolute Gesetz" in der Organisation sein könnte, wird in der öffentlichen Darstellung nach außen kaum erkennbar. Man will wahrscheinlich skeptische Nachfragen in Bezug auf sektiererisches Verhalten vermeiden. Über die organisatorischen Hintergründe erfahren Außenstehende fast nichts.

2. Schritt: Die Auseinandersetzung mit den Schriften
Jürgen hört dem Vortrag aufmerksam zu. Die Menschen, die ihm im Zentrum begegnen, zeichnen sich als besonders hilfreich und aufgeschlossen aus. Er fühlt sich durch die liebevolle und tolerante Umgangsform in besonderer Weise angezogen. Er fragt, ob die Gruppe nicht etwas Ähnliches sei wie eine Kirche. Er selbst ist noch Mitglied der

---

[169] Werbeschrift des UL

1. Der Weg in den Kult

evangelischen Kirche, steht aber seiner Konfession sehr kritisch gegenüber. Diese Haltung wird von den Angehörigen des Universellen Lebens begierig aufgenommen und bestätigt. Sie überreichen ihm eine Zeitung, in der es heißt:

> „Wir Urchristen haben den beiden Großkirchen auf der Grundlage der Bibel immer wieder die Hand gereicht, zum Schluss sogar über die Staatsanwälte. Sie wurde jedoch immer wieder ausgeschlagen. Stattdessen wurden die Angriffe und Anfeindungen immer stärker."[170]

Noch deutlicher ist die Aufforderung, die er auf einem Plakat des Universellen Lebens entdeckt:

> „Gott ist aus der Kirche ausgetreten! – Christus hat eine solche Kirche längst verlassen! Folgen Sie ihm nach!"[171]

Jürgen ist begeistert über diese vorbehaltlose Kritik gegenüber der Kirche. Er liest weiter:

> „Die Schuld für die Verteufelung, Verfolgung und schließlich die Tötung Andersgläubiger und angeblicher Feinde der Christenheit sowie auch für die Tötung von Abermillionen Indianern, von Millionen aus Afrika durch ‚Christen' entführter ‚Sklaven' und Abermillionen Juden liegt in jener für die Menschheit der Erde schicksalsschweren Zeit, als sich Kirche und Staat unter Kaiser Konstantin vereinten."[172]

Und an anderer Stelle heißt es:

> „Heute liegen die beiden Machtkirchen in ihren Wirkungen und werden in Bälde ganz vergehen. Wenn man den Vorhersagen des Seher-Abtes Joachim von Fiore glauben will, wird an ihrer Stelle eine mächtige Volkskirche treten ohne Priesterhierarchie und goldverbrämte Kirchen."[173]

Seine bislang eher gefühlsmäßigen Vorbehalte findet er im Universellen Leben voll und ganz bestätigt. Jürgen merkt mit einem Mal, dass er eigentlich auf der Suche nach einer vollkommen neuen religiösen Orien-

---

[170] aus einem Flugblatt des UL
[171] Werbeschrift des UL
[172] *Der Christusstaat*, Nr. 17/1994, S. 1
[173] *Der Christusstaat*, Nr. 17/1994, S. 1

tierung ist. Also fragt er weiter nach dem Selbstverständnis des Universellen Lebens. Wieder erhält er eine schlüssige Antwort:

> „Wir sind Urchristen, weil wir der Lehre des Jesus von Nazareth nachfolgen ohne Priester, Dogmen, Zeremonien und Riten, und weil unser Leben auf die Zehn Gebote und die Bergpredigt aufbaut. Wir leben so, wie es von den Urchristen in der Bibel berichtet ist. Seit 16 Jahren spricht Christus wieder durch Prophetenmund im Universellen Leben zu allen Menschen und lehrt erneut den Inneren Weg – die gelebte Bergpredigt."[174]

Besonders eindrucksvoll erscheint Jürgen, dass das Universelle Leben versucht, an die Ursprünge der christlichen Religion zu erinnern. Eine Kirche ohne Geld und Macht, eine Religion, die sich nur an den urchristlichen Idealen ausrichtet, hat er sich schon lange vorgestellt. Diese Gedanken werden ihm vom Universellen Leben bestätigt:

> „Im Heimholungswerk Jesu Christi, der Inneren Geist-Christus-Kirche, gibt es keine Satzungen, Statuten, Glaubenssätze, Zeremonien und Riten, keine Kulte, keinen Papst, keine Kardinäle und Bischöfe und so auch keine Priester."[175]

Es scheint keine Hierarchie in dieser Glaubensgemeinschaft zu existieren. Auch kommt es den Mitgliedern in keiner Weise auf Geld an. Sie machen sich über die Kirchensteuern lustig und fordern deren Abschaffung. Dagegen setzen sie ihre eigenen Vorstellungen von einer armen, nur nach dem Glauben lebenden Gemeinschaft.

> „Im Heimholungswerk Jesu Christi, der Inneren Geist-Christus-Kirche, gibt es keine zahlenden Mitglieder, keine Unterschiede, keine Hoch- und Niedergestellten. Wir leben die Einheit – so wie im Urchristentum. Jeder ist herzlich willkommen, keiner erlebt einen Zwang, da Zwang nicht christlich ist."[176]

---

[174] *Der Christusstaat*, Nr. 17/1994, S. 1

[175] Die 10 Thesen (Dokument 3). In: Das große Zeichen – Die Frau aller Völker. Arbeitskreis Extreme Weltanschauungen der Diözese Würzburg (Hrsg.): Heimholungswerk – Universelles Leben. Würzburg 1992 [Diese Broschüre enthält Dokumente, die aus den Veröffentlichungen des UL kopiert wurden, Anm. d. Hrsg.]

[176] Die 10 Thesen (Dokument 3). In: Das große Zeichen – Die Frau aller Völker (Hrsg.): Heimholungswerk – Universelles Leben. Würzburg 1992

1. Der Weg in den Kult

Jürgen kann diesen Eindruck der Zwanglosigkeit und Offenheit durch seine Begegnung nur bestätigen. Er beschließt, weitere Erfahrungen mit dem Universellen Leben zu machen.

Erst später kommt Jürgen zu der folgenden Einschätzung:
Kritische Stimmen gegenüber dem UL behaupten: Das Universelle Leben ist eine hierarchisch strikt durchorganisierte und kontrollierte Vereinigung. Es gibt zwar keine Priester und Bischöfe, dafür aber andere Bezeichnungen für die verschiedenen Führungsebenen, denen gegenüber eine eigens erstellte Gemeindeordnung unbedingten Gehorsam fordert. Es gibt sogenannte *Älteste, Glaubensheiler, Geistige Lehrer, Leiter der Inneren Geist-Christus-Kirchen* und die zum engsten Kreis der Führungsebene gehörenden *Engel*.

Die finanziellen Anforderungen, die das Universelle Leben an seine Mitglieder stellt, so sagt man, sind beträchtlich. So heißt es in der Gemeindeordnung:

„Damit die Gemeinde erhalten bleibt und sich vergrößern kann, bedarf es der Hilfe jedes einzelnen. Daher sollte jeder den Zehnten einbringen, jede Woche oder jeden Monat, und Gott danken, daß er gesund und kraftvoll ist und dadurch auch dem Ewigen dienen kann, der Gemeinde und seinem Nächsten."[177]

Dass solche und andere finanzielle Forderungen auf ihn zukommen könnten, ist Jürgen anfangs vollkommen unbekannt. Ebenfalls ist es für ihn kaum vorstellbar, dass diese lockere und offene Gemeinschaft seine Zeit und sein ganzes Leben kontrollieren würde. Er kennt die Gemeindeordnung noch nicht, die sein ganzes Leben in eine feste „Termintafel" einspannen wird.

„Der äußere Ordnungshüter ist für die Termintafel verantwortlich, die in der Wohngemeinschaft, sichtbar für jedes Mitglied, angebracht ist. (…) Wer zu den gemeinsamen Zeiten nicht anwesend sein kann, wird sich

---

[177] Wittek, Gabriele: Der Hirte und seine Herde. Gemeindeordnung für das Friedensreich Jesu Christi, offenbart durch Seine Prophetin Gabriele. Würzburg ¹1987 (Dokument 34). In: Das große Zeichen – Die Frau aller Völker (Hrsg.): Heimholungswerk – Universelles Leben. Würzburg 1992, S. 5

nicht mit nichtssagenden Worten entschuldigen, wie z. B.: ‚Ich bin am Abend nicht da', sondern kurz darlegen, warum er wohin gegangen ist."[178]

3. Schritt: Einschwörung und Meditationskurse

Oftmals besucht Jürgen von nun an die wöchentlichen Treffen des Universellen Lebens. Er erfährt mehr über die Lehre, vor allem von nun an auch etwas über die Initiatorin dieser Glaubensgemeinschaft, die von allen so liebevoll „Prophetin Gabi" genannt wird. Regelmäßig bekommt er die Zeitung des Universellen Lebens, den *Christusstaat – Das Wort der Bundgemeinde Neues Jerusalem im Universellen Leben*. Jürgen stellt fest, dass das Universelle Leben sich zu allen Themen der Zeit seine eigenen Gedanken macht. In einer älteren Ausgabe des *Christusstaats* liest er die Worte:

> „Ich bin Gabriele, die Prophetin Gottes. Ich habe mich nicht selbst ernannt. So nennt mich der Herr."

Und in einem anderen Brief an die *lieben Geschwister* schreibt die Prophetin:

> „Gott ist euer und mein Leben. Gott ist alldurchdringender Geist.
>
> Gott zum Gruß, meine Freunde.
>
> Ich weihe dieses Büchlein allen meinen Freunden, allen Willigen und Suchenden. Möge dieses Kleinod, gegeben aus der göttlichen Weisheit, allen willigen Menschen Stärkung und Trost bringen.
>
> Ich habe alles, was hier aufgezeichnet ist, und vieles darüber hinaus selbst erfahren, erlebt und durchlitten. Durch die herrliche Führung unseres Erlösers habe ich zum Ursprung der Quelle gefunden, bin eingetaucht in die göttliche Liebe und Weisheit und hervorgegangen als Kind Gottes, das in Ihm ist und durch dessen Seele und Mensch Er, der eine Geist, spricht. Seine Gnade und Liebe führt mich. Ich bin in meinem Inneren geworden, was ich war und in seinen Augen ewig bin: das absolute Gesetz selbst!

---

[178] Wittek, Gabriele: Gemeindeordnung 1987 (Dokument 34). In: Das große Zeichen – Die Frau aller Völker (Hrsg.): Heimholungswerk – Universelles Leben. Würzburg 1992, S. 5

1. Der Weg in den Kult

Das Gesetz der Liebe und Weisheit gibt als Wesen des Lichts, was es im Erdenkleid erlebt, erfahren, verwirklicht und durchlitten hat. Erfüllt von Seinem Geist lebe und gebe ich."[179]

Gabriele Wittek als das „absolute Gesetz selbst" wird auch als „Mundstück" der „Posaune Gottes" bezeichnet:

> „Die Prophetin im Heimholungswerk Jesu Christi ist nichts anderes als ein Werkzeug des Geistes, ein auf Ihn eingestimmtes Instrument, auch Posaune genannt, die von Gott den Auftrag empfing, Sein Wort, das Wort des Geistes, der Menschheit zu verkünden. Die Prophetin des Herrn ist unsere Schwester, wie du und ich. Sie selbst nennt sich nicht Prophetin; es ist der Herr, der Sein Mundstück so nennt."[180]

Ein wenig irritiert Jürgen diese Art der „Beweihräucherung" im UL, andererseits faszinieren ihn die Aussagen der Gruppe, die er begierig liest. Jürgen nimmt an den angebotenen Meditationskursen des UL teil. Er will den *siebenstufigen Inneren Pfad* beschreiten, damit er zu Gott *heimgeholt* werden kann. Alles ist so verblüffend einfach und in der Erfahrung nachzuvollziehen:

> „Im ganzen Universum gehen weder eine Kraft noch ein Atom, weder eine Schwingung noch ein Impuls, weder eine Regung noch ein Bewußtsein verloren."[181]

Jürgen erfährt, dass das UL sich in allen gesellschaftlichen Bereichen engagiert. Es gibt sogenannte *Christusbetriebe*, ein eigenes Krankenhaus, Bildungsanstalten und vor allem auch „politisches Engagement". Der *Christusstaat* ist ein Ziel, wofür es sich einzusetzen lohnt. Alle sollen mitmachen, auch er fühlt sich aufgefordert, aktiv zu werden, seine finanziellen Mittel einzusetzen und vor allem viel Zeit für die Ziele des UL zu investieren.

---

[179] vgl. Wittek, Gabriele: Brief an die Mitglieder 1986 (Dokument 15). In: Das große Zeichen – Die Frau aller Völker (Hrsg.): Heimholungswerk – Universelles Leben. Würzburg 1992

[180] Die 10 Thesen (Dokument 3). In: Das große Zeichen – Die Frau aller Völker (Hrsg.): Heimholungswerk – Universelles Leben. Würzburg 1992

[181] Wittek, Gabriele: Mystische Erfahrungen und Erkenntnisse der Prophetin des Herrn. Würzburg 1984, S. 67

Erst später kommt Jürgen zu der folgenden Einschätzung:
In den Medien tauchen immer wieder Vorwürfe auf: Das UL setzt seine Mitglieder ein zur systematischen Vermehrung des kommerziellen Erfolgs. Die eigens eingerichteten *Christusbetriebe* sollen von den Mitgliedern aufgebaut und durch harte Arbeit bzw. durch eigene Gelder finanziert werden. Das *Weltreich Christi* hat einen deutlich materiellen Kern:

> „Die Zukunft hat schon begonnen. Das Weltreich Christi, das künftige Friedensreich, beginnt schon jetzt, am Horizont seine lichten, beglückenden Konturen zu zeichnen. (...) Die zurzeit handgreiflichsten Zeugnisse dafür sind unser Restaurant und unser Bäckerladen, die in Würzburg schon florieren und darauf warten, sich als Musterbetriebe zu beweisen. (...) Wo ein Betrieb im Äußeren Gestalt anzunehmen beginnt, wo Kauf und Umbau bevorstehen und wo fähige, willige Geschwister zur Bewirtschaftung gefunden sind, dort folgen konkret die notwendigen Anweisungen der geistigen Welt: Von der Verzinsung des eingebrachten Kapitals der Geschwister, über die Regeln des Zusammenlebens auf dem Hof, die präzisen Anweisungen zur Krankenpflege bis zu den Kochrezepten im Restaurant, und für die Gemeinschaft."[182]

Erst sehr viel später bekommt Jürgen das Gefühl, er sei nur noch ein „williges Werkzeug" des UL. Es scheint ihm, als habe man es im UL auf seine Finanzen abgesehen.
Es wird erwartet, dass Jürgen sogenannte *Beteiligungsformulare* unterschreibt. Seine Gemeinde fängt an, ihn und seinen Lebenswandel zu kontrollieren.

4. Schritt: Die neue Identität
Die finanziellen Anforderungen des UL an Jürgen werden zunehmend deutlicher. Außer seinen Spenden, die die Religionsgemeinschaft stärken sollen, kommen eine Reihe von Aufforderungen, auch die wirtschaftlichen Aktivitäten zu stützen. Offenbarungen an die Prophetin scheinen diese Forderungen plausibel zu machen:

---

[182] Dokument 21. In: Das große Zeichen – Die Frau aller Völker (Hrsg.): Heimholungswerk – Universelles Leben. Würzburg 1992

1. Der Weg in den Kult

„Auch viele Betriebe aller Art sollen jetzt nach dem Wunsch Christi in Seinem Werk realisiert werden. Am 27.1.1983 sprach der Herr in Nürnberg: ‚Christus-Betriebe' im Sinne des himmlischen Gesetzes, das ist die neue Zeit, und die will ich jetzt schon aufbauen, denn alles will ich vorbereiten. Und ich werde das, was aus dem Gesetz des Lebens, aus dem Gesetz der Himmel hervorging und hervorgeht, zu schützen wissen."[183]

Ein wenig verunsichert reagiert Jürgen nun doch auf diese unmittelbare Verquickung von neuer religiöser Offenbarung und Geschäftssinn. Jürgen erfährt, dass *Geschwister Beteiligungsformulare* unterzeichnen, in denen es heißt:

„Ich beabsichtige, der Baugenossenschaft im Universellen Leben eG als Mitglied beizutreten, und zeichne hiermit Geschäftsanteile in Höhe von 1.000,–".[184]

Das UL erwartet von den Novizen die Teilnahme an Meditationskursen und Intensivschulungen. Diese Kurse sind gestaffelt:

„In unseren Meditationskursen dürfen wir im Auftrag des Herrn und unter seiner Führung die Kräfte und Heilströme der Unendlichkeit in uns entwickeln und freisetzen. Dazu werden wir systematisch Schritt für Schritt und von Kurs zu Kurs immer tiefer in das Innere, in unser ewiges Selbst, geführt. (...) Am weiterführenden Kurs kann nur teilnehmen, wer 1. die in Kurs 1 übermittelten Meditationen zu Hause gewissenhaft und regelmäßig einmal täglich (nicht öfter) durchgeführt hat, 2. neben den in Kurs 1 übermittelten Meditationen und Übungen keine anderen geistigen Techniken, Meditationen, spirituelle oder spiritistische Praktiken oder Kontakte usw. ausgeübt hat."[185]

Die langwierigen Meditationskurse dienen zur Vorbereitung für die Intensivschulung, die die Anhänger des UL auf den *siebenstufigen inneren mystischen Weg* führen soll. Die Sprache des UL nimmt an der Stelle eine merk-

---

[183] Dokument 21. In: Das große Zeichen – Die Frau aller Völker (Hrsg.): Heimholungswerk – Universelles Leben. Würzburg 1992
[184] Dokument 25. In: Das große Zeichen – Die Frau aller Völker (Hrsg.): Heimholungswerk – Universelles Leben. Würzburg 1992
[185] Dokument 13. In: Das große Zeichen – Die Frau aller Völker (Hrsg.): Heimholungswerk – Universelles Leben. Würzburg 1992

würdig rigide Form an. Ihre Ausschließlichkeit steht im Widerspruch zu dem freundlichen und toleranten Bild, das das UL anfangs geboten hat. So heißt es in einer „Einladung zur Teilnahme an der Intensivschulung":

> „Wer sich in die Intensivschulung begeben möchte, darf kein ‚Pendler' mehr zu anderen Gruppen sein! (...) Der Kursleiter ist berechtigt, Teilnehmer, die den Fortgang des Kurses auf die eine oder andere Weise behindern, vom Kurs zu verweisen. (...) Jeder Teilnehmer bestätigt durch seine Unterschrift, daß er sich stets bemüht, den Empfehlungen des Intensivleiters zu folgen."[186]

Warum darf man keinen Kontakt mehr zu anderen Gruppen haben?
Was ist mit Gruppen gemeint? Außenstehende, Kritiker, andere Glaubensgemeinschaften? Heißt das, dass der Intensivleiter doch so etwas ist wie eine strikte Autorität, die auf eine dahinter stehende Hierarchie verweist? Wie hieß es doch noch am Anfang:

> „Im Heimholungswerk gibt es keinen Papst, keine Kardinäle und Bischöfe und so auch keine Priester."

Sollte die Hierarchie hier nur verdeckter, geschickter verpackt sein?
Jürgen verdrängt seine Fragen. Er lernt das UL immer mehr kennen. Bald kennen ihn seine Angehörigen und Freunde nicht mehr wieder. Seine Persönlichkeit ist vollkommen verändert. Er denkt und handelt nur noch im Sinne des Kults. So entstehen Konflikte. Man rückt von ihm ab. Freunde und Verwandte können ihn nicht mehr verstehen. Im UL wird das getrost in Kauf genommen, ganz im Sinne der Prophetin, für die es nur ein dafür oder dagegen gibt:

> „Wer meine Worte liest und sich von ihnen abwendet (...), der soll es lassen, bis er sich selbst als den Pharisäer und Schriftengelehrten erkennt, der den Christus nicht annehmen möchte, (...) weil er sich für die Wahrheit nicht entscheiden möchte. Meine Worte sind das Allgesetz, das ewige Gesetz."[187]

---
[186] Dokument 12. In: Das große Zeichen – Die Frau aller Völker (Hrsg.): Heimholungswerk – Universelles Leben. Würzburg 1992
[187] Wittek, Gabriele: Das ist mein Wort – Alpha und Omega. 3 Bände, Bd. 3: Das Evangelium Jesu. Die Christus-Offenbarung, welche die Welt nicht kennt. Würzburg 1991, S. 54

1. Der Weg in den Kult

Manchmal kann Jürgen gar nicht mehr schlafen. Viele Ängste und Schuldgefühle plagen ihn. Der absolute Autoritätsanspruch der Prophetin macht ihm doch sehr zu schaffen. Erst nach langer Zeit, vielen Enttäuschungen und Konflikterfahrungen erkennt Jürgen für sich, dass er nur „Mittel zum Zweck" geworden ist. Er beschließt das UL zu verlassen. Er nimmt den Konflikt mit den *Geschwistern* im UL auf sich, versucht sich mühselig zu lösen. Am Schluss gelingt der Austritt. Aber Jürgen fühlt sich leer und nennt sich selbst „ein psychisches Wrack".

Erst später kommt Jürgen zu der folgenden Einschätzung:
In kritischen Berichten über das UL tauchen immer wieder folgende Aspekte auf: Das UL führt durch seine Meditationslehrer und Gemeindeältesten eine genaue Milieukontrolle durch, überprüft in den Kursen ständig die Loyalität der Mitglieder. Gleichzeitig sichert sich die Organisation durch die Unterschrift unter die Erklärung ab, dass sie für keinerlei Folgen einzustehen hat.

Einwänden von Kritikern begegnet man aggressiv, sie werden mit Prozessen überzogen. Flugblätter und Verteilschriften sollen Kritiker mundtot machen.

Das UL kennt nur Gehorsam und kritiklose Anerkennung des religiösen Anspruchs seiner Kultführerin Gabriele Wittek und der damit verbundenen „geoffenbarten" Geschäftspraktiken. Die kommerziellen Ziele der Organisation werden nur bruchstückhaft sichtbar. Jürgen kann nicht erkennen, wie die *neuen Offenbarungen* und die wirtschaftlichen Ziele zusammenhängen.

Auch ist ihm nicht klar, dass der Begriff *Christusstaat* keineswegs nur geistlich gemeint ist, sondern einen klaren Machtanspruch des UL formuliert. 1990 tritt das HHW-UL mit einer Liste *Urdemokraten für Recht und Freiheit* auf. Das UL will in Hettstadt, in der Nähe von Würzburg, den Gemeinderat übernehmen, sich über geschickt verteilte Grundstücksverkäufe als *Siedlergemeinschaft im Universellen Leben* etablieren und eine politische Gemeinde *Neues Jerusalem* ins Leben rufen. Die politischen Machtansprüche werden fortwährend religiös verbrämt.

Diese Kultbiografie von Jürgen gibt seine Eindrücke und Einschätzungen wieder, d.h. sie ist vielerlei Hinsicht seine Sichtweise. Andererseits gibt es eine Reihe von ehemaligen Kultmitgliedern, die seine Aussagen bestätigen.

2. Die Kultführerin: Gabriele Wittek

Gottes Posaunenmundstück

1971 machte eine Würzburgerin, die gerade um den Tod der eigenen Mutter trauerte, Erfahrungen in einem okkulten Zirkel, in dem Medien Kontakt mit den Seelen Verstorbener aufnahmen. Kurz danach hörte auch Frau Wittek die innere Stimme ihres *Geistlehrers Bruder Emanuel*. Er vermittelte ihr neue Offenbarungen und Erkenntnisse.

1975: Gabriele Wittek tritt öffentlich auf in Versammlungen und verkündigt das *Innere Wort*, das sie angeblich in einem *abgesenkten* Bewusstsein empfangen hat. Sie spricht im Ich-Stil zu den Menschen, als würde Christus selbst sich äußern.

1977 tritt sie mit der Organisation *Heimholungswerk Jesu Christi* an die Öffentlichkeit. Das Zentrum ist Würzburg. Sofort beginnt die Vereinigung mit einer ausgedehnten Werbe- und Geschäftstätigkeit. Neue und andere Namen kommen ins Spiel, wie z.B. *Universelles Leben* und *Innere-Geist-Christus-Kirche*.

Ab **1979** wird das Sprech-Medium, von seinen Anhängern liebevoll „Gabi" genannt, überall vermarktet.

In den Achtzigerjahren gibt das UL sein Zentralorgan „Der Christusstaat" heraus. Groß angelegte Werbekampagnen werden durchgeführt.

An der Seite von Gabriele Wittek wirkt vor allem ein Würzburger Wirtschaftswissenschaftler.

1980 wird das *Heimholungswerk Jesu Christi* als Verein eingetragen.

1985 wird es zum „Universellen Leben, aufgebaut auf dem Fundament des Heimholungswerkes Jesu Christi, der wahren Weltreligion"[188] erweitert und zusätzlich als *Universelles Leben* eingetragen.

1984 wird die erste *Christus-Klinik* in Würzburg gegründet. Das Management vom UL gründet eine Reihe von sogenannten *Christusbetrieben* (siehe unten).

1985: Nachdem Pläne scheiterten, eine Ansiedlung des UL am Heuchelhof bei Würzburg aufzubauen, gelang es dem UL, durch Grund-

---

[188] Dokument 1. In: Das große Zeichen – Die Frau aller Völker (Hrsg.): Heimholungswerk – Universelles Leben. Würzburg 1992

stückskäufe ein großes Areal in dem 2.400 Einwohner zählenden Ort Hettstadt zu erwerben und eine eigene Siedlung aufzubauen.

2005 verfügt die Organisation nach der Zählung von *Remid* über etwa 2.000 bis 5.000 Mitglieder, die vom UL auch *Geschwister* genannt werden. Es gibt mittlerweile vier Trägervereine. Das UL gründet in Würzburg die *Innere-Geist-Christus-Kirche*. Aus ganz Deutschland und der Schweiz reisen die Anhänger an. Regelmäßig werden hier auch *Geistheilungen* veranstaltet.

3. Die Lehre

Auf dem „Pfad zum Überselbst"

Die Frage, ob die Lehre des UL christlich oder nichtchristlich, ob sie gar im kirchlichen Sinne unchristlich sei, soll hier nicht weiter berührt werden. Die kirchlichen Stellungnahmen zum UL stellen meist diesen apologetischen Aspekt in den Vordergrund. Wir beschränken uns auf die Selbstdarstellung des HHW-UL. Die Kennzeichen einer religiösen Ideologie mit totalitärem Inhalt werden auch auf diese Weise deutlich.

Im Mittelpunkt der Lehre steht die Person der *Prophetin*, die in den Selbstdarstellungen nach außen kaum oder gar nicht namentlich auftritt. Zwei grundsätzliche Aspekte stehen dabei anfangs im Vordergrund:

1. „Jesus Christus ist erneut durch das prophetische Wort mitten unter uns getreten."[189]

2. Die deutlich polemische Wendung gegen die in den Großkirchen zum Ausdruck kommende *äußerliche Religion* und die Aufforderung zu einer neuen religiösen Konzentration auf das Wort *im Inneren*.

Das Gerüst der neuen Lehre ist verhältnismäßig simpel gestrickt und lässt sich vielleicht folgendermaßen paraphrasieren: Ursprünglich, so die Aussagen der Prophetin, war der Himmel mit reinen Geistwesen bevölkert. Gott zeugt mit seinem Gegenüber *Satana* den Gottessohn

---

[189] Wittek, Gabriele: Das ist mein Wort – Alpha und Omega. 3 Bände, Bd. 3: Das Evangelium Jesu. Die Christus-Offenbarung, welche die Welt nicht kennt. Würzburg 1991, S. 54

Christus. Da sich Satana aber gegen die Welt Gottes verschworen hatte, fiel *sie* mit ihren Adepten in die Materie. Auf diese Weise entstanden Erde und Menschen.

Das göttliche Ziel blieb die Rettung der gefallenen Geistwesen, weshalb Christus, inkarniert im Menschen Jesus, auf die Erde geschickt wurde. Er starb am Kreuz und schenkte durch diesen Akt allen Seelen auf Erden seine *Erlöserfunken,* damit sie am Ende der Zeiten in einer Art vollkommenen Erlösung zu Gott heimgeholt werden:

> „Das Heimholungswerk, das eine christliche Mysterienschule ist, fundiert einzig und allein auf dem Christus, der in uns lebt. Heimholung bedeutet: Jesus Christus, unser Erlöser und Heiland, führt uns den Weg nach innen, zum Reich des Inneren, dem Königreich, unserer wahren Heimat."[190]

Dieser Erlösungsweg steht auf dem Programm des HHW-UL. Das Menschen- und Weltbild ist streng dualistisch geprägt:

> „Wer das Licht der Wahrheit trägt, der sagt der Finsternis den Kampf an. Dieser Kampf ist unvermeidlich. Das von uns durch Opfermut und Opferwillen vermehrte Licht schenkt uns Freiheit und Stärke, es ist die erlösende Flamme, die uns auf dem Pfad zum Ewigen leuchtet. Wer im erlösenden Werk dienen möchte, der muss seine Seele durchlichten. Mystische Erfahrungen" [sammeln].[191]

Es gibt nur Licht und Finsternis, Gut und Böse, Freund oder Feind. Der Dualismus religiöser Ideologie wird schon an dieser Stelle deutlich.

Die Idee von den *Erlöserfunken,* der *Emanationsgedanke* (Ausströmung aus der göttlichen Welt) entstammt religionsgeschichtlich der antiken *Gnosis*: Gott ergießt gewissermaßen sein immaterielles Wesen in die böse Materie hinein, welche dieses Wesen an sich selbst fesselt und nur widerstrebend freigibt. Das Wesen, die Seele des Menschen gerät in Gefahr, wenn sie in ihrer Körperhülle verharrt, sich an das materielle Sein auszuliefern. Die Dualität von Leib und Seele wird von der Prophetin als höchst verhängnisvoll beschrieben:

---

[190] Wittek, Gabriele: Mystische Erfahrungen und Erkenntnisse der Prophetin des Herrn. [Würzburg] 1984, S. 94

[191] Wittek, Gabriele: Mystische Erfahrungen und Erkenntnisse, S. 79

3. Die Lehre

> „(...) während die Seele auf der Erde, im physischen Körper, mannigfache Hilfen aus der Gnadenhand Gottes erhält, spürt sie im Seelenreich nicht nur Schmerzen und das Weh derer, denen sie Leid, Schmerz, Kummer oder Sorgen zugefügt hat. (...) Der Kausalcomputer speichert die Daten und bringt sie auch wieder als Bilder in den Seelenleib, die Schmerz und Leid in sich tragen."[192]

Die schmerzende und kummervolle Seele ist eingespannt in das Gesetz des *Karma* (nach indischer Lehre die Wirkungsgesetzmäßigkeit des Handelns), das in der Sprache Gabrieles einem *Kausalcomputer* gleich die Daten aller Handlungen der Menschen speichert. Sie ist auf diese Weise auch in den Kreislauf der Wiedergeburten (*Reinkarnationen*) eingespannt.

Geschickt werden hier Elemente der indischen Lebensphilosophie und esoterische Brocken des *New Age* mit christlichen Vorstellungen in Einklang gebracht und in moderner Sprache ausgedrückt. Gabriele Wittek spricht vom *göttlichen Sendebereich,* vom *Sender Christus,* von den *Schwingungen und Impulsen im Universum.* Die Avancen an den New-Age-beseelten Zeitgeist werden indessen wieder zurückgeführt auf die Leistungsanforderungen im UL:

> „Wir müssen also unseren Tribut leisten, indem wir uns jeden Augenblick betrachten und an uns selbst das Maß ansetzen. Erst dann wird unsere Seele erwachen und zum Lichte der Selbsterkenntnis und der Wahrheit gelangen."[193]

Dieser Tribut wird zunächst in den *Meditationskursen* und *Intensivschulungen* des UL dergestalt umgesetzt, dass die Mitglieder auf die Lehre der Prophetin eingeschworen werden. Im Jargon der Prophetin:

> „Deshalb müssen wir unablässig bestrebt sein, die Verfeinerung und die Veredelung unserer Seele und des Leibes zu erlangen. Wir müssen uns von den Fesseln der Materie, unseres Ichs befreien und durch Erkenntnis und Läuterung zur wahren, reinen, inneren Offenbarung gelangen. Der

---

[192] Wittek, Gabriele: Lebe den Augenblick – und Du siehst und erkennst Dich. Würzburg ²1990, S. 30

[193] Wittek, Gabriele: Mystische Erfahrungen und Erkenntnisse, S. 15

Weg über die Meditationskurse und die Intensivschulung ist eine beständige Erweiterung des Bewusstseins, ein innerer Fortschritt, eine Entwicklung und ein stetiger Aufstieg zur Vollendung."[194]

Mehr oder weniger unverblümt spricht die Prophetin aus, wie sehr es ihr auf den blinden Gehorsam der Mitglieder ankommt:

„Durch das Innere Wort der Prophetin Christi empfangen wir von einem beauftragten Diener des Herrn Weisungen, wie wir die ‚Tempelordnung' vornehmen müssen, wie wir die Gesetze des Geistes anwenden können, um unsere Seele zu reinigen und uns so von der beständigen Wiederkehr in das irdische Leben zu befreien. Durch gezielte geistige Übungen wandert der Gott Zugewandte Stufe für Stufe zu seinem Innengott, zu seinem Vater. Hat der Wanderer die vierte geistige Stufe erreicht, so empfängt er die göttliche Kraft in dem Maße, dass er Christus im reinen ‚Ich bin' selbst zu vernehmen vermag. Dann setzt die unmittelbare mystische Führung durch Christus ein, der sodann Seinen willigen Schüler in den Schoß Gottes führt, hin zu dem Frieden, den diese Welt nicht kennt."[195]

Viele erfahren solche Anweisungen als Aufforderung, sich für die Ziele des HHW-UL einzusetzen, ganz gleich, was auch immer an Anforderungen an sie herangetragen wird. Die Diskrepanz von eingangs so offen und freisinnig vorgetragenem Anspruch und internem Anpassungsdruck wird an dieser Stelle augenfällig.

Weiteres wesentliches Merkmal der religiösen Ideologie ist die eigentümliche Vermischung von religiösem Anspruch und politisch wirtschaftlicher Macht. Das HHW-UL hat schon sehr früh keinen Zweifel darüber aufkommen lassen, dass seine Ziele keineswegs so geistlich sind, wie die programmatischen Schriften es darstellen. Wenn „Gabi" zunächst noch mit blumigen Worten umschreibend fordert: „Wir müssen also unseren Tribut leisten", so wird auch zugleich deutlich gemacht, was dieser Tribut beinhalten kann. Sie spricht von „handgreiflichen Zeugnissen", die sich in den Betrieben und politischen Aktivitäten der Organisation ausdrücken (siehe oben).

---

[194] Wittek, Gabriele: Mystische Erfahrungen und Erkenntnisse, S. 13
[195] Die 10 Thesen (Dokument 3). In: Das große Zeichen – Die Frau aller Völker (Hrsg.): Heimholungswerk – Universelles Leben. Würzburg 1992

3. Die Lehre 169

Hinzu tritt die bei neureligiösen Kulten immer wieder auftauchende eigentümliche Vermischung von Heilsanspruch und körperlichen Heilungsgarantien. Diese im therapeutischen Milieu angesiedelten Vorstellungen verbinden sich mit allerlei heilpraktischen Experimenten, geistheilerischen Ambitionen und medizinischen Halbwahrheiten. Auch im UL sind in einigen Fällen solche Übergänge erkennbar, wenn etwa von der sogenannten *Glaubensheilung* die Rede ist:

> „Die Glaubensheilung, ebenfalls ein wesentlicher Bestandteil des Heimholungswerkes Jesu Christi, vermag dem Heil-Suchenden, der sich der heiligen Christuskraft anvertraut, gemäß dem Willen des Herrn Linderung oder Heilung zu bringen. Diese Glaubensheilung, die wie im Urchristentum geschieht, beruht auf den Worten des Herrn: Nach deinem Glauben wird dir gegeben, gehe hin und sündige fortan nicht mehr."[196]

Glaubensheilungen kennen wir auch aus anderen Bereichen des charismatischen oder fundamentalistischen Christentums. Eigentümlich beim UL ist indessen der Ansatz, medizinische Betreuung und Glaubensheilung miteinander zu verbinden. Die aus dem Jenseits übermittelten Heilmethoden erscheinen vom Standpunkt der Schulmedizin zum Teil geradezu abenteuerlich und bilden eine Mixtur aus gängigen modernen Forderungen an die Gesundheit (vegetarische Ernährung, gesunde pflanzliche Kost) und problematischen Anwendungen, die sich aus dem theologischen Selbstverständnis ergeben. Das UL ist gerade in diesem Zusammenhang gelegentlich öffentlich kritisiert worden.

Das letzte Merkmal der religiösen Ideologie, der *Endzeitcharakter* ihrer Offenbarungen, wird von der Prophetin immer wieder betont. Das katastrophal sich vollziehende Weltenende steht laut dieser Lehre nahe bevor. Unter der Überschrift *Vor der Apokalypse* malt das UL in Schreckensfarben die Möglichkeit *unmittelbar bevorstehender Erdkatastrophen*, weist darauf hin, dass es *nicht ums körperliche Überleben* ginge und bietet sich selbst als *neue Perspektive* an.[197]

---

[196] Die 10 Thesen (Dokument 3). In: Das große Zeichen – Die Frau aller Völker (Hrsg.): Heimholungswerk – Universelles Leben. Würzburg 1992

[197] *Der Christusstaat*, Nr. 19/Okt. 1993

Auch hier wird Endzeitlichkeit nur bedingt als theologischer Begriff oder religiöse Überzeugung vertreten, aber zugleich zu einem politischen Programm erhoben, das zum Teil eindrucksvoll vorformuliert in der Hauspostille, dem *Christusstaat*, offenbart, welchen politischen Machtanspruch das UL umzusetzen gedenkt. Die Selektion von Guten und Bösen, der Hetz-Stil, mit dem politische und religiöse Feinde rhetorisch zur Strecke gebracht werden, nimmt in diesem Organ zum Teil extreme Formen an. Ähnlich wie *Scientology* denunziert das UL etwa im Extrablatt Nr. 17 des *Christusstaats* alle Kritiker als faschistische Verfolger und vergleicht kritische Aufklärungsschriften mit einschlägigen Zitaten aus dem *Stürmer* der NS-Zeit.

Der Umgang mit der jüngeren deutschen Geschichte enthält in früheren Schriften dagegen Elemente, die geradezu ungeheuerlich klingen. Man könnte sie eventuell dem rechtsradikalen Spektrum zuordnen. So erscheint im *Christusstaat* unter dem Titel *Der Zions-Adler* die skandalöse Vermutung, der bundesdeutsche Adler sei in seinen Konturen absichtsvoll beschnitten:

> „Legt man an seinen Seiten Linien an, so entsteht der Davidstern, auch das ‚zionistische Symbol von Macht und Herrschaft' genannt. Die Bundesministerien führen diesen ‚Zions'-Adler schon lange im Siegel. Ist diese Veränderung Zufall? Könnte es bedeuten, daß sich unser Staat im Symbol des Hexagramms der Ideologie der ‚Weltdiktatur' unterordnet?"[198]

In seinem Hass gegen die Großkirchen geht das UL so weit, dass es unter der Zwischenüberschrift *Mein Kampf – ein jesuitisches Produkt* sich zu der Behauptung versteigt:

> „So waren Hitler, Mussolini und Franco von der römischen Kurie protegiert. Die politischen Zielsetzungen wurden in jesuitischen Köpfen erdacht. Das Buch ‚Mein Kampf', das angeblich von Hitler geschrieben wurde, entstammt einer jesuitischen Feder und wurde tatsächlich von Pater Bernhardt Stempfle geschrieben. Adolf Hitler, Joseph Goebbels, von Papen und Himmler waren Jesuitenschüler."[199]

---

[198] *Der Christusstaat*, Nr. 7/1991, S. 6
[199] *Der Christusstaat*, Nr. 7/1991, S. 6

3. Die Lehre

Diese Art von krauser Propaganda legt den Gedanken an doktrinäre Züge der religiösen und politischen Ideologie des UL nahe.

Andererseits gibt das UL in seinen Verlautbarungen durchaus entschieden kund, dass diese Deutung seiner religiösen Überzeugungen jeder Grundlage entbehre. Die Organisation dementiert jeden Zusammenhang mit radikalen politischen Tendenzen und gibt dagegen zu verstehen, dass ihre Verfassungsmäßigkeit gegeben sei. Vorwürfe von Sektenexperten, aber auch von anderen öffentlichen Stellen seien gegenstandslos. Der Streit um die Problematik ihrer Äußerungen und Praktiken ist freilich auch in der Gegenwart noch immer lebendig. Die öffentliche Kritik am UL – zunächst in erster Linie von Sektenbeauftragten der Landeskirchen, vor allem von Wolfgang Behnk geäußert – wurde in den letzten Jahren in zahlreichen Prozessen, die nicht zuletzt vom UL selbst angestrengt wurden, justitiabel. Einer der Gipfelpunkte dieser Kritik wird – und das scheint gerade im Zusammenhang der letzten Ausführungen nicht unwichtig – in einer Darstellung des EZW-Referenten Andreas Fincke über seine Begegnung mit dem UL erwähnt. Er zitiert ein Urteil des Oberlandesgerichts Bamberg, in dem es heißt:

„Das UL muss sich den Vergleich mit einer faschistischen Organisation gefallen lassen, da Lehre und Struktur des UL einen solchen Vergleich ‚schon sehr nahe' legen, folglich sei das Schlagwort ‚Faschismus' in diesem Zusammenhang ‚recht zutreffend' (vgl. *Fränkischer Tag* vom 8.9.1994)."[200]

Seit jüngerer Zeit gibt es auch eine Debatte um das Engagement des UL im Bereich des Tierschutzes. Die Auseinandersetzung des Universellen Lebens mit dem Tiermagazin *Voice* hat eine Diskussion über die „redlichen Absichten" hervorgerufen, die dieses Engagement des Universellen Lebens begleiten oder nicht.

Ganz gleich, wie man solche Äußerungen im Einzelnen bewertet, ob man sich ihnen umstandslos anschließen will oder nicht – schließlich bleibt das UL bei allen problematischen Zügen immer auch eine Religionsgemeinschaft –, im Großen und Ganzen scheinen sich auch in den

---

[200] Fincke, Andreas: Begegnungen (Kurzbericht über Exkursion zu *Universelles Leben*, Marktheidenfeld). In: *Materialdienst* der EZW, Nr. 10/1998, S. 315

letzten Jahren die aggressiven, rigiden und theologisch umstrittenen Vorgehensweisen des UL nicht geändert zu haben.

Beurteilung
Die Lehre des HHW-UL trägt durchaus Merkmale der *religiösen Ideologie*:
1. Sie stellt ein eklektisches Sammelsurium aus den verschiedensten Weltanschauungs- und Religionsbereichen dar, die den kommerziell-politischen Zielen der Organisation dienen.
2. Die Lehrelemente sind streng dualistisch aufgebaut. Es gibt nur Gut oder Böse, Freund oder Feind.
3. Der ideologische Anspruch gegenüber Anhängern und Außenstehenden zeigt doktrinäre Tendenzen.
4. Das UL vermischt religiöse und politische Machtansprüche.

4. Die Organisation

Das UL tritt in verschiedenen Gestalten auf. Es gibt den unmittelbaren religiösen Bereich und die sich immer mehr ausweitenden wirtschaftlichen und politischen Aktivitäten.

Im Mittelpunkt stehen das *Heimholungswerk Jesu Christi* – Die *Innere-Geist-Christus-Kirche* sowie das *Universelle Leben e. V.*

Über 80 lokale *Innere-Geist-Christus-Kirchen* in der Bundesrepublik, in Österreich und in der Schweiz treten mit regelmäßigen Veröffentlichungen und einer intensiven Missions- und Werbetätigkeit an die Öffentlichkeit. Die *Innere-Geist-Christus-Kirchen* wurden allerdings in *Kosmische Lebensschulen* umbenannt.

Die Zentrale des UL ist immer noch Würzburg.
Das UL verfügt über eine umfangreiche *Verlagstätigkeit*, durch die esoterische Schriften, Bücher und Kassetten vertrieben werden. Der Verlag *Das Wort* verbreitet die Buchpublikationen des Universellen Lebens. Der Verlag *Das weiße Pferd* trat mit dem gleichnamigen Periodikum ab 1997 die Nachfolge für die Zeitschrift *Der Christusstaat* an und vertrieb von 2000 bis 2004 auch das Journal *Das Friedensreich*. Außerdem soll es noch einen Radiosender und einige TV-Kanäle über Satelliten geben.

4. Die Organisation

Darüber hinaus gründete das UL Bildungsvereine (z. B. *Studenten im UL e. V.* oder *Gesellschaft für Wissenschaft im UL e. V.*). Die Hauptklientel des UL scheint das Bildungsbürgertum zu sein. Inspiriert von der Weltanschauung des Universellen Lebens sind auch die sogenannten *Christusschulen*, deren erste zu einer ausgiebigen juristischen und öffentlichen Auseinandersetzung für das UL führte. Der Bayerische VGH bescheinigte dem Unternehmen 1995 starke totalitäre Züge.

Weiter verfügt das UL über Kindergärten, sogenannte Vater-Mutter-Häuser, eine Schülerhilfe mit dem Namen *Ich helfe dir e. V. Schulverein* und eine sogenannte Sozialstation *Helfende Hände Soziale Dienste e. V.*

Die *Naturheilklinik GmbH & Co. KG, Haus der Gesundheit im UL* hat ihren Sitz in Michelrieth im Spessart.

Einige Unternehmen vermarkten Bio-Lebensmittel. Wahrscheinlich weitgehend von Anhängern des Universellen Lebens wird zum Beispiel die Firma *Gut zum Leben – Nahrungsmittel von Feld und Hof GmbH* in etwa 60 deutschen Städten betrieben.

2005 gab *Remid* (der Religionswissenschaftliche Medien- und Informationsdienst in Marburg) die Anhängerzahl mit 2000 bis 5000 an.

Die wirtschaftlichen Aktivitäten

Eine *Gemeinschaft der Kaufleute, Techniker und Handwerker im Universellen Leben e. V.* bereitet die Wirtschaftsunternehmungen des UL vor. Im Laufe der Zeit haben sich eine Reihe von Kapitalgesellschaften und eine erkleckliche Anzahl von *Christusbetrieben* in den Bereichen EDV, Elektronik, Textilien, alternative Gewerbezweige, Sanitär- und Trinkwasserversorgung sowie Bau-, Makler- und Werbungswesen etabliert. Eine *Holding der Christusbetriebe GmbH* wurde in Altfeld-Marktheidenfeld gegründet. Nach früheren Angaben arbeiten ca. 3.000 Anhänger in den sogenannten Christusbetrieben. Unter dem Stichwort *Christusbetriebe Holding GmbH* und *Universelles Leben* findet sich im Internet eine ausführliche Auflistung aller Aktivitäten und Institutionen des UL.

5. Zentrale Begriffe

ÄLTESTE: So wurden die Leiter der einzelnen lokalen Gemeinden genannt.

BERGPREDIGT: Damit wird gemeinhin die im Neuen Testament überlieferte Predigt Jesu an sein Volk und seine Jünger bezeichnet (Matthäus 5–7). Im UL ist die *Bergpredigt* eine von der Prophetin ersonnene Schrift, die ihr eigenes Christusverständnis darstellt, gewissermaßen die Bibel des UL. Das Buch trägt den Titel *Das ist mein Wort – Alpha und Omega – Die Bergpredigt* [201].

BUNDGEMEINDE NEUES JERUSALEM: Nach den Endzeitvorstellungen des UL handelt es sich um diejenige Gemeinschaft, die die Katastrophe der Endzeit überleben wird.

CHRISTUSBETRIEBE: Wirtschaftsorganisationen des UL, die nach der eigens geoffenbarten *Betriebsordnung* arbeiten sollten, welche durch strikte Hierarchie und vollkommene Selbstaufgabe im Einsatz gekennzeichnet ist:

„Vergeude die Arbeitszeit nicht mit unnützen Gesprächen, mit Problemgesprächen oder Gesprächen über deinen Nächsten. Was dein Nächster tut, betrifft Gott und sein Kind, nicht dich."[202]

CHRISTUSSTAAT: zweimal im Monat erscheinendes Organ, zugleich aber auch das politische Ziel des UL: die Errichtung einer staatlichen Organisation, die nach den Prinzipien des UL geordnet ist. 1997 wurde die Zeitschrift umbenannt in *Das Weiße Pferd*.

EMANUEL: Der *Geistlehrer Bruder Emanuel* offenbarte Gabriele Wittek die neue Lehre Gottes, die einzig „wahre Weltreligion". Die Offenbarun-

---

[201] Wittek, Gabriele: Das ist mein Wort – Alpha und Omega – Die Bergpredigt. Leben nach dem Gesetz Gottes. Danach streben die Urchristen im Universellen Leben.
Es handelt sich hierbei um Auszüge aus dem Buch *Das ist mein Wort – Alpha und Omega – Das Evangelium Jesu* (siehe Literaturverzeichnis).
[202] Dokument 30. In: Das große Zeichen – Die Frau aller Völker (Hrsg.): Heimholungswerk – Universelles Leben. Würzburg 1992, S. 2

5. Zentrale Begriffe

gen betreffen die gesamte Lebensgestaltung der Anhänger. Seine Anweisungen verlangen den absoluten Gehorsam.

ENGEL: höchste Rangstufe innerhalb des UL. Die Engel sind nach Gabriele Wittek die „zu meinem Wort gewordenen Menschen". Sie bilden den innersten Kreis der Kulthierarchie.

GABI: Gabriele Wittek, die Prophetin des UL, wird auch als „Gottes Lehrprophetin", „Mundstück" oder „Posaune Gottes" bezeichnet.

GESCHWISTER: So nennen sich die Anhänger des UL. Sie tragen nach außen eine liebende Offenherzigkeit zur Schau. Nach innen gilt strikter Gehorsam gegenüber den Leitern und den Ordnungen der Prophetin (siehe Gemeindeordnung des UL von 1987).

GLAUBENSHEILUNG: Nach den Eingebungen der Prophetin eine Heilmethode, um Patienten von schweren Krankheiten zu befreien.

HARMONIE: ein zentraler Begriff im UL. *Harmonie* erlangt die Seele, indem sie sich ganz dem *göttlichen Sendebereich* anpasst und die Lehren der Prophetin befolgt.

HETTSTADT: Die *Siedlergemeinschaft im Universellen Leben* hatte in diesem kleinen Ort ihre Zentrale errichtet und eine Siedlung gekauft.

HEIMHOLUNG: ein Zentralbegriff des HHW-UL. Nach seiner Auffassung bedeutet Heimholung:

„Jesus Christus, unser Erlöser und Heiland, führt uns den Weg nach innen, zum Reich des Inneren, dem Königreich, unserer wahren Heimat."[203]

Nicht wenige erfahren diese „Heimholung" wie den Alptraum einer Heimsuchung.

HHW: allgemein verwendete Abkürzung für *Heimholungswerk Jesu Christi*.

---

[203] Wittek, Gabriele: Mystische Erfahrungen und Erkenntnisse der Prophetin des Herrn. Würzburg 1984, S. 94

INNERE-GEIST-CHRISTUS-KIRCHE: die lokalen Glaubensgemeinschaften, die durch Werbung und Handzettel zu Vorträgen und Diskussionen einladen.

KARMA: indische Lehre von den Wirkungsgesetzen menschlichen Handelns. Jede Tat zeitigt die in ihr liegenden Wirkungen, die auf den Täter wieder zurückkommen, etwa nach dem Prinzip: Wie man in den Wald hineinruft, so schallt es zurück. Solche und ähnliche Vorstellungen gibt es auch in der Weisheitsliteratur des Alten Testaments. Für das UL ist das Karma ein Negativ-Begriff, der das Leben der *eingekehrten Seele* beschreibt.

MEDITATION: Es gibt drei Stufen von Meditationskursen, an die sich die Intensivschulung anschließt, die den Anhängern das Lehrgut des UL vermitteln soll.

POSITIVES DENKEN: Dieser Begriff entstammt der amerikanischen Lebensphilosophie von Dr. Joseph Murphy (nicht zu verwechseln mit Edward A. Murphy und dessen „Gesetz"). Er wird vom UL übernommen und ganz ähnlich als Heilmittel gegen negative Einflüsse und Krankheiten gedeutet.

PROPHET: Der Prophet war in der Antike ein Übersetzer der göttlichen Weisungen an die Menschen. Propheten gab es an den Orakelstätten, die die Sprüche der Seher für die Fragenden übersetzten. Zum Teil waren sie auch selbst Visionäre, die im Auftrag Gottes zu Kritikern ihrer Zeit wurden. Im Alten Testament waren die sogenannten *Schriftpropheten* Außenseiter, die das Volk Israel an die alten Gebote Gottes und den Bund mit ihm erinnerten. Im UL bezeichnet Gabriele Wittek sich selbst als „Prophetin Gottes". Sie deutet den Begriff um und sieht sich selbst als *Trägerin der wahren Weltreligion*. Sie sieht im Propheten eine Art *okkultes Medium* für göttliche Weisungen.

REINKARNATION: nach indischer Lehre die Vorstellung von der Wiedergeburt. Das UL will das Rad der Wiedergeburten durch den sogenannten *inneren Weg* zum Stillstand bringen.

SEELENSTUFE: Nach der Lehre des UL gibt es mehrere *Seelenstufen*, die jeder durchlaufen kann, wenn er das Werk der *Heimholung* zu Gott vollbringen will. Die Hierarchie des UL wird nach den erreichten Seelenstufen gestaltet. Ob man auf einer höheren Seelenstufe angelangt ist, entscheidet allein der Meditationslehrer.

UL: allgemein verwendete Abkürzung für *Universelles Leben.*

URCHRISTEN: „Wir Urchristen ...", so titulieren sich die Mitglieder des UL. Sie wollen auf diese Weise darauf aufmerksam machen, dass sie die einzigen wahrhaft guten Christen sind, vor allem gegenüber den Großkirchen.

6. Literatur

Quellen

Wittek, Gabriele: Das ist mein Wort – Alpha und Omega. 3 Bände, Bd. 3: Das Evangelium Jesu. Die Christus-Offenbarung, welche die Welt nicht kennt. Würzburg 1991; [2]1993; **Neuerscheinung**: Das ist mein Wort – Alpha und Omega. Das Evangelium Jesu. Die Christus-Offenbarung, welche inzwischen die wahren Christen in aller Welt kennen. Würzburg [8]2008

Wittek, Gabriele: Der Hirte und seine Herde. Gemeindeordnung für das Friedensreich Jesu Christi, offenbart durch Seine Prophetin Gabriele. Würzburg [1]1987

Wittek, Gabriele: Lebe den Augenblick – und Du siehst und erkennst Dich. Würzburg [2]1990; 1993

Wittek, Gabriele: Mystische Erfahrungen und Erkenntnisse der Prophetin des Herrn. [Würzburg] (Heimholungswerk Jesu Christi) 1984

Der Christusstaat – Wort der Bundgemeinde Neues Jerusalem im Universellen Leben, verschiedene Ausgaben

Kritische Schriften

Anonymus: Meine Zeit beim Universellen Leben. In: *Materialdienst* der EZW, Nr. 11/1991, S. 130 ff.

Das große Zeichen – Die Frau aller Völker. Arbeitskreis Extreme Weltanschauungen der Diözese Würzburg (Hrsg.): Heimholungswerk – Universelles Leben. Würzburg 1992

Das große Zeichen – Die Frau aller Völker (Hrsg.): Heimholungswerk, Universelles Leben, Bundgemeinde Neues Jerusalem. Christlich? Urchristlich? Gemeinsame Erklärung der Diözese Würzburg und der Evangelisch-Lutherischen Kirche in Bayern vom 2. Februar 1995. Würzburg 1995

Behnk, Wolfgang: Abschied vom Urchristentum. Gabriele Witteks „Universelles Leben" zwischen Verfolgswahn und Institutionalisierung. München 1994

Fincke, Andreas: Begegnungen (Kurzbericht über Exkursion zu *Universelles Leben*, Marktheidenfeld). In: *Materialdienst* der EZW, Nr. 10/1998, S. 314–315

Hitziger, Michael: Weltuntergang bei Würzburg. Ein Aussteiger berichtet von siebzehn Jahren in der Sekte Universelles Leben der Prophetin Gabriele Wittek. Berlin 2008

Haack, Friedrich-Wilhelm: Das Heimholungswerk der Gabriele Wittek und die Neuoffenbarungsbewegungen. München [1]1985

Mirbach, Wolfram: Universelles Leben. Originalität und Christlichkeit einer Neureligion. Erlangen [1]1994; 1999

D. TRANSZENDENTALE MEDITATION (TM)

Joachim erzählt als ehemaliger Anhänger der TM-Technik seinen Weg, der für ihn mit großen Belastungen verbunden war. Einige seiner Erfahrungen werden von TM durchaus infrage gestellt. Trotzdem erscheint uns seine Sichtweise unentbehrlich, um Geschichte und Gegenwart von TM zu beurteilen.

Die folgenden Zitate entstammen Werbematerial oder Aussagen von Anhängern oder ehemaligen Anhängern von TM aus Tonbandinterviews mit dem Autor.

1. Der Weg in den Kult

1. Schritt: Die erste Begegnung

Joachim K. hat gewisse Probleme mit sich selbst: Er ist unruhig, nervös und häufig sehr abgespannt. Eines Tages wird er von Freunden angesprochen, die ihm von einer großartigen *Meditationstechnik* erzählen. Sie laden ihn zu einem Vortrag in der Universität ein. Einen bläulich-esoterisches Plakat macht auf sich aufmerksam: „Kraft durch Stille".

Joachim hört sich diesen Vortrag an. Vieles kann er nicht so recht verstehen, doch die Leiter, die ihm dort begegnen, sind freundlich. Sie lächeln fortwährend und machen einen ruhigen und gelösten Eindruck.

1. Der Weg in den Kult

Sie laden ihn ein, zu ihnen ins Zentrum zu kommen. Jetzt, als er darauf achtet, begegnet er überall Anzeigen für TM. In Kleinanzeigen, auf Werbeflächen, sogar im Telefonbuch prangen Sätze wie: „Frieden, Ruhe, Entspannung durch zweimal 20 Minuten Meditation am Tag!" oder: „2x täglich Urlaub – Transzendentale Meditation – TM". Joachim möchte mehr über diese Meditation erfahren und ruft deshalb im Weltplan-Center an. Der automatische Anrufbeantworter von TM gibt ihm eine kurze Einführung in die Ziele und Vorstellungen von TM:

> „Hier ist der automatische Telefondienst vom Weltplancenter Bremen für das Programm der Transzendentalen Meditation und die Wissenschaft der kreativen Intelligenz. (...)
>
> Transzendentale Meditation ist eine natürliche und leicht erlernbare Technik, die zu einem Zustand großer körperlicher Ruhe bei gleichzeitiger geistiger Wachheit führt. In vielen wissenschaftlichen Untersuchungen wurde nachgewiesen, daß zunehmend klares Denken, höhere Intelligenz, mehr Dynamik und Energie, mehr Kreativität und Produktivität, Steigerung der Abwehrkräfte, bessere Gesundheit und damit mehr Freude am Leben und eine harmonische Persönlichkeitsentfaltung das Ergebnis von nur zweimal täglich 20 Minuten Ausübung der TM-Technik sind.
>
> Informieren Sie sich unverbindlich hier im Weltplancenter donnerstags um 20.15 Uhr oder sonntags um 17.00 Uhr."

Joachim geht in das Zentrum von TM. Wieder begegnet er den freundlichen TM-Lehrern. In einem Vortrag deuten sie an, dass man mit TM in der Lage sei, alle Probleme mit sich selbst zu lösen. Als Beleg für die großartige Wirkung der Meditation werden ihm wissenschaftliche Untersuchungen vorgehalten. Man spricht vom *Maharishi-Effekt*, der wissenschaftlich nachgewiesen sei. Dort, wo diese TM-Technik angewandt würde, sänken nachweisbar die Kriminalitätsraten. Joachim ist fasziniert und verwirrt zugleich. Er beschließt, mehr darüber zu erfahren.

Joachim bekommt darauf später eine ganz andere Sicht:
Die Vorträge, die er besuchte, seien reine Werbeveranstaltungen für die Transzendentale Meditation. Es gehe darum, möglichst viele für die kostspieligen Meditationskurse anzuwerben. Das Auftreten der TM-Lehrer, ihre scheinbar wissenschaftlichen Argumente, ihr glückliches, in

sich ruhendes Gebaren sollten Aushängeschild sein. Sie gehen auf den Einzelnen zu und deuten ihm an: „Es kommt auf dich an, wir sind für dich da!" Hinter diesem schönen Schein verberge sich ein kommerzielles Interesse: der Verkauf von TM-Kursen.

2. Schritt: Erste Erfahrungen mit der Meditation
Joachim schließt einen Vertrag mit TM ab. Er besucht den Einführungskurs. In den Einführungsvorträgen wird weiterhin das System von TM erklärt. Wissenschaftlich-medizinische Erklärungen mischen sich mit glücksversprechenden Erfahrungen von TM-Mitgliedern. Er erfährt Genaueres über die Technik von TM. Es sei alles ganz einfach, so versichern ihm die TM-Lehrer, da alles auf Naturgesetzen beruhe. Sanft lächelnd erzählen sie ihm von ihren glücksbringenden Erfahrungen:

> „Ich setz mich hin, mach die Augen dicht. Und dann ist es natürlich, daß sich der Geist beruhigt."

Und ein anderer TM-Lehrer setzt fort:

> „TM ist die natürliche Tendenz des Geistes, sich zu beruhigen. Das kann nicht schwierig sein. Denn einer, der immer läuft, der kann auch langsamer laufen oder kann auch stehen. D. h. das Stehen ist in dem schnellen Laufen drin enthalten. (…) Einer, der immer denkt, der sollte auch weniger denken können und schließlich einen Zustand erfahren, wo er keine Gedanken hat. Das nennen wir dann reines Bewußtsein oder transzendentales Bewußtsein."

Etwas verschmitzt schließt ein dritter:

> „Für mich ist die TM-Technik so ein integrierter Faktor in meinem Leben geworden wie Zähneputzen."

Joachim ist immer noch verwirrt, weil das wissenschaftliche Gebaren im Widerspruch zu gewissen Praktiken steht. So wird er zu einer Art Abschlussveranstaltung eingeladen, auf der er die folgenden Erfahrungen macht:

> „Dann mußte man für diese Abschlussveranstaltung und gleichermaßen Einführung in die TM, mußte man einer Zeremonie beiwohnen, zu der

1. Der Weg in den Kult

erforderlich waren: fünf Blumen, drei Äpfel und ein weißes Taschentuch, wobei einem aber versprochen wurde, daß man das weiße Taschentuch wieder zurückbekommt.

Das wurde dann so individuell abgehalten. Jeder einzelne mußte dann mit dem Leiter der Gruppe vor so eine Art Altar treten, wo dieser Yogi, nicht Maharishi, sondern sein Lehrer, mit Kerzen angestrahlt wurde, und so kleine Schälchen standen mit Reiskörnern drin und Wasser und Räucherstäbchen. Dann hat der TM-Lehrer sich da hingestellt, ist niedergekniet und aufgestanden und hat eine lange Zeit lang vor sich hin gesungen. Das sollen wohl die Mantren gewesen sein. Das waren irgendwelche Klangfolgen. Und anschließend hat er einem dann das Mantra gegeben, mit dem man die TM durchziehen sollte."

Joachim befolgt die Regeln von TM genau, meditiert zweimal am Tag, hält sein Wörtchen geheim und zahlt seinen Beitrag. So macht er zunächst schöne Erfahrungen der Ruhe und Entspannung. Die Hintergründe von TM sind ihm zunächst gleichgültig.

Joachim bekommt darauf später eine ganz andere Sicht:

Die scheinbar wertneutrale Entspannungstechnik sei in Wahrheit eine *religiöse Zeremonie*, in der er indische Götternamen anruft. TM habe ihm diesen religiösen Hintergrund vollkommen verschwiegen. Ein Freund erklärt es ihm später:

„Das Mantra ist ein Kürzel, ein verkürzter Göttername, den man durch die Meditation anruft. In den weiteren Meditationstechniken wird das ganz klar, wo z. B. vor das Mantra auf Sanskrit: ‚Ich verneige mich', gesetzt wird. Und dann kommt das Mantra.

Die Technik der Vergebung der Mantren ist die, daß die Mantren ganz kategorisch nach Altersstufen verteilt werden. Aing-Nahma zum Beispiel wird ergänzt bei einer Zusatztechnik durch Shree. Und dann heißt das Shree Aing-Nahma. Und das heißt übersetzt: ‚Oh, du wunderbarer Aing, vor dir verneige ich mich.' Auch die Abschlußveranstaltung, die sogenannte ‚Puja', hat eine religiöse Bedeutung: Die Puja ist eine Anbetungszeremonie. Es werden da die Meister von Maharishi angebetet. Die Meister werden verglichen mit den höchsten Göttern in einer Form, die sehr stark an das Gebet erinnert."

Joachim hat 880,- DM Kursgebühren bezahlt für die Einführung in eine religiöse Zeremonie. Es ist für ihn, als wolle man das Rosenkranz-Gebet der katholischen Kirche als wertneutrale Entspannungstechnik für knapp 1.000,- DM verkaufen.

3. Schritt: *Auf dem Weg zum idealen Menschen in einer idealen Gesellschaft*

Auch wenn er immer noch nicht alles verstanden hat, setzt Joachim seine Meditationsübungen fort. Dabei stellt er fest, dass viele Wirkungen, die TM ihm versprochen hat, so gar nicht eintreten. Er spricht mit seinen Lehrern darüber, auch über seine Ängste, die die Meditation zuweilen in ihm auslöst. Die TM-Lehrer bestätigen ihn lächelnd und bieten ihm weitere Kurse an. In den Gesprächen wird ihm immer deutlicher, dass der Initiator der Transzendentalen Meditation, den die Angehörigen immer liebevoll *Maharishi* nennen, über absolute Autorität in der Gruppe verfügt. Es fallen Sätze wie:

„Wir müssen Wort für Wort befolgen, was Maharishi uns sagt!"

Die fast religiöse Verehrung des Meisters passt nicht zu der übrigen Sprache.

Joachim besucht weitere Kurse, die immer kostspieliger werden. Eines Tages liest er etwas über das sogenannte *Siddhi-Programm*. Darin werden ihm übernatürliche Kräfte versprochen. Man könne „auf der Luft gehen", „durch Wände schreiten." Maharishi schreibt sogar:

„Die ideale Koordination zwischen Geist und Körper, die das Fliegen voraussetzt, führt zu völlig neuen Dimensionen der Kreativität."[204]

Ein TM-Lehrer beschreibt ihm die phantastischen Wirkungen dieses Programms:

„An einem Kurs an der Ostsee habe ich das Siddhi-Programm erlernt. Als ich die Technik bekam: Es war ein unwahrscheinlicher Energiestrom,

---

[204] aus einer Werbeschrift von TM

1. Der Weg in den Kult

der durch den Körper ging, es war mit Licht und Glückseligkeit verbunden. (…) Dann begann mein Körper sich zu schütteln, und dann war ein ganz starker Impuls da, daß der Körper sich in die Höhe begeben wollte. Diesem Impuls habe ich nachgegeben. Und das Ergebnis waren ein paar Hopser-Sprünge. Wir saßen alle auf Schaumgummi-Matratzen, weil die meisten doch immer wieder herunterkamen."

Um diese höheren und höchsten Stufen der Meditation zu erreichen, muss Joachim 12.000 bis 15.000 DM bezahlen. Hinzu kommt, dass es ihm immer schlechter geht. Er spürt, dass TM seinen Tag bestimmt. Seine innere Unruhe ist schon fast einer Sucht nach Meditation gewichen. Immer noch weiß er nicht, was mit ihm geschieht.

Joachim bekommt darauf später eine ganz andere Sicht:
Die TM-Lehrer, die ihn so freundlich betreuen und sich nach außen so wissenschaftlich versiert geben, verfügen seiner Meinung nach über keine ausreichende wissenschaftliche Ausbildung, psychologisch oder medizinisch zu helfen. Sie seien ausgebildet in TM-Technik und haben sonst keine weiteren Kenntnisse. Wenn jemand Probleme mit TM bekomme, psychische Schwierigkeiten zeige, dann bestehe keine Möglichkeit der Diagnose. Bei TM würden bedenkenlos Bewusstseinstechniken angewendet, so als würde man Bauchoperationen auf dem Küchentisch vornehmen.

Ein TM-Lehrer kommentiert die Tatsache, dass depressive Störungen und psychische Abhängigkeitsstrukturen aufkommen können, mit den Worten:

„Zu den sogenannten Ausgetickten. Jugendliche neigen zum Übertreiben. Dann versucht man alles Mögliche dazu. Und dann macht eben das Nervensystem einfach Peng, weil es das eben nicht aushalten kann."

4. Schritt: Der Abgang in die meditative Abhängigkeit
Joachim kann es ohne Meditation nicht mehr aushalten. Selbst bei seiner Arbeit meditiert er pausenlos. Er hat sehr viel Geld investiert und dafür das Gefühl bekommen, TM sei so etwas wie eine Droge, die ihn nicht mehr loslässt.

Als er einmal einem TM-Lehrer sagte, dass er früher Drogen genommen hätte, wird ihm mitgeteilt, TM sei auch eine gute Drogentherapie.

Seine Verwandten und Freunde halten ihn für verrückt, rücken von ihm ab. Er ist mit seinem Problem weitgehend allein. Die TM-Lehrer können ihm auch nicht helfen.

Viel später, als es ihm dann doch gelungen ist, sich von TM zu lösen, kommt er zu der Einsicht:

„Sie ist deswegen eine gute Drogentherapie, weil sie selbst eine Droge ist. Man fühlt sich leicht und beschwingt. Es kommen natürlich auch Ängste hoch. Genau das gleiche geschieht auch in der Meditation. Man erfährt tiefe Ruhe, sehr oft. Man fühlt sich wohl und geborgen. (…) Man hat ein gehobenes Lebensgefühl, das dann immer wieder erneuert werden muß, wie man eine Droge auch quasi immer wieder neu einnimmt, geht es dann mit der Meditation genauso. Und man kommt langsam in eine Art Sog hinein. Es reicht dann nicht mehr die Grundmeditation, man will neue Techniken lernen. Man kann das vergleichen mit der Erhöhung der Dosis. Und all das geschieht, ohne daß man überhaupt weiß, was da alles geschieht, was da mit dem Körper, was da mit dem Geist wirklich passiert. Man nimmt das einfach hin, man macht Erfahrung, und die Erfahrungen werden bestätigt. Die Erfahrungen werden bestätigt, daß sie o. k. sind von der Seite der Organisation. Aber man hat gar kein Wissen darüber, was da wirklich mit einem passiert. Man bekommt nur ein paar Brocken mit, aber das ist viel zu wenig, um all das zu durchschauen."

Diese Einsicht hat ihn nicht nur sehr viel Geld, sondern auch seine psychische Gesundheit gekostet.

2. Der Kultführer Maharishi Mahesh Yogi und die Geschichte von TM

Eine der bekanntesten neuhinduistischen Meditationsbewegungen mit großen weltweiten geschäftlichen Erfolgen ist die Transzendentale Meditation des Inders Maharishi Mahesh Yogi.

Als bürgerliche Namen von Maharishi Mahesh Yogi werden die Namen Mahesh Prasad Varma und J. N. Srivastara angegeben.

2. Der Kultführer Maharishi Mahesh Yogi und die Geschichte

Geboren wurde er ca. **1918** in Jabalpur/Indien. Über seine Ausbildung ist wenig bekannt. Von ihm wird erzählt, er sei der Schüler von Swami Brahmananda Sarasvati, von Maharishi als *göttlicher Lehrer* oder *Guru Dev* bezeichnet. Brahmananda war ein orthodoxer Hindu; und es lassen sich Momente seines Einwirkens auf die TM-Zeremonien der Puja erkennen.

Von seinen Anhängern wird Mahesh Prasad Varma einfach *Maharishi* („großer Meister" oder „Seher") genannt.

1955 soll er vor allem in Madras im Süden Indiens als Meditationslehrer gewirkt haben.

1958 beginnt Maharishi mit seiner öffentlichen Tätigkeit. Er gründet eine „Geistige Erneuerungsbewegung" (SRM – *Spiritual Regeneration Movement*) in Madras und schreibt fünf Jahre später sein grundlegendes Buch *Die Wissenschaft vom Sein und die alte Kunst des Lebens* (deutsch **1966**).

Maharishi reist in die USA und verbreitet dort seine „Wissenschaft".

Er gründet dort die SIMS, die *Students International Meditation Society* und versucht, die Terminologie seiner Vorträge und Reden zu verwissenschaftlichen, um vor allem in akademischen Kreisen mehr Anklang zu finden. Maharishi entwickelt die *Wissenschaft von der Schöpferischen Intelligenz* (WSI).

1967 kommt Maharishi in die Schlagzeilen der Weltpresse, weil er mit seiner Meditation die *Beatles* betreut. Sie besuchen ihn im indischen Madras. Im selben Jahr wird die *Akademie für Persönlichkeitsentfaltung* gegründet.

Seit **1970** sammeln sich explosionsartig immer Anhänger um Maharishi. Die Meditationskurse werden von der *Maharishi International University* (MIU), bzw. von dem europäischen Ableger, der *Maharishi European Research University* (MERU) koordiniert. Am 8. Januar **1973** gibt Maharishi nach sieben Tagen des Schweigens seinen *Weltplan* zur Lösung aller Weltprobleme bekannt.

1975 ruft Maharishi das *Zeitalter der Erleuchtung* aus.

1976 gründet er eine *Weltregierung des Zeitalters der Erleuchtung*.

Maharishi verkauft seine *TM-Technik* als *reine Technik* und Wissenschaft, die auf Stressreduktion, Leistungssteigerung, erfolgreichere Kommunikation gerichtet ist. Auch in Indien sind es hauptsächlich leitende Angestellte und Geschäftsleute, die gesellschaftliche Führungsschicht, die durch diese Meditationstechnik angesprochen wird. Sein europäischer Hauptsitz wird in Seelisberg über dem Vierwaldstädter See in der Schweiz eingerichtet.

1977 erleidet Maharishi einen Rückschlag, indem er einen Grundsatzprozess in den USA verliert, in dessen Urteil es heißt, die TM sei „ihrem Wesen nach religiös" und darf deshalb in öffentlichen Bildungseinrichtungen nicht mehr gelehrt werden.

Wieder lässt sich der Meister etwas Neues einfallen. Er entwickelt das sogenannte *Siddhi-Programm*, ein Kursprogramm, das den Teilnehmern die Überwindung der Schwerkraft verspricht.

Das Jahr **1982** ernennt Maharishi zum *Jahr des Naturgesetzes* und gründet die *Maharishi Universität für Naturgesetz*.

1986 wird von TM ein *Weltplan für die vollkommene Gesundheit* entwickelt. Fortwährend versucht Maharishi durch große Anzeigen in den Tageszeitungen und durch Werbematerial mit öffentlichen Einrichtungen zu kooperieren, ja ganze Regierungen für sein Programm zu gewinnen. Sein Ziel ist eine Weltregierung, die nur nach seinen Ideen gestaltet wird.

In den Neunzigerjahren gründet die TM nach der Wiedervereinigung in Deutschland eine eigene politische Partei: die NATURGESETZPARTEI. Sie tritt **1994** im Wahlkampf an und erhält auf diese Weise mit ihren spektakulären Levitationsfotos vom *Yogischen Fliegen* Zutritt zum öffentlichen Fernsehen.

Ein weiterer Bereich, dem sich TM in den letzten Jahren ausführlich widmet, ist die Rezeption der *ayurvedischen Erfahrungsmedizin* aus Indien. Sie wird als die „Mutter der Medizin" gewertet und bildet eine naturheilkundliche Ergänzung zum Meditationsprogramm von TM.

Seit dem Jahr 2000 setzt sich auch Filmregisseur David Lynch für Maharishis Anliegen ein. Im Oktober 2000 gründet Maharishi das *Globale Land des Weltfriedens*. In einer Ansprache am 11. Januar 2008 gibt Maharishi Mahesh Yogi seinen Rückzug vom Tagesgeschäft bekannt. Am 5. Februar 2008 stirbt Maharishi im Alter von ca. 90 Jahren im niederländischen Vlodrop, dem derzeitigen Hauptsitz. Ein TM-Sprecher gibt an, dass von nun an Maharaja Adhiraj Rajaraam an der Spitze der Bewegung steht.[205] Maharaja Adhiraj Rajaraam mit bürgerlichem Namen Tony Nader stammt aus dem Libanon und ist Professor für Neurophysiologie. Nader war 2000 von Maharishi zum „Ersten Regenten des Globalen Landes des Weltfriedens" gekrönt und mit dem Ehrentitel Nader Raam versehen worden. Zum Fortbestand von Maharishis Lehre kündigte er den Bau von 48 „Türmen der Unbesiegbarkeit" in 48 Ländern an.

3. Weisheit und Wissenschaft der TM

„Durch das Fenster der Wissenschaft sehen wir die Morgendämmerung des Zeitalters der Erleuchtung." (Maharishi)

Die Transzendentale Meditation stellt sich dem Leser ihrer Schriften häufig als eine geschickte Vermengung von Naturwissenschaft und Weltanschauung dar. Wenn die Organisation die eigene Methode beschreibt als eine „geistige Technik, die eine volle Entfaltung des Bewusstseins und ein Einklang mit der Gesamtheit der Naturgesetze ermöglicht", dann klingt das ein wenig wie eine Avance an moderne Esoterik.

Was TM als Meditation anbietet, ist, vereinfacht dargestellt, ein Siebenstufen-Modell:
1. Einführungsvortrag (auch Werbeveranstaltung der Organisation);
2. Vorbereitungsvortrag, Einführung in die TM-Technik, sich vertraut machen mit dem Weltanschauungskonzept von TM;
3. persönliches Gespräch zwischen TM-Lehrer und Meditierendem;
4. die sogenannte *Puja*, d.h. die *Initiation*, die eine Art *Einführungsritual* darstellt und die Übergabe des *persönlichen Mantra* beinhaltet, das allerdings, nach Darstellung der Kritiker, nicht auf die Person zugeschnitten ist sondern nach Altersstufen standardisiert wird;
5. *Checking*: Die Anwendung der Technik wird überprüft;
6. Überprüfung und Bestätigung der Meditationspraxis, die in der Regel zweimal am Tag 15–20 Minuten abends und morgens ausgeübt werden soll;
7. Erkenntnis gewinnen, die die besondere Bedeutung der TM-Technik beinhaltet. (Das Problem einer solchen Überprüfung liegt in dem

---

[205] Transzendentale Meditation: TM-Gründer Maharishi Mahesh Yogi gestorben. In: *Materialdienst* der EZW, Nr. 3/2008, S. 112

mechanistischen Anspruch von TM, auf bestimmte Wirkungen hinprogrammiert zu sein.)

Von Kritikern der TM-Technik wurde immer wieder eingewendet, dass der Charakter der *Bewusstseins-* bzw. *Psychotechnik* erkennbar sei. Wissenschaftliche Untersuchungen zu Meditationstechniken zeigen, dass das Problem von *psychischen Aberrationen* oder *Dekompensationen* gelegentlich auftauchen könne. Die TM-Lehrer sind häufig weder ausgebildete Ärzte oder Psychotherapeuten. Ihre Diagnosemöglichkeiten bleiben daher im Einzelfall durchaus begrenzt. Eventuell auftretende körperliche und psychische Probleme können von einem TM-Lehrer daher nur unzureichend erkannt oder behandelt werden. Da aber Meditationstechniken, wie Mediziner betonen, suggestive wie autosuggestive Elemente enthalten, ist ihre Anwendung nicht unproblematisch.
Dieses kann, wie oben gezeigt, zu Erfahrungen führen, die im Einzelfall als schädlich für die geistige und psychische Stabilität empfunden werden, obgleich es eigentlich die Absicht von TM ist, letztere zu befördern.

4. Der religiöse Hintergrund

Im *Initiationsritus* ruft der TM-Lehrer immer wieder den hinduistischen Weisen Shankara sowie seine Vorläufer und Schüler an.

Shankara lebte um 800 v. Chr. Er ist der wichtigste Vertreter einer hinduistischen Einheitsphilosophie. Er vertritt die *Advaita-Vedanta*, d.h. das Wissen um die *Nicht-Zweiheit*. Alles sei eins, die innersten Kräfte des Universums bildeten mit dem Einzelwesen, mit dem Selbst des Einzelnen, eine unverbrüchliche Einheit. Der Religionswissenschaftler Helmuth von Glasenapp (1891–1963) schreibt dazu:

„Wer erkannt hat, daß sein Selbst (*atman*) mit dem Selbst des Weltalls, mit dem Brahma, eins ist, der kann von sich das große Wort sagen: *Aham brahma asmi* (Ich bin das Brahma)."[206]

---

[206] Glasenapp, Helmuth von: Die nichtchristlichen Religionen. Reihe: *Fischer Lexikon*, Bd. 1, Frankfurt a.M. [1]1957, S. 34

4. Der religiöse Hintergrund

Die *Puja* nimmt diesen Satz auf, indem dort gesagt wird: *Tat twam asi*, d. h. „du bist das, du lebst in einer Wesenseinheit mit dem All".

Um den Menschen zu dieser Wesensschau zu bewegen, muss er die Einsicht in die *maya*, d. h. die Täuschung in der vereinzelten Wirklichkeit erkennen und sich aus ihr befreien. Die im Alltag begegnende Lebenswirklichkeit ist geprägt durch die Täuschung der Vereinzelung, die in der Meditation und in der liebenden Tat aufgehoben werden kann. Ein Anhänger dieser lebensphilosophischen Grundhaltung steht in einem kritischen Verhältnis zur Welt und ihren Problemen der Vereinzelung.

Wie viele andere Gurus und Yogis aus Indien betont auch Maharishi die Einfachheit und Natürlichkeit seiner Meditation. Seine Besonderheit besteht jedoch zunächst darin, dass er den religiösen Charakter dieser Meditation für die westliche Kundschaft ganz in den Hintergrund drängt, obgleich beides für einen Kundigen leicht durchschaubar ist. Wie der Name schon sagt, geht es bei der Meditation um ein *Transzendieren des Alltagsbewusstseins*. Gleich einer Blase, die im Wasser aufsteigt, entwickeln sich die Gedanken nach der Lehre von Maharishi aus der Tiefe bis hin zur Oberfläche, wo dann die Blase so groß geworden ist, dass sie wahrgenommen werden kann.

> „Die subtilen Stadien der Gedankenblase unterhalb der Ebene des bewussten Zustandes werden nicht bewusst wahrgenommen. Wenn es einen Weg gäbe, die Gedankenblase in allen ihren Entwicklungsphasen bewusst zu erfahren",[207]

dann würde das Bewusstsein transzendiert und würde darum um „ein Vielfaches zunehmen". Das Mittel, das gewissermaßen als ein „Fahrzeug" den Geist in die Tiefe führen könne, sei das *Mantra*, eine Meditationssilbe, die als bloße Klangfolge meditiert werden soll. Dass diese Silben nicht formale Klangfolgen sondern *tantrische Götternamen* beinhalten, wird von Kritikern häufig als *latente religiöse Beeinflussung* benannt. Bemerkenswert in den Veröffentlichungen von TM ist immer wieder das Ineinander von naturwissenschaftlich klingenden Ausdrü-

---

[207] Maharishi, zitiert nach Mildenberger, Michael / Schöll, Albrecht: Die Macht der süßen Worte – Zauberformel TM. Die Bewegung der Transzendentalen Meditation. Information und Kritik. Wuppertal 1977, S. 33

cken, Erfolgsdiagrammen, Statistiken und spirituellen Erfahrungen. So ist auf der einen Seite die Rede von Stressabbau, Kohärenz-Effekten, innerer und äußerer Stabilität, Sekundärreaktionen des Hautwiderstandes; auf der anderen Seite wird von einem Zustand des „reinen Bewusstseins", der „Selbstbewusstheit" oder gar des „Seligkeitsbewusstseins" gesprochen. Mit Recht macht Hummel darauf aufmerksam, dass an dieser Stelle hinduistische Vorstellungen aufleuchten vom *Göttlichen als Sein*, „Bewusstsein und Seligkeit, *Sat-Chid-Ananda*"[208]

Ein deutlicher Unterschied zur traditionell religiös-spirituellen Betrachtung der Meditation wird bei TM deutlich. Während Meditation nach indischem Verständnis eine Befreiung von der materiellen Bindung des Daseins bewirken soll, wird in der TM-Technik gerade die Optimierung des materiellen Fortschritts gepriesen. In ähnlicher Weise werden zahlreiche Topoi der *Advaita*-Philosophie gewissermaßen materialistisch umgebogen. Der Begriff der *Täuschung* zum Beispiel, in der *Advaita*-Philosophie hervorgerufen durch die Vielfalt und Vielgestaltigkeit des Wirklichen, bedeutet bei Maharishi nur die Täuschung in Bezug auf die Vielfalt der Probleme, die man mit der Wirklichkeit hat. Denn

> „die Antwort auf jedes Problem ist, daß es kein Problem gibt. Der Mensch erkenne diese Wahrheit, dann ist er ohne Probleme"[209].

Während die neohinduistische Spiritualität in der Meditation den Weg zur spirituellen Befreiung von den materiellen Problemen des Daseins sieht, enthält für TM die Meditation den Weg zum problemfreien Individuum.

Den Evolutionsoptimismus des Neohinduismus teilt auch Maharishi. Dieser wird vor allem durch den sogenannten *Maharishi-Effekt* bewirkt. Ein TM-Lehrer beschreibt diesen Effekt so:

> „Da gibt es Untersuchungen, die das faszinierend belegen. Da hat man in den USA eine Stadt gehabt. Ich weiß nicht genau, wie die heißt. Da hat

---

[208] Hummel, Reinhart: Hindu-Gurus heute. Werkmappe *Sekten, religiöse Sondergemeinschaften, Weltanschauungen* der Arbeitsgemeinschaft der Österr. Seelsorge Seelsorgeämter, Referat für Weltanschauungsfragen, Nr. 65/1992, Wien 1992, S. 18

[209] Aus einem Interview mit Mitgliedern des TM-Zentrums in Bremen, Sendung von Radio Bremen, 25.4.1983

4. Der religiöse Hintergrund

man in der Mitte der Stadt Kriminalitätsstatistiken gemessen und desgleichen am Stadtrand. Und Kriminalitätsstatistiken zeigen ja in gewissem Maße Lebensqualität an. Und dann hatte man am Stadtrand dreihundert TM-Lehrer dorthin geschickt, die haben dort ihr Programm gemacht, haben dort meditiert. Die Folge war, daß dort die Kriminalitätsstatistik herunterging, etwa nach zwei Tagen."[210]

Maharishi drückt es programmatisch so aus:

„Nur ein Prozent der Gesellschaft braucht die TM-Technik auszuüben, um die Lebensqualität der ganzen Gesellschaft zu verbessern."[211]

An dieser Stelle zeigt die TM-Weltanschauung auch ihren Übergang zum gesellschaftspolitischen Engagement. Um die Gesellschaften und die Politik zu verändern, bedarf es im Grunde nur zweier Maßnahmen: einer möglichst schnellen und weitläufigen Ausbreitung der TM-Technik und vor allem des gesellschaftspolitischen Einflusses bei Regierungen und staatlichen Bildungsorganen, um deren multiplikatorische Funktion für das Programm von TM zu nutzen. So friedlich und harmonisch das Gesellschaftsbild auch in der TM-Werbung für dieses Programm klingt, so sind darin aber unter anderem auch Aspekte auffindbar, die sehr ungemütlich klingen. Hummel zitiert aus *MIU-Press* von 1975:

„Es gibt keinen Platz und wird nie einen geben für den Schwachen. Der Starke wird führen, und wenn der Schwache nicht folgen will, gibt es keinen Platz für ihn. (...) Die Nichtexistenz des Schwachen ist immer das Gesetz der Natur gewesen."[212]

---

[210] Aus einem Interview mit Mitgliedern des TM-Zentrums in Bremen, Sendung von Radio Bremen, 25.4.1983

[211] Aus einem Interview mit Mitgliedern des TM-Zentrums in Bremen, Sendung von Radio Bremen, 25.4.1983

[212] *Inauguration of the Dawn of the Age of Enlightenment*. In: *MIU-Press* [Zeitschrift der Maharishi International University], 1975, S.47; vgl. auch Institut für Jugend und Gesellschaft (Hrsg.): Differentielle Wirkungen der Praxis der Transzendentalen Meditation (TM). Eine empirische Analyse pathogener Strukturen als Hilfe für die Beratung von ehemalig Meditierenden. Bensheim 1980, S. 32 und Krumbholz, Elmar: Zerstörte Illusionen. Erfahrungen mit der Transzendentalen Meditation des Maharishi Mahesh Yogi. Bensheim 1983, S. 41

Diese Sätze, die man durchaus im Sinne von Hubbards Ideologie als eine Art Selektionsprogramm verstehen könnte, sind indessen eingebettet in die Idee vom einheitlichen Feld:

> „Das Naturgesetz ist die allumfassende, unsichtbare Ordnung des ganzen Kosmos (...) Solange wir im Einklang mit dem Naturgesetz leben ist unser Umfeld harmonisch, evolutionär und lebensfördernd (...) Nichtbeachtung dieser Ordnung ist der Ursprung allen Leidens auf Erden."[213]

Die Analogisierung von Naturgesetzen und menschlichen und sozialen Verhältnissen bildet die programmatische Quintessenz einer etwas schlichten Verwissenschaftlichung indischer Weisheiten.
Dieses wird auch noch an zwei weiteren, seit einigen Jahren bekannt gewordenen besonders auffälligen TM-Vorstellungen deutlich: bezüglich des sogenannten *Siddhi-Yoga* und des Umgangs mit der *ayurvedischen Medizin*. In Patanjalis *Yoga-Sutren* wird als eine Konsequenz emsigen Meditierens die Entstehung von paranormalen Kräften und Fähigkeiten beschrieben. Diese sogenannten *Siddhis* spielen in den neureligiösen Bewegungen Indiens eine nicht unerhebliche Rolle wie es zum Beispiel in der *Sai-Religion* deutlich wird.[214] Eine der klassischen Siddhis ist die *Levitation*. Der *Yoga-Pfad* führt den Meditierenden in eine Art spirituelle Trance hinein, die in ihm Kräfte entwickelt, so etwas wie Schwerelosigkeit zu empfinden, höchster Ausdruck der Vereinigung mit der Weltseele, etwa vergleichbar mit dem Samadhi-Zustand. Hummel zitiert in diesem Zusammenhang Patanjalis *Yoga Sutra*:

> „(...) durch das Eingehen in den Zustand leichter Baumwolle gewinnt der Yogi die Fähigkeit, im Äther zu wandeln."[215]

Nur wenn man den symbolischen Gehalt dieser Worte nachvollzieht, eröffnet sich ihre spirituelle Kraft. Im Verlauf der Meditation, so wird dann erzählt,

---

[213] Prospekt der Naturgesetzpartei, *Naturgesetz Journal*, Nr. 9/1994, S. 2
[214] Vgl. Langel, Helmut: Sathya Sai Baba/Sai-Religion. In: Klöcker, Michael / Tworuschka, Udo: Handbuch der Religionen. Kirchen und andere Glaubensgemeinschaften in Deutschland. München 1997, Kap. VIII-12, S.1–7
[215] Hummel, Reinhart: Hindu-Gurus heute. Wien 1992, S. 21

4. Der religiöse Hintergrund

„werden unwillkürliche Muskelkontraktionen hervorgerufen, die den Meditierenden, den Siddha, aus der yogischen Sitzhaltung hochschnellen lassen"[216].

Eine Konzentration indessen allein auf die Veränderung körperlicher Zustände und die Ausübung paranormaler Fähigkeiten wird als Verirrung gegenüber dem spirituellen Ziel verstanden. Die TM-Beschreibung stellt auch hier wieder den materiell-körperlichen Effekt in den Vordergrund, indem sie vom *yogischen Fliegen* spricht und mit dementsprechenden Fotos aufmerksam zu machen versucht. Zugleich wird diesem Effekt eine geradezu hervorragende Wirkung im Hinblick auf den *Weltfrieden* und die Ganzheitlichkeit des Bewusstseins zugeschrieben.

Ebenso überdimensioniert erscheint das *Maharishi-Ayurveda*. *Ayurveda* lässt sich übersetzen mit „Wissen vom Leben" (*ayur* = „langes Leben", *veda* = „Wissen").

„Ziel der ayurvedischen Therapie ist eine Wiederherstellung der verlorenen leibseelischen Homöostase und Harmonie durch Einsicht in leiblich-seelisch-geistige Zusammenhänge, Hinwendung zu naturgemäßeren Lebensweisen, Neuordnung des Lebens, Erleichterung und Normalisierung des Stoffwechsels sowie einer Anregung des Selbstheilungsstrebens des menschlichen Körpers."[217]

Die ayurvedische Medizin wird v. a. im Bereich der Vorbeugung und der Stärkung der Selbstheilungskräfte des leibseelischen Organismus zwar vorsichtig, aber auch positiv von der medizinischen Fachwelt beurteilt. Gleichzeitig wird vor „falschen Mythen" gewarnt. Bzgl. der Maharishi-Variante werden Probleme auf zwei Ebenen beschrieben:

„Überschätzung der Möglichkeiten alternativer Therapie generell und des Ayurveda im besonderen, ferner die Einbindung in die TM, deren Weltanschauung sowie ihre kommerziellen und propagandistischen Interessen."[218]

---

[216] Aus einem Interview mit Mitgliedern des TM-Zentrums in Bremen, Sendung von Radio Bremen, 25.4.1983
[217] Anonymus: Ayurveda: Die Mutter der Medizin. In: *Psychologie heute*, Nr. 1/1995, S. 29
[218] Hummel, Reinhart: Maharishi-Ayurveda aus ärztlicher Sicht. In: *Materialdienst* der EZW, Nr. 6/1994, S. 174

Maharishi Mahesh Yogi war und ist die zentrale Autorität der Transzendentalen Meditation. Seine Verwurzelung in einem Gemisch aus verschiedenen Strömungen indischer Religiosität drückt sich in fast allen seinen Ideen aus, auch wenn sie weltanschaulich und religiös neutral erscheinen.

> „In der Wirklichkeit gehen alle wesentlichen Elemente der TM-Praxis und -Theorie (Samkhya-Philosophie und Bhagavadgita, Shankaras Advaita-Vedanta, Initiation und Puja, tantrische Mantras u. a. m.) auf die nachvedische, eindeutig hinduistische Zeit zurück."[219]

Auf der einen Seite stellte sich Maharishi eindeutig in den Vordergrund seiner Bewegung und entwickelte ein Meister-Schüler Verhältnis, wie wir es aus den diversen Guru-Bewegungen kennen („Nicht viel lernen ist nötig, nur die reine Auslieferung an den Meister. Dies gibt uns den Schlüssel zum Erfolg." Maharishi), auf der anderen Seite gibt es unter ihm und seinem Nachfolger Maharaja Adhiraj Rajaraam einen riesigen „Mittelbau" von Meditationslehrern, die als Multiplikatoren und Bezugspersonen den Meditierenden zur Verfügung stehen.

5. Organisationen und Verbreitung von TM

TM verzeichnet seine größeren Erfolge mutmaßlich auch wegen der Entstehung einiger von ihr inspirierten Organisationen, von denen nur wenige erwähnt werden können.

Nach Berechungen von TM haben weltweit etwa 5 Millionen Menschen die TM-Technik erlernt.[220]

TM gründete weltweit eine Fülle von Unterorganisationen, die im Folgenden nur teilweise erwähnt werden können. Die *Internationale Meditationsgesellschaft* (IMS) und die *Students International Meditation Society* (SIMS) verbreiten die Meditationstechnik. Das was TM unter Wissenschaft versteht wird an der *Maharishi International University* (MIU) in Fairfield (USA) und in Europa an der MERU (*Maharishi European University*, Seelisberg/Schweiz) betrieben. Die Entstehung von Bildungseinrichtungen führte zu einer Verbreitung von TM in der aka-

---

[219] Hummel, Reinhart: Hindu-Gurus heute. Wien 1992, S. 23 f.
[220] Pressemitteilung der TM vom 6. Februar 2008

demischen Bevölkerung. 1970 waren es in den USA ca. 32.000 Studenten. Es entstand die *Science of Creative Intelligence* (SCI, „Wissenschaft von der kreativen Intelligenz").

In Deutschland existiert eine politische Partei von TM: Die sogenannte NATURGESETZPARTEI. Die regionalen und überregionalen Zentren tragen so klangvolle Namen wie: Weltplancenter, Residenz des Zeitalters der Erleuchtung, Institut für vedische Wissenschaften, Waldakademie u. a. m.

Europas Zentrum der TM lag seit 1975 in Seelisberg am Vierwaldstätter See in der Schweiz.

Es ist schwer bis gar nicht möglich, genauere Zahlenangaben über die Anhängerschaft zu machen, da es eine erhebliche Zahl von Meditierenden gibt, die nur einmal in ihrem Leben an einem Kursus teilgenommen haben, um dann mehr oder weniger sporadisch die TM-Technik weiter auszuüben. Hummel spricht in seinen Ausführungen für Ende der Achtzigerjahre von 2 Millionen Anhängern weltweit und von 50.000 in Deutschland.[221] Die EZW spricht dagegen Ende der Neunzigerjahre von ca. 100.000 Initiierten in Deutschland.[222]

6. Zentrale Begriffe

ASTRALREISE: Nach der Lehre Maharishis tritt der feinstoffliche Leib aus dem physischen Körper aus und wird dadurch frei.

CHAKRA: Entlang der Wirbelsäule gibt es nach indischer Lehre sechs bzw. sieben sogenannte *Chakren*, d. h. Zentren, die durch aufsteigende *nadis* (Adern) miteinander verbunden sind. Jedem Chakra sind bestimmte *Mantren* (formelhafte Wortfolgen) und somit auch bestimmte Gottheiten zugeordnet. Mithilfe des jeweiligen Mantras werden die Gottheiten nach yogischer Praxis in der Meditation visualisiert. Die Yoga-Schulen und Guru-Bewegungen werden nach der Bedeutung der

---

[221] Hummel, Reinhart: Transzendentale Meditation. In: Gasper, Hans /Müller, Joachim / Valentin Friederike (Hrsg.): Lexikon der Sekten, Sondergruppen und Weltanschauungen. Fakten Hintergründe, Klärungen. Freiburg/Basel/Wien 1990,S. 1088

[222] Dehn, Ulrich: Transzendentale Meditation (TM). In: *Materialdienst* der EZW, Nr. 1/ 1998, S. 31

Chakren in ihrer jeweiligen Meditation beurteilt. TM konzentriert sich auf die unteren Chakren und mobilisiert vornehmlich vitale Energien.

CHECKING: Das *Checken* findet am Ende der von TM angebotenen Kurse statt. Es wird durch TM-Lehrer durchgeführt und hat selbst den Charakter einer *Psychotechnik*. Es dient dazu, alle im Sinne von TM störenden Bewusstseinselemente zu eliminieren. Die TM-Lehrer, die dieses *Checking* durchführen, haben keinerlei therapeutische Qualifikation.

DHARMA: Für jeden Menschen gibt es nach alter indischer Lehre ein göttlich bestimmtes Schicksal, in dem seine Pflichten enthalten sind.

DIE TM-ZEITUNG: Organ der TM-Herausgeber: Gesellschaft für Transzendentale Meditation (GTM). Deutscher Verband e. V. Schledeshausen.

GOUVERNEUR: ein Rang in der TM-Hierarchie. Ein Meditationslehrer kann diesen Rang nach den entsprechenden vorbereitenden Kursen erhalten. Er soll die Fähigkeit haben, kraft seines kosmischen Bewusstseins auf das Bewusstsein anderer einzuwirken.

GTM: Die Gesellschaft für Transzendentale Meditation, Deutscher Verband e. V., hat ihren Hauptsitz in Schledeshausen.

GURU: ein geistlicher Lehrer, weiser Meister, der seinen Schüler begleitet. In Indien hat der *Guru* zu seinen Schülern ein persönliches Verhältnis. Er berät sie nicht, sondern weckt in ihnen eigene Lösungsmöglichkeiten. Sein Ziel ist es, den Schüler von sich unabhängig zu machen. Im Westen stellen sich die Gurus oftmals als das genaue Gegenteil heraus. Sie erzeugen nicht Unabhängigkeit, sondern Abhängigkeit ihrer Adepten.

IFSCI: *International Foundation for the Science of Creative Intelligence* – „Internationale Stiftung zur Erforschung der schöpferischen Intelligenz"; Organisation von TM.

IMS: *International Meditation Society* – „Internationale Gesellschaft für Meditation"; Organisation von TM, die sich an alle Menschen, vor allem aber auch an Bildungsinstitute (Erwachsenenfortbildung) wendet, um auf diese Weise an finanzielle Förderung heranzukommen.

6. Zentrale Begriffe

INITIATION: Einweihung in die Praktiken von TM. Dazu dient die Veranstaltung der *Puja*.

INSTITUT FÜR VEDISCHE WISSENSCHAFT: Name für TM-Zentren.

KARMA: nach indischer Lehre die Wirkungsgesetzmäßigkeit des Handelns, wonach die Folgen aller Handlungen auf die Menschen in irgendeiner Form wieder zurückkommen.

KOSMISCHES BEWUSSTSEIN: Nach Maharishi ist es das erstrebenswerte Ziel, einen Zustand zu erreichen, in dem der Mensch – von seinem eigenen Ich und den eigenen Zwecken losgelöst – ein Bewusstsein erlangt, das zum Werkzeug des Kosmos wird.

KUNDALINI: Die *Shakti*-Energie, die wie eine schlafende Schlange am unteren Ende der Wirbelsäule liegt. Der Mensch hat die Möglichkeit, sich durch bestimmte religiöse Übungen dieser Energie bewusst zu werden.

LEVITATION: Die im *Siddhi*-Programm angebotene Meditationstechnik, mit deren Hilfe man sich in eine Art Schwebezustand versetzen kann. Nach der Lehre von TM soll auf dem Höhepunkt der Meditation das „Gesetz der Schwerkraft aufgehoben" werden.

MAHARISHI-AYURVEDA-GESUNDHEITSZENTRUM: Name für TM-Zentrum.

MAHARISHI-EFFEKT: „Nur ein Prozent der Gesellschaft braucht die TM-Technik auszuüben, um die Lebensqualität der ganzen Gesellschaft zu verbessern."[223] Diese geradezu abenteuerliche Behauptung wird von TM immer wieder als wissenschaftlich bewiesene Erkenntnis dargestellt.

MAHARISHI-KOLLEG FÜR NATURGESETZE: Name für TM-Zentren.

MANTRA: eine Art *Götteranrufung*, die den Gläubigen in die Lage versetzt, seine Energien mit den göttlichen Energien zu verbinden. Voraussetzung ist die gläubige Hinwendung zu den Gottheiten. TM macht daraus eine Art psychophysische Stimulierung. Die Klangfolge des *Mantras*

---

[223] Aus einem Interview mit Mitgliedern des TM-Zentrums in Bremen, Sendung von Radio Bremen, 25.4.1983

hat nach alter indischer Lehre einen religiösen Sinn, und ohne diesen Sinn ist sie nicht nachvollziehbar.

MAYA: Täuschung des Bewusstseins durch Fixierung auf die Vereinzelung der materiellen Welt. Es gilt, diese Täuschung mithilfe religiöser Übungen zu durchdringen.

MEDITATION: geistige Übung zur Versenkung und Beruhigung des Bewusstseins. Man kann Meditationstechniken erlernen, die ohne bestimmten geistigen Hintergrund nachvollziehbar sind; TM vermittelt dagegen eindeutig religiöse Meditationsformen.

MERU: *Maharishi European University* – „Europäische Maharishi-Universität"; europäischer Ableger der MIU.

MIU: *Maharishi International University* – „Internationale Maharishi-Universität. Maharishi gab seinen zahlreichen Unterorganisationen gerne akademische Titel. Die MIU/FRSI (Forschungsring Schöpferische Intelligenz) vertritt die akademische Werbung und Forschung für TM in Deutschland.

NATURGESETZPARTEI: eine 1992 gegründete politische Partei, die von 1993 bis 2000 an zahlreichen Wahlkämpfen in der Bundesrepublik teilnahm. Sie knüpfte an das ökologische Bewusstsein an und versuchte, als politisch unabhängige Organisation getarnt, die Ideologie von TM zu verbreiten. So sollten die Gesundheitskosten um mehr als 50 % gesenkt, die Einführung des Euro und gentechnische Manipulationen, insbesondere bei Nahrungsmitteln verhindert werden. Politiker sollten für ihre angebliche Mitschuld an „Gesundheitsschäden" infolge des Ignorierens der vorgeschlagenen Bewusstseinstechnologien (wie der TM-Technik) durch Strafanzeigen zur Verantwortung gezogen werden:

„Die Gehirnfunktion unserer Kandidaten zeigt nachweislich eine überdurchschnittliche Geordnetheit. Dies wird belegt durch die größere Beherrschung, wie sie sich durch die bessere Geist-Körper-Funktion bei der Ausübung des Yogischen Fliegens zeigt."[224]

---

[224] *Stern*, 2.10.1993

6. Zentrale Begriffe

Da keine Mandate errungen werden konnten, beschloss die Partei auf einer Bundesversammlung im Jahr 2001, nicht mehr an Wahlen teilzunehmen. In den Jahren 2003 und 2004 wurden die Naturgesetzparteien weltweit aufgelöst.

PUJA: Initiationsritus bei TM, der am Ende des Einführungskursus vollzogen wird; er hat einen deutlich religiösen Charakter.

RESIDENZ DES ZEITALTERS DER ERLEUCHTUNG: Name für TM-Zentren.

RISHI: altindischer Seher, der durch seine Reinheit und Kraft als Werkzeug der Gottheit auf Erden lebt. Maharishi bediente sich dieses Begriffs, obgleich ihm das enthaltsam-asketische Leben eines Rishis allein schon aufgrund seines Geschäftssinns vollkommen abging.

SHAKTI: in den indischen Religionen die weibliche Kraft; von den sogenannten *Tantrikern*, die eine religiöse Vereinigung der Geschlechter in die Meditation mit einbeziehen, als höchstes Weltprinzip verehrt.

SIDDHI: Ursprünglich eine religiöse Versenkung, die dem Meditierenden paranormale Kräfte und Fähigkeiten verleiht, sich von den Naturgesetzen unabhängig zu machen. Es geht um die Befreiung des Selbst, um zu einer göttlichen Vereinigung zu kommen. TM macht daraus eine Technik, die durch teure Kurse angeblich zur Aufhebung der Naturgesetze befähigen soll. Aus dem sogenannten Lotussitz heraus sollen die Meditierenden hüpfen. Dies ist in der Tat bei einiger Übung und Konzentration leicht zu bewerkstelligen, hebt aber die Naturgesetze nicht auf, sondern wendet sie an.

SIMS: *Students International Meditation Society* – „Internationale Studentische Gesellschaft für Meditation"; Ausbildungsinstitution von TM.

SRM: *Spiritual Regeneration Movement* – „Bewegung zur geistigen Erneuerung"; Organisation von TM.

TRANSZENDIEREN: bedeutet wörtlich „überschreiten". Nach TM-Lehre überschreitet in der Meditation das Bewusstsein die Alltagsebene und dringt in immer tiefere und feinere Schichten des Bewusstseins vor, bis es das *Kosmische Bewusstsein* erreicht.

VEDANTA: 6. System der indischen Weisheit. Es lehrt die Einheit allen Seins, die im Bewusstsein nur durch die Überwindung der MAYA erreicht werden kann.

VEDEN: altindische Weisheitsliteratur.

WALDAKADEMIE: Name für TM-Zentrum; ein indischer Begriff.

WELTPLAN-CENTER: Name der lokalen Institute von TM.

WSI: Wissenschaft von der Schöpferischen Intelligenz; Bezeichnung der TM-Ideologie und häufig verwendetes Kürzel.

YOGA: Sanskrit für „das Joch"; damit werden religiös-meditative Übungen bezeichnet, die in Indien eine jahrhundertelange Tradition haben. Bei den Stufen des Yoga ist der geistige Hintergrund sehr wichtig. Für die Inder unverständlich ist die Verwendung des Yoga als bloße Technik zur Entspannung.

YOGI: Lehrer des Yoga

7. Zusammenfassende Schlussfolgerung

Mit Recht weist die Transzendentale Meditation immer wieder darauf hin, dass die Begriffe *Sekte, Jugendsekte* oder *Jugendreligion* auf sie angewendet unangemessen sind. Auch lässt sich nicht leugnen, dass es einige grundlegende Unterschiede z.B. zu *Scientology* gibt. Wer die neureligiösen Kulte würdigen und beurteilen will, muss lernen zu unterscheiden. Das ist sicherlich wichtig und auch die Aufgabe dieser Schrift. Darum sollen zunächst die Unterschiede festgehalten werden.

1. TM verzichtet bislang auf aggressive Propaganda, wie wir sie von *Scientology* her kennen.
2. Es ist uns bislang nicht bekannt geworden, dass TM nach innen mit vergleichbar repressiven Methoden arbeitet, um sich ihrer Mitglieder zu versichern.
3. TM verzichtet auf die Verfolgung von Kritikern durch Psychoterror.
4. TM produziert nicht den finanziellen Ruin ihrer Meditierenden. Es gibt keine systematische Verschuldungspraxis.

Dennoch bleiben kritische Gesichtspunkte, die immer wieder in der sektenkundlichen Literatur, aber auch in der Presse diskutiert werden. Einige davon sollen kurz zusammengefasst werden:
1. Die Transzendentale Meditation betont häufig, sie sei „frei von religiösen und weltanschaulichen Zielen". Diese prinzipielle Toleranz gegenüber Glaubens- und Weltanschauungen hat zur Konsequenz, dass Menschen aus den unterschiedlichsten kulturellen, politischen und religiösen Bezügen die TM-Technik ausüben. Andererseits können Konflikte dann entstehen, wenn Informationen über den spirituellen und weltanschaulichen Hintergrund von TM vorenthalten werden.
2. Der global-utopische Charakter und Anspruch von Maharishis Programm sowie die Anwendung der TM-Technik praktisch in allen Lebensbereichen, vor allem auch dann, wenn medizinische und psychotherapeutische Problemfelder berührt sind, bei gleichzeitiger mangelnder Fachkompetenz der Meditationsleiter, stellt ein immer wieder in der kritischen Literatur hervorgehobenes Gefährdungspotenzial dar.[225]
3. Maharishi zeigte in den Augen vieler Anhänger, aber auch Kritiker weniger den Charakter eines akademisch orientierten Wissenschaftlers als vielmehr den eines modernen Kultführers, dessen Erkenntnisse und Weisheiten in der Organisation absolute Autorität genießen.
4. TM bietet seine Techniken auch für Kinder und Jugendliche an. Eingedenk der oben beschriebenen psychischen Erfahrungen, scheint ein solches Angebot, wenn es auch mit Einwilligung der Erziehungsberechtigten angewendet wird, nicht unproblematisch. Eltern und Erzieher sollten auf diese möglichen Gefahren aufmerksam gemacht werden.

8. Literatur

Quellen:

Maharishi Mahesh Yogi: Die Wissenschaft vom Sein und die Kunst des Lebens. Stuttgart 1966; Reinbek b.Hbg. und Bielefeld 1998

Maharishi Mahesh Yogi: Einladung zur Verwirklichung einer idealen Gesellschaft. o. O. 1976

---

[225] Hummel, Reinhart: Hindu-Gurus heute. Wien 1992, S. 26

Maharishi Mahesh Yogi: Life Supported by Natural Law: Discovery of the Unified Field of All the Laws of Nature and the Maharishi Technology of the Unified Field. TM-Broschüre, o. O. 1988

Maharishi Mahesh Yogi: Verwirklichung der idealen Gesellschaft. Seelisberg/Rheinweiler 1977

Kritische Darstellungen:

Anonymus: Ayurveda: Die Mutter der Medizin. In: Psychologie heute, Nr. 1/1995, S. 29 ff.

Dehn, Ulrich: TM – Naturgesetzpartei. In: *Materialdienst* der EZW, Nr. 1/1998, S. 26–29

Dehn, Ulrich: Maharishi: Weltfrieden in Genf. In: *Materialdienst* der EZW, Nr. 2/2006, S. 68

Dehn, Ulrich: Transzendentale Meditation (TM). In: *Materialdienst* der EZW, Nr. 1/1998, S. 29–32

Dehn, Ulrich: Transzendentale Meditation (TM): Neue Entwicklungen. In: *Materialdienst* der EZW, Nr. 10/2000, S. 368–369

Eißler, Friedmann: TM-Gründer Maharishi Mahesh Yogi gestorben. In: *Materialdienst* der EZW, Nr. 3/2008, S. 112–113

Finger, Joachim: Gurus, Ashrams und der Westen. Eine religionswissenschaftliche Untersuchung zu den Hintergründen der Internationalisierung des Hinduismus. Reihe: *Studia Irenica*, Bd. 32. Frankfurt a.M./Bern/New York/Paris/Wien 1987; [2]1988

Glasenapp, Helmuth von: Die nichtchristlichen Religionen. Reihe: *Fischer Lexikon*, Bd. 1. Frankfurt a.M. [1]1957

Haack, Friedrich-Wilhelm / **Gandow**, Thomas: Transzendentale Meditation: Maharishi Mahesh Yogi, Maharishi Veda. München 1992; 1993

Hummel, Reinhart: Gurus in Ost und West. Hintergründe, Erfahrungen, Kriterien. Stuttgart 1984; Gütersloh 1987

Hummel, Reinhart: Hindu-Gurus heute. Werkmappe *Sekten, religiöse Sondergemeinschaften, Weltanschauungen* der Arbeitsgemeinschaft der Österr. Seelsorge Seelsorgeämter, Referat für Weltanschauungsfragen, Nr. 65/1992, Wien 1992

Hummel, Reinhart: Maharishi-Ayurveda aus ärztlicher Sicht. In: *Materialdienst* der EZW, Nr. 6/1994, S. 172–174

Hummel, Reinhart: Transzendentale Meditation. In: Gasper, Hans / Müller, Joachim / Valentin, Friederike (Hrsg.): Lexikon der Sekten, Sondergruppen und Weltanschauungen. Fakten Hintergründe, Klärungen. Freiburg/Basel/Wien 1990, S. 1086 ff.

1. Der Weg in den Kult

Institut für Jugend und Gesellschaft (Hrsg.): Differentielle Wirkungen der Praxis der Transzendentalen Meditation (TM). Eine empirische Analyse pathogener Strukturen als Hilfe für die Beratung von ehemalig Meditierenden. Bensheim 1980

Krumbholz, Elmar: Zerstörte Illusionen. Erfahrungen mit der Transzendentalen Meditation des Maharishi Mahesh Yogi. Hrsg.: Interessengemeinschaft Jugendschutz e.V. Verein zum Schutz seelisch gefährdeter junger Menschen. Bensheim 1983

Langel, Helmut: Sathya Sai Baba/Sai-Religion. In: Klöcker, Michael / Tworuschka, Udo (Hrsg.): Handbuch der Religionen. Kirchen und andere Glaubensgemeinschaften in Deutschland. München 1997, Kap. VIII-12, S.1–7

Langel, Helmut: Transzendentale Meditation. In: Klöcker, Michael /Tworuschka, Udo (Hrsg.): Handbuch der Religionen. Kirchen und andere Glaubensgemeinschaften in Deutschland. München 1997, Kap. VIII-14, S. 1–8

Mildenberger, Michael / **Schöll**, Albrecht: Die Macht der süßen Worte – Zauberformel TM. Die Bewegung der Transzendentalen Meditation. Information und Kritik. Wuppertal 1977; 1979

E. DIE BHAGWAN/OSHO-BEWEGUNG

„Heil aus dem Wissen"

1. Der Weg in den Kult

Meditation, *Satsang*, schweigende Begegnung mit dem Meister, Bioenergetik-Kurse, Sommertherapie, Vollmondfeste; *Osho-Kinesiologie*, *Tantra*, Primärtherapie, *Encounter*, Atemtherapie – Veranstaltungen dieser Art werden auf dem freien Markt esoterischer und asiatisch angehauchter Zivilisationsmüdigkeit angeboten. Die Anbieter und Anbieterinnen sind *inspiriert* und „tief innerlich verbunden" mit Osho, alias Bhagwan (dem „Gesegneten").

> „Lasst alle Erziehungsreste fallen. Niemand ist verantwortlich. Sei also nicht auf deine Eltern böse. Du steigst einfach aus. Schlüpfe da einfach heraus, ohne irgendwelchen Lärm zu machen. Alles ist bereit. Nur eine tiefe Veränderung in deiner Einstellung ist nötig. Daß du nämlich von

dieser Stunde an das Glück für gut und das Unglück für Sünde halten wirst."[226]

Was dem Außenstehenden verwirrend, vielfältig und zugleich Glück verheißend angeboten wird durch Flugblätter, Zeitungsanzeigen und auf esoterischen Tagungen, sind die Derivate einer Organisation, die durch den Tod ihres Meisters eine gründliche Wandlung vollzogen hat. Mit Bhagwans Leben löste sich zugleich sein strikt hierarchisches Unternehmen in die Bestandteile individuell arbeitender Heiler auf, die nach selbst gestrickten Heilungsmustern und der Devise Oshos in zahlreichen Städten ihr diagnostisches und therapeutisches Wesen treiben. Osho hat seinen Jüngern ein einfaches und schlichtes Rezept mitgegeben, um Krankheit in ganzheitliche Gesundung zu überführen:

„The word healing comes from the same root as from where the word ‚whole' comes. Whole, health, healing, holy, all comes from the same root. To be healed means to join with the whole. To be ill means to be disconnected with the whole. An ill person is one who has simply developed blocks between himself and the whole, so something is disconnected. The function of a healer is to reconnect it but when I say the function of the healer is to reconnect it, I don't mean that the healer has to do something. The healer is just a function. The doer is life itself, the whole."[227]

Um der Geschichte dieses Kultführers und seiner Anhänger gerecht zu werden, sollen Entwicklung und Änderung des Kults, der sich – rein organisatorisch gesehen – in der Gegenwart fast aufgelöst hat, betrachtet

---

[226] aus einer Flugschrift der Bhagwan/Osho-Bewegung
[227] „Das Wort *healing* (‚heilen') hat dieselbe Wurzel wie das Wort *whole* (‚ganz', ‚heil', ‚unversehrt'). *Whole, health* (‚Gesundheit'), *healing, holy* (‚heilig') – alle haben dieselbe Wurzel. ‚Geheilt' zu werden bedeutet, sich mit der Ganzheit zu verbinden; ‚krank' zu sein dagegen, von der Ganzheit abgetrennt zu sein. Ein Kranker hat ganz einfach Blockaden zwischen sich und der Ganzheit aufgebaut, sodass etwas abgetrennt ist. Die Aufgabe des Heilers ist es, die abgetrennten Teile wieder zusammenzufügen. Aber wenn ich sage, dass es die Aufgabe des Heilers ist, wieder zu verbinden, dann meine ich damit nicht, dass der Heiler etwas ‚tun' muss. Der Heiler ist nichts weiter als eine Funktion; der Handelnde ist das Leben selbst – die Ganzheit."
(Osho: Beloved of My Heart [Innig Geliebte meines Herzens])

1. Der Weg in den Kult

werden. Wir beginnen mit den Erfahrungen von Sabine, die Momente enthalten, wie sie auch in der gegenwärtigen Begegnung mit Nachfolgern und Schülern gelegentlich diskutiert werden. Bemerkenswert ist diese Kultbiografie aber auch, weil sie Bhagwans Weg von Indien nach Amerika und die Geschichte der Bewegung nachvollzieht.

Die folgenden Zitate entstammen Werbematerial oder Aussagen von Anhängern oder ehemaligen Anhängern aus Tonbandinterviews mit dem Autor.

1. Schritt: Sabines Weg in die Gruppe – erste Kontakte

Wir begleiten Sabine, die wie zahlreiche andere ihren Weg mit Bhagwan gegangen ist. Bevor sie sich entschloss, „*Sannyas* zu nehmen", war sie Studentin in einer mittelgroßen deutschen Stadt. Sie lernt die Anhänger Bhagwans in der Innenstadt kennen. Mit einer Gruppe von ihnen macht sie sich auf den Weg nach Poona (Indien).

> „Mein Sannyas-Name ist Ma-Dyam-Amritam. Amritam heißt die Erfahrung der Unsterblichkeit. Ich hatte damals Schwierigkeiten mit mir und meinem Studium. Ich wollte einfach nur weg. Ich dachte, ich mach einen Trip durch Indien. Ich war dann in Poona. Damals waren da sehr viel Leute. In der Let-Go-Gruppe waren wir allein schon 80 Teilnehmer. Die ersten vier Tage waren für mich unheimlich schlimm. Da sind halt Sachen passiert in der Gruppe, wo ich unheimlich Angst hatte. Bei uns in der Gruppe wurde dann auch geprügelt. Ich habe immer schon Angst gehabt vor körperlicher Gewalt. Ich kann mich da einfach nicht wehren. Ich habe an manchen Tagen in irgendeiner Ecke gesessen, hinter irgendwelchen Kissen, und habe geheult, weil da so furchtbar geprügelt wurde im Raum."

Ihre ersten Erfahrungen sind widersprüchlich. Ihre Angst und die schlechten Träume wird Sabine nicht mehr los. Trotzdem entschließt sie sich, „*Sannyas* zu nehmen", wie die Gruppe es ausdrückt.

Sannyasin ist das indische Sanskrit-Wort für den weltentsagenden Hindumönch. Die Mönche werden mit *Swami* angeredet, die Frauen mit *Ma*. Die Sannyasin ändern ihren Namen, früher änderten sie auch ihre Kleidung: Um den Hals trugen sie eine Holzperlenkette, die *Mala*, mit dem Foto ihres Meisters. Auch Sabine geht zu dieser Prozedur.

2. Schritt: Sabine wird Sannyasin

> „Sannyas genommen habe ich bei Teertha. Das fing an abends um sieben. Da mußte man zunächst durch eine Art Türrahmen, und da wurde man abgetastet nach Waffen. Man mußte durch eine Schnüffelkontrolle. Man mußte im Ashram neutral riechen. Das wurde dann auch abends gemacht zum Sannyas-Darshan. Ich war die letzte, die an dem Abend aufgerufen wurde. Wir wurden zu viert nach vorn gerufen zu Teertha. Und wir haben dann so nebeneinander gehockt. Ich war unheimlich aufgeregt. Ich kriegte die Mala umgehängt. Und dann hat Teertha so die Mala festgehalten und mir auf das dritte Auge auf der Stirn gedrückt, und hat mich angeguckt. Und dann hat er meinen Namen gesagt, meinen Sannyas-Namen. Und dann haben alle gelacht."

Von nun an erfährt Sabine immer mehr über die Organisation und über Bhagwan selbst. Sudhindra, der aus Bremen nach Poona gereist war, erlebt die Initiation und die Feste ebenso eindrücklich. Seine Faszination von Bhagwan ist überdimensional:

> „Er sitzt da in der Mitte und hebt einfach nur so seine Arme. Und dazu lächelt er. Und jedes Mal, wenn er seine Arme hebt, habe ich das Gefühl, daß die ganze Halle so'n Stück höher geht."

In den verschiedenen Therapie- und Meditationsgruppen werden die Sannyasins mit der Lehre von Bhagwan konfrontiert.

3. Schritt: Sabines Weg in die Jüngerschaft

Sabine kehrt nach Deutschland zurück. Sie meditiert, sooft sie kann, und trifft sich mit anderen Sannyasins im Center. Ihr Meditationslehrer, Prem Nirvano, erklärt ihr, was bei der Meditation zu geschehen hat:

> „Das ist das Wesentliche an der Meditation, daß es das Denken ausklingen lässt. Und einen in Kontakt bringt mit einem Zentrum von Ruhe in sich. Je mehr man da hineinkommt, desto mehr wird es zur reinen Wahrnehmung. Eine völlig gereinigte Beziehung zwischen meinen Sinnen und meiner Umwelt. Freiheit von Angst. Denn unsere Welt ist unheimlich fremdbestimmt. Wir werden laufend beeinflusst von irgendwelchen Mächten. Durch Werbung, politisch und durch Gruppendruck.

1. Der Weg in den Kult

Und wenn dann alles von einem abfällt, dann kommt etwas unheimlich Schönes zum Ausdruck. Etwas sehr Ruhiges, sehr Klares, Angstloses."

Auf der anderen Seite begegnet Sabine sehr viel Unverständnis in ihrer Umwelt. Denn damals mussten noch alle Sannyasins in der Öffentlichkeit die auffällige *orangefarbene Kleidung* tragen und die *Mala*.

„Ich bin Anfeindungen begegnet. Die ersten Reaktionen waren so von Leuten aus der Uni. Die haben mich angemacht. Du spinnst ja. Was denkst Du dir eigentlich. Du bist so anders geworden. Sie fanden das mit der Mala übertrieben. Aber diese Mala, das war irgendwie ich selbst. Ich habe das so empfunden und bin darin aufgegangen."

Später, 1987, werden diese Insignien von Bhagwan wieder abgeschafft, die Sannyasins zeigen sich unauffällig. Sabine erlebt den Neuaufbruch der Organisation aus Indien heraus nach Amerika. Berichte über freizügige Praktiken im *Ashram*, dem Meditationszentrum in Poona, führen zu Anfeindungen in der indischen Öffentlichkeit. 1981 verlässt der Meister, Bhagwan Shree Rajneesh, sein indisches Domizil. Er wandert nach Amerika aus. In Antelope (Oregon) baut die Bewegung ein riesiges Meditationscamp, *Rajneeshpuram* (die „Rajneesh-Stadt"). Sannyasins aus Europa und Amerika müssen für den Aufbau dieses Camps kostenlos arbeiten. Sie stecken ihr eigenes Geld in das Projekt.

Jörg Andrees Elten[228], alias Swami Satyananda, ist einflussreiches Mitglied der Bhagwan-Bewegung. Er begründet, warum der Meister so unglaublich viel Geld braucht:

„In unserer Gesellschaft steht ja das Materielle so im Vordergrund. Und warum soll dann der Guru eine Ausnahme sein? In der Tat sieht die Sache so aus, daß wir für den Aufbau der Kommune in Amerika 30.000.000 ausgegeben haben. Und wir brauchen weiter große Summen. Alle Spender geben Darlehen für den Aufbau, wir arbeiten kostenlos. Alles, was wir erübrigen können, wird in die Bewegung reingesteckt."[229]

---

[228] Jahrgang 1927, Schriftsteller und Journalist, reiste 1977 als *Stern*-Reporter nach Indien und wurde dort Bhagwan-Anhänger, ist auch heute noch als Seminarleiter der *Osho*-Bewegung tätig.

[229] vgl. Elten, Jörg Andrees: Ganz entspannt im Hier & Jetzt. Tagebuch über mein Leben mit Bhagwan in Poona. Reinbek 1979

4. Schritt: *Sabines große Enttäuschung*

Im Zusammenhang mit dem Aufbau des Zentrums in Oregon werden die Finanzpraktiken der Gruppe härter und die finanziellen Forderungen immer höher. Sabine wird unsicher. All die Reden über Liebe und Geborgenheit wollen nicht zu der Umstandslosigkeit passen, mit der Bhagwan und sein Management die Mitglieder zur Kasse bitten.

> „Zum Beispiel war bei uns im April ein Sannyasin-Meeting, wo dann die Center-Sannyasins berichteten, was an neuen Orders aus Oregon gekommen war. Und da war die Order gekommen, daß Bhagwan gesagt hat, daß jetzt die letzte Gruppe angesagt werde, nämlich die Money-Group. Es ging dann ganz knallhart ums Geld. Auf diesem Meeting ist dann so ein Spielchen veranstaltet worden. Ich kann mich daran noch so wahnsinnig gut erinnern, das hat mich einfach fassungslos gemacht. Wir waren im Meditationsraum dann. Und wir mußten uns dann auf beiden Seiten des Raums so längs an den Wänden aufstellen. Wir sollten die Augen zumachen, und dann lief Musik. Und dann sollten wir uns in der Mitte genau so 'ne imaginäre Linie vorstellen. Das wäre also die Grenze zu Bhagwan. Wir sollten bei uns gucken, wie wir zu ihm stehen und ob wir ein totales Ja zu ihm haben oder ob wir etwa noch kritisch sind oder Distanz zu ihm haben. Ich habe mich da hingestellt und habe in diesem Moment gedacht: Was passiert hier eigentlich mit dir? Dann wurden kurze Sätze von Bhagwan angespielt aus Lectures, die er einmal gehalten hat.
>
> Ich wär' am liebsten rausgegangen. Ich hatte unheimlich Angst. Ich hatte so das Gefühl, das ist eine absolute Sauerei, was die da machen, ich dachte jetzt, die zwingen mich mit diesen sonderbaren Methoden. Die wollen mich zu etwas zwingen, was ich überhaupt nicht will. Wir sollten auf diese imaginäre Linie zugehen, sollten sehen, wie weit wir für Bhagwan gehen. Ich habe dann immer so heimlich geguckt, wie weit die Leute rechts und links von mir gegangen sind. Ich dachte, du kannst doch nicht einfach stehenbleiben, ich muß das Spiel mitspielen. Als der ganze Hokuspokus vorbei war, habe ich meine Sachen genommen und bin weggegangen, sofort danach."

Noch am selben Abend entschließt sie sich, Bhagwan zu verlassen, obgleich es ihr unendlich schwerfällt und sie unter dieser Trennung sehr leidet.

1. Der Weg in den Kult

5. Sabines Erinnerungen an Oregon

Alle Sannyasins arbeiten kostenlos mit an dem Aufbau der Ranch in Oregon.

> „Das ist eine Riesenranch. Für die Sannyasins standen da irgendwie nur Zelte. Es ist einfach toll. Bhagwan wohnt da auch. Er hat ein eigenes Haus. Er fährt mit seinen verschiedenen Rolls Royces durch die Gegend."

Täglich fährt Bhagwan an dem Heer seiner arbeitenden Anhänger vorbei und grüßt aus dem Fenster. Die Sannyasins unterbrechen ihre Arbeit und stellen sich am Wegesrand auf, um ihm zuzujubeln. Bhagwan erscheint und entschwindet wie ein Gott im Auto.

Im Mittelpunkt der Ranch steht die Buddha-Hall, in der man sich alltäglich zu sogenannten *Lectures* trifft.

> „In der Buddha-Hall hat er seine Lectures gehalten. Da hat er so frei über irgendwas geredet. Und es ist schon unheimlich beeindruckend. Er hat eine wahnsinnige Ausstrahlung. Man kann nur sagen, es ist richtig, was er sagt."

1981 entschließt sich Bhagwan, seine Reden ganz aufzugeben. Er hüllt sich in Schweigen und beschränkt sich darauf, seinen Anhängern stumm zu begegnen. Bhagwan „geht in *Silence*". Sabine hat ihn mehrmals in dieser schweigenden Pose beobachtet:

> „Er hat dann immer noch morgens in der Buddha-Hall Satsang gegeben. Satsang ist halt eine Begegnung zwischen Meister und Schülern, wo der Meister eben nichts sagt, eine heart-to-heart-communication. Er sitzt da, und Musik wird gespielt, es werden Texte von ihm vorgelesen. Das ist so alles."

1987 wird das Pflaster in Amerika für Bhagwan immer heißer. Es kommt zu internen Streitigkeiten im Management. Bhagwan muss die USA verlassen und kehrt nach einer längeren Odyssee nach Poona zurück, wo er 1990 stirbt.

Vorher hat er noch seinen Namen gewechselt in *Osho* („Mönch", „Lehrer", Titel im Zen-Buddhismus). Seine Anhänger verehren ihn glühend über den Tod hinaus. Sie versuchen, seine therapeutischen Ideen auch heute noch in kostspieligen Kursen unter die Leute zu bringen.

Sabine hat sich später endgültig von Bhagwan, als er noch lebte, getrennt. Ihre Angst vor den faschistoiden Strukturen innerhalb der Bewegung spricht sie offen und ehrlich aus:

> „Ich habe auch manchmal das Gefühl, es gibt sehr viele Anhänger von ihm, die würden sonst etwas machen, wenn von Bhagwan so eine Order käme. Davor habe ich Angst. Ich weiß nicht, ob er je so etwas sagen könnte wie dieser Typ da mit dem Massenselbstmord in Guyana. Aber ich hab trotzdem die Angst, wenn so etwas käme, daß die Leute so etwas dann auch tun würden. Das erinnert natürlich sehr stark an so etwas wie Hitler und so."

2. Der ehemalige Kultführer Osho

„Rajneesh" Chandra Mohan wurde **1931** als Sohn eines jainistischen Tuchhändlers in Kuchwanda im Distrikt Raisen geboren. Er studierte an der Universität von Sagar und setzte sich während seines Studiums mit den Schriften des russischen Mystikers Gurdjieff, aber auch mit anderen spirituellen Meistern auseinander. **1957** erhielt er seinen Master of Arts in Philosophie und Psychologie. Es wird von ihm berichtet, dass er schon während dieser Zeit eine Art *Erleuchtungserfahrung* hatte. Rajneesh Chandra Mohan arbeitete bei einer Zeitung, hielt Lehrveranstaltungen am Sanskrit-College in Raipur und soll eine Professur an der Universität in Jabalpur erlangt haben.

1964 gab es bereits das erste Meditations-Lager in Rajastan.

1969 zog sich Rajneesh zurück, „um sich in Bombay ganz der spirituellen Ebene zu widmen"[230]. Seit **1970** gab es Kontakte zu westlichen Besuchern Indiens. Auffallend in der Öffentlichkeit waren seine unorthodoxen Meditationen am Strand.

1974 wurde der *Ashram*, das Meditationszentrum in Poona eröffnet. Die Zahl der Anhänger dieses Ashrams vor allem aus dem Westen wuchs

---

[230] Finger, Joachim: Gurus, Ashrams und der Westen. Eine religionswissenschaftliche Untersuchung zu den Hintergründen der Internationalisierung des Hinduismus. Reihe: *Studia Irenica*, Bd. 32. Frankfurt a.M./Bern/New York/Paris/Wien 1987, S. 263

2. Der ehemalige Kultführer Osho

rasch. Es waren gerade die aus dem Westen anreisenden Anhänger, die in Rajneesh ihren *Guru* (geistlichen Lehrer und Meister) sahen und anfingen, so etwas wie eine finanzkräftige und durchorganisierte Zentrale zu errichten. Gewisse Verhaltensauffälligkeiten der Anhänger, die sich *Sannyasins* („Mönche") nannten, wurden von der indischen Öffentlichkeit durchaus kritisch kommentiert. Nur wenige Inder fanden den Zugang zu Rajneeshs Auffassungen von Religion, Sexualität und Gesellschaft. Von seinen Anhängern wurde Rajneesh bald als *Bhagwan* verehrt. *Bhagwan* (Sanskrit) bedeutet „der Gesegnete" (nicht „Gott", wie oft behauptet!) und bezeichnet einen Menschen, in dem das Göttliche sichtbar zu Tage tritt. *Bhagwan* nannte er sich von Anfang der Siebzigerjahre bis Ende 1988. In Poona sollte die Idee eines *universellen Spiritualismus* verwirklicht werden. Ende der Siebzigerjahre erschienen in der deutschen Presse Berichte über die sogenannten Machenschaften eines „Sex-Gurus im indischen Poona". Eine junge Schauspielerin berichtete über Gewaltpraktiken in einer sogenannten *Let-Go-Gruppe*. Aufsehen erregende Fotos wurden gezeigt und lockere Sprüche Bhagwans kolportiert, der angeblich mit *hypnotischer Kraft* vor allem junge Leute in psychische Abhängigkeit gebracht habe.

1981 verließ Rajneesh Poona und ließ sich in Oregon/USA nieder. Die lokale Veränderung brachte auch eine stärkere Strukturierung und Institutionalisierung mit sich. In der neu gegründeten Siedlung *Rajneeshpuram* („Rajneesh-Stadt"), die vor allem mithilfe der aus Nordamerika und Europa kommenden Sannyasins aufgebaut und finanziert wurde, gab es bald eine deutlich erkennbare Hierarchie. Während dieser Zeit wurden auch die internationalen Aktivitäten verstärkt, der Aufbau und die Ausbreitung der *Rajneesh Foundation International* betrieben, die in einigen Ländern kleine Unternehmen (Restaurants, Baubetriebe, Diskotheken u.a.) gründete.

> „Gleichzeitig entwickelten sich in dem ansonsten sehr synkretistischen und nicht unbedingt konsistenten Lehrgebäude immer stärker messianische und vor allem millenaristische Züge, die unter anderem im Zusammenhang mit der Krankheit AIDS zum Ausdruck kamen."[231]

---

[231] Finger, Joachim: Gurus, Ashrams und der Westen, S. 265

1981 ging Bhagwan in *Silence*, d.h. er zog sich von seinen öffentlichen Vorträgen und Reden zurück und übergab anderen diese Aufgabe. Auch die Initiation wurde von nun an von bestimmten auserwählten Anhängern vollzogen, wie z.B. Teertha, mit bürgerlichem Namen Paul Lowe, ursprünglich Therapeut und zum Stellvertreter Bhagwans avanciert.

Neben Bhagwan entwickelte sich Ma Anand Sheela zur zweiten Führungsautorität. Ihr Einfluss in Rajneeshpuram war ebenso groß wie auch unter einem Teil der Sannyasins umstritten. Die eher konservative amerikanische Öffentlichkeit reagierte abweisend gegenüber Bhagwans Aktivitäten in Oregon. Es gab Probleme mit den Visa-Bestimmungen für Bhagwan selbst, Konflikte im Management, die spektakuläre plötzliche Abreise von Ma Anand Sheela nach Europa, schließlich die Verhaftung und Ausweisung Bhagwans aus den USA **1985**.

Bhagwan versuchte zunächst, in verschiedenen europäischen Ländern Unterkunft zu finden, reiste aber nach vergeblichen Aufnahmeanträgen **1987** nach Poona zurück. Ab **1987** wurde auch der Brauch des Tragens von *roter* oder *orangefarbender Kleidung* für die Sannyasins aufgehoben. Auch die sogenannte *Mala* (Holzperlenkette mit einem Konterfei Bhagwans) wurde zumindest teilweise abgelegt.

Kurz vor seinem Tod änderte Bhagwan seinen Namen in *Osho* („Mönch", „Lehrer", „Meister"). **1990** hat er nach dem Glauben der Gruppe „seinen Körper verlassen". Nach seinem Tod gab es eine längere Phase der Auseinandersetzung, aber keine Auflösung der Bewegung. Sie differenziert sich heute in verschiedene Gruppen, Schulen und Therapie-Ansätze und spielt in der Esoterik- und Psychoszene eine nicht unerhebliche Rolle. Die Verbindung zu Osho wird auch weiterhin aufrechterhalten. In dem Maße, in dem sich indische Vorstellungswelten und Praktiken in Westeuropa eine gewisse selbstverständliche Anerkennung verschafft haben, werden die Skandale, die mit dem Namen Bhagwan oder Osho öffentlich verbunden waren, entdramatisiert. Viele Menschen, nicht nur in Indien, lesen seine Schriften weiterhin mit „Gewinn". Themen wie Meditation, Yoga, Karma und Reinkarnation haben eine breite Öffentlichkeit gewonnen. Oshos Anhänger kommen mit ihren Angeboten wie *Stressbewältigungsseminaren* auch bei großen, etablierten Firmen sehr gut an.

3. Lehre

Von einer Lehre Bhagwans sollte man nach Aussagen der Sannyasins gar nicht sprechen. Bhagwan war schon immer ein Gegner von Priestern, Dogmen und kirchlichen Institutionen. Er selbst hat immer wieder darauf hingewiesen, dass er seine Aussagen, seine *Lectures* und Bücher nicht als eine neue Lehre versteht. Um eine Ausbildung zur „Bhagwan-Weltanschauung" zu vermeiden, hat er sich immer wieder kritisch, ironisch und paradox zu allen möglichen lebensphilosophischen, weltanschaulichen, politischen und religiösen Fragen geäußert. Wenn wir doch einige seiner Denkansätze darstellen, so sollte diese Selbstrelativierung Bhagwans immer mitgedacht werden. Trotzdem war Bhagwan fest davon überzeugt, dass seine Äußerungen für die Sannyasins von eminenter Bedeutung seien:

> „Was ich euch sage, ist von ungeheurer Wichtigkeit, denn es ist ein Weg der Berührung, tiefgründiger und feiner. Ein Wort kommt aus meinem Herzen, fliegt zu dir und, wenn du offen bist, landet [es] genau in deinem Herzen."[232]

Die Einheit von Widersprüchen, die trotzdem Widersprüche bleiben, führt Bhagwan zu eigenartigen Verbindungen.

> „Ich lehre meine Leute ein ungespaltenes, einheitliches Leben (...) Seid natürlich. Ich möchte, daß Buddha, Gautama der Buddha und Zorbas der Grieche sich immer näher kommen – bis sie eins sind. Mein Sannyasin muß Zorbas der Buddha sein."[233]

Das Bild des Lebemanns Zorbas und des Asketen Buddha werden durch Bhagwan paradox-provokativ verknüpft. Ganzheit und Einheit sind für Bhagwan keine Ordnungsbegriffe einer bestimmten Weltanschauung wie zum Beispiel in der *Advaita*-Philosophie, sondern eher kritische Infragestellungen bestehender gesellschaftlicher und weltanschaulicher Strukturen. Wer ganzheitlich denkt, stellt Ordnungen, gleich welcher Art, infrage. Bhagwan scheint ein Freund der Disziplinlosigkeit.

---

[232] *The Rajneesh Bible*, zitiert nach *Rajneesh Times*, 3. Jg., Nr. 17/1985, S. 17
[233] Karow, Yvonne: Bhagwan-Bewegung und Vereinigungskirche. Religions- und Selbstverständnis der Sannyasins und der Munies. Stuttgart/Berlin/Köln 1990, S. 1

„Der Fluss hat keine Disziplin (…) Flüsse fließen nicht geradeaus. Sie denken nicht wirtschaftlich, sie kalkulieren nicht. Sie nehmen nie den kürzesten Weg, sondern gehen andauernd im Zickzack hin und her, ohne zu wissen, wohin. Sie gehen einfach weiter, weil die Energie sie vorantreibt (…) Ich möchte nicht, daß ihr Kanäle werdet. Kanäle sind etwas Häßliches. Ich will, daß ihr Flüsse werdet (…) Und das Leben ist nun einmal eine hügelige Landschaft."[234]

Es ist fast so, als beschreibe Bhagwan in diesem Gleichnis seine eigene Denkart. Sein Begriff von *Ganzheit* lässt sich mehr oder weniger beliebig mit Begriffen wie Energie, Bewusstsein, Gott, Sein, Erleuchtung gleichsetzen. Seine Zivilisationskritik betont den Verlust der Ganzheit im Leben, die es durch einen von ihm postulierten Heilungsprozess wiederzugewinnen gilt. Folgerichtig kritisiert Bhagwan auch die Religionen, ihre Traditionen und geschichtlichen Manifestationen:

„The moment you discover religious truth, all space, all time, become irrelevant. It is simply beyond time and space. It is immaterial. Five thousand years before, five thousand years afterwards, it is exactly the same. The universe remains authentically itself."[235]

Bis heute ist es so, dass die Osho-Anhänger ein merkwürdig geringes Interesse an religiösen Inhalten, an Texten und religions-geschichtlichen Hintergründen haben. Zugespitzt formuliert Bhagwan seine eigene Religion so:

„Es gibt nur eine Religion auf der Welt, und das ist die Religion, glücklich zu sein. Alles andere ist wesenlos und unwichtig. Wenn du glücklich bist, liegst du richtig. Wenn du unglücklich bist, liegst du falsch."[236]

Andererseits glauben seine Anhänger, dass sich in Bhagwan die Quintessenz aller Religionen und Lebensphilosophien vereinigt:

---

[234] zitiert nach Karow, Yvonne: Bhagwan-Bewegung und Vereinigungskirche, S. 4
[235] „In dem Moment, in dem du die religiöse Wahrheit entdeckst, werden Raum und Zeit belanglos. Sie ist schlicht jenseits von Raum und Zeit. Sie ist immateriell. Ob fünftausend Jahre früher oder später – sie bleibt immer genau dieselbe. Das Universum bleibt sich authentisch gleich." (zitiert nach Karow, Yvonne: Bhagwan-Bewegung und Vereinigungskirche, S. 7)
[236] zitiert nach Karow, Yvonne: Bhagwan-Bewegung und Vereinigungskirche, S. 6

3. Lehre

> „Bhagwan ist ein erleuchteter Meister. Wenn er über Zen spricht, dann ist er ein Zen-Meister. Wenn er über Laotse spricht, dann ist er ein taoistischer Meister. Wenn er über Tantra spricht, ist er ein Meister des Tantra. In seiner Lehre ist das Wesen aller Religionen vereinigt."[237]

Auf diese Weise wird Bhagwan zum *Propagandisten des Aussteigens*:

> „Lass alle Philosophie fallen und alles, was du gelernt hast, alles, was du erborgt hast, alles was dir schwer im Kopf liegt, (…) es ist alles Gerümpel."[238]

Je älter Bhagwan wird, umso deutlicher treten die oben erwähnten millenaristischen Züge seines Denkens hervor:

> „Die Menschheit steht am Scheideweg. Sie kann nicht mehr so weiterleben, wie sie bisher gelebt hat (…) Jetzt ist ein Punkt erreicht, wo wir entweder Selbstmord, den globalen Selbstmord wählen müssen, oder eine totale Transformation menschlicher Lebensformen."[239]

Dieser Bruch muss nach seiner Auffassung sowohl gesellschaftlich als auch vor allem biografisch vollzogen werden.

> „Ich werde manchmal gefragt, warum ich euch neue Namen gebe. Damit ihr eure alte Identität auf den Müll werfen könnt, damit ihr die Vergangenheit vergessen könnt, damit ihr eure Abhängigkeit von allem Vergangenen aufhebt. Ein sauberer Schnitt ist notwendig. Die Verbindung mit der Vergangenheit muss abgebrochen werden."[240]

Diese Absage an Geschichte, Vergangenheit und Erinnerung als wichtige Lebensfaktoren, bringt bei einer Reihe von Anhängern erhebliche Konflikte hervor; sie führt Bhagwan programmatisch zu seinem wichtigsten Lebensprinzip, dem *Leben im hier und jetzt*:

---

[237] aus der Sendung „Heil aus dem Wissen", Radio Bremen, 18.4.1983
[238] zitiert nach Karow, Yvonne: Bhagwan-Bewegung und Vereinigungskirche, S. 11
[239] Schipmann, Monika: Informationen über neue religiöse und weltanschauliche Bewegungen und sogenannte Psychogruppen. Hrsg.: Senatsverwaltung für Jugend und Familie, Berlin/Brandenburg 1994, S. 30
[240] zitiert nach Schipmann, Monika: Informationen über neue religiöse und weltanschauliche Bewegungen und sogenannte Psychogruppen, S. 30 f.

> „Eine weiße Wolke schwebt in der Luft, zeitlos, denn sie kennt keinen Intellekt und keine Zukunft. Sie existiert im Hier und Jetzt. Jeder Moment ist völlige Ewigkeit."

Von einer religiösen Grundhaltung, einer strukturierten Lebensphilosophie ist bei Bhagwan nur wenig zu erkennen. In seinen Lectures und Schriften finden sich eher eklektisch zusammengestellte Epigramme und provozierende Paradoxien, die den Hörer oder Leser verunsichern sollen. Einerseits lehnt er religiöse Autoritäten ab, andererseits zitiert er sie und proklamiert sich als Osho. Auf der einen Seite lehnt er den westlichen Materialismus ab, auf der anderen sammelt er seine berühmten Rolls Royces. Auf der einen Seite wendet er sich gegen verfasste religiöse Institutionen, ihre Priester und Rituale, andererseits gibt es auch in seiner Bewegung ritualisierte Formen der *Lectures*, *Darshans*, Initiationsrituale und eine durchorganisierte Institution. Die Widersprüche in seinem Leben und Denken versucht er nicht zu glätten oder gar aufzuheben, er setzt sich mit der ihm eigenen Ironie darüber hinweg. Dieses macht auf der einen Seite die Faszination seiner Gedanken aus, die die Sannyasins immer wieder betonen, andererseits führen diese Gedanken zu erheblichen Verunsicherungen und Provokationen. Zum Skandal wurde darum auch Bhagwans Stellungnahme zu Hitler und Gandhi in einer *Spiegel*-Kolumne 1985:

> „Ich habe gesagt, daß ich eine gewisse Liebe für Adolf Hitler habe, aus dem einfachen Grund, daß er zumindest ehrlich war. Ghandi war es nicht. Adolf Hitler war nicht gerissen. Was immer er machen wollte, er tat es. Ich kann Mahatma Gandhi nicht lieben. Er war ein Heuchler. Er war ein gerissener Politiker. Adolf Hitler war einfach das, was er war, ohne Maske. Mahatma Gandhi hatte eine Maske, und ich hasse Menschen, die Masken tragen. (…) Im Vergleich zu ihm ist Adolf Hitler geradeheraus. (…) Beide sind zu verdammen. Und wenn ich gesagt habe, dass ich eine gewisse Liebe für Hitler habe, meinte ich damit, dass ich Ehrlichkeit, Integrität, Mut und Direktheit liebe. Und diese Eigenschaften haben in dem Mann gesteckt."[241]

---

[241] Bhagwan Shree Rajneesh: Adolf Hitler war zumindest ehrlich, Sektenführer Bhagwan über Geschichtsverständnis und politische Moral. In: *Der Spiegel*, Nr. 36/1985 vom 2.9.1985, S. 157, http://wissen.spiegel.de/wissen/dokument/dokument-druck.html?id= 13514200&top=SPIEGEL

Diese Aussagen wurden selbst von vielen seiner Anhänger als Ungeheuerlichkeit empfunden, die nur schwerlich als legitime Provokation gelten konnten.

Seine unverwechselbare Art, Aspekte des *tantrischen Yoga*, des *Zen-Buddhismus* und *moderner Psychologie* miteinander oft in humorvoller Weise zu mischen, macht ihn, Bhagwan/Osho, nach wie vor nicht nur für viele zivilisationsmüde Anhänger zu einer faszinierenden Persönlichkeit.

4. Verbreitung und Organisation

War es zunächst nach dem Tod Oshos still geworden um die mit ihm verbundene Organisation, lässt sich mittlerweile wieder eine Wiederbelebung der Bewegung erkennen. Der Ashram in Poona ist immer noch gewissermaßen das Zentrum, das von vielen Sannyasins auf der Welt möglichst oft besucht wird. Es gibt eine Reihe von Filmen, die dem Anhänger Bhagwan zeigen. Der Ashram wirbt für sich als eine „Ferienanlage mit internationalem Standard in der Küche und Hygiene"[242] und bietet eine *Osho-Multiversity* an

> „mit neun Fakultäten von tibetischer Heilkunst bis zur Managementberatung. Hypnose, Massage, Meditationen zu jeder Zeit, Schwimmen, Tennis, Volleyball, Malen und Töpfern gehören zum Angebot, das längst nicht mehr den ‚Midlife Crisis'-auslebenden Sinnsuchern der 68er Generation gilt, sondern gutsituierten Urlaubern, die vom Berufs- und Alltagsstreß in einem westlichen Land Energie neu auftanken. Entsprechend ist auch die Ablehnung des Ashrams durch die lokale Bevölkerung in den siebziger Jahren einer Integration des westlichen Osho-Tourismus in das Stadtbild Poonas gewichen: 99% aller ‚Ashramiten' sind devisenbringende Westler, 1% Hindus".[243]

Osho-Zentren und *Multiversities* gibt es mittlerweile international. In Deutschland gab es Informationszeitschriften wie *connection – das spi-*

---

[242] Auskunft des *Osho Commune International Press Office*
[243] Anonymus: Bhagwan ade – und Osho gleich hinterher. In: *Materialdienst* der EZW, Nr. 7/1996, S. 218

rituelle Monatsmagazin oder *Yahoo. Das Berliner Sannyas Magazin.* Das „Nehmen von *Sannyas*", wie die Initiation auch genannt wird, fand mittlerweile schriftlich statt und geriet in den Neunzigerjahren wieder zunehmend in Mode. Dennoch gab es auch Aussteigerberichte, die die Frustrationen einiger Sannyasins ausführlich beschrieben.[244] In einzelnen Städten gab es Osho-Centers oder Osho-Informationsbüros. Auch in den östlichen Bundesländern und in den östlichen Staaten hatte die Bewegung nach der Wende und der Wiedervereinigung rege Aktivitäten entfaltet. Man kann davon ausgehen, dass die Osho-Bewegung durchaus Chancen hat, sich neu zu etablieren oder mindestens in Form von Versatzstücken in alle Bereiche der alternativen Kultur- und Psychoszene hineinzuwirken. Die Sannyasins sind gegenüber den anderen Religionen sehr viel offener und diskussionsbereiter geworden. Hinzu kommt noch eine Reihe von Therapeuten, die auf der Basis der humanistischen Psychologie und der meditativen Techniken von Osho, individuelle Therapie-Angebote machen. Eine organisatorische Anbindung an die Osho-Zentralen ist dabei nicht unbedingt gegeben, sodass das Feld Osho-inspirierter Aktivitäten zunehmend unübersichtlich wird. Sehr beliebt waren eine Zeit lang bei den Jugendlichen die sogenannten *Osho-Discos*, die in einer Reihe von deutschen Städten regelmäßig angeboten werden. Nach einigen Annahmen gibt es in Deutschland etwa 50.000 Osho-Anhänger. Die Osho-Bewegung bietet nach Aussagen des Sektenbeauftragten der SPD-Fraktion Jörn Thießen.

> „in einzelnen Zentren Gruppen-Techniken in Form von Meditation und humanistischer Psychologie an. Sie tragen Namen wie etwa Osho-Siddhana – Institut für Tantra, Meditation und spirituelles Wachstum (Erbach/Odenwald), Dhanayana – Zentrum für Transformation, Ekstase und Stille (Chemnitz) oder Osho Institut für Meditation und natürliche Geburt (Bordelum/Schleswig-Holstein)".[245]

Obgleich es um die Anhänger oder Schüler Oshos ruhig geworden ist, bleibt der Eindruck, dass seine Nachfolger auch weiterhin in seinem

---

[244] Anonymus: Bhagwan ade – und Osho gleich hinterher. In: *Materialdienst* der EZW, Nr. 7/1996, S. 218 ff.
[245] Thießen, Jörn: Bestandsaufnahme zu religiösen Sondergemeinschaften und sogenannten Sekten, 2008, S. 13

4. Verbreitung und Organisation

Sinne arbeiten, auch mit den problematischen Folgen, die das im Einzelfall haben kann. Michael Utsch beschrieb 1998 die Begegnung mit einer Osho-Splittergruppe um den Therapeuten Michael Barnett bei einem 1997 stattfindenden Seminar. Bemerkenswert ist in diesem Zusammenhang, dass einige seiner Eindrücke auffallende Ähnlichkeit zeigten, wie sie in der frühen Zeit immer wieder kritisch diskutiert wurden. Einige Aspekte sollen kurz erwähnt werden:

1. Der Therapeut wird beschrieben als ein Mann, der „ein großes an Einfühlungsvermögen und gruppendynamischen Kenntnissen und Erfahrungen mitbringt"[246]. Andererseits wird auch von einer Art *Personenkult* gesprochen.

> „Sein Erleuchtet-Sein vermittelte Barnett in einer subtilen Arroganz und Unbescheidenheit, die narzisstische Anteile seiner Persönlichkeit deutlich hervortreten ließen."

2. „Während des Seminars fanden sexuelle Übergriffe auf Teilnehmerinnen statt, wofür die ‚Energie-Happenings' reichlich Gelegenheit boten. (…) Diese Übergriffe hatten nichts Gewaltsames an sich, sondern waren geprägt von Offenheit, Bereitschaft und unausgesprochenen Aufforderungen der Frauen an ihren spirituellen Meister, ganz engen Kontakt zu ihnen herzustellen. Dennoch bedeutet es ein Ausnutzen der Machtposition eines Lehrers, sexuelle Kontakte mit Schülerinnen einzugehen."[247]

3. Die Größe der Gruppe im Zusammenhang mit einem derart intensiven, „emotional" aufwühlenden und anspruchsvollem Programm wird als problematisch empfunden.

An dieser Stelle lassen sich deutlich Schwierigkeiten erkennen, wie sie im späteren Kapitel über die sogenannten *Heilungskulte* noch deutlicher entwickelt werden sollen. Nie hat es die Osho-Bewegung zu einer riesigen Massenbewegung oder einer einheitlich operierenden Weltorganisation gebracht. Die Einigkeit im Geist durch den Meister Osho ist vielleicht das Erbe, das viele weiterhin bewegt und eine intensive Erinnerung hinterlässt.

---

[246] Utsch, Michael: Vollkommene Freiheit? Der Energiemeister Michael Barnett. In: *Materialdienst* der EZW, Nr. 1/1998, S. 10

[247] Utsch, Michael: Vollkommene Freiheit? Der Energiemeister Michael Barnett, S. 11

5. Zentrale Begriffe

ASHRAM: Sanskrit für „Ort der Anstrengung". Es handelt sich um eine Art Meditationszentrum, das klösterlichen Charakter hat.

BHAGWAN: Sanskrit für „Gesegneter", „Erhabener", „Glücklicher". Die sogenannte *Bhagavadgita*, die zwischen dem 5. und 2. Jh. entstanden sein soll, wird übersetzt mit: „Gesang des Erhabenen". Einige Anhänger von Osho sehen in dieser Selbstbezeichnung eine ironische Anwendung.

DARSHAN: in Indien das Treffen des Meisters mit seinem Schüler – in diesem Zusammenhang analog das Treffen von Bhagwan/Osho mit seinen Jüngern.

ENCOUNTER: eine Art von Selbsterfahrungstherapie in der Gruppe

GURU: religiöser Titel für einen heiligen Meister – einer, der um das „Dunkle" und das „Helle" weiß.

IN SILENCE GEHEN: die Zeit des Schweigens, die Bhagwan/Osho für sich in Anspruch nahm.

LECTURES: Vorträge, die Bhagwan/Osho für seine Jünger gehalten hat.

LET-GO-GRUPPE: Gruppe, die nach Indien aufbrach, um „*Sannyasin* zu nehmen".

MA: Ma Anand Sheela (Sheela Silverman) war die sehr einflussreiche Sekretärin von Bhagwan/Osho

MALA: Holzperlenkette mit einem Konterfei von Bhagwan/Osho. Für einige Anhänger ist diese Kette etwas Heiliges.

OSHO: Ein üblicher Brauch bei indischen Meistern ist ihre Umbenennung. So hat es auch Bhagwan/Osho gehalten. Bis Mitte der Sechzigerjahre nannte er sich Acharja Rajneesh, ab dann bis Ende 1988 Bhagwan Shree Rajneesh, dann schließlich bis zu seinem Tod Osho.

5. Zentrale Begriffe 221

OSHO-KINESIOLOGIE: eine Art esoterische Therapie, die im Menschen die drei Säulen Struktur, Stoffwechsel und Psyche in Einklang bringen soll. Durch gezielte Bewegungsübungen sollen Körper und Seele entspannt werden.

OSHO-MULTIVERSITY: großes Meditationszentrum in Poona / Indien. Gäste können sich dort zu längeren Aufenthalten anmelden, um an bestimmten esoterischen Therapiemethoden und Heilkünsten teilzunehmen.

RAJNEESHPURAM: das neue Zentrum der Bewegung in Oregon, das 1981 für 5,75 Millionen Dollar an einem ursprünglichen Drehort gekauft und unter diesem Namen 1982 in den USA gegründet wurde.

SANNYAS NEHMEN: Viele Anhänger von Bhagwan/Osho bezeichnen auf diese Weise ihre *Initiation.*

SANNYASIN: In Indien nannten sich Wandermönche so. Sie lebten enthaltsam und asketisch, um auf diese Weise zur *moksa*, der Seligkeit zu gelangen. Die Anhänger von Bhagwan/Osho übernahmen diese Selbstbezeichnung.

SATSANG: das Zusammensein von Menschen, die auf die heilige Lehre ihrer Meister hören und durch Versenkung in diese Lehren zur höheren Einsicht gelangen. Die gemeinsamen Sitzungen in Poona wurden auch so genannt.

SWAMI: ein indischer religiöser Titel, den die heiligen Meister ihrem Namen voranstellten.

TANTRA: eine esoterische Form des Hinduismus, die ein bestimmtes Menschenbild entwickelte, in dem es unter anderem um die sieben Körperzentren geht, die sogenannten Chakren. Durch die Analogie von Mikro- und Makrokosmos kommt es zu einem spirituellen Einheitsbewusstsein. Die Lehre entstammt wahrscheinlich dem 7. oder 8. Jahrhundert vor unserer Zeitrechnung.

6. Literatur

Quellen:

Bhagwan Shree Rajneesh: Adolf Hitler war zumindest ehrlich. Sektenführer Bhagwan über Geschichtsverständnis und politische Moral. In: *Der Spiegel*, Nr. 36/1985 vom 2.9.1985, S. 157

Bhagwan Shree Rajneesh: Ekstase – Die vergessene Sprache. Hrsg. von Aradhana und Jockel Maier; Übersetzung von Ma Hari Chetana. Berlin ²1980

Bhagwan Shree Rajneesh: Ich möchte gern die ganze Welt übernehmen. Der indische Sektenführer Bhagwan Shree Rajneesh über seine Philosophie vom neuen Menschen, *Spiegel*-Gespräch mit R. Weber und E. Wiedemann. In: *Der Spiegel*, Nr. 32/1985 vom 5.8.1985, S. 92–93

Devaraj, Sambuddha Swami / **Degaveet**, Mahasattva Swami / **Maneesha**, Ma Prem (Hrsg.): The Rajneesh Bible. Rajneeshpuram/Oregon 1985

Kritische Darstellungen:

Anonymus: Bhagwan ade – und Osho gleich hinterher. In: *Materialdienst der EZW*, Nr. 7/1996, S. 218 ff.

Carrette, Jeremy / **King**, Richard: Selling Spirituality: The Silent Takeover of Religion. London/New York 2004; ²2005

Carter, Lewis F.: Charisma and Control in Rajneeshpuram. The Role of Shared Values in the Creation of a Community. A Community without Shared Values. Cambridge/New York 1990

Elten, Jörg Andrees: Ganz entspannt im Hier & Jetzt. Tagebuch über mein Leben mit Bhagwan in Poona. Reinbek b.Hbg. 1979; Köln 2000

Finger, Joachim: Gurus, Ashrams und der Westen. Eine religionswissenschaftliche Untersuchung zu den Hintergründen der Internationalisierung des Hinduismus. Reihe: *Studia Irenica*, Bd. 32. Frankfurt a.M./Bern/New York/Paris/Wien 1987; ²1988

Fox, Judith M.: Osho Rajneesh. Reihe: *Studies in Contemporary Religion*, Nr. 4. Salt Lake City 2002

Gasper, Hans / **Müller**, Joachim / **Valentin**, Friederike (Hrsg.): Lexikon der Sekten, Sondergruppen und Weltanschauungen. Fakten Hintergründe, Klärungen. Freiburg/Basel/Wien 1990; ⁴1996; ⁶2000; ⁷2001

Hummel, Reinhart: Gurus in Ost und West. Hintergründe, Erfahrungen, Kriterien. Stuttgart 1984; Gütersloh 1987

Huth, Fritz-Reinhold: Das Selbstverständnis des Bhagwan Shree Rajneesh in seinen Reden über Jesus. Reihe: *Studia Irenica*, Bd. 36), Frankfurt a.M./Bern/New York/Paris/Wien 1993

6. Literatur

Karow, Yvonne: Bhagwan-Bewegung und Vereinigungskirche. Religions- und Selbstverständnis der Sannyasins und der Munies. Stuttgart/Berlin/Köln 1990 [darin auch ein ausführliches Quellenverzeichnis über Bhagwans Schriften]

Langel, Helmut: Osho-Bewegung. In: Klöcker, Michael / Tworuschka, Udo (Hrsg.): Handbuch der Religionen. Kirchen und andere Glaubensgemeinschaften in Deutschland. München 1994, Kap. VIII-8

Müller, Ulrich: Losgekommen von der Droge Bhagwan. In: *Materialdienst der EZW*, Nr. 12/1983, S. 340–350, EZW-Sonderdruck aus MD 12/1983

Müller, Ulrich / **Leimkühler**, Anne-Marie: Zwischen Allmacht und Ohnmacht. Untersuchungen zum Welt-, Gesellschafts- und Menschenbild Neureligiöser Bewegungen. Göttingen 1983; **Neuerscheinung**: Zwischen Allmacht und Ohnmacht. Untersuchungen zum Welt-, Gesellschafts- und Menschenbild von Neureligiösen Bewegungen. Reihen: *Theorie und Forschung*, Bd. 260; *Soziologie*, Bd. 18. Regensburg ²1993

Thießen, Jörn: Bestandsaufnahme zu religiösen Sondergemeinschaften und sogenannten Sekten, 2008

Utsch, Michael: Vollkommene Freiheit? Der Energiemeister Michael Barnett. In: *Materialdienst* der EZW, Nr. 1/98, S. 8–12

III. Sondergemeinschaften mit christlich-fundamentalistischem Hintergrund

Wie oben erwähnt, ist der Begriff *Fundamentalismus* schillernd. Er enthält ebenso gut negative wie positive Konnotationen. Wir versuchen in diesem Kapitel das Wort möglichst wertarm zu verwenden. Fundamentalistisch in diesem Sinne sind Gemeinschaften, die sich von ihrem Anspruch her auf die möglichst genaue Übertragung der Bibel im Gegensatz zu den kirchlich-dogmatischen Traditionen konzentrieren. Dabei tritt hier der protestantische Fundamentalismus in den USA in den Vordergrund. Sowohl die katholische als auch die evangelische Kirche verwenden diesen Begriff für bestimmte Bewegungen und Organisationen in ihren konfessionellen Bereichen. Die daraus sich ableitende Anwendung dieses Begriffs auf innerkirchliche Bewegungen und Gemeinden kommen hier indessen kaum in Betracht. Es geht in diesem Zusammenhang um außerkirchliche Gruppierungen. Zwei Religionsgemeinschaften wollen wir vorstellen, die höchst unterschiedliche religiöse Entwicklungen zeigen: Die *Zeugen Jehovas* und die pfingstlerisch-charismatische Bewegung *The Call*. Beide Organisationen haben ihren Ausgangspunkt in der Religionsgeschichte der USA.

A. „JEHOVAS ZEUGEN"

Zu den häufig angefochtenen Religionsgemeinschaften unter den sogenannten klassischen Sekten zählen die *Zeugen Jehovas* (ZJ).

Auch wenn uns vielleicht eine Reihe von Lehraussagen dieser Glaubensgemeinschaft fremd und eigenartig erscheinen, so werden sie nicht in erster Linie Gegenstand der Kritik sein. Wir betreiben mit dieser Information keine theologische Xenophobie. Es geht vielmehr darum, Praktiken und Selbstaussagen gegenüberzustellen. Überdies ist uns auch deutlich, dass gerade die Zeugen Jehovas oftmals staatlich verfolgt und diskriminiert wurden. Mutig und still haben sie z.B. im Dritten Reich ihre Glaubensüberzeugung vertreten und sind dafür in großer Zahl durch Gefängnis oder Konzentrationslager bestraft worden. Diese

Tatsache wird leider gelegentlich in jüngeren Veröffentlichungen ungenügend gewürdigt. Eine Auseinandersetzung mit den ZJ muss sich aber auch dieser Seite ihrer Geschichte stellen, um nicht propagandistisch verwertet zu werden. Aus diesem Grund meiden wir auch den Begriff *Sekte*, weil er deutlich kirchlich-apologetische Züge trägt.

Andererseits zeigt gerade die Geschichte dieser Glaubensgemeinschaft, wie sich aus einem zunächst offenen und adventistisch orientierten religiösen Neuansatz des 19. Jahrhunderts ein orthodoxes Glaubensimperium zu entwickeln scheint, dessen autoritärer Führungsstil immer wieder in die Kritik der Öffentlichkeit gerät.

Die Zahl der fundamentalistischen Organisationen sowohl innerhalb wie außerhalb der Großkirchen sowie ihrer Anhänger nimmt stetig zu. In einer immer undurchschaubareren Welt fragen viele nach eindeutigen und klaren Orientierungsmustern. Dies lässt sich beispielhaft an der Entwicklung der Zeugen Jehovas verdeutlichen, die in Deutschland durch die *Wachtturm-Bibel- & Traktat-Gesellschaft* (WTG) vertreten werden.

„1965 erreichte die Zahl der weltweit aktiven ‚Verkündiger' die Millionengrenze, 1975 waren es bereits zwei Millionen, 1985 drei Millionen, und schon 1990 wurde die Vier-Millionen-Grenze überschritten. Derzeit sind rund viereinhalb Millionen ‚Verkündiger', organisiert in 70.000 Versammlungen, in weit über 200 Ländern aktiv. In Deutschland sind es etwa 160.000 (davon im Osten über 35.000). Die geschätzte Zahl der Sympathisanten dürfte weltweit dreimal und in Deutschland zweimal so hoch wie die der ‚Verkündiger' liegen. ‚Sicherlich kann man mit weiterer Mehrung rechnen', heißt es am Ende ihres Jahrbuches 1993 optimistisch."[248]

1. Der Weg in den Kult

Es folgt ein biografischer Ausschnitt von Doris. Sie stellt ihren Weg zu den ZJ dar, ihre Wertungen und Sichtweisen sollen so zur Sprache gebracht werden, wie sie es erzählt. Dass ihr Bericht, namentlich bei der Erwähnung der organisatorischen Hintergründe subjektiv gefärbt ist,

---

[248] Thiede, Werner: Jehovas Zeugen – Sekte zwischen Fundamentalismus und Enthusiasmus. In: *Materialdienst* der EZW, Nr. 9/1993, S. 257

wollen wir gelten lassen. Auch die Tatsache, dass die ZJ viele Aussagen von ehemaligen Mitgliedern vehement bestreiten, z. T. auch gerichtlich belangen, mag die subjektive Sichtweise von Doris relativieren. Ihre Eindrücke sollen hier aber dennoch als ihre Wahrnehmung gelten gelassen werden.

1. Schritt: „Von Haus zu Haus" – die erste Begegnung
Doris lebt allein in einem kleinen Reihenhäuschen mit ihren beiden Kindern. Eines Tages klingelt es an der Tür. Zwei freundliche *Verkündiger* von den Zeugen Jehovas geben sich zu erkennen.

> „Guten Tag. Ich mache nur einen kurzen Besuch, um mit Ihnen über eine bedeutsame Botschaft zu sprechen. Wir sprechen mit unseren Mitmenschen darüber, wo man praktische Hilfe finden kann, um mit den Problemen des Lebens fertig zu werden."

Sie bitten um ein Gespräch. Da Doris häufig allein ist, wenige Freunde hat, geht sie gern auf dieses Angebot ein. Endlich kommt einmal jemand zu ihr, und sie muss nicht irgendwo hingehen, um Zuwendung zu bekommen.

Die beiden Verkündiger sitzen mit ihr im Wohnzimmer. Sie zeigen sich freundlich, ja herzlich und in der Unterhaltung sehr spontan. Doris berichtet über ihre beengten Wohnverhältnisse. Die Verkündiger gehen gern darauf ein.

> „Wir sprechen (…) darüber, was getan werden kann, damit stets für alle genügend Arbeit und Wohnraum vorhanden ist. Kann man vernünftigerweise erwarten, daß die Regierungen dafür sorgen werden? (…) Aber es gibt jemanden, der diese Probleme lösen kann; das ist der Schöpfer der Menschheit."

Es kommt zu einem intensiven Glaubensgespräch. Die beiden Gäste haben Zeit, sehr viel Zeit. Sie gehen ruhig und geduldig auf alle Fragen ein. Ihre Bibelkenntnisse sind verblüffend. Sie reden offen auch von ihren eigenen Schwierigkeiten mit dem Glauben und zeigen dann aber gleich auf, wie *Jehova* ihnen geholfen hat. Sie schenken Doris Schriften und sogar ein Buch. Sie zeigen sich hilfsbereit, sehr eifrig darauf bedacht, Doris in allem, was sie an Fragen hat, Rede und Antwort zu stehen.

1. Der Weg in den Kult

Doris ist vor allem beeindruckt davon, wie offen und glaubwürdig die beiden Verkündiger sich zeigen. Sie hat sich die Zeugen Jehovas viel engstirniger und orthodoxer vorgestellt. Sie möchte gern einmal die Zeugen Jehovas in ihrem *Königreichssaal* besuchen, und auch das Angebot für ein *Heimbibelstudium* nimmt sie gern an.

Nachdem Doris die ZJ verlassen hat, sieht sie alles ganz anders:
Ehemalige Kultmitglieder berichten immer wieder, dass sie auf die Aufgabe als *Verkündiger* intensiv in Form von Schulungen vorbereitet wurden. Ihr spontaner und freundschaftlicher Umgangston sei Methode der Mission. Doris behauptet sogar, dass die Verkündiger stetig kontrollieren, ob das Gespräch genau den durch die *Predigtdienstschule* vorgeschriebenen Gang nimmt. Häufig haben die Verkündiger vor ihren Missionsgesprächen Erkundigungen über die Verhältnisse ihrer Gesprächspartner eingeholt. Menschen, die von einem tragischen Todesfall betroffen sind, wurden über Todesanzeigen ermittelt und dann in sehr persönlichem Stil angeschrieben. Auch Kinder, so wird von Doris berichtet, nehmen die Verkündiger der ZJ gerne mit in den Predigtdienst. Kinder erzeugen eine positive Grundstimmung.

Die Bibelzitate, die die Verkündiger am laufenden Band zur Bestätigung ihrer Aussagen verwenden, entstammen einer *eigenen Bibelübersetzung* der Organisation. Manche Aussagen der Bibel werden wortwörtlich genommen, andere wiederum im übertragenen Sinne verstanden, je nach Lehre.

Die Glaubensaussagen der Verkündiger erscheinen sehr persönlich, sind indessen die Wiederholung der Lehrsätze, die die Organisation vorschreibt.

2. Schritt: Erste Begegnung im Königreichssaal

Doris folgt der Einladung der Zeugen Jehovas. Ihr Eindruck vom ersten Gespräch vertieft sich. Die Menschen, die ihr begegnen, erscheinen herzlich, zugewandt und offen. Die Gemeinschaft, die sie findet, gibt ihr glaubwürdigen Halt. Sie hat das Gefühl:

> „Hier wurde ich angenommen. Man kümmerte sich um mich und hatte vor allem sehr viel Zeit. Die Zeugen Jehovas lachen und sind glücklich.

Auch kritische Fragen wurden sofort beantwortet. Und keiner nahm mir diese Fragen übel."

Sie findet eine klare und eindeutige Lebensperspektive im Dienst für Jehova. Das Bibelstudium, das man anbietet, sei frei, vorbehaltlos und ungezwungen. Gott sei der Mittelpunkt des Lebens, und er mache die Menschen glücklich durch die Ankündigung einer neuen Welt. Die alte Welt mit ihren Sorgen, Nöten und Zwängen würde bald untergehen. Wer sich in den Dienst von Jehova stelle, werde befreit.

Nachdem Doris die ZJ verlassen hat, sieht sie alles ganz anders:
Ehemalige Kultmitglieder erzählen Doris später von ihrem Erstaunen darüber, dass die liebende Gemeinschaft, die sie zunächst erfuhren, in Wirklichkeit streng hierarchisch aufgebaut sei. Wer in der Versammlung das Sagen hat, sei für sie zunächst gar nicht erkennbar gewesen.

Das Leben des Einzelnen unterliege einer strikten Kontrolle. Die Teilnahme an Versammlungen und Schulungen sei keineswegs freiwillig. In der Woche kommen fünf Versammlungstermine, Vortragsausarbeitungen, Feld- und Predigtdienste (z. T. 75 Monatsstunden) u. a. zusammen, meint Doris.

Mit Bibelstudium meinen die ZJ *Wachtturmstudium*. Was und wie die WTG die Bibel auslegt, gilt als absolut verbindlich. Kritik wird nicht gern gesehen.

Dienst an Jehova sei in der Organisation gleichbedeutend mit Dienst an der WTG. Von Doris werde erwartet, dass sie ihre gesamten Lebensumstände, auch private Gewohnheiten, den Anforderungen der Organisation anpasse.

3. Schritt: Einschwörung auf das Lehrprogramm der WTG.
Doris fühlt sich zunächst sehr wohl in der neuen Gemeinschaft. Sie besucht die Versammlungen und absolviert das Heimbibelstudium. Sie wird eines Tages zu einem großen Kongress der ZJ eingeladen. Beeindruckend empfindet sie die große Menge von Menschen, die Brüderlichkeit und Schwesterlichkeit, mit der man ihr hier begegnet. Eine erste Konflikterfahrung beschert ihr die Tatsache, dass sie ihre Kinder zu diesem Kongress mitnimmt. Die Kinder, so ihre Meinung, dürfen nicht

spielen, nicht basteln, sie müssen langen Vorträgen lauschen und dürfen sich dabei nicht bemerkbar machen. Überhaupt kommen ihr die Einschränkungen, die gerade Kinder erfahren, sehr merkwürdig vor. Man macht sie nachdrücklich, aber immer noch freundlich darauf aufmerksam, dass auch Kinder sich in den Dienst Jehovas stellen müssen.

Sie macht außerdem die Erfahrung, dass Freunde und Verwandte sich große Sorgen um sie machen, mit ihr sprechen wollen und manches an ihren veränderten Einstellungen nicht verstehen. Ihre Geschwister bei den ZJ indessen interpretieren dies alles als feindliche Einflüsse von „Weltmenschen", die noch nicht zu Jehova gefunden haben. Man bereitet Doris darauf vor, dass alte Kontakte und Freundschaften den Dienst an Jehova nur stören könnten.

Immer mehr Termine kommen auf sie zu. Doris besucht die Versammlungen in der Woche, sie muss regelmäßig die Predigtdienstschule besuchen, und außerdem wird sie nun ausgebildet, selbst von Tür zu Tür zu gehen, wie sie es anfangs erlebte. Ständig, so berichtet sie, werden von ihr Berichte über diese sogenannten *Felddienste* gefordert, die dann im Nachhinein kritisiert werden. Man tut das nur, „um ihr zu helfen".

Obendrein kommen noch finanzielle Anforderungen. Die Zeugen erwarten, so erzählt Doris, großzügige Spenden von ihren Mitgliedern.

Doris erfährt auch, dass nicht ihre eigenen Gedanken und Vorstellungen gefragt sind, sondern allein die Wiedergabe dessen, was im *Wachtturm*[249] und den Schulungsbüchern steht. Sie gewöhnt sich daran, die Aussagen auswendig zu lernen.

Die Geschwister kontrollieren ihre Sprache und verbessern sie freundlich, wenn sie sich „einmal irrt".

Nachdem Doris die ZJ verlassen hat, sieht sie alles ganz anders:
Die Organisation ist darauf aus, ihr gesamtes Leben zu bestimmen. Der Dienst für Jehova ist ein Dienst für die Organisation.
Das schöne Gemeinschaftsgefühl ist nur die eine Seite der Medaille. Diese neue Gemeinschaft kontrolliere jede Regung ihrer Mitglieder.

---

[249] *Der Wachtturm verkündigt Jehovas Königreich* (kurz: *Der Wachtturm*), zweimal im Monat erscheinende Zeitschrift der Zeugen Jehovas

Freundschaften, Gefühle, Gewohnheiten wie z. B. Kleider, Einrichtung, Umgang mit den eigenen Kindern, alles werde von den ZJ festgelegt.

Alles, was der Organisation diene, werde von den Mitgliedern erwartet, vor allem der Buchkauf und Spenden für organisatorische Projekte.

Freundschaften, Beziehungen zu Menschen außerhalb der Zeugen sollen unterbunden werden. Die sogenannten *Weltmenschen* seien kein Umgang für einen ZJ.

4. Schritt: Die neue Identität

Doris hat sich entschieden, aktive Zeugin zu werden. Die Anforderungen, die auf sie zukommen, kann sie noch nicht so recht überblicken. Aber sie merkt, dass der zeitliche Aufwand eher zu- als abnimmt. Sie hat sich von ihren Freunden und Verwandten getrennt. Brüder und Schwestern hat sie ja bei den Zeugen genug.

Was ihr zunächst noch sehr schwerfällt, ist der rigide Umgang mit Abweichlern oder Abtrünnigen in der eigenen Organisation. Man darf sie nicht grüßen, sie nicht berühren, soll jeglichen Kontakt zu ihnen abbrechen.

Eines Tages bekommt sie eine Schrift, die sich kritisch mit den Praktiken der ZJ auseinandersetzt. Doris erzählt, dass man sie bei den ZJ aufgefordert habe, diese Schrift sofort zu beseitigen, sie auf keinen Fall zu lesen. Denn ein ZJ setze sich mit der Kritik von *Abtrünnigen* nicht auseinander.

Die Anforderungen der Zeugen hätten sich immer mehr gesteigert. Die Gruppe, so Doris, übe „freundlich" Druck aus, sodass man die Umklammerung, der man ausgesetzt sei, kaum registriere. Sie merkt ebenfalls nicht, dass sie zunehmend die Fähigkeit verloren hat, eigene Entscheidungen zu treffen. Alles, was sie tut, wie sie denkt, wie sie spricht, ja selbst wie sie gegenüber anderen Menschen empfindet, haben die Zeugen ihrer Meinung nach mittlerweile unter Kontrolle.

Immer wieder kommen ihr Zweifel, die entweder freundlich oder aber drohend abgewehrt werden. Wer Kritik äußert, fällt in die Welt Satans zurück, das Lesen von kritischen Einwänden ist „Gift" für die Seele. Doris lebt in der WTG mit einer Mischung aus Angst, Anpassung und Elitebewusstsein. Auf Angehörige wirkt sie „vollkommen versteinert". Sie war früher, so sagen Angehörige, ein fröhlicher, selbstständiger und aufgeschlossener Mensch. Jetzt wirkt sie wie ein „verschlossenes Kind, das sich ständig ducken muss".

1. Der Weg in den Kult

Nachdem Doris die ZJ verlassen hat, sieht sie alles ganz anders:
Die ZJ, so berichtet Doris, erwarteten von ihren Mitgliedern den vollen Einsatz, was sie anfangs tunlich ihr gegenüber verschwiegen hätten. Wer aus persönlichen Gründen nicht in der Lage sei, sich ganz und gar „in den Dienst Jehovas" zu stellen, werde mehrfach abgemahnt.

Wer sich dennoch weigert oder gar kritische Einwände gegenüber der dogmatischen Linie der WTG geltend macht, dem drohe die sogenannte *Ächtung* bzw. der Ausschluss. Sie wird von dem *Rechtskomitee* ausgesprochen. Ausgestoßene würden von den Zeugen gemieden, mit einem Abtrünnigen rede man überhaupt nicht mehr. Ihnen würden schreckliche Zukunftsvoraussagen gemacht und mit Jehovas „Vernichtung der Abtrünnigen" gedroht.

Ehemalige Mitglieder berichten, dass sie selbst lange Zeit nach dem Austritt noch in Angst vor diesen Drohungen leben.

> „Wenn ich eines Tages fürchtete, es könnte doch ‚was dran' sein an der Wachtturm-Botschaft, dann würde mich schon die Angst vernichten", schrieb ein ZJ.

Leistungsanforderungen, psychischer Druck, das Angstsystem vor Jehovas grausamer Rache an der falschen Welt, führen oftmals zu schweren psychischen Krisen und Depressionen.

Diese Darstellung von Doris wird von den ZJ entschieden bestritten. Gerade für Kinder würde diese Art von drakonischer Erziehung nicht gefordert. Andererseits treten immer mehr ehemalige Mitglieder der ZJ an die Öffentlichkeit, die die Meinung von Doris in gewisser Weise bestätigen.

Als jüngstes Beispiel sei die Kultbiografie von Melanie H. genannt, die in einer Sendung des Regionalsenders *buten un binnen* vom 3.5.2008 erzählt, warum sie nach 25-jähriger Mitgliedschaft ausgetreten sei. Die junge Frau erzählt von dem Druck, den sie erfahren hat. Sie sei in ihrer Jugend immer Außenseiter in der Schule gewesen, habe nicht an Geburtstagsfeiern oder Weihnachtsfeiern teilnehmen dürfen, habe kaum Beziehungen zu Menschen außerhalb der Gemeinschaft gehabt. Auch die Kontrolle durch die Organisation habe sie schwer ertragen. Bei Verfehlungen sei man von der Gemeinschaft be- und gegebenenfalls verurteilt worden:

> „Man sitzt da mit drei Ältesten. Mit drei männlichen Zeugen. Ein Zeuge ist dabei, der einen erwischt hat."

Man würde befragt, „ob man seine Taten bereut". Wenn man bereue, dann gäbe es eine Strafe. Wenn man nicht bereue, werde man ausgeschlossen. Auch das Missionieren an fremden Türen sei sehr schwer. Sie fühlte sich als Pionier mit Druck behandelt. In der Sendung wird ein Satz aus einem jüngeren Wachtturm als Beleg zitiert:

> „Ein diensthabender Soldat kann es sich nicht leisten, durch Alltagsgeschäfte abgelenkt zu werden. Sein und das Leben anderer hängen davon ab, dass er Befehlen stets gehorcht."

Nachdem Melanie sich entschlossen hatte, die ZJ zu verlassen, fühlt sie sich von den ehemaligen Freunden geächtet. Hinzu kommen die Angst und der psychische Druck, dem sie sich durch die strengen Lehren ausgesetzt fühlt.

> „Mit diesen Suggestionen wird man praktisch weiter bei der Stange gehalten. Wenn man austritt, hat man noch jahrelang Angst, dass man vernichtet wird."

Die Sichtweisen von Melanie und Doris beschreiben, dass es immer noch Strukturen gibt, die Zweifel zulassen.

Es gibt andererseits bei den ZJ auch die Regelung, dass Ausgeschlossene die Zusammenkünfte in den *Königreichssälen* besuchen dürfen. Außerdem besteht die Möglichkeit, auf Antrag hin wieder aufgenommen zu werden. Ihre bekundete Reue ist indessen Voraussetzung für diesen Schritt.

2. Lehre der ZJ

Die Lehre der ZJ hat viele Entwicklungen, Veränderungen durchgemacht, die im Laufe der Zeit in den ersten Jahren zu Abspaltungen führten. Vor allem in der Zeit des eher „diktatorisch" regierenden Präsidenten Joseph Franklin Rutherford (1869–1942) entstanden neue Gruppen wie z.B. 1931 die „Tagesanbruch Bibelstudien-Vereinigung" (*Dawn Bible Students Association*), die an den Lehren des Gründers Charles Taze Russell (1852–1916) festhält.

Folgende Lehraussagen der ZJ sollen hier kurz dargestellt werden:
1. Die Bibel wird fundamentalistisch ausgelegt, d.h. jeder Satz der Bibel ist Jehovas Produkt. Altes und Neues Testament sind gleichwertig, vorherrschend sind die bildhafte Auslegung der Bibel sowie die Konzentration auf prophetische Aussagen, vor allem in Bezug auf endzeitliche Berechnungen. In Auslegungsfragen gilt das *theokratische Prinzip*, d.h. Gott herrscht über die Deutung. Die WTG als sein Kanal verfügt über die einzig wahre Erkenntnis. Sie ist die Herrin der Schriftauslegung. Die ZJ haben eine eigene Bibelübertragung: *Neue Welt Übersetzung der Heiligen Schrift* [250]. Eigenartig sind Übertragungen, die die eigene Weltsicht in den Text eintragen wie z.B. die Übersetzung des Worts *Äon* durch „System der Dinge". Der Text der Bibel wird, so könnte man meinen, schon in der Übersetzung dem Dogma der Organisation angeglichen. Texte, die sich mit dem Ende unserer Zeit und den letzten Dingen beschäftigen, werden besonders deutlich dem Weltanschauungsmodell der ZJ angepasst. Weil nach ihrer Lehre Jehova der Autor sowohl der alten Texte wie auch der ihrer Übersetzungen ist, werden Widersprüche in Text und Auslegung auf diese Weise harmonisiert. Auf der anderen Seite könnte die etwas kompliziert wirkende Übersetzung „System der Dinge" durchaus auch gutwillig interpretiert werden und das Ende des gegenwärtigen Zeitalters meinen, auf diese Weise präziser sein, als die landläufige evangelische Übersetzung „Ende der Welt".

2. Die ZJ lehnen die Lehre von der Dreieinigkeit Gottes (Gott-Vater, Gott-Sohn, Gott-Heiliger-Geist) als im Widerspruch zur Einzigartigkeit Gottes stehend ab. Laut Russell ist die Geschichte des Christentums ein einziger großer Abfall vom wahren Glauben. Die Übersetzer

---

[250] Übersetzung nach der englischen Ausgabe; unter der Berücksichtigung der hebräischen, aramäischen und griechischen Ursprache, 1985: mit mehr als 125.000 Querverweisen (revidierte Ausgabe 1989 mit dem Text der Studienausgabe von 1986), beruht auf der englischen Ausgabe von 1984.

der ZJ benutzen an 6.827 Stellen die Wiedergabe „Jehova", (vgl.: http://de.wikipedia.org/wiki/Neue-Welt-%C3%9Cbersetzung) für das Vierbuchstabenwort (Tetragramm) JHWH für Gott. Im Hebräischen, der Ursprache des Alten Testaments, werden nur die Mitlaute notiert, die Selbstlaute dagegen erst bei der Aussprache ergänzt. Der Name sei nach ihrer Lehre allein durch *Jehova* wiederzugeben. Die Gemeinde, die sich auf diesen Namen beruft, ist Jehovas auserwähltes Volk. Darum auch der Name: *Jehovas Zeugen*. Nach dem Verständnis der jüdischen Tora, darf indessen das Tetragramm nicht vokalisiert werden, um das Geheimnis des ewigen Gottes zu wahren und seinen Namen heilig zu halten. Insofern könnten die aus der kirchlichen Tradition stammenden Vokalisierungen wie etwa *Jehova* oder *Jahwe* dem eigentlichen biblischen Anliegen widersprechen. Nach jüdischem Verständnis wird das Tetragramm, weil es unaussprechbar ist, mit anderen Worten umschrieben wie z.B. *Adonai* („Herr") oder *Elohim* („Gott").

3. Jesus Christus wird als Geistperson nach seinem Erdenleben dem Erzengel Michael gleichgesetzt und nicht als Gott angebetet, sondern gilt als erstes Geschöpf Gottes. Er wurde wirklicher Mensch, starb am Pfahl, nicht am Kreuz, und ist nur geistig auferstanden. Er hat durch das Loskaufopfer und durch die Predigt von Jehovas Königreich durch Jehova die Unsterblichkeit erlangt und sitzt bis zum Jahr 1914 zur Rechten Gottes.

4. Wesentliches Merkmal der ZJ ist der *Chiliasmus*, das Endzeitpanorama eines tausendjährigen irdischen Paradieses, das sie entwickeln. Um den 1. Oktober 1914 herum wurde Christus demnach im Himmel als König der *Neuen Welt* auf den Thron gehoben. Er eröffnet die Schlacht gegen die Mächte Satans, die er auf die Erde wirft. Seitdem ist er auch unsichtbar auf der Erde tätig. Die Weltgeschichte geht mit großen Schritten auf ihr Ende zu, auf die Vernichtungsschlacht *Harmagedon* (Offb. 16,16). Die wechselnden und widersprüchlichen zeitlichen Berechnungen dieser apokalyptischen Abläufe haben die ZJ fortwährend wieder ins Zentrum der Kritik gerückt und unter den Mitgliedern Orientierungskrisen hervorgerufen. Für sie sind die bib-

lischen Hinweise auf das nahende Weltende nicht Gegenstand der Befürchtung oder Hoffnung, sondern beweisbares Wissen, das die ZJ von den christlichen Glaubensgemeinschaften abhebt. Dass die Wiederkunft Christi im Laufe der Lehrtradition der ZJ unterschiedlich dargestellt wird, zeigt Hans-Jürgen Twisselmann sehr ausführlich in einem Beitrag der EZW[251]. Seine Abhandlung konzentriert sich auf die Frage nach der Alternative, ob Christus seit 1914 unsichtbar gegenwärtig sei, oder ob das „Kommen Christi" als ein zukünftiges Ereignis gewertet wird. Jüngere Veröffentlichungen der ZJ scheinen den zweiten Aspekt mehr zu betonen.

5. Nach Harmagedon, während dessen alle Staaten, Kirchen, Finanzsysteme grausam vernichtet werden sollen, entsteht das *Tausendjährige Reich*, in dem alle Erwählten (also nur die ZJ) die *Neue Welt* einrichten. Angst, Drohung auf der einen Seite und das Versprechen einer herrlichen Zukunft im Diesseits für die meisten Zeugen auf der anderen entwickeln eine dualistische Doktrin, die die Anhänger disziplinieren soll:

„Auch du kannst Harmagedon überleben und in eine neue Welt gelangen!"

144.000 speziell Auserwählte werden mit Jehova vom Himmel aus über die Menschen herrschen, die nach Harmagedon die Welt bevölkern. Diese sind gewissermaßen nahtlos in ein diesseitiges Paradies eingegangen.

6. Eine Sonderlehre betrifft das sogenannte *Blutessen*. Weder Blutkonserven noch bluthaltige Medikamente oder Bluttransfusionen sind erlaubt. Als Schriftbeweise werden 1 Mose 9,3–4; 3 Mose 17,3–4; 3 Mose 17,10–15 und Apostelgeschichte 15,20 und 28–29 angeführt. Nach der Auslegung der ZJ wird auch die Transfusion als eine Art *Kannibalismus* eingeschätzt. Der fundamentale Einwand, dass es sich bei den betreffenden Stellen um das Essen mit dem Mund handelt und insofern die Transfusion hier gar keine Rolle spielt, wird wahrscheinlich nicht akzeptiert.

---

[251] Twisselmann, Hans-Jürgen: Schlägt der „Wachtturm" neue Töne an? Zum Verständnis der Wiederkunft Christi bei den Zeugen Jehovas. In: *Materialdienst* der EZW, Nr. 10/2008, S. 383–387

7. Die ZJ verwerfen eine Reihe aus der christlichen Kultur stammenden Bräuche und Symbole. Ostern, Weihnachten, Geburtstage u. v. a. lehnen sie ab. Die Kirchen sind für sie die „große Hure Babylon" und Institutionen des „Antichristen". Das klingt sehr drakonisch, steht aber nicht singulär da: Die Frage, die sich adventistische Bibelkreise immer wieder gestellt haben, ob sogenannte christliche Kulturgüter wie die oben beschriebenen Feste sich biblisch begründen lassen oder ob sie im Grunde nur kirchliche Traditionen bezeichnen, wird auch in der evangelischen Tradition diskutiert.

8. Für die ZJ kann Wissenschaft zur Welt Satans gehören, wenn sie sich nach ihrer Lehre im Widerspruch zur biblischen Botschaft befindet. Die Wissenschaftler gelten dann als mächtige, kalte und berechnende Technokraten. Dennoch erkennen sie wissenschaftliche Errungenschaften an, soweit sie ihr Bibelverständnis bestätigen. Im Sinne des Fundamentalismus sind die ZJ entschiedene Anhänger des *Kreationismus* gegen die neuzeitlichen Evolutionstheorien. Der Kreationismus hält sich an das wörtliche Verständnis des Schöpfungsberichtes im 1. Buch Mose und geht davon aus, dass Gott die Welt in sechs Tagen geschaffen hat. Bemerkenswert ist in diesem Zusammenhang auch die eigentümlich willkürliche Auslegungsweise der Bibel, wann ihre Aussagen *allegorisch* (bildhaft) und *typologisch* zu interpretieren und wann sie *wortwörtlich* zu nehmen seien.

9. Eine eigene Sakramentenlehre existiert nicht. Zwei wesentliche Riten sind die Taufe und das Abendmahl. Die Taufe wird durch das vollständige Eintauchen des erwachsenen Täuflings vollzogen. Durch die Taufe bezeugt man den Wunsch, Jehova zu dienen und allein ihm sein Leben zu geben – sie vollzieht gewissermaßen die Ordination zum Zeugendienst. Die Taufen erfolgen häufig als *Massentaufen* bei großen Kongressen, die die ZJ regelmäßig abhalten. Das Abendmahl ist eine schlichte Zeremonie, bei dem Wein und ungesäuertes Brot ausgeteilt wird. Nur die, die zu dem erwählten Volk der Zeugen Jehovas gehören, dürfen an diesem Mahl teilnehmen. Das Abendmahl wird nach reformiertem Verständnis als *Gedächtnismahl* verstanden. Die aus der evangelischen Tradition stammende Deutung, dass das

Abendmahl gewissermaßen die Antizipation der Gegenwart Christi sei, passt natürlich nicht zu dieser Deutung.

10. Das Familienbild und die moralischen Grundaussagen sind streng konservativ nach dem Bild der amerikanischen Kleinfamilie des 19. Jahrhunderts ausgerichtet. Der Mann bekam durch Jehova Eigenschaften und Begabungen, die ihn zum Führer in Familie und Gesellschaft auserehen, während die Frau als seine Gehilfin und dienstbare Gattin keusch und liebevoll den Haushalt zu verwalten und die Kinder zu erziehen hat. Macht die Frau ihrem Mann die Führungsrolle streitig, so wäre es, „als wenn zwei Fahrer in einem Auto mit einem eigenen Lenkrad ein separates Vorderrad lenken würden".

3. Geschichte

Die Entstehung der Zeugen Jehovas ist mit dem amerikanischen Adventismus des 19. Jahrhunderts verbunden. Eine Gruppe von *ernsten Bibelforschern* unter der Leitung des Predigers Charles Taze Russell (1852–1916) leitete aus der Bibel die unmittelbar bevorstehende Wiederkunft Christi ab (*Chiliasmus*). Zugleich setzten sich die Bibelforscher vom Standpunkt einer fundamentalistischen Bibelauslegung kritisch mit den Dogmen der Großkirchen auseinander. Russell war in einem reformierten Elternhaus aufgewachsen. Die Lehre seiner ursprünglichen Konfession von der *doppelten Prädestination* (Vorherbestimmung zum ewigen Heil oder zur Verdammnis in der Hölle) rief in ihm nach eigenen Angaben eine Kontroverse mit der Lehre seiner Kirche wach.

Die Bibelforscher sind *Kongregationalisten*, d.h. sie lehnen jegliche kirchliche Hierarchie ab. Sie bestreiten die Lehre von der Dreieinigkeit Gottes, die evangelische Rechtfertigungslehre, die biblische Berechtigung der Kindertaufe und kirchlicher Feste wie z. B. Weihnachten, Ostern und Pfingsten.

1874 trat die erwartete Wiederkunft Christi nicht ein. Russell deutete deshalb dieses erwartete Ereignis um. Das vorausgesagte Jahr sei wohl richtig, aber die Wiederkunft sei unsichtbar. Mit dieser nachträglichen Umdeutung von Enderwartungen lieferte Russell gewissermaßen das Modell für spätere vergleichbare Situationen bei den ZJ.

1881 gründet er die *Zion's Watch Tower & Tract Society*, später in Deutschland die *Wachtturm-Bibel- & Traktat-Gesellschaft* (WTG) und die Zeitschrift *Zion's Watch Tower and Herald of Christ's Presence*[252].

Ab 1891 unternahm Russell eine Reihe von Weltreisen, um seine Lehre von dem 1914 zu erwartenden Weltende auszubreiten. Nach seinen Vorstellungen steht die Vernichtung aller Reiche dieser Welt an, einhergehend mit der Auferstehung von Abraham, Isaak und anderer biblischer Gestalten, sowie der Anfang eines irdischen Paradieses, *Königreich Christi* genannt.

1897 erschien *Der Wachtturm* erstmals auf Deutsch.

1900 wurde das erste Zweigbüro in London gegründet.

1909 wurde das Hauptbüro nach Brooklyn/N.Y. verlegt.

Am **31.10.1916** starb Russell.

1916 Nach internen Auseinandersetzungen folgte ihm der Jurist Joseph Franklin Rutherford (1869–1942) als Präsident nach. Auch Rutherford bestand auf der Angabe eines neuen Endzeitdatums, das er in seiner ersten Lehrschrift auf das Jahr für 1925 festlegte: „Millionen jetzt lebender Menschen werden nie sterben." Rutherford formte die Organisation in eine hierarchisch geführte *Theokratische Organisation* um.

1929 ließ Rutherford eine Villa in San Diego bauen, rief diesen Ort als „Heimstatt Abrahams" aus und erklärte, er werde ihn bis zu seiner Auferstehung verwalten.

1931 gab Rutherford der Gemeinschaft den Namen „Jehovas Zeugen".

1932 verkündete er, dass die WTG als Gottes Organisation eine *Neue-Welt-Gesellschaft* sei und im Aufbau eine *Theokratie* darstelle. Dieses strikt hierarchische Modell setzte den Prozess der „Verkirchlichung" der ZJ weltweit durch. Aus der kongregationalistischen Gemeindestruktur von Bibelforschergemeinden wurde eine zentralistisch regierte Weltorganisation. Folgerichtig wurde die abwehrende Polemik der ZJ gegenüber anderen Glaubens- und Religionsgemeinschaften immer deutlicher. Von Rutherford stammt der Satz:

---

[252] „Zions Wachtturm und Herold von Christi Gegenwart"; *Remid*, Kurzinformation http://www.remid.de/remid_info_zj.htm

3. Geschichte

„Satan der Teufel ist der Vater jeder Religion."[253]

Alle Versammlungen der ZJ mussten sich fortan auf die Zentrale beziehen und erklären, dass die *Watch Tower Bible & Tract Society* das „sichtbare Werkzeug" Jehovas sei. Rutherford empfahl seinen jungen Anhängern **1941**, nicht mehr zu heiraten, da das Ende der Welt unmittelbar bevorstehe und sie dann im Paradies Kinder zeugen könnten. Er hatte sein Amt mittlerweile mit absoluten Vollmachten ausgestattet. Er ernannte alle Amtsträger und wurde von seinen Anhängern als einziger, bevollmächtigter *Kanal* bezeichnet. Unter seiner Herrschaft wurde jeder ZJ verantwortlich beauftragt, beim Literaturverkauf eine „Quote" zu erfüllen, um den Absatz für die Organisation zu befördern.

1933 Während des Dritten Reichs waren die ZJ einer massiven Verfolgung ausgesetzt. Nach eigenen Angaben wurden ca. 6.000 Zeugen verhaftet, davon über 2.000 in Konzentrationslager gebracht. Da sie jede weltliche Regierung ablehnten, begegneten auch zahlreiche Regierungen des Westens den ZJ mit Verboten bzw. Prozessen. In den Staaten des Ostens wurden sie ebenfalls verfolgt. Als gesellschaftliche Außenseiter mussten sie oft ungerechte Verfolgungen und Diskriminierungen erleben. Es ist wichtig, auch diese dunkle Seite im Umgang mit den Zeugen zur Kenntnis zu nehmen, um ihnen gerecht zu werden.

1942 starb Rutherford. Sein Nachfolger, Nathan Homer Knorr (1905–1977), war ein Organisationstalent. Er ließ eine Missionsschule errichten, die sogenannte *Gilead-Schule*. In dieser Ausbildungsstätte wurden hauptamtliche Mitarbeiter geschult. Die Gemeindeprediger wurden in der wöchentlichen *Theokratischen Predigtdienstschule* ausgebildet.

Unter Knorr kam es zu einem schnellen Wachstum der ZJ – von ca. 150.000 auf ca. 2.224.000 geschulten Predigern, die weltweit missionierten.

Während Knorr sich mehr um den organisatorischen Zusammenhalt kümmerte, entwickelte sein späterer Nachfolger Frederik William Franz

---

[253] *Der Wachtturm* vom 21.7.1939; vgl. auch: Wer wählen geht, fliegt raus. Zwei Vorstandsmitglieder der Zeugen Jehovas über die umstrittene Glaubenspraxis ihrer Sekte. Interview mit Vizepräsident Willi Karl Pohl und Vorstandsmitglied Werner Rudtke in der deutschen Zentrale der Zeugen Jehovas. In: *Focus*, Nr. 4/1996 vom 22.1.1996, S. 66–72

als Vizepräsident ab **1945** das Lehrgebäude weiter. Berühmt wurde seine Schrift *Ewiges Leben – in der Freiheit der Söhne Gottes*, die 1966 das Weltende für 1975 neu berechnete.

1945 wurden die ZJ in Deutschland neubegründet. Nach der Gründung der BRD und der Wiedereinführung der Bundeswehr fielen die ZJ besonders durch ihre Totalverweigerung auf: Sie lehnten sowohl den Militär- als auch den Zivildienst ab. Einige wurden verurteilt. In der DDR kamen bis 1990 über 5.000 Zeugen Jehovas in Strafvollzugsanstalten und Haftarbeitslager. Ein Teil der Betroffenen gilt als „Doppeltverfolgte": etwa 325 waren bereits im NS-Regime eingesperrt. (Erst am 14. März 1990 wurden die Zeugen Jehovas von der DDR staatlich anerkannt.)

Das **1975** nicht eingetretene Weltende verursachte unter den Anhängern eine große Enttäuschung und führte zu einer riesigen Austrittswelle. Immer wieder versuchte die Zentrale, nicht eingetroffene Vorhersagen im Nachhinein als globale Zeichen zu interpretieren, die man nicht wörtlich zu nehmen habe.

Ab **1977** begann mit Frederik William Franz (1893–1992) als viertem Präsidenten der ZJ eine weltweit ausgedehnte Bautätigkeit. Es entstanden Kongresszentren, Königreichssäle, Missionsheime etc. Die Weltzentrale in Brooklyn wurde in ihrer Kapazität verdreifacht. Die Direktiven der Zentrale wurden immer rigider, der fast diktatorische Führungsstil bestimmte das Bild.

Selters im Taunus wurde **1984** nach Wiesbaden Sitz des deutschen Zweigbüros.

1992 wurde Franz durch Milton George Henschel (1920–2003) in der Führung der ZJ abgelöst.

Unter seiner Präsidentschaft hatten die ZJ Ende 1994 weltweit 4.914.094 Prediger, in Deutschland 167.878 und außerdem ca. 7 Millionen Sympathisanten.[254]

Seit **2000** ist Don Aldon Adams (*1925) der sechste Präsident der ZJ. Im Unterschied zu seinen Vorgängern ist Adams kein Mitglied der „Leitenden Körperschaft der Zeugen Jehovas" und übt somit keine religiöse Leitungsfunktion, sondern eine reine Verwaltungsaufgabe aus.

---

[254] Zahlen nach Gasper, Hans / Müller, Joachim / Valentin, Friederike (Hrsg.): Lexikon der Sekten, Sondergruppen und Weltanschauungen. Fakten Hintergründe, Klärungen. Freiburg i.Br. /Basel/Wien 1990, S. 1180

Etwa seit 1990 bemühen sich die ZJ um eine größere gesellschaftliche Anerkennung. Nach einem 15-jährigen Rechtsstreit erstritten die ZJ am 13.6.2006 Verleihung des Status einer Körperschaft des öffentlichen Rechts im Land Berlin. Seitdem firmiert der Sitz der Zeugen Jehovas in Berlin mit *Religionsgemeinschaft der Zeugen Jehovas in Deutschland, KdÖR*.

„Das hat jedoch nicht verhindert, dass die Mitgliedszahlen und Taufen in den letzten zehn Jahren rückläufig sind: Nur in der jüngsten Vergangenheit deutet sich ein leichter Aufwärtstrend an. (vgl. z.B. die Statistik zu den Zeugen Jehovas ‚Zahlen in Deutschland 1991–2007' auf www.sektenausstieg.net)."[255]

4. Organisation

Die organisatorische Struktur der ZJ repräsentiert das Modell eines *theokratisch organisierten Volkes*. Der hierarchische Führungsstil wird mit Jehovas Anspruch auf *Weltherrschaft* begründet. Jehova findet seine irdische Manifestation in der WTG, die durch ihre Lebens- und Organisationsweise Jehovas Reich abbildet, indem sie eine richtige Regierung mit „richtigen Gesetzen" und „richtigen Bürgern" schafft. An der Spitze steht die *Leitende Körperschaft* der ZJ, die aus 10 bis 13 Personen besteht. Sie setzen nach eigenem Anspruch die Maßstäbe in Lehre und Praxis der Organisation, indem sie die „geistige Speise austeilen". Sieben Mitglieder der Leitenden Körperschaft bilden das Direktorat der WTG, deren Kopf der Präsident ist.

Der leitenden Körperschaft unterstehen sechs Komitees (Komitee des Vorsitzenden, das Personal-, Verlags-, Dienst-, Lehr- und Schreibkomitee).

Die *Watchtower Bible & Tract Society of New York* besitzt die Liegenschaften, Druckereien und alles sonstige Anlagevermögen des Kults. Alle Zweige müssen für die Veröffentlichung von Literatur Lizenzgebühren bezahlen.

Die Führungsgremien sind weitgehend personell identisch.

---

[255] Utsch, Michael: Präsident der Wachtturm-Gesellschaft verstorben. In: Materialdienst der EZW, Nr. 4/2008, S. 155

International sind die ZJ hierarchisch in Zonen, Zweige (3 bis 7 Aufseher pro Zweigbüro; das deutsche Zweigbüro in Selters/Taunus besteht aus 8 Personen), Bezirke der Zweigbüros, bestehend aus 12 Kreisen mit jeweils 15 bis 20 Versammlungen aufgeteilt. Auf allen Ebenen gibt es Aufseher, die das Leben der untergeordneten Institutionen kontrollieren und sie regelmäßig besuchen.

Die sogenannten Versammlungen (ca. 60 bis 70 Mitglieder), kleinste Einheit der Großorganisation, werden von Ältesten geleitet, die über ein spezifisches Verfahren von der Leitenden Körperschaft berufen werden. Ein Mitspracherecht in den Versammlungen gibt es auf keiner Ebene. Auch die einzelne Versammlung ist wiederum hierarchisch gegliedert. Die Ämter wie z. B. Aufseher, Sekretär, Dienstaufseher, Wachtturm-Studienleiter, Versammlungsstudienleiter u. a. sind festgelegt.

Der Gehorsam gegenüber den Führern, den Aufsehern der Versammlungen sei gleichbedeutend mit dem Gehorsam gegenüber Christus. Innerorganisatorische Kritik wird nach Aussagen ehemaliger Zeugen nicht gern gesehen. Ein Zeuge Jehovas darf Kritikern aus den eigenen Reihen nicht einmal mehr zuhören. Gespräche mit Aussteigern sind verboten. Ein sogenanntes *Rechtskomitee* entscheidet über Strafen bzw. Ausschluss von Kritikern und Renegaten. Ausgestoßene werden von den anderen Zeugen streng gemieden und in jeder Hinsicht boykottiert. Es ergeht ein sogenanntes *Kontaktverbot*. Derjenige, der es überschreitet, riskiert den eigenen Ausschluss. Wer Reue und Rückkehrwilligkeit zeigt, kann allerdings nach Ableistung einer von den Ältesten bestimmten Strafe wieder aufgenommen werden.

Die Einweihung in die Mitgliedschaft geschieht durch die Taufe. Jeder getaufte ZJ ist einer Versammlung zugeordnet.

Die Versammlungen werden nach streng kontrolliertem Ablauf abgehalten: Es gibt öffentliche Vorträge über Bibelstellen, deren Inhalt und Form durch die Literatur vorgeschrieben sind, *Wachtturmstudium*, *Theokratischen Predigtdienst* und das Üben des Predigens in der Dienstzusammenkunft.

Das interne Organ *Unser Königreichsdienst* reguliert das richtige theologische Denken und seine Vermittlung nach innen. Nach außen wird mit der Zeitschrift *Der Wachturm* geworben, der in einer Auflagenhöhe von 37,1 Millionen pro Ausgabe in ca. 120 Sprachen halbmonatlich erscheint. Die Zeitschrift *Erwachet* ist eine Art Lebenshilfe für die ZJ. Sie hat eine Auflagenhöhe von etwa 13 Millionen Exemplaren in 81 Sprachen und kommt seit 2006 nur noch monatlich heraus. Darüberhinaus erscheint in unregelmäßigen Abständen eine Reihe von Büchern, die, sehr aufwendig gestaltet sind.

Auch der private Bereich der ZJ ist durch das sogenannte Buch-Studium geregelt. Ehemalige ZJ geben an, dass sie im Monat etwa 10 Stunden *Felddienst* zu verrichten hätten, bei dem sie als *Verkündiger* von Haus zu Haus gehen und missionieren oder an öffentlichen Plätzen ihre Zeitschriften anbieten. Sogenannte *Pioniere* leisten aufgrund freiwilliger Vereinbarung nach ihren Aussagen ein immenses Soll an Predigtdiensten, etwa 50 bis 70 Stunden monatlich. Die *Missionare* werden für das Ausland ausgebildet und setzen 130 bis 140 Stunden im Monat für das Predigtwerk ein..

Die Finanzierung erfolgt mittels anonym gegebener Spenden. Ehemalige Zeugen Jehovas spendeten nach ihren Angaben durchschnittlich 17–30 % ihres Einkommens an die Organisation. Die kostenlos verteilte Literatur werde von ihnen selbst finanziert.

Nach jüngeren Angaben

„gab es 2006 ca. 6.117.000 Verkündiger in 235 Ländern. Auf Deutschland entfallen dabei 164.593 Verkündiger und rund 275.000 Anwesende am Gedächtnismahl. Die Zahlen für Deutschland blieben in den letzten Jahren konstant."[256]

5. Zentrale Begriffe

ABTRÜNNIGE: Mitglieder bzw. Anhänger, die sich aufgrund von Gewissenskonflikten oder Einwänden von der Lehre der ZJ distanzieren, werden von ihnen als *Abtrünnige* bezeichnet. Mit ihnen ist jedes Gespräch untersagt. *Abtrünnige* sind nach der Lehre endgültig verloren und werden in der Ewigkeit vernichtet. Eine solche Vorhersage ruft teil-

---

[256] *Remid*, Kurzinformation http://www.remid.de/remid_info_zj.htm; Durchsicht: Steffen Rink, 2008

weise erhebliche psychische Störungen hervor. Andererseits gibt es auch die Möglichkeit, dass ausgetretene Mitglieder auf schriftlichen Antrag hin wieder aufgenommen werden.

ÄCHTUNG: Getaufte und ungetaufte ZJ, so sagen Kritiker, werden unter Androhung des eigenen Ausschlusses aufgefordert, mit *Abtrünnigen* jeglichen Kontakt abzubrechen, bis zu einer eventuellen Rückkehr der Betroffenen bei bekundeter Reue.

ÄON: Der Äon ist für die ZJ die Zeit, in der wir leben, die Zeit, die ihrem Ende zugeht. Sie übersetzen diesen griechischen Begriff auch deshalb mit den Worten: „Das System der Dinge".

AUFSEHER: Die Aufseher und Kreisaufseher sind dazu ausersehen, die Zeugen zu beraten, haben aber vor allem zu kontrollieren, ob die „Unterordnung unter Gottes Organisation"[257] in der rechten Weise vollzogen wird. Jehova gilt als „höchster Aufseher" und erwartet von den Zeugen vor allem Unterwürfigkeit gegenüber den Gemeindeältesten.

BIBELFORSCHER: Die *ernsten Bibelforscher* waren eine fundamentalistische christliche Neubewegung in den USA, die im 19. Jahrhundert entstanden ist. Sie bestand zunächst nur aus Lesezirkeln, Hauskreisen und später aus Gemeinden, die durch kleine Schriften informell miteinander verbunden waren. Sie wandten sich vor allem gegen kirchliche Dogmen und die kirchlichen Institutionen, die ihrer Auffassung nach zu wenig nach den Worten der Bibel lebten. Aus ihnen sind die ZJ hervorgegangen.

BLUT: Das *Blutessen* ist den Zeugen verboten. Auch Bluttransfusionen und das Therapien mit bluthaltigen Medikamenten werden abgelehnt, selbst wenn sie der Lebensrettung dienen. Aus der biblischen Begründung wird abgleitet, dass alle Menschen, deren Leben durch Bluttransfusion gerettet wird, auf ewig verloren seien.

CHILIASMUS: Erwartung einer tausendjährigen Zwischenherrschaft (griech. chilioi = „tausend") Christi auf Erden nach seiner Wiederkunft

---

[257] *Der Wachtturm* vom 1.2.1993, S. 15

5. Zentrale Begriffe

in Herrlichkeit (Offb 20,4–5) vor der Endverwirklichung des Heils. An diese Lehre knüpften die amerikanischen Adventisten und später auch die ZJ an.

DÄMONEN: Dämonen sind nach der Lehre der ZJ Geister, die real Menschen befallen und sie in die Irre lenken können. Sie gehören auf die Seite Satans.

FELDDIENST: Missionsarbeit durch Predigen von Haus zu Haus, durch das Stehen an zentralen Straßenecken mit dem *Wachtturm* in der Hand und durch Literaturverbreitung.

HARMAGEDON: Als Schlacht von Harmagedon wird die letzte Schlacht bezeichnet, in der es zum Kampf des Himmels gegen Satan und die Dämonen kommt.

HEIMBIBELSTUDIUM: In diesem Studium lernen die ZJ den einzig „richtigen und wahren" Umgang mit der Bibel, in der ihnen eigenen Übersetzung und Auslegung.

JEHOVA: Die ZJ fügen dem alttestamentlichen Konsonantentetragramm für Gott JHWH eine aus der christlichen Tradition stammende Vokalisation hinzu und nennen Gott darum Jehova. Jehova wird als nicht dreifaltiger Gott begriffen, der neben anderen Geistwesen den Himmel regiert.

KANAL: Als Kanal Jehovas gilt die Weltzentrale der ZJ, die Leitende Körperschaft.

„Die Bekehrung, so wie sie die Zeugen verstehen, ist eigentlich die Bekehrung zu der Auffassung, dass die Wachtturm-Organisation der Kanal Gottes ist und man ihm deshalb folgen muss."[258]

KÖNIGREICHSSAAL: Versammlungsort und Zentrum der ZJ. In den größeren Städten gibt es meistens mehrere Königreichssäle.

KONGRESS: Regelmäßig abgehaltene größere Versammlung der Zeugen Jehovas.

---

[258] vgl. Bergmann, Jerry R.: Zur seelischen Gesundheit von Zeugen Jehovas. Übersetzung von Helmut Lasarcyk. Ahrensburg 1990; Bielefeld 1991

„Auch im Sommer 2008 fanden an verschiedenen Wochenenden zwischen Juni und August die Bezirkskongresse der Zeugen Jehovas statt."[259]

In verschiedenen deutschen Städten versammeln sich jeweils ca. 10.000 Teilnehmer wie z.B. im Berliner Velodrom. Die Disziplin bei solchen Kongressen fällt als besonders ausgeprägt auf. Gäste oder Kritiker der ZJ betonen, dass alles, was dort dargeboten wird, einstudiert und vorher festgelegt wirkt. Spontaneität sei nicht gefragt.

KONGREGATIONALISMUS: Das englische Wort congregation bedeutet „Gemeinde". Der Kongregationalismus ist eine englische kirchliche Richtung aus dem 17. Jahrhundert, welche die völlige Unabhängigkeit der Einzelgemeinde gegenüber der kirchlichen Hierarchie zum Grundsatz der Kirchenverfassung macht. Die Bibelforscher kommen aus dieser Tradition. Erst Rutherford hat die ZJ zu einer autoritären Organisation umstrukturiert.

KREUZ: Nach der Lehre der ZJ ist die Rede von der Kreuzigung Jesu ein Übersetzungsfehler. Sie halten den Tod Jesu an einem Pfahl (griech. stauros) für wahrscheinlicher.

KÖNIGREICHSDIENST: Jede Versammlung der ZJ erhält monatlich das interne Blatt Unser Königreichsdienst. In diesem Organ werden den Versammlungen bestimmte Themen und ihre Ausführung in der Dienstzusammenkunft vorgeschrieben.

LEITENDE KÖRPERSCHAFT: Die Leitende Körperschaft ist das höchste Organ der ZJ. Sie wacht über Lehre und Praxis der Organisation.

PARADIES: Das Paradies ist für die ZJ die Neue Welt, die sie ihren Anhängern versprechen, wenn sie treue Zeugen Jehovas bleiben. Für die ZJ ist diese Neue Welt keine Neuschöpfung, sondern die Wiederkehr des alten Paradieses auf Erden. Ihre Vorstellungen von dieser Neuen Welt

---

[259] Utsch, Michael: Wirksames Führungsinstrument: Bezirkskongresse der Zeugen Jehovas. In: Materialdienst der EZW, Nr. 10/2008, S. 388

tragen die naiv-realistischen Züge amerikanischen Kleinbürgertums mit Spitzendeckchen, Kurzhaarschnitt und Kleingarten.

PREDIGTDIENST: Jeder ZJ wird in den Predigtdienst mit einbezogen. Er sollte die Lehre in möglichst wortwörtlicher Wiedergabe vermitteln, wie es ihm Schulungshefte und -bücher vorschreiben.

RECHTSKOMITEE: Die Mitglieder örtlicher Versammlungen werden durch sogenannte Rechtskomitees überwacht. Vom befristeten Gemeinschaftsentzug bis hin zum Ausschluss gibt es nach Aussagen ehemaliger ZJ eine Skala von Bestrafungen, die für den einzelnen Zeugen – hat er doch außerhalb der Organisation wenig oder meist gar keine Sozialkontakte – katastrophal sein können.

THEOKRATIE: Die Theokratie ist das Modell des organisatorischen Aufbaus der WTG. Hierarchie und strikter, kritikloser Gehorsam sind die Grundmerkmale.

VERKÜNDIGER: Die ZJ, die von Haus zu Haus gehen oder auf der Straße Menschen missionieren und WTG-Literatur weitergeben, werden Verkündiger genannt.

WACHTTURM: Kurztitel für Der Wachtturm verkündigt Jehovas Königreich, zentrales Organ der ZJ. Er wird seit 1879 herausgegeben und erscheint in 120 Sprachen mit einer Auflage von über 37,1 Millionen pro Ausgabe halbmonatlich. Er beobachtet die Weltereignisse und gibt Maßstäbe vor, wie die Anhänger sowohl die Weltereignisse als auch bestimmte Lehrentscheidungen zu sehen haben. Im Wachtturm werden auch Änderungen in der Lehre angekündigt, die bis in die Versammlungen hinein bekannt gegeben werden.

WACHTTURM BIBEL- & TRAKTAT-GESELLSCHAFT: Die zentrale Verlagsgemeinschaft der ZJ, ein gigantisches 50-Millionen-Projekt mit deutscher Niederlassung in Selters/Taunus.

WELTMENSCHEN: im Jargon der alle Menschen, die außerhalb des Dienstes an Jehova stehen, so wie sie ihn sehen. Weltmenschen können auch engste Angehörige von Zeugen sein. Man nimmt mit ihnen Kontakt in erster Linie zum Zwecke der Mission auf.

6. Literatur

Quellen

Wachtturm Bibel- & Traktat-Gesellschaft (Hrsg.): Du kannst für immer im Paradies auf Erden leben. Wiesbaden 1982; Selters/Taunus 1989

Wachtturm Bibel- & Traktat-Gesellschaft (Hrsg.): Hat sich der Mensch entwickelt, oder ist er erschaffen worden? Wiesbaden 1968

Wachtturm Bibel- & Traktat-Gesellschaft (Hrsg.): Jehovas Zeugen – Verkündiger des Königreiches Gottes. Selters/Taunus 1993

Wachtturm Bibel- & Traktat-Gesellschaft (Hrsg.): Leitfaden für die Theokratische Predigtdienstschule. Wiesbaden 1971; Selters/Taunus 1992

Wachtturm Bibel- & Traktat-Gesellschaft (Hrsg.): Organisation – zum Predigen des Königreiches und zum Jüngermachen. Wiesbaden 1972

Wachtturm Bibel- & Traktat-Gesellschaft (Hrsg.): Unterredungen anhand der Schriften. Selters/Taunus 1985; 1989/1990

Mitgliederschriften wie z. B.: Der Weg der göttlichen Wahrheit, der zur Freiheit führt; Auf der Suche nach einem Vater; Wie kannst du überleben?

Zeitschriften: *Erwachet; Der Wachtturm verkündigt Jehovas Königreich; Unser Königreichsdienst*

Sekundärliteratur

Bergmann, Jerry R.: Zur seelischen Gesundheit von Zeugen Jehovas. Übersetzung von Helmut Lasarcyk. Ahrensburg 1990; Bielefeld 1991 [Originalausgabe: *The Mental Health of Jehova's Witnesses.* Clayton/CA 1987]; **Neuerscheinung:** Derselbe: Jehovas Zeugen und das Problem der seelischen Gesundheit. Übersetzung von Helmut Lasarcyk. München 1994 [Originalausgabe: *The Problem of Mental Health and Jehovah's Witnesses.* Clayton/CA 1992]

Doering, Martin: Der schiefe Turm von Brooklyn. Über Leben und Lehre der Zeugen Jehovas. Holzgerlingen 2006

Franz, Raymond.: Der Gewissenskonflikt. Menschen gehorchen oder Gott treu bleiben? Ein Zeuge Jehovas berichtet. München 1988; ^{2}1991; ^{3}1996 [Franz war ehemaliges Mitglied der Leitenden Körperschaft. Seine Veröffentlichungen sind außerordentlich lesenswert, weil sie die internen Verhältnisse am ausführlichsten darstellen.]

Garbe, Detlef: Zwischen Widerstand und Martyrium. Die Zeugen Jehovas im Dritten Reich. Reihe: *Studien zur Zeitgeschichte*, Nr. 42. München ^{1}1993; ^{3}1997; ^{4}1999

Gasper, Hans / **Müller**, Joachim / **Valentin**, Friederike (Hrsg.): Lexikon der Sekten, Sondergruppen und Weltanschauungen. Fakten Hintergründe, Klärungen. Freiburg i.Br. /Basel/Wien 1990; ⁴1996; ⁶2000; ⁷2001

Gassmann, Lothar: Die Zeugen Jehovas. Geschichte, Lehre, Beurteilung. Neuhausen ²1996; Holzgerlingen ²2000

Jacobs, H.: Ich war Ältester bei den Zeugen Jehovas. In: *Materialdienst* der EZW, Nr. 10/1993, S. 291 ff.

Köppl, Elmar: Die Zeugen Jehovas. Eine psychologische Analyse. Reihe: *Material-Edition* der ARW, Nr. 21. München ¹1985; ²1990; ³2001

Nobel, Ralf: Falschspieler Gottes. Die Wahrheit über Jehovas Zeugen. Hamburg/Zürich 1985

Pape, Günther: Ich war Zeuge Jehovas. Augsburg ¹1961; ¹⁰1988; 1999

Pohl, Willi Karl / **Rudtke**, Werner: Wer wählen geht, fliegt raus. Zwei Vorstandsmitglieder der Zeugen Jehovas über die umstrittene Glaubenspraxis ihrer Sekte. Interview mit Vizepräsident Willi Karl Pohl und Vorstandsmitglied Werner Rudtke in der deutschen Zentrale der Zeugen Jehovas. In: *Focus*, Nr. 4/1996 vom 22.1.1996, S. 66–72

Ref, R. / **Dahn**, I. / **Böhm**, G. u. I. / **Runne**, H.: Unserer Freude Grund: Den Menschen sehen und verstehen: Aus der Enge in den weiten Raum. Befreite Zeugen Jehovas erzählen. (B 1997/98)

Reller, Horst (Hrsg.): Handbuch Religiöse Gemeinschaften. Freikirchen, Sondergemeinschaften, Sekten, Weltanschauungsgemeinschaften, Neureligionen. VELKD-Arbeitskreis Religiöse Gemeinschaften im Auftrag des Lutherischen Kirchenamtes. Gütersloh ¹1978, Stichwort: Zeugen Jehovas, S. 437 ff.

Rogerson, Alan: Viele von uns werden niemals sterben. Geschichte und Geheimnis der Zeugen Jehovas. Hamburg/Zürich 1971

Thiede, Werner: Jehovas Zeugen – Sekte zwischen Fundamentalismus und Enthusiasmus. In: *Materialdienst* der EZW, Nr. 9/1993, S. 257–266 und Nr. 10/1993, S. 281–290

Twisselmann, Hans-Jürgen: Jehovas Zeugen – Die Wahrheit, die frei macht? Eine Orientierungs- und Entscheidungshilfe. Gießen/Basel 1985;1991; ³1992

Twisselmann, Hans-Jürgen: Schlägt der „Wachtturm" neue Töne an? Zum Verständnis der Wiederkunft Christi bei den Zeugen Jehovas. In: Materialdienst der EZW, Nr. 10/2008, S. 383–387

Twisselmann, Hans-Jürgen: Vom Zeugen Jehovas zum Zeugen Jesu Christi; Allen denen, die bereit sind, Gott mehr zu gehorchen als Menschen. Gießen/Basel ¹1961; ¹¹2001

Utsch, Michael: Präsident der Wachtturm-Gesellschaft verstorben. In: *Materialdienst* der EZW, Nr. 4/2008, S. 155

Utsch, Michael: Wirksames Führungsinstrument: Bezirkskongresse der Zeugen Jehovas. In: *Materialdienst* der EZW, Nr. 10/2008, S. 388

B. THE CALL – DER RUF

1. Der Weg in den Kult

Am 16. November 2005 strahlte die ARD um 23.30 Uhr einen Film über diese charismatisch-pfingstlerische Religionsgemeinschaft aus und nannte diese Dokumentation bezeichnenderweise: *Jesus' Junge Garde – Die christliche Rechte und ihre Rekruten.*[260]

Der Film beginnt mit der Dokumentation einer Massenversammlung von über 10.000 Jugendlichen am Brandenburger Tor im Sommer 2003.

Ein Prediger schreit unter den Klängen christlichen Pops die Worte in die Menge:

> „Jetzt ist die Zeit des Rufers gekommen. Erhebe dort, wo du jetzt stehst, deine Stimme zu Gott. Lasst uns zu diesen Rufern werden, die zu Gott rufen für ein geistliches Erwachen".

Die Bewegung *The Call* („Der Ruf") kommt aus Amerika. Der Begründer ist der Amerikaner Lou Engle. Er lädt ein zu einer ekstatischen Massenandacht. Während er laut in amerikanischer Sprache seinen Glauben herausschreit und dabei seinen Oberkörper ständig hin und her wiegt, bekommt er lauthals Zustimmung von den Jugendlichen, die ihre Arme emporstrecken und ebenfalls im Brüllton rufen:

> „Jesus, brich durch! Jesus, brich durch!"

---

[260] Ein Film von Jobst Knigge, Britta Mischer und Tita von Hardenberg. Eine Produktion der Kobalt Productions Film- und Fernseh GmbH im Auftrag des Rundfunk Berlin-Brandenburg.

1. Der Weg in den Kult

Und immer wieder:

„Jesus, Jesus, Jesus ..."

Lou Engle ist extra nach Deutschland gekommen, um die Missionsbewegung zu unterstützen. Er gibt ein Interview, in dem er sagt:

„Ich glaube, Hitler hatte eine Stimme für die jungen Menschen der Welt. Doch er war ein gebrochener Mann und hatte die falsche Stimme. Ich glaube, Gott hat eine Bestimmung für Deutschland. Die Bestimmung ist, die Jugend der Welt zu sammeln und sie zu Jesus Christus zu führen. Ich bin in das Olympia-Stadion von Berlin gegangen. Dort ist eine Glocke. Eingraviert [darin ist] das Hitler-Zitat: ‚Ich rufe die Jugend der Welt.' Ich bin dort hoch gegangen und habe gebetet: ‚Herr, lass Deutschland die Jugend der Welt rufen, um Jesus kennenzulernen.' Ich glaube, das ist die Gabe, die Deutschland erlösen kann, die Bestimmung der Deutschen. Sie sind Krieger. Ich glaube, eine große Armee der Liebe kann in Deutschland wachsen und sie wird ganz Europa und die Welt beeinflussen."

Ben-Rainer Krause ist Lou Engles Vertreter in Deutschland. Er spricht von einer „heiligen Revolution in Deutschland". Das bedeutet für ihn, dass es eine „Umwälzung einer Gesellschaftsform" geben muss. Auf dem Kirchentag in Hannover begegnet Ben-Rainer Krause dem Fernsehen. Viele freikirchliche Gemeinschaften und Bewegungen nutzen die Öffentlichkeit bei den großen Evangelischen Kirchentagen, um dort zu missionieren. Krause:

„Viele Menschen sind hier auf dem Kirchentag auf der Suche nach Gott. Und wir wollen sie bekannt machen mit Jesus."

Der 11. September war für ihn ein Zeichen, dass es mehr gibt als Konsum, Materialismus und Spaß.

In Hessen auf der Wasserkuppe unterhält The Call ein Seminarzentrum, *Holy Revolution School* genannt, in dem während Wochenendseminaren neue Missionare ausgebildet werden. Ein Jahr brauchen sie, um dann in der Öffentlichkeit auftreten zu können Im Jahr 2005 waren dort ca. 180 Schülerinnen und Schüler aus Deutschland, Österreich und der Schweiz.

Susanna ist 15 Jahre alt und macht diese Ausbildung mit. Sie „will Gott kennenlernen". Es gibt im Seminarzentrum verschiedene Workshops, z. B *Heilerseminare, Predigtstudien, Christlichen Tanz.*

Esbjörn ist einer der Gruppenleiter. Er erzählt von seiner bewegten Biografie, in der es zuweilen sehr heftig zuging. Jetzt hat er der Sünde abgeschworen. Er erklärt seiner Gruppe, dass Homosexualität und vorehelicher Sexualität Sünden seien.

„Ich brauch' so was nicht!"

„Ein Teil von mir bleibt immer da, wo ich gepoppt habe".

Die Jugendlichen sind begeistert von diesem Jugendlichen, der ihre Sprache spricht.

Auch in der Heilungsgruppe geht es hoch her. Der Gruppenleiter will einen Teilnehmer mit verstellter Hüfte und krankem Fuß heilen. Er lässt ihn zu sich kommen, setzt sich vor die kranke Hüfte, umfasst den Teilnehmer, schließt die Augen und spricht die heilenden Worte:

> „Im Namen Jesus Christus spreche ich zu Dir Fuß, komm, komm, komm Fuß, ich sage ich zu Dir, wachse, wachse, wachse (…). Im Namen Jesus Christus spreche ich zu dir, Becken. Es soll gerade werden im Namen Jesus Christus. Jede Verkrümmung – ich spreche komplette Heilung aus – soll gerade werden. Im Namen Jesus Christus."

Die Teilnehmer sind sprachlos, dann werden auch sie von der Begeisterung mitgerissen.

Bei der Tanzgruppe geht es um Jesus-Pop und die richtigen Bewegungen. Auf die Frage, was christlichen Pop von anderen Tanzveranstaltungen unterscheide, antwortet die Gruppenleiterin:

> „Eine Sache, die uns unterscheidet ist, dass wir einfach auch auf unsere Kleidung sehr genau achten, also eben nicht bauchfrei tanzen oder nicht mit einem so großen Ausschnitt (…) oder durchsichtigen Klamotten. Weil wir damit Männer reizen. Und ich glaube, dass wir Frauen einfach 'ne Verantwortung haben den Männern gegenüber, gerade weil Männer wirklich visuell geprägt sind und es für sie sowieso schon so schwer ist, durch die Straßen zu laufen, weil rechts und links überall halbnackte Frauen sind und die Bibel aber sagt, dass das Ehe-

1. Der Weg in den Kult

bruch ist, wenn ein Mann schon eine Frau nur lüstern anguckt. Und in dem Moment, wo ich mich so kleide oder (…) wenn ich mich dann auch noch aufreizend dazu bewege, verleite ich den anderen Mann zum Ehebruch. (…) Ich möchte verantwortlich mit meinem Körper, meiner Kleidung und auch mit meinem Tanzen umgehen."

In einer anderen Gruppe geht es besonders laut zu. Sie übt lautstarkes *Parallelbeten*. Die Teilnehmer gehen mit geschlossenen Augen durch den Raum und rufen gleichzeitig lauthals zu Gott.

Am Ende des Wochenendes gibt es ein Fest. Unter Dauersingen werden die Teilnehmer von ihren Mentoren gesegnet. Der Heilige Geist wird dabei aufgefordert, in den Körper des Jugendlichen zu fahren, mitunter bis zum körperlichen Zusammenbruch. Ein Mädchen schreit:

„Von Drogen high sein, ist nichts dagegen. (…) Das ist einfach diese Liebe und Freude, dieser Friede, dass man merkt, wenn Gott da ist. Das ist der Hammer, unbeschreiblich!"

Eine andere:

„Gott ist das Beste, was mir passieren konnte. Ich gehe mit ihm. (…) Das heißt, ich habe alles, ich habe den Sieg. Weil er hat alles besiegt am Kreuz, als er gestorben ist und dadurch habe ich ihn in mir. Und mit ihm gehe ich dann auch."

Susanna hat in ihrer Schule einen Bibelkreis initiiert. Sie bekennt:

„Ich kann kein Rock mehr hören. Das ist irgendwie fremd geworden. Ich habe einfach gemerkt, daß ich gewisse Dinge nicht mehr brauche!"

Wenn Susanna Andersgläubige sieht, dann überkommt sie Mitleid:

„Wenn ich einen Moslem sehe, muß ich gleich für ihn beten. Weil ich spüre, hey, da fehlt irgendwie was!"

Nach ihrer Ausbildung begleitet Susanna ihren Gruppenleiter Esbjörn während seiner Straßenmission in der Öffentlichkeit.

Esbjörn geht auf die Jugendlichen zu, direkt und klar. Susanna ist fasziniert von seiner Sprache:

„Hey, ich will euch gern mal 'ne Story erzählen. Ist das o.k.? Und dann will ich für euch beten! (…) Ich quatsche einfach mit Gott für euch."

Die Jugendlichen sind verdutzt, aber sie hören zu, als Esbjörn für einen von ihnen betet:

„Gott, ich danke Dir für Steffen, Herr, und ich segne sein Leben, ich danke Dir für ihn, Herr, und ich bete einfach dafür, daß du ihm Sicherheit gibst (…), daß du einen guten Plan für ihn hast, daß er eine Lehrstelle kriegt, daß er eine Ausbildung kriegt, daß er weiß, was er macht in seiner Zukunft, daß er gutes Geld verdient, daß er für sich dann sorgen kann, Herr, (…) Amen."

An einer anderen Ecke spricht Esbjörn mit Skatern:

„Ich hab die Bibel aufgeschlagen und mir gesagt: Wenn irgendwas, was da drin steht, real ist, dann möchte ich das erleben. Ej, dann möchte ich jede einzelne Zeile, die da drin steht, erleben. Dann möchte ich erleben, daß Menschen geheilt werden. Dann möchte ich das volle Programm. Ich möchte erleben, daß ich Träume und Visionen habe (...)"

Und später:

„Ich glaube, daß die Kirche jahrelang versäumt hat, mobil zu sein, bei den Leuten zu sein. (…) Jesus war derjenige, der bei den Menschen war. Jesus wurde ‚Freund der Sünder' genannt und er hat die Menschen geliebt. Ich liebe es, mit dem Typen da zu sitzen (…) und ihm einfach zu sagen: Hey Alter, grab deinen Kopf nicht in den Sand. Du kriegst 'nen Job. Kämpf drum, du hast Potential, du hast Gaben. Setz die ein. (…) Hey, Alter, weißt Du was, bet 'ne Runde, das tut dir gut. Dann haste Kraft, diesen Fight durchzustehen."

Susanna ist erschüttert und tief berührt:

„Das war voll cool. (…) Ich habe gemerkt, daß Gott bei uns war."

Esbjörn macht eine Reise in die USA, um The Call vor Ort kennenzulernen. Bei einer Aktion der Bewegung gegen Abtreibung macht er mit. Sie tragen alle rote Tapes mit der Aufschrift „Life" auf den Mündern und

1. Der Weg in den Kult

beten stundenlang gegen Abtreibung. Lou Engle betet am lautesten mit gleichzeitigem Wiegen des Oberkörpers und erklärt hinterher:

> „Die Schlacht läuft in diesem Augenblick. Wir brauchen nur noch zwei [Stimmen] für die Mehrheit. Ich bin überzeugt, es wird während der Präsidentschaft von George Bush passieren. Wir brauchen zwei Richter [im Supreme Court], die für das Leben, für Rechtschaffenheit und für Wahrheit stehen. Deshalb sind diese jungen Leute hier."

Er lernt eine amerikanische Missionarin kennen, die die Hurrikan-Katastrophe in New Orleans für ein gerechtes Urteil Gottes hält:

> „Ich behaupte nicht, jeder Hurrikan sei eine Strafe Gottes. Was ich aber von ganzem Herzen sagen kann, daß in New Orleans viele Dinge passieren, über die Gott überhaupt nicht erfreut ist. Gott ist nicht erfreut, daß in New Orleans mehr Kinder abgetrieben werden als in vielen anderen Städten. Sie haben eine sehr hohe Kriminalitätsrate dort unten. Die Menschen sind arm, weil sie ungerecht behandelt werden. Sie geben sich sexuellen Ausschweifungen hin. Gott kann da doch nicht einfach weggucken."

The Call hat sein Zentrum in Washington DC, gleich um die Ecke vom Kapitol. Hier lernt Esbjörn noch eine andere Seite von The Call kennen. Lou Engle fordert in seiner Predigt die Aufhebung der Trennung von Staat und Religion. Er strebt eine Art *Gottesstaat* an. Dementsprechend politisch sind dann auch die Gebete.

> „Gott, mache George Bush zu einem brennenden Busch. Komm, Herr, und mache ihn heilig!"

> „Ich bete für Washington. Ich bete zu dir, Gott, bleib uns nahe, Herr!"

Und als Zuwendung für den deutschen Gast:

> „Kommt lasst uns beten für Deutschland. Lass Deutschland der Führer Europas sein auf dem Weg zur heiligen Erneuerung."

Zum Schluss beten alle in Richtung der amerikanischen Nationalflagge, diese überschwänglich verehrend.

Wieder zu Hause erzählt Esbjörn von seinen Eindrücken in den USA:

„So 'ne Radikalität [die ich da gelernt habe,] finde ich positiv, die finde ich gut und finde ich auch gesund, wenn der Kern der Sache etwas ist, was anderen Menschen dient, wo es um Liebe geht! (…) Wenn das radikal ausgelebt wird, dann halte ich das für gesund. (…) Es war eines der heftigsten Erlebnisse in meinem Leben. (…) Ausgehend von diesem Wochenende werden Wirbelstürme durch unser Land gehen."

Und weiter:

„Sicherlich interessant ist die Idee mit den Tapes[261], wirklich diese stummen Gebete, diese stummen Schreie zum Himmel nach außen zu tragen. Das wäre sicher eine Sache, die ich als positiv mitnehmen würde nach Deutschland."

Was für eine Zukunftshoffnung hat The Call. Für Ben-Rainer Krause ist das ganz einfach:

„Ich erwarte jeden Tag, daß er kommt. Und so lebe ich. Ich möchte nicht leben mit der Perspektive, vielleicht in hundert Jahren kommt Jesus zurück, sondern ich glaube, daß er wiederkommt. Und ich glaube, daß es nicht mehr so weit entfernt ist."

Das bedeutet aber, dass jeder Anhänger sein Leben und seine ganze Zeit für den Ruf in diese neue Zeit einsetzen sollte. Susanna schwärmt von der *Märtyrerschaft*:

„Ich bewundere immer die ganzen Märtyrer, die für ihn einfach ihr Leben gegeben haben. Und ich würde mir natürlich wünschen, daß ich diese Leidenschaft auch bekomme, daß ich bis ans Äußerste für ihn gehe. Und das ist das Ziel für mich, daß er mich so was von beeindruckt, daß ich das auch machen würde. Ja, daraufhin arbeite ich. Auf jeden Fall."

Die Dokumentation klingt aus mit einen Jesus-Lied, einmal etwas leiser, aber dafür auch besonders schön kitschig:

---

[261] Die vor Abtreibungskliniken und vor dem Weißen Haus zur Wahl von obersten Richtern des Supreme Court betenden Demonstranten haben sich mit roten Klebestreifen den Mund verklebt – darauf steht *Life* („Leben").

> „Jesus, ich liebe dich.
> Keiner ist so wie du.
> Mein Herr.
>
> Jesus, ich liebe dich.
> Keiner ist so wie du.
>
> Mein Herr.
>
> Wo wäre ich geblieben.
> Ohne dich in meinem Leben.
> Meine Liebe.
>
> Jesus, ich liebe dich (...)"

usw.

Die enthusiastischen Sinnsucher, die bis zum Letzten gehen, verabschieden sich.

2. Organisation

The Call ist eine in den USA entstandene eher charismatisch-fundamentalistische Bewegung. Der Gründer ist Lou Engle. Es gehören ihr in kurzer Zeit mehrere hunderttausend Gläubige an. Sie hat sich innerhalb weniger Jahre auch auf anderen Kontinenten ausgebreitet, so auch in Deutschland. In Deutschland war es vor allem Ben-Rainer Krause, der – angeregt durch das Miterleben eines Massengebetes in Washington im Jahr 2000 – diese Bewegung führte. The Call betreibt Großevangelisationen, öffentliche Gebetsveranstaltungen und vor allem auch Musik-Konzerte.

Ben-Rainer Krause sieht seine Aufgabe darin, die junge Generation in ihren Lebensbereichen für die frohe Botschaft anzusprechen.

> „Ich fühle mich berufen, Gott zu dienen. Ich tue nichts aus eigenen Ambitionen. Der jungen Generation zu dienen und sie zu Gott zurückzurufen, das ist meine Aufgabe!"

Die Bewegung legt die Bibel wortwörtlich aus und zeichnet sich durch einen immensen Missionseifer aus. Sie hält Seminare in eigens geschaffenen Zentren ab. Es geht um die Ausbreitung eines bibeltreuen Lebensstils.

„In den USA hat Lou Engle *The Call* im Januar 2004 offiziell beendet, die Büros sind geschlossen, die amerikanische Webseite vom Netz genommen. Gleichzeitig gründete Engle die Nachfolgeorganisation *The Cause*. Während *The Call* vor allem auf Fasten und Gebete ausgerichtet war, verfolgt *The Cause* einen aktiveren Weg der politischen Einflussnahme, insbesondere im ‚Kampf‘ gegen die gleichgeschlechtliche Ehe."[262]

Der Religionswissenschaftler und Theologe Uwe Birnstein wendet in seiner Kommentierung während der ARD-Reportage kritisch ein, dass ihn die Einschleusung der Anhänger von The Call in die gesellschaftlichen Bereiche an *Scientology* erinnern würde. Außerdem begegne man in dieser Bewegung einem „engen, ideologischen Christentum". Der außergewöhnliche Erfolg, den solche Bewegungen gegenwärtig zeitigen, sei darauf zurückzuführen, dass sie „einfache Botschaften im Meer der Beliebigkeit" liefern. Liberale theologische Vorstellungen seien derzeit wenig gefragt.

Wir haben in diesem Kapitel eine fundamentalistische Strömung gezeigt, die nicht klerikalistisch und zentralistisch arbeitet. Ihre *Holy Revolution*, mit der sie die Welt „reinwaschen" will, ist aber dennoch bedenklich, weil sie an einigen Stellen das eigenständige Denken zugunsten einer Massenvereinnahmung aufgibt. Das Unbehagen gegenüber fundamentalistischen Massenbewegungen bleibt gerade auch bei der Ausbreitung von The Call bestehen.

---

[262] CBN.com vom 8. Juli 2004

IV. Heilungsmagie und Psychokulte

Auf dem modernen Psychomarkt breitet sich ein riesiges Angebot seelenheilender Tätigkeiten aus. In dem Maße, in dem Menschen unter der Vereinzelung und Funktionalisierung im gesellschaftlichen Getriebe leiden, psychosozial belastet sind (*emotionally distressed*) und zunehmend die Frage nach dem „Selbst" und der eigenen „Befindlichkeit" stellen, geraten sie an halbprofessionelle Antwortgeber, die mit selbst gestrickten Psychokonzepten und esoterisch angehauchten Selbstbefreiungsmodellen ein quasitherapeutisches Wirken entwickeln, das häufig eher seelische Abhängigkeitsstrukturen als Heilungseffekte hervorbringt.

Die Tatsache, dass *Therapie* ein weiter Begriff und die Tätigkeit des Psychotherapeuten nur schwer rechtlich zu schützen ist, nutzen viele selbst ernannte Seelenheiler aus, um ein geschäftiges Treiben mit der Seele ihrer Klienten zu veranstalten. Da die auf diese Weise erzeugten Verwundungen nicht bluten, zuweilen schwer zu diagnostizieren sind, gibt es kaum Möglichkeiten, die seelentherapeutische Spreu vom Weizen zu scheiden. In einigen Fällen gelingt es den meist autodidaktisch geschulten und wissenschaftlich halbgebildeten Psychoheilern, eine feste Gruppe von Adepten und gehorsamen Jüngern um sich zu scharen, die dann den Kern einer strikt organisierten Weltanschauungsgemeinschaft bilden.

Besonders problematisch sind dabei Ansätze, die neben der psychischen Gesundung auch die körperliche auf eine Weise ins Auge fassen, welche die medizinische Betrachtung praktisch ausschließt. Sie versprechen körperliche Genesung, selbst bei schwierigsten gesundheitlichen Problemen, mithilfe von Stanniol, Handauflegen, Zaubersprüchen und pseudotherapeutischen Wässerchen oder Salben. Dass es dabei auch finanziell zur Sache geht, mag darüber hinaus als Skandal empfunden werden. Vielleicht lässt sich das noch humorvoll tolerieren, wenn es um Warzen oder kleine rote Flecken geht, Inakzeptabel sind indessen solche Heilungsangebote, die medizinische Maßnahmen entweder weltanschaulich oder durch falsche Versprechungen unterbinden.

Was körperliche Heilungsmagie mit den Psychokulten gemein hat, ist ihre Fixierung auf supranaturale und außersinnliche Begabungen der Therapierenden.

An der Grenze zwischen Weltanschauung, Religion und Therapie siedeln sich Gemeinschaften an, die den Anspruch auf Heilung sowohl im körperlichen wie im psychischen Sinne verbreiten. Folgende Bereiche lassen sich dabei in etwa abstecken:

a) Geistiges Heilen aufgrund von empfangenen Botschaften aus dem Jenseits, so ähnlich, wie es etwa in der Bruno-Gröning-Bewegung, aber auch in christlich-charismatischen Vereinigungen erfahren wird. Einschränkend muss aber gesagt werden, dass diese Art von Heilung in christlich-charismatischen Vereinigungen höchstens als ein Nebenprodukt ihres religiösen Handelns betrachtet werden kann. So unterschiedlich diese Strömungen auch sein mögen, so ähnlich ist der Charakter ihrer Heilungsmagie. Hierbei steht vor allem der körperlich erfahrene Gesundungsprozess im Vordergrund.

b) Psychische Heilung durch Meditation und andere bewusstseinsverändernde Methoden, die eng mit einer religiös geprägten Lehre verbunden sind. Solche Angebote entstammen zumeist der indischen oder ostasiatischen Religionswelt.

c) Die Esoterik- oder Psychogruppe, die sich durch eine bestimmte psychotherapeutische Weltanschauung artikuliert.

Gemeinsam ist diesen Kulten aus der *Psychoszene* der Anspruch, das Anliegen oder die Zusage, eine körperliche oder seelische Heilung zu bewerkstelligen. Nicht alle Ansätze fordern eine unbedingte Zugehörigkeit zu einem Kult, aber in vielen Fällen wird zumindest das Angebot gemacht. Spiritualität und Therapie werden in vielen Fällen miteinander vermischt. Die Seriosität der Angebote wird nicht selten kontrovers diskutiert. Die Kulte gehen in sehr unterschiedlicher Weise damit um. Einige reagieren aggressiv und abwehrend auf jede Art von Kritik, andere wiederum sind bereit, ihre Praktiken durchaus selbstkritisch infrage zu stellen.

Der Endbericht der Enquetekommission des Bundestages beschreibt die Schwierigkeit, zu einer angemessenen Bewertung zu kommen. Er zitiert die in der Fachliteratur anerkannten amerikanischen Forscher

IV. Heilungsmagie und Psychokulte

Rodney Stark und William Sims Bainbridge[263]. An dieser Stelle soll noch einmal etwas genauer auf diese Theorie eingegangen werden:

a) Der *audience cult* („Publikumskult") beinhaltet eine eher informelle Verbindung zum modernen Heilungs- und Esoterikmarkt. Man liest die Bücher, nimmt an Vorträgen teil oder interessiert sich für Sendungen in den öffentlichen Medien. Es bildet sich eine eher unverbindliche Weltanschauung heraus.

b) Der *client cult* („Klientenkult") bedeutet eine stärkere Anbindung an die Weltanschauung moderner Heilungsbewegung. Die Klienten nehmen an Wochenendseminaren, an Meditationsschulungen, an Workshops teil, sie werden aber nicht Mitglied eines bestimmten Kults.

c) *Cult movement* bezeichnet eine „Kultbewegung" in organisierten Weltanschauungsgemeinschaften. Hierbei wird die Mitgliedschaft in einer Gemeinschaft angestrebt, die mit einer bestimmten Doktrin, einem charismatisch begabten Führer oder einer Führerin sowie mit den typischen Merkmalen der Kultzugehörigkeit verbunden ist.[264]

Der „größere Teil" der modernen Heilungsangebote ist marktförmig und „bewegt sich im Umfeld der ‚audience' und ‚clients cults', nur der kleinere Teil hat die Gestalt eines ‚cult movement' mit klaren Zugehörigkeitsgrenzen".[265]

Wir beschränken uns im Folgenden auf die dritte Kategorie von Kulten, und versuchen gewisse Grenzüberschreitungen zu formulieren, die nicht in jedem dieser Kulte, aber doch immer wieder von Mitgliedern oder ehemaligen Klienten als Gefahren erlebt und erkannt wurden. Am Beispiel des sogenannten *Psychokults* sollen im Folgenden problematische Strukturen aufgezeigt werden, die, soweit sie vom Klienten erkannt werden, kritische Aufmerksamkeit und skeptische Distanz erzeugen sollten.

---

[263] vgl. auch Kap. I,5, S. 67 und Kap. II, S. 98
[264] Stark, Rodney/Bainbridge, William Sims: The Future of Religion: Secularization, Revival and Cult Formation. Berkeley/Los Angeles 1985
[265] Deutscher Bundestag (Hrsg.): Endbericht der Enquetekommission *Sogenannte Sekten und Psychogruppen*, Bonn 1998, S. 90 f. – siehe auch das Kapitel I,5 dieses Buches über neomystische Tendenzen

A. MERKMALE DES PSYCHOKULTS

1. Merkmal: Der Absolutheitsanspruch der psychologischen Weltanschauung

Das zentrale Zauberwort des modernen Psychokults heißt: *Ganzheitliche Therapie*. Hinter diesem Stichwort verbirgt sich der exklusive Anspruch, eine Theorie auf den Markt zu bringen, die – in sich absolut schlüssig und einmalig – allen anderen psychologischen Argumenten und Ansätzen gegenüber überlegen sei und eine Art *geschlossene Weltanschauung mit utopischem Charakter* darstellt. Das Ziel ist der „neue Mensch", die Negativfolie, von der er sich abheben soll, eine psychisch krank machende gesellschaftliche Umgebung. Eine Legitimation durch wissenschaftliche Argumente, eine Überprüfung des Ansatzes gegenüber den gängigen Fachwissenschaften sei nicht nur nicht nötig, sondern im höchsten Maße überflüssig. Die wissenschaftlichen Lehrmeinungen, die den eigenen Ansatz eventuell relativieren könnten, werden nicht selten vollkommen abqualifiziert.

Die Exklusivität der Methode wird auf die Gruppe übertragen. Nur wer dem Kult angehört, kann auf seine psychische Gesundheit hoffen. Diese Ideologisierung eines therapeutischen Ansatzes schafft die Binnenstruktur einer *Psychosekte* oder eines *Psychokultes*, bei dem, wie Gerhard Schmidtchen formuliert,

> „die Grenzen der Gruppe mit den Grenzen der Wahrheit zusammenfallen"[266].

Der Psychokult immunisiert sich auf diese Art und Weise gegenüber abweichenden wissenschaftlichen Lehrmeinungen und Argumenten, die nicht in sein System hineinpassen.

---

[266] vgl. Schmidtchen, Gerhard: Sekten und Psychokultur. Reichweite und Attraktivität von Jugendreligionen in der Bundesrepublik Deutschland. Freiburg i.Br./Basel/Wien 1987

2. Merkmal: Wissenschaftlicher Eklektizismus, Fortschrittsglaube und Allgemeinplätze

Die meisten Psychokulte formulieren Theorieelemente, die sie aus längst bekannten psychoanalytischen oder psychotherapeutischen Modellen gewinnen und einfach nur umformulieren. Die mehr oder weniger willkürlich zusammengewürfelten Einzelaussagen werden zu einem der Phantasie des jeweiligen Kultführers entsprechenden System ausgebaut. Die Quellen seiner Gedanken gibt er nicht explizit preis, sondern tut so, als sei das weltanschauliche Gebäude allein sein origineller Einfall. Auf diese Weise entsteht ein Konzept mit eigener *Nomenklatur*, die – als Fachvokabular vermittelt – den Anwendern der Therapie eine eindrucksvolle Kompetenz verleihen sollen. Der Außenstehende, psychologisch wenig gebildete Laie vermag das Begriffssystem nicht zu durchschauen. Der Psychokult verfügt über wenig oder gar kein empirisches Material, das die Behauptungen des Konzepts in irgendeiner Weise absichern könnte. Unter Forschung und Überprüfung versteht der Kult die ständige Wiederholung seines Therapiekonzepts. Einer Überprüfung durch akademische Disziplinen steht er prinzipiell kritisch gegenüber.

Das *Fachwortspektakel* deckt indessen die psychologischen und tiefenpsychologischen Allgemeinplätze zu, die der Psychokult als vollkommen neue, einmalige, bahnbrechende Theorie verkauft. Diese Theorie kennt – ähnlich wie die Weltanschauungen der religiösen Kulte – wenig oder gar keine Zwischentöne, sie ist *dualistisch* aufgebaut. Es gibt nur Richtig oder Falsch, Gut und Böse. Inhalt ist dabei stets ein ungebrochener, *linearer Fortschrittsglaube*, der die Idee vom *neuen Menschen* befördert durch die Anwendung seines Psychokonzeptes. Diesem Fortschrittsglauben an das individuelle und gesellschaftliche Heil durch die Segnungen des Psychokult-Konzepts entspricht eine *Heilungsgarantie* dem Patienten gegenüber. Die weltanschauliche Überfrachtung des Therapiekonzeptes verleiht ihm Exklusivität und einen überhöhten Wahrheitsanspruch.

3. Merkmal: Die Heilungsgarantie

Der Psychokult vermittelt seinen Patienten nicht nur das Bild eines geschlossenen Systems, er verspricht darüber hinaus eine garantierte Wirksamkeit seiner Methode. Von seinen Patienten verlangt er nicht nur unbedingtes Vertrauen gegenüber dem Therapeuten, sondern ebenfalls eine Übernahme der ganzen Weltanschauung, die er vertritt. Nur wer die Welt so sieht wie er, vermag in dieser kranken Welt auch gesund zu werden. Daraus folgt für ihn zwingend, dass beim Ausbleiben des Heilungserfolgs lediglich der Patient schuld sein kann an seinem Misserfolg. Dieser hat entweder „noch nicht" die richtige Einstellung gewonnen oder durch kritische Gedanken „innere Widerstände" gezeigt, die es abzubauen gilt. Weigert sich ein Patient oder Klient gar, die ganze Weltanschauung zu übernehmen, werden die Maßnahmen und die therapeutische Sprache dementsprechend aggressiv. Als gesund und stabil gelten nur die Personen, die – ganz tautologisch gedacht – das weltanschauliche Konzept des Kultes bestätigen. Die Therapieform des Kultes nimmt für sich in Anspruch, für alle Menschen die einzig richtige zu sein.

4. Merkmal: Der Führer im Psychokult

An der Spitze eines Psychokults steht häufig ein Kultführer, der die Therapie ersonnen hat und dessen weltanschauliche Betrachtungsweise von allen Adepten und Klienten Wort für Wort übernommen werden muss. Er wird von ihnen verehrt wie ein *religiöser Meister*, der keinerlei Fehler macht und keinen Widerspruch duldet. Er selbst produziert durch seine therapeutischen Maßnahmen *psychische Abhängigkeitsstrukturen*. Die Klienten und die Therapeuten, die in seinen Diensten stehen, sind auf ihn fixiert, eine kritische Hinterfragung seines Verhaltens ist ihnen nicht mehr möglich. Sie zitieren seine Worte oder seine Schriften wie heilige Weisheiten, die durch nichts infrage zu stellen sind. Sein Leben und seine Praktiken werden nach außen vollkommen immunisiert und tabuisiert.

Die Qualifikation des Kultführers in Sachen Psychotherapie und Medizin ist in den meisten Fällen höchst zweifelhaft. Er ist häufig nicht in der Lage, die Grenzen seiner heilenden Einflussnahme zu erkennen.

Der Kultführer schafft sich in der Organisation eine geheim oder offen gestaffelte *Hierarchie*. Es wird nur von oben nach unten regiert. In der Gruppe gilt das Prinzip des absoluten Gehorsams gegenüber seinen Anweisungen. Ist der Kultführer verstorben, dann werden seine Aussagen weiterhin quasi-religiös verehrt. Eine Veränderung seiner Lehren, eine Anpassung an neuere psychologische Erkenntnisse ist bis auf Ausnahmen in der Regel ausgeschlossen. Der Kultführer regiert seine Adepten diktatorisch und reagiert aggressiv und schikanös gegenüber Abweichlern.

5. Merkmal: Das Elitebewusstsein

Dafür schenkt er seinen Anhängern das Bewusstsein, zu einer erlauchten Elite der Gesellschaft zu gehören. Sie sind nicht nur psychisch gesund, sondern zugleich auch die *Inhaber einer absoluten Wahrheit,* die von Außenstehenden nicht verstanden wird. Es gilt auch hier immer wieder das Argument gegenüber Kritikern: Ihr könnt uns nicht verstehen, weil ihr nicht bei uns seid. Fragen und Unverständnis, die namentlich von Novizen oder von Skeptikern gegenüber den Therapeuten geäußert werden, quittieren diese mit einem „Augurenlächeln". Dieses wissende Lächeln der *Eingeweihten* wird von ehemaligen Anhängern solcher Psychokulte immer wieder als besonders abstoßend und arrogant empfunden. Es vermittelt das Gefühl, „ganz klein und unwissend" zu sein. Man steht der Weisheit und Erkenntnis der Auguren prinzipiell unreif oder verblendet gegenüber.

6. Merkmal: Der Umgang mit Klienten (Vertraulichkeit der Therapeut-Patient-Beziehung) – *Busting* gegenüber Patienten

Die Abhängigkeitsstrukturen, die im Psychokult sowohl materiell als auch psychisch hergestellt werden, nehmen verschiedene Formen an:
1. Der Therapeut tritt dem Patienten als allwissender und letztlich auch allmächtiger Menschenkenner gegenüber. Er hat auf alles eine Antwort, reagiert schnell und selbstbewusst mit häufig sehr einfachen Verhaltensrezepten.

2. Der Therapeut wird in seiner Beziehung zum Patienten durch keinerlei Selbstinfragestellung getrübt. Die in der Psychoanalyse zentralen Problematisierungen in diesen Beziehungen wie z.B. die Frage nach Übertragung und Gegenübertragung, die Frage nach inneren Widerständen usw. spielen keine Rolle. Die therapeutische Interaktion steht unter dem Primat der Weltanschauung. Die *Vermischung von Spiritualität und Psychologie* ist undurchschaubar.
3. Der Psychokult geht bedenkenlos mit den gewonnenen Daten und Informationen über seine Klientel um. Einige Psychokulte verwenden diese außerordentlich persönlichen und intimen Erkenntnisse über ihre Anhänger auch in der Öffentlichkeitsarbeit, um z.B. Kritiker aus den eigenen Reihen zu diskreditieren. Die Vertraulichkeit gegenüber den Klienten wird nicht gewahrt. Und es besteht darüber hinaus auch nicht das geringste Unrechtsbewusstsein, wenn man diese Informationen über die Patienten einfach nach außen hin oder im inneren Diskussionsprozess preisgibt.
4. Betroffene klagen immer wieder darüber, dass die Therapie selbst oftmals den Charakter der *Indoktrination* annimmt. Der Patient wird angeschrien, aggressiv angegangen, um eine Verhaltensänderung zu bewirken. Dieser fordernde, bisweilen ruppige Umgangsstil ist aus der amerikanischen Psychotherapie als *Busting* bekannt. Der Kultführer oder Therapeut bevorzugt einen autoritären Führungsstil sowohl in seiner Organisation oder Bewegung wie auch in den Therapiesitzungen. Seine Rollen als Vorgesetzter und Helfer werden nicht unterschieden.
5. Häufig geht die Therapie des Psychokults auf die primären sozialen Kontakte ihrer Klienten ein, indem sie sie massiv kritisiert und eine Trennung von nahestehenden Menschen empfiehlt. Diese familienzerschneidende Wirkung des Psychokults ist oftmals der Ausgangspunkt für schwere Depressionen und Konflikterfahrungen auf Seiten der Patienten und ein Skandal in den Augen ihrer Angehörigen. Es kommt dabei zu dramatischen Auseinandersetzungen, in deren Verlauf die Angehörigen in ihrer Verzweiflung zum letzten Mittel greifen und an die Öffentlichkeit gehen, um das Schicksal der durch den Kult *psychotherapeutisch verordneten Trennung* anzuprangern. Sie haben sonst keine Möglichkeit, sich dagegen zu wehren, da der Kult seine

Klienten meist ideologisch fest im Griff hat und diese eine Rückkehr in die eigene Familie entweder nicht wollen oder nicht wagen.
6. Die Therapie geht über in eine vollständige *Milieukontrolle* der Lebensverhältnisse ihrer Klienten.[267] Was sie den ganzen Tag tun, wie sie es tun, warum sie es tun, unterliegt der Beurteilung und Bewertung des Kults. Wer versucht, sich dieser Kontrolle zu entziehen, gilt als unsicherer Kantonist und muss dieses umständlich rechtfertigen.
7. Das Ziel des Psychokults ist nicht die seelische Gesundheit des Patienten, sondern die Gewinnung von Anhängern seiner Weltanschauung, die in die Lage versetzt werden sollen, selbst wieder Multiplikatoren des Kults zu werden.
8. Oftmals wird auch die Gruppengröße beklagt, die von einzelnen Kulten in der Therapie zugelassen wird. 20–30 Personen werden gleichzeitig in einer emotional hoch aufgeladenen Situation von einem Therapeuten betreut, was im Einzelfall zu erheblichen psychischen Belastungen bei den Klienten führen kann. Unter diesen Punkt fallen im Grunde genommen auch sogenannte *Massenheilungen* von körperlichen Gebrechen, die nicht selten auch in *Massenhysterien* ausarten können.
9. Viele ehemalige Anhänger von Psychokulten fühlen sich finanziell von dem Kult ausgenommen. Sie haben ungeheure Summen in fragwürdige Therapien investiert ohne jeglichen Anspruch auf Gewähr.

7. Merkmal: Der Umgang mit Kritikern

Ebenso hemmungslos, wie sie mit ihren Klienten verfahren, ist auch ihr Umgang mit Kritikern, die von außen kommen. Wagt einer, das System des Psychokults, die monomane Fixierung auf den Kultführer, die doktrinären Beeinflussungen, den Wahrheitsanspruch der Lehre infrage zu stellen, wird nicht mit Argumenten versucht, den Einwänden zu begegnen. Für den Psychokult sind Kritiker in erster Linie „Feinde", die man mit allen Mitteln, auch denen der Verunglimpfung und der öffentlichen Diskreditierung bekämpfen muss.

---

[267] vgl. Hemminger, Hansjörg: Das therapeutische Reich des Dr. Ammon. Eine Untersuchung zur Psychologie totalitärer Kulte. Stuttgart 1989, S. 143 f.

Der Psychokult ist außerordentlich prozessfreudig. Sobald Kritiker Einwände in der Öffentlichkeit geltend machen, werden sie mit Prozessen überzogen. Da der Psychokult meistens sehr kapitalkräftig ist, kann er sich das Prozessieren grundsätzlich mehr leisten als die von ihm Verklagten. Für die öffentliche Selbstdarstellung des Kults reichen wenige gewonnene Prozesse, um daraus öffentlichkeitswirksam Profit für die Selbstdarstellung zu schlagen.

Die hier ausführlich dargestellten Merkmale gelten keinesfalls für alle Kulte auf dem Heilungs- und Psychomarkt oder nur teilweise. Dennoch ist es nicht unerheblich, sich diese Merkmale vor Augen zu führen, um die eigene kritische Distanz einem „neuen Therapiekonzept" gegenüber zu wahren, vor allem wenn es mit der Zugehörigkeit zu einer fest strukturierten Gemeinschaft verbunden ist. Um die Klienten besser vor Übergriffen, psychischen oder anderen gesundheitlichen Schäden zu bewahren, empfiehlt der Endbericht der Enquetekommission ein Überdenken der Heilpraktikergesetze bzw. der Psychotherapeutengesetze, vor allem aber ein „Gesetz zur Regelung der gewerblichen Lebensbewältigungshilfe".[268]

Einen anderen Bereich im sogenannten *geistigen Heilen* stellen die weit verbreiteten alternativen Heilungsbewegungen dar, die sich mehr in den Bereichen *audience-cult* und *client-cult* ansiedeln lassen. Hier spielen nicht selten ostasiatisch inspirierte Weltanschauungsbewegungen eine große Rolle. Als Beispiel wollen wir die weltweit bekannte Bewegung *Reiki* vorstellen:

B. REIKI – ESOTERISCHE HEILTECHNIK AUS JAPAN

1. Entstehung

Reiki ist eine Art Heiltechnik aus Japan, die auch *Radiance Technic* genannt wird. Das Wort *Reiki* setzt sich aus den beiden Silben *rei* („universal") und *ki* („Lebensenergie") zusammen. Das japanische Wort *rei*

---

[268] Deutscher Bundestag (Hrsg.): Endbericht der Enquete-Kommission *Sogenannte Sekten und Psychogruppen*, Bonn 1998, S. 286 ff

1. Entstehung

„bezeichnet die Geister Verstorbener, sodass Reiki mit ‚Geist-Energie', ‚Geist-Kraft' zu übersetzen wäre. Die damit anklingende spiritistische Vorstellung, nach der der Heiler ein ‚Kanal' für die Geister ist, findet sich in Japan häufig"[269].

Dieser spiritistische Aspekt in der Wortgenese wird von der Reiki-Bewegung selbst nicht weiter berücksichtigt.
Nach eigenen Angaben hat Reiki seinen Ursprung

„im chinesischen Qi Gong, von dem es verschiedene Strömungen gibt. Alle Strömungen des Qi Gong stammen aus dem Taoismus, dem Buddhismus oder dem Konfuzianismus und teilen sich in aktiven, aktiv-passiven und passiven Stil. Bei Reiki handelt es sich um eine buddhistische Variante des Qi Gong, welche die Erweiterung der inneren Bewusstheit zum Hauptziel hat"[270].

Auf jeden Fall ist die Entstehung von Reiki stark mit der Legende von Dr. Mikao Usui verbunden, der angeblich Direktor eines christlichen Seminars in der japanischen Stadt Kyoto war. Er lebte von 1865 bis 1929. Von seinen Schülern wurde er nach eigenen Berichten befragt,

„wieso denn zu ihrer Missionarsausbildung nicht auch Heilen gehört habe"[271].

Usui soll dann nach Amerika gereist sein und sich nach seiner Rückkehr in Japan auf die Suche nach einer Heilkunst begeben haben. Er habe sich sowohl mit japanischen und chinesischen Schriftzeichen wie auch mit der indischen Sprache *Sanskrit* vertraut gemacht, sodass es ihm möglich wurde,

---

[269] Hummel, Reinhart: Reiki - Heilungsmagie aus Japan. In: *Materialdienst* der EZW Nr. 6/1991, S. 164 f.
[270] Petter, Frank Arjava: Das Reiki Feuer. Neues über den Ursprung der Reiki-Kraft. Das komplette Lehr- und Arbeitsbuch. Aitrang 1997, S. 19 ff.
[271] Die Legende von Dr. Mikao Usui erzählt von Reiki Meisterin Hawayo Takata; auf Tonband aufgezeichnet im August 1979; aufgeschrieben von Reiki Meisterin Maxy Ann Michael und herausgegeben von Reiki Meisterin Dr. Barbera Ray. In: http://www.japan-reiki.de/ursprung.html

„in den auf Sanskrit niedergeschriebenen Sutras die Schlüssel dafür [zu finden], wie universelle Lebensenergie zu Heilungszwecken aktiviert und gelenkt werden kann. Es war eine Art einfacher Formel, nicht schwieriger als 2+2=4"[272].

Von Usui wird berichtet, er habe sodann 21 Tage auf dem Berg Kuriyama gefastet und meditiert. Vor Sonnenaufgang des letzten Tages wurde ihm eine Vision zuteil:

„Er sah einen Lichtschimmer und sagte, ‚jetzt geschieht es'. Das Licht bewegte sich schnell auf ihn zu. (...) Er sah das Licht in die Mitte seiner Stirn einschlagen (...) Er hatte den Eindruck, zu sterben. (...) Er fühlte gar nichts (...) Er sah Millionen und Abermillionen durchsichtiger Kugeln in allen Regenbogenfarben vor sich. (...) Dann zum Schluß sah er ein großes weißes Licht und dann, wie auf einer Leinwand direkt vor sich (...) *erblickte* er die Sanskritzeichen, die er gelernt hatte. In goldenen Lettern leuchteten (die Worte) vor ihm auf (...) und er sagte ‚Ja, ich erinnere mich'."[273]

Nach dieser Vision wird von vielen „Wundern" berichtet, die Usui begegneten und die mit seinen neu gewonnenen Energien in Zusammenhang zu sehen seien. Besonders eindrucksvolle Krankenheilungen werden ihm zugeschrieben sowie zahlreiche Reisen, auf denen er Vorträge hielt und seine neue Lehre verbreitete.

Einer seiner Schüler, der japanische Aristokrat Dr. Churijo Hayashi, wurde sein Nachfolger und gründete 1921 eine private Reiki-Klinik in Tokio. Er bestimmte eine von ihm geheilte Frau, Hawajo Takata, zu seiner Nachfolgerin. Sie war auf einer der haiwaiianischen Inseln geboren und hatte zeitlebens die amerikanische Staatsbürgerschaft. Als Tochter eines Plantagenarbeiters führte sie zunächst ein relativ einfaches und bescheidenes Leben. Nach dem Tod ihres Mannes wurde sie jedoch angeblich sehr krank und dann auf wunderbare Weise in der Reiki-Klinik in Tokio geheilt.

---

[272] Die Legende von Dr. Mikao Usui erzählt von Reiki Meisterin Hawayo Takata, http://www.japan-reiki.de/ursprung.html

[273] zitiert nach Ray, Barbara: Der Reiki-Faktor. Eine Einführung in das authentische Usui-System. Vorwort von Elisabeth Valerius Warkentin. Übersetzung aus dem Amerikanischen von Anna-Christine Rassmann. St. Petersburg/Florida ¹1985, S. 62; vgl. auch: Die Legende von Dr. Mikao Usui erzählt von Reiki Meisterin Hawayo Takata, http://www.japan-reiki.de/ursprung.html

Im Dezember 1980 starb Hawayo Takata. Nach ihrem Tod ergaben sich Nachfolgestreitigkeiten zwischen Phylis Furomoto, der Enkelin von Hawayo Takata, und der amerikanischen Großmeisterin Dr. Barbara Ray. Furomoto leitet die *Reiki-Alliance* und betont den spirituellen Aspekt des Usui-Systems. Ray gründete 1980 in Atlanta die *American Reiki Association*, die sich ebenfalls in direkter Linie zu Usui versteht. Ray berichtet über eine Initiation durch Hawayo Takata in allen sieben Graden des Reiki-Systems, was ihr die Legitimation verschaffe, das Reiki-System weltweit zu vertreten. 1982 wurde der Name der Organisation in *American-International Reiki Association Inc.* (AIRA) umgewandelt und damit noch einmal die eigene Legitimation unterstrichen.[274] Die Frage, wer wann zuerst bevollmächtigt wurde, das Reiki-System weltweit zu vertreten, tritt gegenüber inhaltlichen Differenzen in den Vordergrund.

„Die erste deutsche Reiki-Meisterin scheint die Heilpraktikerin Barbara Müller aus Frankfurt zu sein, die der ‚Reiki-Alliance' angehört."[275]

Die deutsche Reiki-Alliance befindet sich derzeit in Vellmar.

2. Lehre

In ihrem Selbstverständnis stellt Reiki eines von vornherein klar: Reiki sieht sich nicht als „eine Religion, ein Kult oder ein Glaubenssystem". Im Gegenteil: „Reiki ist mit allen Glaubensrichtungen vereinbar." Vor diesem Hintergrund ist es sicherlich problematisch, Reiki im Kontext neureligiöser Bewegungen einzuordnen, eine Schwierigkeit, die sich unter anderem auch bei der *Transzendentalen Meditation* ergibt. Bei einer vertieften Auseinandersetzung mit Reiki werden indessen durchaus auch religiöse Elemente sichtbar. Die Formulierungen sind indessen unbestimmt und vermischen Weltanschauung, Religion und Medizin:

„Reiki ist die Kunst und Wissenschaft, natürliche, universelle Lebenskraft zu aktivieren, zu lenken und anzuwenden, um Ausgewogenheit der

---

[274] Ray, Barbara: Der Reiki-Faktor. Eine Einführung in das authentische Usui-System. St. Petersburg/Florida ¹1985, S. 65
[275] Hummel, Reinhart: Reiki – Heilungsmagie aus Japan. In: *Materialdienst* der EZW Nr. 6/1991, S. 164

Energien, Heilung und Ganzheit zu fördern, um Störungen vorzubeugen und in jedem Lebensalter echtes Wohlbefinden zu erhalten."[276]

Ganz ähnlich wie bei TM klingt auch der folgende Satz:

„Reiki ist eine sehr wirkungsvolle Selbsthilfetechnik zur vollkommenen Entspannung und um Streß abzubauen."[277]

Auf der einen Seite stehen Begriffe wie *Wissenschaft, Heilung, Selbsthilfetechnik*, die ein eher mechanistisches Verständnis signalisieren, auf der anderen Seite Begriffe, die vor allem in der modernen Esoterik und der humanistischen Psychologie eine Rolle spielen, wie *natürliche, universelle Lebenskraft, Entspannung, Ganzheit* oder *Gleichgewicht*. Dazu kommen Begriffe aus unterschiedlichen religiösen und lebensphilosophischen Zusammenhängen. Die Silbe *Ki* wird interpretiert im Sinne des chinesischen *Chi*, des aus Indien kommenden Begriffs für „Lebensatem", *prana*, und des *Lichts* in Christusworten. Diese Vermischung verschiedener religiöser Systeme ist typisch für New-Age-bewegte Lebens- und Heilungskonzepte und führt bei Reiki zu einem Nebeneinander von verschiedenen „Therapieansätzen" und Glaubensvorstellungen. Nicht selten ist eine Reiki-Meisterin, die ihre Seminare für den 1. oder 2. Grad anbietet, gleichzeitig *Rebirtherin* (Atemtherapeutin), Gestalttherapeutin oder verfügt über Kenntnisse in Aura-Behandlung. Die Popularität, die Reiki erreicht, lässt sich vielleicht am deutlichsten durch einen bemerkenswerten Widerspruch darstellen. Einerseits beschreibt Ray Reiki als eine Methode, die „für jedermann, auch für Kinder, leicht zu erlernen" ist. Andererseits wird deutlich ausgeschlossen, dass man sich das Reiki-System selbst beibringen könne.

„Erst wenn das authentische, Real Reiki von einem, von der A.I.R.A. richtig ausgebildeten und anerkannten Lehrer aktiviert ist, können Sie die Anleitungen in diesem Buch in Ihrem täglichen Leben anwenden."[278]

---

[276] Reiki-Association, Uwe Schneider, http://reiki.e-motio.info/
[277] Ray, Barbara: Der Reiki-Faktor. Eine Einführung in das authentische Usui-System. St. Petersburg/Florida [1]1985, S. 2
[278] Ray, Barbara: Das offizielle Reiki Handbuch. Hrsg. von AIRA (*American International Radiance Association*) 1986, interne Veröffentlichung der Reiki-Bewegung für Seminarteilnehmer, S. 5

2. Lehre

Das Menschenbild bei Reiki ist ähnlich wie im *tantrischen Yoga* geprägt durch die sieben feinstofflichen Energiezentren (*Chakren*), die physiologisch beschrieben von unten nach oben, vom *Wurzelzentrum*, über das *Sexzentrum*, den *Solar-Plexus*, das *Herzzentrum*, das *Kehlzentrum* und das *dritte Auge* zum sogenannten *Kronenzentrum* aufsteigen. Es geht darum, diese Ebenen durchlässig zu machen mithilfe der *Radiance-Technic*. Der Weg gehe aus der „Dunkelheit zur Erleuchtung". Den sieben Energiezentren entsprechen die psychologischen Ebenen, die die *physisch-materielle*, die *emotionale* und die *mentale* Ebene (konkretes Denken) umfassen. Darüber erheben sich die immer lichter und feiner werdenden Ebenen der Bewusstseinserweiterung, die *höhere Mentalebene*, das *höhere Bewusstsein*, das *transzendentale Bewusstsein* und das *geistige Erwachen*. Über allem steht das *universale Bewusstsein*, die kosmische Ebene, das Licht. Reiki versucht nun, durch bestimmte Handhaltungen des Behandelnden, einen Transformationsprozess in Gang zu setzen, der das Spektrum des Bewusstseins durchlässiger macht durch das „Abstrahlen" (*Radiance*) von Lebensenergie vom Behandler auf den Behandelten. Wesentlich dabei ist, dass die Wirkung dieser Behandlung vom Bewusstsein des Behandelten letztlich unabhängig ist. Meditative Versenkung oder gar rituelle Handlungen aufseiten des Behandelten sind nicht notwendig. Reiki soll auch bei Tieren oder Pflanzen helfen. Dieser gewisse Automatismus in der Wirkungsweise von Reiki, der wie eine Art *Lichtdusche* heilende Kräfte in Gang setzt, lässt Hummel von einer *Heilungsmagie* sprechen.[279] Dieser Aspekt wird besonders evident, wenn behauptet wird, man könne mithilfe von Reiki auch mechanische Reparaturen durchführen, z. B. das Aufladen von Autobatterien. Letzteres wird aber von einigen Reiki-Meistern vor allem im Westen humorvoll infrage gestellt. Die Empfehlungen für die Reiki-Anwendung bei Menschen, die Ray gibt, tragen dabei durchaus rituelle Züge. Die Behandler strahlen ihre Lebensenergie ab, indem sie anders als z. B. bei Mahikari[280] den zu behandelnden Körper berühren, vor allem an jenen Stellen, die von Krankheitssymptomen befallen sind. In dem Reiki-Handbuch von Barbara Ray werden von Allergien bis Zysten alle mögli-

---

[279] Hummel, Reinhart: Reiki - Heilungsmagie aus Japan. In: *Materialdienst* der EZW Nr. 6/1991, S. 163–166

[280] vgl. Mahikaris japanische Lichtgebungszeremonie

chen Krankheiten und die zur Behandlung notwendigen Handhaltungen angegeben. An dieser Stelle erscheint problematisch, dass die Vermischung von Therapie und Vermittlung weltanschaulich geprägter Heilung eventuell gefährlich werden könnte, wenn sie denn medizinische Behandlung ersetzt. Ray versucht diesem Dilemma zu entgehen, indem sie ausdrücklich vermerkt:

> „Reiki ersetzt keine ärztliche Betreuung, die Behandlungsweisen mit Reiki können immer zusätzlich zu anderen Therapien angewandt werden und unterstützen diese."[281]

Dennoch lassen sich Hummels Bedenken aufrechterhalten, dass die „volkstümlichen psychosomatischen ‚Erklärungen'" eine Heilung sehr leicht erscheinen lassen,

> „weil sie dem körperlichen Bereich und seinen Zusammenhängen jede Eigenständigkeit nehmen. Bleibt die Heilung aus, so wird mangelnde Bereitschaft des Kranken oder seine ‚karmische Schuld' dafür verantwortlich gemacht"[282].

Hinzu tritt noch das Problem, dass in der Anleitung zur Reiki-Behandlung suggestive Momente erkennbar werden, die Bewusstseinsfokussierungen und eventuell die damit verbundenen Tranceeffekte erzeugen. Die sanfte Berührung des Körpers unterstützt diese Wirkung und könnte gelegentlich bei einer labilen Disposition des „Behandelten" zu Konflikten führen, die für beide Seiten unüberschaubar werden.

3. Reiki-Autoritäten

Die drei Autoritäten Mikao Usui, Jujiro Hayashi und Hawayo Takata werden von allen Zweigen, allen Reiki-Meistern und Reiki-Meisterinnen anerkannt. In Usuis Ansatz stand zunächst die spirituelle Erneuerung und die damit verbundene moralisch-ethische Reinigung der Menschen im Vordergrund:

---

[281] Ray, Barbara: Der Reiki-Faktor. Eine Einführung in das authentische Usui-System. St. Petersburg/Florida [1]1985, S. 27
[282] Hummel, Reinhart: Reiki - Heilungsmagie aus Japan. In: *Materialdienst* der EZW Nr. 6/1991, S. 165

„Für heute lasse ich allen Ärger los. Für heute lasse ich alle Sorgen los. Heute bin ich mir all dessen bewußt, womit ich gesegnet bin. Heute tue ich ehrlich meine Arbeit. Heute bin ich freundlich zu allen Lebewesen."[283]

Einen unmittelbar religiösen Bezugspunkt gab es aber für Usui nicht, wenn man nicht seine oben beschriebene Vision als eine Art Offenbarungserlebnis deutet. Seine heutigen Nachfolgerinnen stellen aber den Heilungsgedanken und die damit verbundenen therapeutischen Erfolge von Reiki in den Vordergrund. Aufgrund des von Barbara Ray inaugurierten Systems gilt Reiki vor allem als Heilungsmethode. Obgleich bei Reiki in allen seinen Zweigen immer wieder betont wird, wie leicht und natürlich die Methode erlernbar sei, ist die Rückbindung und die legitimatorische Verpflichtung auf die Reiki-Autoritäten konstitutiv. Nur wer die Reiki-Grade erlangt hat, darf auch Reiki ausüben.

4. Kultus

In den Empfehlungen für die Reiki-Anwendungen von Barbara Ray werden Anweisungen gegeben, die in ähnlicher Weise in vielen Meditationsanweisungen mit rituellem Charakter vorkommen:

„Wasche dir vor und nach der Anwendung die Hände. Triff, wenn nötig, weitere Hygienevorkehrungen. Laß den zu Behandelnden Schuhe, Brille, Gürtel, große Schmuckstücke oder andere sperrige und enge Kleidungsstücke ablegen. Vollständiges Entkleiden ist nicht notwendig und wird nicht empfohlen. Weder der Behandelte noch der Behandler sollen Arme und Beine gekreuzt haben. Halte bei den Reiki-Positionen deine Finger geschlossen. Gespreizte Finger streuen die Energie. Behandle, außer in Notsituationen, bei Unfällen und akuter Stressabhilfe, immer den ganzen Körper. Mach es dir und dem zu Behandelnden bequem. Eine sitzende oder liegende Haltung auf einem gepolsterten Massagetisch, einem Sofa oder Bett (…) empfiehlt sich. (…) Halte Papiertücher (…) und eine Decke oder ein Laken zum Zudecken bereit. Es ist gut, wenn du weißt, wofür der/die Betreffende Reiki möchte, ob er/sie irgendwelche

---

[283] Fünf Reiki-Lebensregeln. In: Zentrum für neue Lebenskonzepte, Waltraud Märkle, http://www.allumfassende-heilung.de/defaultframe.htm?http://www.allumfassende-heilung.de/reiki.htm

> Krankheiten hat oder operiert wurde. (...) Schaffe eine Atmosphäre von Ruhe und Geborgenheit. Ruhige, entspannende Musik kann dazu beitragen. Wenn du jemanden zum ersten Mal Reiki gibst, empfiehlt es sich, an mindestens drei aufeinanderfolgenden Tagen eine vollständige Anwendung durchzuführen. (...) Fahre mit den Reiki-Anwendungen solange fort, bis die Energie im Gleichgewicht und Gesundheit und Ganzheit wiederhergestellt sind. Wenn du den/die Betreffende(n) nicht direkt berühren kannst, halte deine Hände wenige Zentimeter über den jeweiligen Positionen. Als ‚Faustregel' für die Anwendungsdauer gilt: mindestens 5 Minuten für jede Position, je nach Gegebenheiten kannst du mehr oder weniger Zeit aufwenden. Denk daran: ‚Ein bißchen Reiki ist besser als gar kein Reiki.' Reiki kann gefahrlos zur Heilung von Tieren und Pflanzen eingesetzt werden. Benutze auch mit Reiki deinen gesunden Menschenverstand."[284]

Gekreuzte Beine oder Arme sowie das Spreizen der Finger verhindern nach der Auffassung von Reiki die effektive Abstrahlung der natürlichen Lebensenergie. In fotografisch genauen Anweisungen werden die unterschiedlichen Handhaltungen bei diversen Krankheitssymptomen wie z. B. „Herzanfall", „Schluckauf", „Prostatabeschwerden", „Brustfell- und Lungenkrankheiten", „Degenerationserkrankungen" u. a. dargestellt.

5. Verbreitung und Organisation

Vor allem in den Achtzigerjahren bekam Reiki in seinen verschiedenen Formen eine ungewöhnliche Popularität. In einigen Städten des Westens werden regelmäßig von sogenannten Reiki-Meistern Seminare angeboten, um den 1. und 2. Grad zu erlangen. Nach ursprünglicher Lehre gibt es drei Grade.

> „Beim I. Grad werden vier Einweihungen vorgenommen, die Sie zum Kanal für die universelle Lebenskraft werden lässt. Das Seminar vermittelt ein Grundwissen über die Anwendung und das Praktizieren der heilenden Reikikraft."[285]

---

[284] Ray, Barbara: Der Reiki-Faktor. Eine Einführung in das authentische Usui-System. St. Petersburg/Florida ¹1985, S. 7 f.

[285] aus einer Werbeschrift, 1995

5. Verbreitung und Organisation

> „Der II. Grad Reiki bewirkt tiefe psychische Öffnung, welche die intuitiven Kräfte und die Heilungsfähigkeit verstärken. Es erfolgt die Vermittlung heiliger Symbole und Mantren, und das Erlernen ihrer Anwendungsmöglichkeiten im Bereich des geistigen Heilens und der Fernheilung."[286]

Der dritte Grad ist der Meistergrad, der erst nach längerer Mitarbeit bei einem Meister oder einer Meisterin verliehen wird. Er gibt das Recht, auch andere einzuweihen, was eventuell mit erheblichen Einnahmen verbunden ist. Denn der Meistergrad kostete Anfang der Neunzigerjahre noch über 10.000 Dollar,[287] ist heute indessen wesentlich billiger geworden. Die AIRA bietet noch weitere vier Grade an. In Deutschland wird von der Reiki-Allianz, die hier offensichtlich mehr Anhänger zählt als die AIRA, ein Rundbrief verteilt. Die Anzahl der Reiki-Anhänger ist deshalb unüberschaubar, weil zahlreiche Sympathisanten in autodidaktischer Weise mit Reiki-Handbüchern umgehen, andererseits auch andere neuesoterische Gemeinschaften die Heilmethode von Reiki integrieren (z.B. Reiki in *Osho*-Zentren). In Deutschland existiert die *Radiance Technique Association International, Inc.* (TRTAI) als gemeinnütziger Verein.

Nach eigenen Angaben auf ihrer Homepage im Internet waren die meisten Reiki-MeisterInnen bzw. -LehrerInnen fest in eine der beiden oben angegebenen Organisationen eingegliedert, bis dann 1989 eine Änderung vorgenommen wurde. Um

> „eine schnelle Verbreitung von Reiki zum Wohle der Menschen zu ermöglichen, wurden ab 1989 freie Reiki-Meister / LehrerInnen zugelassen, die keiner Organisation angehören und eigenverantwortlich Einweihungen vornehmen können"[288].

Es ist dabei unschwer zu erkennen, dass sich auf diese Weise ein weitgehend unüberschaubarer Markt von „freien" Reiki-Meistern gebildet hat, der im Internet mit einem dichten Netz von Adressen aus allen Regionen Deutschlands für Reiki-Schulung und Reiki-Behandlung wirbt.

---

[286] aus einer Werbeschrift, 1995
[287] Hummel, Reinhart: Reiki - Heilungsmagie aus Japan. In: *Materialdienst* der EZW Nr. 6/1991, S. 163
[288] Werbeschrift über Reiki im Internet, Homepage mittlerweile nicht mehr auffindbar.

Reiki ist darüberhinaus auch offen gegenüber anderen neureligiösen Bindungen:

> „Außer den freien Reiki-Meister / LehrerInnen sind aus der Reiki-Alliance weitere Reiki-Zweige, wie z. B. das Osho-Neo-Reiki hervorgegangen. Neben der von Mikao Usui ausgehenden direkten Linie gibt es eine weitere Reiki-Organisation, die R.A.I. die 1991 von Eckart Strohm gegründet wurde."[289]

Wie bei einer Amöbe mit Scheinfüßchen scheint sich die Anpassungsfähigkeit von Reiki auf dem esoterischen Markt an viele Angebote auch weiterhin zu bewähren.

6. Literatur

Baginski, Bodo J / **Sharamon**, Shalila: Reiki – Universale Lebensenergie zur ganzheitlichen Selbstheilung, Patientenbehandlung, Fernheilung von Körper, Geist und Seele. Essen ^{1}1985; ^{24}2008

Gerlitz, Peter: Reiki. In: **Gasper**, Hans / **Müller**, Joachim / **Valentin**, Friederike (Hrsg.): Lexikon der Sekten, Sondergruppen und Weltanschauungen. Fakten Hintergründe, Klärungen. Freiburg i.Br./Basel/Wien 1990, S. 883 ff.

Hummel, Reinhart: Reiki – Heilungsmagie aus Japan. In: *Materialdienst* der EZW, Nr. 6/1991), S. 163–166

Langel, Helmut: Reiki. In: Klöcker, Michael / Tworuschka, Udo (Hrsg.): Handbuch der Religionen. Kirchen und andere Glaubensgemeinschaften in Deutschland. München 1997, Kap. VIII-10, S.1–6

Petter, Frank Arjava: Das Erbe des Dr. Usui. Wiederentdeckte Dokumente zu den Ursprüngen und Entwicklungen des Reiki-Systems sowie neue Aspekte der Reiki-Energie. Aitrang 1998; ^{2}2001

Petter, Frank Arjava: Das Reiki Feuer. Neues über den Ursprung der Reiki-Kraft. Das komplette Lehr- und Arbeitsbuch. Aitrang 1997; ^{3}2000

Ray, Barbara: Das offizielle Reiki Handbuch. Hrsg. von AIRA (*American International Radiance Association*) 1985, interne Veröffentlichung der Reiki-Bewegung für Seminarteilnehmer

---

[289] Werbeschrift über Reiki im Internet, Homepage mittlerweile nicht mehr auffindbar.

Ray, Barbara: Der Reiki-Faktor. Eine Einführung in das authentische Usui-System. Vorwort von Elisabeth Valerius Warkentin. Übersetzung aus dem Amerikanischen von Anna-Christine Rassmann. St. Petersburg/Florida ¹1985; **Neuausgabe TB:** Der Reiki-Faktor. Die Einführung in das berühmte Heilsystem von seiner Begründerin: ein Standardwerk. Reihe: *Heyne Esoterisches Wissen*, Nr. 9553. München ¹1990; ⁴1994; 1997

C. DER NEUE OKKULTISMUS

„Wenn die Geister dich hinüberziehen"

Einführung
Schwarz gekleidete, junge Leute mit gefärbten Haaren, weißem, zum Teil künstlich aufgelegtem blassen Teint, Silbersymbole durch Nase, Ohren, Münder gezogen und zahlreiche Ringe an den Händen tragend, durchstreifen Städte und Schulen. Man schaut mit nicht geringer Skepsis und wohligem Schauer auf diese Nachtgestalten. Sie lieben die Dunkelheit, hören *Heavy Metal* in ihrem MP3-Player, bevorzugen die *Gothic*-Kultur, lesen magische Bücher, die es zuhauf mittlerweile in jeder seriösen Buchhandlung gibt. Kurz, die Hinwendung zu okkult-esoterischen Bräuchen scheint auch heute noch in vollem Gange. Untersuchungen in den Achtziger- und Neunzigerjahren haben ergeben, dass eine relevante Zahl von Jugendlichen sporadischen und zum Teil auch regelmäßigen Umgang mit okkulten Praktiken pflegt.[290] Gleichzeitig schreibt der Autor aber auch:

> „Wenn man die Ergebnisse der Befragungen der erwachsenen Schüler und Studierenden auf die Gesamtbevölkerung verallgemeinern dürfte, so müsste festgestellt werden, daß okkulte Praktiken unter Erwachsenen verbreiteter sind als unter Schülern."[291]

---

[290] vgl. Zinser, Hartmut: Jugendokkultismus in Ost und West. Vier quantitative Untersuchungen 1989–1991. Ergebnisse, Tabellen, Analysen. Hrsg. von der Arbeitsgemeinschaft für Religions- und Weltanschauungsfragen (ARW). München 1993

[291] Zinser, Hartmut: Moderner Okkultismus als kulturelles Phänomen unter Schülern und Erwachsenen. In: *Aus Politik und Zeitgeschichte* (Beilage zur Wochenzeitung *Das Parlament*, 8.10.1993), Nr. 41–42/1993, S. 19

Eigene Befragungen unter circa 350 Konfirmanden haben sogar noch von 1998–2002 ähnliche Ergebnisse gezeigt. Hinzu kommt die Tatsache, dass sich die Medien, allen voran die sogenannte Regenbogenpresse, immer wieder diesem Bereich zuwenden und – wie auch in anderen Fällen – sensationsfördernde Berichte zu verbreiten suchen. Dabei ist die präzise Umschreibung dessen, was sich hinter dem modernen Okkultismus verbirgt, ebenso schwierig, wie die Einzelberichte häufig spekulativ und mangelhaft recherchiert sind. Der Theologe Hans-Jürgen Ruppert bietet folgende Definition an:

> „Der Begriff Okkultismus (…) faßt weltanschauliche Richtungen und Praktiken zusammen, die beanspruchen, das Wissen und den Umgang mit den unsichtbaren, geheimnisvollen Seiten der Natur und des menschlichen Geistes besonders zu pflegen. Er bezieht sich einerseits auf bestimmte okkulte Praktiken wie Magie, Pendeln, Wahrsagen oder die Vielzahl spiritistischer Praktiken der Geister- und Totenbefragung mit Hilfe des wandernden Gläschens, klopfender Tische oder anderer Indikatoren. Andererseits ist aber auch das sogenannte Geheimwissen gemeint, wie es von okkulten Weltanschauungsgemeinschaften (…) in sogenannten Geheimwissenschaften systematisiert wird, die den Horizont der herkömmlichen Natur- und Menschenerkenntnis in okkulte Bereiche hinein erweitern. Da diese Bereiche in ihrer Realität umstritten und nicht allgemein einsehbar sind, ist der Okkultismus seit jeher ein Tummelplatz von Täuschung und Verführung."[292]

Die eigentümliche Mischung aus *Neugier* auf unbegriffene Mächte, *Interesse am Außergewöhnlichen*, exotischer *Unterhaltung* sowie der Hoffnung auf *Orientierungs- und Entscheidungshilfe* in persönlichen Schicksalsfragen gibt das Motivationsgeflecht der am Okkulten interessierten Jugendlichen und Erwachsenen an.[293] Im Kontext der „Dialektik der Aufklärung" – Schlagwort der *Frankfurter Schule* in den Sechziger- und Siebzigerjahren – wird die wissenschaftlich begriffene und erklärte Welt immer komplizierter und für den Einzelnen undurchschaubarer. Begriffliche Vereinzelung führt in die universale Verwirrung. Die Men-

---

[292] Ruppert, Hans-Jürgen: Okkultismus: Geisterwelt oder neuer Weltgeist? Wiesbaden/Wuppertal 1990, S. 11

[293] vgl. Institut für Demoskopie Allensbach (Hrsg.): Allensbacher Berichte, 1990

IV. Heilungsmagie und Psychokulte

schen wissen, dass alles schwieriger geworden ist, sie fühlen sich gerade deshalb von der Wissenschaft verlassen und versuchen auf anderen Wegen, den Sinn und die Zusammenhänge zu entdecken. In dem Maße, in dem der Begriff einer allgemeinen, durchschaubaren und universalen Wahrheit obsolet wird, wird die Suche nach ihr auf anderen Feldern umso emsiger ausgetragen. Auf der Landkarte finden sich viele weiße Flecken des Natur- und Seelenlebens. So schreibt der Parapsychologe Johannes Mischo:

> „Unter Okkultismus wird hier die praktische und theoretische Beschäftigung mit den geheimen, verborgenen, von der Wissenschaft noch nicht allgemein anerkannten Erscheinungen des Natur- und Seelenlebens verstanden, die die gewohnten Gesetzmäßigkeiten zu durchbrechen scheinen und vielfach als übernatürlich angesehen werden."[294]

Gerade die seltsame Verschränkung von durchaus rational nachvollziehbarer Erfahrung und spekulativer Durchdringung ihrer Grenzen macht die Ambivalenz des Okkulten aus und die kritische Beschäftigung mit ihm außerordentlich schwer. Der vordergründig einleuchtende Angriff auf den Okkultismus, hier handele es sich um die Spinnerei „verirrter" Persönlichkeiten, wird den Erscheinungsformen – wie wir sehen werden – nur in seinen Extremformen gerecht. Viele, gerade professionelle Okkultisten verstehen auf geschickte Weise gewisse Naturerkenntnisse und ihre Praktiken so miteinander zu verbinden, dass eine eigentümliche okkulte Plausibilität entsteht. Wer sich mit den Phänomenen des modernen Okkultismus beschäftigt, kommt an diesen Begründungszusammenhängen nicht vorbei.

In jüngerer Zeit hat sich die okkulte Szene in vielen Bereichen deutlich verändert. Man könnte von einer *Scene*-Kultur sprechen, die den ästhetischen Charakter (siehe Tillich) okkulter Selbstdarstellung besonders hervorhebt. Dies gilt insbesondere für die *Gothic*-Kultur:

> „Die Welt der Gothics lässt sich auch als schwarze Welt bezeichnen, weil es die dominierende Farbe ihrer Kleidung, ihrer Räumlichkeiten und Be-

---

[294] Mischo, Johannes: Okkultpraktiken Jugendlicher. Ergebnisse zweier empirischer Untersuchungen. In: *Materialdienst* der EZW, Nr. 12/1988 und Sonderdruck Nr. 17, 1988, S. 7

gegnungsstätten ist. Deshalb wählen die Gothics auch die Selbstbezeichnung ‚die Schwarzen'. Schwarz ist ihre dominierende Farbe als Ausdruck von Trauer, Tod und Vergänglichkeit. Die im deutschen Sprachraum populäre Bezeichnung ‚Grufties' wird von ihnen abgelehnt, weil diese Bezeichnung auf Gruft und Friedhof hinweist und mit Friedhofsschändunen in Verbindung gebracht werden kann. Friedhöfe, Burgruinen und andere Orte der Stille werden von ihnen als Aufenthaltsorte gewählt, weil sie eine Atmosphäre von Frieden und Vergänglichkeit ausstrahlen."[295]

Wir wollen daher diese Plausibilität anhand der phänomenologischen Struktur einer *Séance* etwas deutlicher werden lassen.

1. Beispiele okkulter Praktiken

Erfahrungsberichte von Schülern

Beispiel Todesschlaf (Kerstin, 15 Jahre):

„Also es war Abend, und es war schon ziemlich spät im Schullandheim. Und ein Junge hat sich in die Mitte gelegt. Darum saßen einige von uns, und ich saß am Kopfende des Liegenden. Jeder von uns hat zwei Finger unter den Körper gelegt, und ich habe zwei Finger unter den Kopf gelegt. Und dann habe ich so eine Geschichte erzählt. Das ging folgendermaßen (das Mädchen erzählt flüsternd im suggestiven Ton weiter): Du wirst einen Taucherkursus mitmachen. Du und dein Freund wollt euch anmelden und kommt zu einer Hütte. In dieser Hütte sitzt ein alter Mann. Du hast Angst vor ihm, doch dein Freund geht hinein. Er sagt, daß ihr beiden mitmachen wollt. Ihr werdet aufgenommen und sollt nächste Woche wiederkommen. In der Zwischenzeit bis zu dem nächsten Tag, wo ihr da sein sollt, kauft ihr euch die Ausrüstung. Ihr trefft euch an dem Tag dort mit eurer Ausrüstung. Ihr steigt ins Wasser. Ihr seid jetzt im Wasser.

---

[295] Martin, Werner: Religiöse Aspekte in jugendkulturellen Szenen [– insbesondere am Beispiel der Gothics]. In: Zager, Werner / Rössler, Andreas (Hrsg.): Vorträge der Jahrestagung 2007 des Bundes für Freies Christentum: Abenteuer Religion – Jugendliche vor der religiösen Frage. Reihe: *Forum Freies Christentum*, Nr. 48, Mai 2008, S. 39
Die in diesem Aufsatz dargestellte Szene ist besonders zur Kenntnisnahme neuerer Entwicklungen im Bereich des Okkultismus zu empfehlen.

1. Beispiele okkulter Praktiken

Ihr spürt die Wellen, alles ist naß um euch herum. Mit einem Mal verlierst du die anderen, denn du siehst etwas Glitzerndes auf dem Boden. Du schwimmst darauf zu, doch es war nur ein Stein. Du drehst dich um. Doch die anderen sind längst weg. Du gerätst in Panik und willst den anderen nachschwimmen, doch du verhakst dich irgendwo. Dein Tauchgerät fällt ab. Du bekommst mit einem Mal keine Luft mehr. Du spürst einen stechenden Schmerz. Die Luft wird dir abgeschnitten. Du kannst nicht mehr. Du bist tot.

Das letzte Wort von jedem Satz haben wir alle, jeder einzeln, flüsternd wiederholt. Zum Beispiel: Du spürst einen stechenden Schmerz. Und *Schmerz* hat dann jeder einzeln leise wiederholt. Aber der Nachfolgende hat es immer leiser gesagt als der, der es vorher gesprochen hat. Wir hatten vorher versucht, den Körper des Jungen mit den zwei Fingern hochzuheben. Das ging irgendwie nicht. Aber danach, nach der Geschichte, ging es mit einem Mal ganz leicht, denn seine Seele war ja für einige Zeit verschwunden. Der Junge, der in der Mitte lag, hat dann erzählt, er habe sich gefühlt wie in einem Film. Er habe das richtig so gefühlt, als sei er für eine Zeit tot gewesen. Wir haben alle furchtbare Angst gehabt vorher und hinterher noch mehr. Dann haben wir gar nicht mehr schlafen können. Für mehrere Nächte."

Todesschlaf – Originalaufnahme einer solchen okkulten Veranstaltung
Jungen und Mädchen haben sich im Kreis um Edgar, der am Boden liegt, gesetzt. Kerstin leitet diese Sitzung. Sie versuchen, Edgar mit jeweils zwei Fingern hochzuheben. Es gelingt ihnen scheinbar nicht. Nach längerer Stille fängt Kerstin an, im Flüsterton zu erzählen:
„Deine Eltern ziehen um!"
Die anderen wiederholen, immer leiser werdend: „Um, um, um, um ..."
„Du kommst auf eine neue Schule!"
Die anderen: „Schule, Schule, Schule ..."
„Am ersten Tage kommst du in deinen Klassenraum!"
Die anderen: „Klassenraum, Klassenraum, Klassenraum ..."
„Du hast etwas Angst, denn es sind viele neue Gesichter in dieser Schule."

Die anderen: „Schule, Schule, Schule ..."
„Gleich am ersten Abend verabredest du dich mit einem, den du dort kennengelernt hast."
Die anderen: „kennengelernt hast, kennengelernt hast, kennengelernt hast ..."
„Dieser Junge erzählt dir etwas von einer Clique, in die du hineinkommen kannst, von einer Clique für dich.
Die anderen: „Clique für dich, Clique für dich, Clique für dich ..."
„Doch zuerst musst du eine Mutprobe bestehen!"
Die anderen: „Mutprobe bestehen, Mutprobe bestehen, Mutprobe bestehen ..."
„Er sagt dir: Geh auf das Hochhausdach!"
Die anderen: „Hochhausdach, Hochhausdach, Hochhausdach ..."
„Ihr geht nun hinauf auf das Hochhaus!"
Die anderen: „Hochhaus, Hochhaus, Hochhaus ..."
„Du stehst oben und siehst, dass von einem Hochhaus zum anderen ein Seil gespannt ist."
Die anderen: „ein Seil gespannt ist, ein Seil gespannt ist, ein Seil gespannt ist ..."
„Du musst hinüber, und nun gehst du auf das Seil."
Die anderen: „Seil, Seil, Seil ..."
„Da es bedrohlich wird, versuchst du dich an dem Seil hinüber zu hangeln."
Die anderen: „Hangeln, hangeln, hangeln ..."
„Du spürst, wie das Seil an deinen Händen reißt."
Die anderen: „reißt, reißt, reißt ..."
„Du findest keinen Halt mehr, du musst loslassen, damit es dir leichter wird, und du fällst."
Die anderen: „Du fällst, du fällst, du fällst ..."
„Du hast panische Angst!"
Die anderen: „Angst, Angst, Angst ..."
„Plötzlich spürst du einen stechenden Schmerz!"
Die anderen: „Schmerz, Schmerz, Schmerz ..."
„Du bist tot!"
Die anderen: „Tot, tot, tot ..."

1. Beispiele okkulter Praktiken

Alle heben den Körper von Edgar hoch, sie sind dabei sehr ernst. Sie haben den Eindruck, wie sie später bestätigen, dass Edgar leichter geworden ist.

Gläserrücken (Katharina, 14 Jahre):

„Es war abends. Und ich war mit einer Freundin und mit der Mutter der Freundin in einem dunklen Zimmer. Wir wollten Gläserrücken machen. Dazu brauchten wir ein Glas, so Papierschnitzel, wo drauf steht die Zahlen Eins bis Zehn und das Alphabet und die Wörter ‚Nein' und ‚Ja'. Und das muss man in einen Kreis legen und dazu das Glas in die Mitte. Und es muss total dunkel sein, und eine Kerze muss brennen. Aber nur eine Kerze, kein totes Licht. Alle legen ganz sanft ihren Finger auf das Glas. Man dreht aber das Glas um, damit der Geist im Glas bleibt. Und wenn man den Finger auf dem Glas hat, muss man total konzentriert sein und darf nicht lachen oder so was. Sonst geht das nicht. Dann habe ich den Geist gefragt: Geist, bist du da? Und ich habe ihn gefragt: Bist du gut oder böse? Und dann haben wir gewartet. Irgendwann ist es total still. Wir waren total erschrocken, als mit einem Mal sich das Glas von allein bewegte. Jetzt wussten wir, dass der Geist da ist. Einmal hat der Geist auf die Frage, ob er uns liebt, ‚Ja' geantwortet. Und da ist mit einem Mal das Glas mit einem Schwung vom Tisch gerast, ohne dass das irgendjemand bewusst getan hätte. Der Geist hat uns auch gesagt, dass er für immer in uns drinne ist. Die Antworten, die uns der Geist gegeben hat, die haben uns ziemlich Angst gemacht."

Gläserrücken (Nico, 14 Jahre):

„Wir haben das mit dem Gläserrücken ausprobiert. Am Anfang hatte ich das Gefühl, dass irgendjemand an dem Glas irgendwie herum manipuliert. Aber dann hatte ich das Gefühl nicht mehr. Und dann mit einem Mal kam das Glas auf mich zu. Ich versuchte, mich irgendwie dagegen zu wehren. Aber das Glas kam immer mehr auf mich zu. Da bekam ich es mit der Angst."

Kaffeesatzlesen (Heike, 14 Jahren):

„Als wir mit meiner Tante im Urlaub waren, hat sie gesagt, ob sie uns beibringen soll, wie man aus dem Kaffeesatz lesen kann. Wir haben uns dann um den Tisch gesetzt, und dann hat meine Tante gefragt, ob wir Kaffee möchten. Sie hat den Kaffee nur mit Wasser aufgebrüht. Als wir dann ausgetrunken hatten, fragte sie uns, ob sie uns aus dem jeweiligen Kaffeesatz lesen sollte. Wir sagten ja. Dann haben wir die Tassen umgedreht, so dass der ganze Kaffee hinaus fließt. Nach längerer Zeit kann man die Tasse wieder hochheben. Und dann waren da so ganz viele kleine Spuren im Kaffee. Das sah aus wie eine Schrift. Ich konnte da nichts lesen, aber meine Tante konnte diese Schrift deuten. Das, was meine Tante da herausgelesen hat für unsere Zukunft, das hat wirklich fast alles gestimmt. Zum Beispiel, dass wir einen neuen Hund bekommen. Als wir wieder zu Hause waren, wurde uns ein neuer Hund geschenkt. Ich weiß nicht, warum, aber ich fand das alles trotzdem nicht gut, weil es irgendwie Angst macht."

Pendeln (Meike, 15 Jahre):

„Also wir haben das mit dem Pendeln in der Pause in der Schule ausprobiert. Wir haben eine Kette genommen, und dann haben wir einen Ring daran gehangen. Und dann haben wir uns voll auf das Pendel konzentriert. Und dann haben wir alle möglichen Fragen gestellt. Zum Beispiel: Welcher Junge findet mich gut. Wenn das Pendel immer hin und her ging, dann hieß das ‚Ja', und wenn das Pendel im Kreis ging, dann hieß das ‚Nein'. Man konnte nur Fragen stellen, die mit ‚Ja' oder ‚Nein' antworten. Ich habe immer geglaubt, dass das stimmt, was uns das Pendel sagt. Oder ich habe die Frage gestellt: Werde ich eine Vier in Mathe bekommen?"

Gläserrücken (Katharina, 15 Jahre):

„Ich hab' das einmal mit meinem Freund gemacht. Und mein Freund hat dann gefragt, wie alt er denn wird. Und da hat ihm der Geist geantwortet, dass er 55 Jahre alt wird und dann an einer neuen, noch nicht bekannten Krankheit stirbt. Da hat mein Freund total die Angst bekommen. Er hat gesagt, das alles sei nur Schnickschnack. Aber als er dann rausgegangen ist, da hat er dann pausenlos darüber nachgedacht und so, und hat voll Angst gehabt. Dann hat meine Freundin gefragt, wie heißt meine Großmutter? Und da hat der Geist einen ganz komischen Namen gesagt. Und da hat sie dann gesagt: Nee, das stimmt nicht. Und dann hat sie zu Haus

1. Beispiele okkulter Praktiken

ihren Vater gefragt, wie das angehen kann. Darauf hat der Vater gesagt, dass sein Vater sich hat früher scheiden lassen und hätte dann ihre jetzige Oma geheiratet. Aber seine richtige Mutter hat wirklich so geheißen, wie es der Geist gesagt hat. Das muss doch alles irgendwie stimmen."

Spiritistisches Schreiben (Edgar 14 Jahre):

„Als ich einmal abends in das Zimmer meiner Schwester kam, war alles ganz dunkel im Zimmer, und sie hatte nur eine Kerze an. Und sie saß mit einigen Freunden am Tisch. Die hatten ein großes Blatt Papier auf dem Tisch ausgebreitet und einen Haarspraydosendeckel genommen und daran mit Tesafilm einen offenen Kuli befestigt. Und jeder hat einen Finger draufgelegt. Und dann konnte jeder seine Fragen stellen, auch ich. Dann ist der Deckel losgegangen und hat was geschrieben. Und das hat fast immer gestimmt. Ich habe immer erst gedacht, da schiebt vielleicht irgendjemand von den anderen. Aber dann hatte ich mit einem Mal das Gefühl nicht mehr."

Kartenlegen (Astrid, 14 Jahre):

„Also, wenn ich jetzt wissen möchte, wer mein Traummann ist, dann legt man da aus einem ganz normalen Kartenspiel, legt man dann die vier Buben hin und benennt die dann nach Typen oder Namen. Und dann ziehe ich eine Karte, die aber verdeckt bleibt. Und dann deckt man die später auf. Die Zeichen haben alle irgendwie eine Bedeutung: Karo ist Hass, Herz ist Liebe, Pique sind die Kinder und Kreuz bedeutet Reichtum. Und dann weiß man sein Liebesschicksal. Also wenn man nur ein Karo hat, dann weiß man, es ist nur wenig Hass. Ein Pique zum Beispiel zeigt mir, daß ich nur ein Kind bekommen kann."

Warum macht ihr da mit und wie geht ihr damit um?

Nico: „Ich finde das spannend. Und außerdem hat man ja auch irgendwie Abenteuerlust. Und irgendwie will man ja auch erforschen, ob es noch andere Mächte auf der Welt gibt. Und von daher reizt einen das schon, da irgendwie mitzumachen. Man hat auch immer irgendwie ein bisschen Angst. Aber ich glaube, ich würde die überwinden."

Kerstin: „Bei mir war das so, dass ich Angst hatte davor. Ich hatte Angst davor, dass ich irgendwie Zweifel vor mir selbst bekommen würde. Und außerdem war es nachts. Und es war dunkel, ich musste noch allein nach Haus gehen. Da hat es dann bei mir aufgehört. Da wollte ich nicht mehr. Aber wenn mich heute noch einmal jemand fragen würde, würde ich doch versuchen, es wieder mitzumachen."

Katrin: „Ich möchte da lieber nicht mitmachen. Aber ich würde gern zugucken, um zu sehen, wie das ist."

Meike: „Ich finde das irgendwie lustig. Auf der einen Seite glaube ich dran, aber andererseits auch nicht. Meine Freundinnen haben auch lauter solche Bücher. Die finde ich faszinierend. Ich lese darin auch ab und zu mal."

Stefan: „Wir haben das einmal auch zu Hause gemacht mit dem Todesschlaf. Da hat eine Freundin von uns mit einem Mal jemanden gesehen, der hereinkam, der hatte kein Gesicht. Und dann hat sie am laufenden Band Blut gesehen. Dann hat sie die ganze Zeit geschrien und geweint. Und dann mußten wir sie beruhigen. Die hat total viel Angst gehabt. Und dann hat sie ganz oft davon geträumt. Sie fand uns dann alle total mies."

2. Begegnungen mit Satan (ein Gesprächsprotokoll mit Schülern)

„weil das mit Satan irgendwie viel besser klappt als mit Gott"

Zwei Schülerinnen berichten über ihre Erfahrungen, die sie mit Satan hatten, und wie sie eine schwarze Messe erlebten:

Annette: „Also ich glaub' sowieso lieber an Satan. Vor ein paar Wochen hat uns ein Freund angesprochen. Ob wir nicht Lust hätten, bei so was mitzumachen, was die Älteren 'ne Schwarze Messe nennen. Ich bin da einfach mit hingegangen und Susanne auch."

2. Begegnungen mit Satan

Susanne: „Wir hatten davor ziemlich Angst. Aber irgendwie hat das dann hinterher Spaß gemacht. Wir haben uns nachts vorm Friedhof getroffen. Und dann sind wir über die Mauer. Einer von uns hat ein frisches Grab gesucht. Wir haben dabei nur die ganze Zeit geflüstert. Es war richtig unheimlich. Einer der Jungen hat denn eins gefunden. Wir haben uns um das Grab herum aufgestellt. W. hat dann so Sprüche gerufen. Ich weiß nicht mehr so genau, wie das ging."

Annette: „Auf jeden Fall hat er Satan angerufen. Da war uns noch unheimlicher. Einige hatten Kerzen mitgebracht, aber die gingen immer wieder aus, weil es so windig war. Ein Opfer war beim ersten Mal auch noch nicht dabei."

Susanne: „Wir haben uns dann immer wieder mal getroffen. Das geht so über 'ne Telefonliste. Da stehen nur die Nummern drauf, die Telefonnummern. Den Namen dürfen wir uns nicht sagen. Dann kriegt man am Telefon den Zeitpunkt und den Ort des Treffens durchgesagt. Und ich glaub', das ist so, dass W. immer bestimmt, wer ein Opfer mitbringen soll."

Annette: „Bei uns waren das immer nur Kleintiere. Also einmal eine Ratte und dann ein Vogel, den einer der Jungen geklaut oder gefangen hatte. Die wurden dann über dem Grab abgestochen. Das muss immer ein frisches Grab sein. Man tunkt dann seinen Finger in das Blut von dem Tier und macht solche Zeichen auf die Stirn. Dann ist Satan ganz nahe und hört zu. Auf den Grabstein hängt einer von uns immer eine Kette mit so einem Anhänger dran. Manchmal nehmen wir auch Gegenstände von Gräbern mit. Ich hab da so ein paar Sachen wie Kerzen. Satan sagt uns auch, wenn wir einen Grabstein umwerfen sollen."

Susanne: „Bei den Messen, die einen höheren Grad haben, werden auch Katzen oder Hunde geopfert. Und manchmal, hat W. gesagt, sind da auch Mädchen, die werden als Opfer für Satan irgendwie geliebt. Aber das habe ich nie mitgemacht. Ich weiß nicht, ob W. das wirklich getan hat. Erzählt haben die anderen immer wieder darüber."

Annette: „Wir machen auch Kartenlegen und Tischerücken und so was. Immer wird dabei Satan angerufen. Und wirklich, der hat auch geholfen. Ich hab das richtig gemerkt, dass der unser Schicksal leitet."

Susanne: „Ich glaub' viel lieber an Satan als an Gott, weil das mit Satan irgendwie viel besser klappt als mit Gott. Gott kann ich mir nicht richtig vorstellen, aber Satan kann ich mir gut vorstellen."

Annette: „Mir hat Satan schon so viele Male geholfen, in der Schule und in der Freundschaft und so. Auch in unserer Gruppe ist das immer total gut. Da herrscht das Gesetz, jeder kann machen, was er will. Die richtige, totale Freiheit. Nicht so wie in der Kirche, wo immer alles so ernst ist. Ich kann mit Satan reden, so wie ich immer rede. Es gibt da so einen Satansführer, der hat das mal gesagt. Jeder kann machen, was er will. Ich finde das irgendwie gut.

Susanne: „Wenn ich 'ne Arbeit geschrieben habe, dann frage ich einfach die Karten, und Satan sagt mir dann ziemlich genau, wie ich war. Das können die anderen alle nicht."

Annette: „Es ist aber nicht so, dass wir nicht an Gott glauben würden. Wir lassen uns ja auch konfirmieren. Vielleicht gibt es ja Gott auch. Aber mir hat der noch nie so richtig geholfen. Man kann doch an Gott glauben und an Satan. Oder geht das nicht?"

Susanne: „Natürlich gibt es auch einen ziemlichen Druck in der Gruppe, wenn man da einfach wegbleibt. Da habe ich auch manchmal Angst davor. Wenn ich da aussteigen will."

Annette: „Ach, das glaube ich nicht. Da kommt man auch irgendwie raus, wenn man das will. Ich weiß nicht so genau, vielleicht stimmt das doch mit dem Druck. Ich geh da das nächste Mal bestimmt wieder mit hin".

3. Das Phänomen des Okkulten und seine Merkmale

Am Beispiel einer professionellen *Séance* sollen die Merkmale okkulter Praktiken deutlich und ihre spezifische Plausibilität sowie die damit verbundene ambivalente Wirkungsweise erkennbar werden.

1. Merkmal: Der magische Charakter atmosphärischer Bedingungen
Über eine Kleinanzeige in der Tageszeitung wurde eine Séance im sogenannten Szeneviertel der Stadt Bremen, im Ostertorviertel, angeboten:

„Wollen Sie etwas über Ihre Zukunft wissen?"

Angegeben wurden eine Telefonnummer und der Teilnahmepreis von 40 DM. Nach einem Anruf wurde ich zu einer bestimmten Adresse in diesem Viertel zu später Abendzeit bestellt. An der Tür stand ein junger Mann, der mich – in Schwarz gekleidet und geschmückt mit allerlei okkult-esoterischen Symbolen – freundlich empfing. Wir stiegen eine alte Treppe hinauf in die oberen Etagen und gelangten in ein dunkles Mansardenzimmer, in dem sich schon sechs weitere Teilnehmer an dieser Séance versammelt hatten. Man sprach im leisen Flüsterton miteinander, tuschelnd und gedämpftes Lachen austauschend, eine gewisse leicht ironische Stimmung verbreitend. Einige schienen die Bräuche zu kennen und lächelten augurenhaft dem Neuling entgegen. Der Beitrag war schon unten an der Eingangstür erhoben worden.

Das Zimmer, in fast schwarzen Tönen gestrichen mit schweren dunklen Vorhängen an den großen Fenstern, strahlte eine geheimnisvolle Atmosphäre aus. An der Decke waren Sterne reliefartig befestigt und zeigten eine bestimmte, mir unbekannte Sternenkonstellation auf. Es brannten zwei Kerzen, keine elektrische Lampe, von Okkultisten auch *totes Licht* genannt, war zu erkennen. Dieses sogenannte *lebende Licht* scheint ein wesentliches Merkmal okkulter Veranstaltungen zu sein. Durch seine ständige Bewegung versetzt es alle Gegenstände und Personen in eine sich fortwährend bewegende Licht-Schatten-Veränderung, die das magische Grundverständnis versinnbildlicht, „tote Gegenstände" seien geistig belebt, enthielten eine lebendig wirksame geistige Energie. Das Verhältnis von Licht und Dunkel ist konstitutiv für zahlreiche okkulte Veranstaltungen. Es scheint dabei nicht nur um atmosphärische Bedingungen zu gehen, sondern um die Plausibilisierung der okkulten Weltanschauung, die im Übrigen in früheren Jahrhunderten, als die Menschen sich in der Dunkelheit nur mit „lebendigem" Feuer umgaben, eine ähnliche Ausstrahlung vermittelte.

2. Merkmal: Die Sinnhaftigkeit übersubjektiver Kräfte
Nach den fast lautlos geführten Begrüßungsgesprächen wurden wir vom Leiter der Séance aufgefordert, uns an einen runden Spiegeltisch zu setzen. Am Rande des Tisches waren die Buchstaben A bis Z, die Zahlen 1 bis 10 und die Wörter „Nein" und „Ja" eingelassen. Wir bekamen vom Leiter nach längerer, schweigsamer Pause die Aufforderung, die Mittelfinger unserer rechten Hände sanft auf das in der Mitte des Tisches ruhende Glas zu setzen. Zugleich wurde eine kleine Einführung in die okkulte Praktik gegeben, in deren Verlauf über die Anwesenheit des Geistes in dem Glas (das im Übrigen so geartet war, dass sein Schwerpunkt im oberen Bereich lag, sodass es im umgekehrten Zustand nicht leicht umkippen konnte), die notwendige Bereitschaft und die positiven geistigen Voraussetzungen der Teilnehmer, über die Art des Vorgehens und die Reihenfolge der Fragen an den Geist im Flüsterton gesprochen wurde. Keiner sollte seine Frage direkt an den Geist stellen, sondern sie zunächst an den Leiter der Séance richten, der sie dann an den Geist weitergeben wollte.

Die ersten Fragen zielten auf den Umstand, ob der Geist überhaupt anwesend sei, welchen Namen er trage und ob er auch bereit sei, mit den Anwesenden Kontakt aufzunehmen. Anfangs tat sich zunächst nichts auf dem Tisch. Erst nach längerer Zeit fing das Glas an, sich ein wenig zu bewegen, wurde dann immer agiler und rutschte von Buchstabe zu Buchstabe. Eine Manipulation des Glases durch eine anwesende Person war nicht erkennbar. Die unwillkürliche Motorik der Teilnehmer schien seine Bewegung zu bestimmen.

3. Das Phänomen des Okkulten und seine Merkmale

Diese Art des Verlaufs macht den Eindruck sinnfällig, dass nicht die Aktivität einer oder mehrerer Personen die Ursache für die entstehende Bewegung ist, sondern das Glas sich gewissermaßen von selbst fortbewegt. Teilnehmer an okkulten Veranstaltungen berichten immer wieder über diese verblüffende Erfahrung, dass sie Kräfte spüren und erfahren, die gewissermaßen ohne die eigene Beteiligung wirksam werden. Auch der Hinweis auf die spontane Motorik bringt den professionellen Okkultisten in keine Verlegenheit, er gesteht sie umstandslos zu und behauptet nur, dass lediglich die versammelten Kräfte, Ausdruck des versammelten Unbewussten, eine gemeinsame geistige Kraft bilden, die sich dem einzelnen bewussten, subjektiven Zugriff entzieht. Gerade dies aber sei der Beleg für eine jenseitige, transzendente Kraft, die keiner bestimmen oder näher begründen könne. Die spürbare *Erfahrung übersubjektiver Kräfte* ist indessen das zweite Merkmal okkulter Erfahrung. Eine Mischung aus psychologischer und spiritistischer Beschreibung dieser Erfahrung macht die okkulte Praktik auch gerade für Intellektuelle so faszinierend.

3. Merkmal: Die Deutung des Propheten

Im Mittelpunkt der okkulten Veranstaltung steht immer der Leiter, den wir in diesem Zusammenhang *Prophet* nennen wollen. In der Antike waren die Propheten ständige Begleiter der Seherin Pythia am delphischen Orakel. Sie wurde von den Göttern inspiriert, galt gewissermaßen als Medium göttlicher Offenbarung und sprach in nicht verständlicher Zungenrede. Die Propheten hatten die ehrenvolle Aufgabe, diese Rede in eine für den Frager verständliche Form zu übersetzen. Auf diese Weise ist es der Genialität des Propheten zu verdanken, wenn er zu angemessenen Übersetzungen kommt.

Bei einer okkulten Veranstaltung kommt der findigen und vor allem reaktionsschnellen Übersetzung eines solchen Propheten zentrale Bedeutung zu. So filtert er zum Beispiel aus einer scheinbar regellosen Aneinanderreihung von Buchstaben die umgekehrten Initialen eines Teilnehmers heraus, bildet aus der Quersumme einer Zahlenreihe die vorher erfragten Geburtsdaten eines Teilnehmers heraus usw. Die verblüffenden Resultate solcher Übersetzungen plausibilisieren zweierlei: Erstens spricht der Geist in einer für die Anwesenden fremden Sprache, d.h. er beweist auf diese Weise seine Entzogenheit. Zweitens aber beweist er zugleich, dass sich seine Wirksamkeit und Mächtigkeit auf konkrete Erfahrungen der Teilnehmer bezieht. Die Fähigkeit des Propheten, schnell und adäquat zu übersetzen, ist das dritte Merkmal einer okkulten Veranstaltung.

4. Merkmal: Die Reihenfolge in der okkulten Erfahrung

Es ist keinesfalls beliebig, wie eine okkulte Erfahrung verläuft. Die Vielzahl der Veranstaltungen zeigte immer wieder, dass eine besondere Ordnung der Fragen den Erfolg und die Wirksamkeit bestimmt.

a) Am Anfang stehen Fragen, die der *Identifizierung* des geistigen Wesens aus der jenseitigen Welt dienen. Die Kraft, die Energie oder der Geist offenbaren ihren Charakter, ihren Namen oder ihre besondere Beschaffenheit und verschaffen auf diese Weise dem Außenstehenden ein persönliches Gegenüber, das in ihm Vertrauen und Zuwendung weckt.

b) Sodann beinhalten die Fragen *nachprüfbare Ergebnisse*. Sie dienen angeblich dazu, die Erkenntniskraft der geistigen Quelle zu erweisen. Es wird nach Namen, Geburtsdaten, vergangenen Ereignissen und überprüfbaren Zusammenhängen gefragt. Dieses ist zweifellos der schwierigste Bereich für den sogenannten Propheten. Irrt er sich in seinen Aussagen, so lassen diese sich nur schwerlich durch nachträgliche Umdeutung wieder plausibel machen. Andererseits erscheint es immer wieder verblüffend, wie selbst intelligente Leute noch so partikuläre „Wahrheitsbeweise" durch selektives Wahrnehmungsvermögen als *pars pro toto* akzeptieren.

c) Schließlich wendet sich die Fragetechnik auf *unvorhersehbare Ereignisse* in der Zukunft, die teilweise allgemeinen Charakter tragen oder auch individuell auf persönliche Lebensschicksale zugespitzt sind. Aufgrund der vor allem im zweiten Abschnitt gemachten Erfahrungen bekommen diese Antworten ihren besonderen Wert und zum Teil ihre verhängnisvolle Eigendynamik.

5. Merkmal: Die sich selbst erfüllende Prophezeiung

An dieser Stelle gelangt die okkulte Plausibilität zu ihrer prekären, zum Teil verhängnisvollen Schlussfolgerung. Aus der amerikanischen Soziologie stammt das Modell der *selffulfilling prophecy*. Eine Vorhersage, die das persönliche Schicksal beinhaltet, gewinnt eine spezifische Eigendynamik. Obgleich unglaublich, vom Betroffenen sogar vehement in Abrede gestellt, treibt die Vorhersage in seinem Inneren ihr halb bewusstes oder unbewusstes Wesen bzw. Unwesen. Die Okkultisten wissen über diesen Umstand häufig sehr genau Bescheid und deuten ihn als eine Wirksamkeit jener jenseitigen geistigen Kräfte, die sich im Leben des Betroffenen individuell bemerkbar machen. Bei den solchermaßen von okkulten Vorhersagen Betroffenen entstehen Ängste, dunkle Träume oder irrationale Erfolgserwartungen, die sie fortan umtreiben und eine Eigengesetzlichkeit entwickeln können, welche sie selbst kaum mehr steuern können. Eine vorhergesagte Krankheit, ein Unfall, ein bestimmtes Liebesschicksal, ein Misserfolg im Beruf werden in psychische Dynamik umgesetzt und zeitigen auf diese Weise zum Teil furchtbare Konsequenzen. Die Vorhersage bewahrheitet sich, indem sie unbewusst umgesetzt wird.

4. Die Gefahren des Okkultismus

Wenn wir nach der Motivation fragen, die zahlreiche Menschen bewegt, sich intensiv mit okkulten Bräuchen und Gepflogenheiten auseinanderzusetzen, dann ergeben die Umfragen, dass „Neugier am häufigsten als Grund für die Beteiligung an okkulten Praktiken" genannt wird. Als Zweites wird „Interesse am Außergewöhnlichen" und als Drittes „Unterhaltung" angegeben. Mit einigem Abstand folgt die Angabe von „Orientierungs- und Entscheidungshilfe". Wenn man allerdings nur die Gruppe der aktiv eine okkulte Praxis Ausübenden herausgreift, so wird dieser Grund von bis zu 36 % der Befragten angeführt, und dies von den Erwachsenen fast doppelt so oft wie von den Jugendlichen. Die genannten Gründe verweisen auf das, was die Jugendlichen und Erwachsenen durch die okkulten Praktiken zu finden hoffen.[296]

---

[296] Zinser, Hartmut: Okkultismus als kulturelles Phänomen unter Schülern und Erwachsenen.In: *Aus Politik und Zeitgeschichte* (Beilage zur Wochenzeitung *Das Parlament*, 8.10.1993), Nr. 41–42/1993, S. 19

Gerade an dieser Stelle werden aber auch die Gefahren des Okkultismus offenkundig:

1. Aus einem zunächst lediglich neugierig in Angriff genommenen Experiment kann sich sehr schnell bitterer Ernst entwickeln. Gerade die Erfahrung der okkulten Plausibilität birgt die Gefahr, dass Einzelne der eigenen, vorausgesetzten kritischen Haltung verlustig gehen. Man will nicht daran glauben, fühlt sich aber trotzdem angesprochen. Auf relativ harmloser Ebene zeigt sich dieser Zusammenhang bei den Zeitungshoroskopen: Keiner will sie ernst nehmen, aber fast alle lesen sie. Der Übergang von neugieriger, unterhaltsamer Auseinandersetzung in kritischer Gebärde zu innerer, mehr oder weniger bewusster Betroffenheit lässt sich nur schwer ausmachen.
2. Psychisch Labile und Orientierungsschwache sind häufig Opfer okkulter Praktiken. Den Zusammenhang von Selbsttäuschung und Täuschung durch Okkultisten können sie kaum erkennen. Sie orientieren ihre Lebensplanung, häufig sogar ihren Tagesablauf nach den Karten, den Aussagen des Pendels und geraten in eine Art psychische Abhängigkeit, die ihnen Außenstehende kaum noch ausreden können.
3. Besonders verhängnisvoll sind okkulte Geistheilungen. Auch der Okkultist begibt sich auf das therapeutische Feld und spielt sich als Krankenheiler auf. Immer dann, wenn solche Praktiken den Gang zum Arzt be- oder gar verhindern, sind sie für die Betroffenen geradezu skandalös. Es soll damit in keiner Weise in Abrede gestellt werden, dass gewisse okkulte Praktiken wie das Besprechen von Warzen oder Gürtelrosen durchaus in der Lage sein können, psychosomatische Kräfte zu wecken, die, medizinisch nicht erforscht und immer noch unerklärt, sogenannte Spontanheilungen bewirken. Dies kann aber keineswegs rechtfertigen, solche Praktiken in irgendeiner Weise zu verallgemeinern.
4. Die immer wieder auftauchenden Ängste und Paniksituationen bei Jugendlichen und Erwachsenen, die sich häufig oder regelmäßig okkulten Praktiken aussetzen, geben Anlass, darüber nachzudenken, inwieweit okkulte und esoterische Praktiken nicht auch gewissermaßen als eine Bewusstseinsdroge gesehen werden müssen, vor der gesellschaftliche Institutionen wie Schule, Kirche und andere Bildungseinrichtungen dringend zu warnen haben.

5. Ratschläge im Umgang mit Okkultisten und Esoterikern

1. Okkult-esoterische Angebote gibt es in Hülle und Fülle. Im Gespräch mit Anhängern ist die vordergründig aufklärerische Gebärde, dies sei ja alles nur Spinnerei, unbedingt zu vermeiden. Aufgrund der okkulten Plausibilität prallen solche polemischen Angriffe von vornherein ab.
2. Die Augurenhaftigkeit der Okkultisten und Esoteriker lässt sich in der Regel nicht durch inquisitorische Fragen entschleiern. Es hat keinen Zweck, auf Informationen zu bestehen, die sie nicht bereit sind, zu geben.
3. Es geht auf keinen Fall darum, die Wirksamkeit ihrer Praktiken zu widerlegen, ihre Unwahrheit zu beweisen, sondern ein empathisches Verhältnis zu den Betroffenen zu gewinnen. Man sollte also das Hauptaugenmerk auf die seelische Befindlichkeit der Betroffenen, auf ihre gemachten Erfahrungen legen. Was sie empfinden und wie sie es empfinden, sollte bei der Beurteilung ausschlaggebend sein.
4. Die Frage nach den Empfindungen wird möglicherweise die Ambivalenz der okkulten Erfahrung zutage fördern, mehr als jeder Beweis oder Gegenbeweis. Es geht darum, die Ängste und psychischen Beklemmungen bewusst zu machen und dabei immer wieder die Möglichkeit einer Alternative behutsam ins Gespräch zu bringen:

„Es kann sein, dass dir all das sehr hilft. Aber geh doch auch einmal zum Arzt und hol dir seinen Rat ein!"

5. Auf keinen Fall sollte man – ähnlich wie bei den neureligiösen Kulten – opportunistische Vorschläge unterbreiten: Mitgehen und mitmachen hat keinen Zweck.
6. Auch vor okkulten Experimenten in Schulen und Bildungsanstalten ist dringend zu warnen. Denn erstens lassen sie sich nicht unter den notwendigen und der Szene angemessenen Bedingungen ausführen und verlieren schon auf diese Weise ihre Legitimation in den Augen der Betroffenen. Zum anderen verfügen Lehrer und Multiplikatoren nicht über eigene okkulte Erfahrungen und Kompetenz, um die Wirkungsweise ihrer vorschnellen Versuche einschätzen zu können.
7. Professionelle Okkultisten und Esoteriker sind in der Regel nicht bereit, sich einer Diskussion zu öffnen. Stellen sie sich trotzdem dem Ge-

spräch, dann sind sie hervorragend geschult. Ihr zentrales, stets wiederholtes Argument dem Gegner gegenüber ist kaum zu entkräften:

„Sie wissen ja gar nicht, wovon Sie sprechen, denn Sie kennen uns nicht!"

Auch ihr zweiter Rechtfertigungsgrund stößt häufig bei Zuhörern auf ungeteilten Beifall, wie in zahlreichen Fernsehdiskussionen zu diesem Thema vorgeführt:

„Wollen sie etwa in Abrede stellen, dass es Dinge zwischen Himmel und Erde gibt, die kein Mensch erklären kann?"

Dieser Allgemeinplatz mündet unweigerlich in einen Glaubensstreit, der für die vor dem Okkultismus Warnenden obsolet werden muss.

8. Eine sachliche Auseinandersetzung mit okkulten Praktiken sollte sich in erster Linie auf die oben ausgeführten Merkmale der okkulten Erfahrung, ihre Plausibilität und die dargestellten Gefahren beschränken.
9. Der Okkultismus ist eine moderne Zeiterscheinung, die sich weitgehend an der Peripherie der Gesellschaft bewegt. In den Schulen und Bildungseinrichtungen gilt es darüber aufzuklären, welche gesellschaftlichen Ursachen die Faszination vom Unbegreiflichen und seine magische Handhabung ausüben. Gesellschaftliche Unmündigkeit und das Gefühl, Objekt in einem undurchschaubaren Geschehen zu sein, die Frage nach den Ohnmachtserfahrungen Jugendlicher und Erwachsener und ihrer Bewältigung sind wesentliche Bestandteile einer Aufklärung, die prophylaktisch wirksam werden könnte.
10. Es kann nicht darum gehen, den Glauben des Okkultisten vor einer bestimmten theologischen Lehrmeinung zu bloßzustellen. Die Bezeichnung als „Aberglaube", der in die Abhängigkeit führt, und die Bevorzugung des rechten Glaubens berührt die vom Okkultismus Begeisterten nur wenig und muss notwendig irrelevant bleiben. In der theologisch-religiösen Bewertung okkulter und esoterischer Praktiken sollte eher Akzeptanz als apologetischer Gestus gelten. Die Gefahren, die damit verbunden sind, werden dadurch nicht verharmlost, denn sie sollten auf den oben skizzierten anderen Feldern deutlich und klar aufgezeigt werden.

6. Zentrale Begriffe – ein okkult-esoterisches Glossar

Wir behandeln im Folgenden eine Auswahl exemplarischer Begriffe und Namen, die in der okkult-esoterischen Szene eine zentrale Rolle spielen.

AKASHA-CHRONIK: Nach anthroposophischer Lehre gibt es im Jenseits eine *geheime Chronik*, in der das gesamte Weltenschicksal und der Weg jedes Individuums vorherbestimmt sind. Jedem Menschen ist in dieser Chronik ein geistiger Führer bestimmt. Rudolf Steiner berichtet davon, in der *Akasha-Chronik* gelesen zu haben.

AMULETT: ein kleiner Gegenstand, ein Symbol, das schädliche Geister vertreiben soll. Es ist ein Schutzzeichen, das in Naturreligionen auch von Zauberern, Schamanen und Medizinmännern vergeben wird.

ANIMISMUS: Außersinnliche Phänomene werden durch unbewusste psychische (lat. *anima* = „die Seele") Kräfte erklärt.

AROMATHERAPIE: Aus Pflanzenextrakten gewonnene Aromen sollen die *Aura* oder bestimmte Wesenseigenschaften von Menschen positiv beeinflussen.

ASTRALLEIB: Nach Auffassung des *Spiritismus* hat jedes Lebewesen einen materiellen Leib und einen *Astralleib* (lat. *astralis* – „von den Sternen herkommend"), d.h. einen unsichtbaren, unirdischen, inneren Leib, der sich von dem Körper der Lebewesen trennen kann. In einer Art *Seelenreise* wirkt dieser Astralleib weiter. In den Träumen und unbewussten psychischen Vorgängen erkennt der Spiritist die Spuren der Wirkungsweise des Astralleibs.

ASTRALREISEN: Der Astralleib kann nach okkulter Lehre durch *Hypnose* im Zustand der *Trance* auf die Reise in die Vergangenheit, Zukunft oder in das Jenseits geschickt werden.

ASTRO-PSYCHOLOGIE: Mithilfe der Deutung von Sternzeichen sollen bestimmte Seelentypen (*Archetypen*) bestimmt werden.

ASTROLOGIE: auf die Sumerer zurückgehende Lehre, die aus der Stellung der Gestirne (lat. *astrum* – Gestirn, Sternbild) bei der Geburt oder bei aktuellen Ereignissen auf Charakter und Lebensschicksal der Menschen schließt. Die Behauptung der astrologischen Lehrer geht dahin, dass Planeten und Sterne physikalische Kräfte auf unseren Planeten ausüben (wie z. B. an Mond und Sonne unmittelbar zu erkennen), die auch psychische Wirkungen beinhalten können. So sieht die Astrologie sich gewissermaßen als Erfahrungswissen, das durch jahrtausendelange Überlieferung von Vergleichen der Sternenkonstellationen mit geschichtlichen Ereignissen, diese Erkenntnisse in die Gegenwart und die Zukunft extrapoliert. Seriöse Astrologen verweisen immer wieder auf die Bedingtheit ihrer Erkenntnisse und halten aus diesem Grund individuelle Vorhersagen für problematisch.

ASW: außersinnliche Wahrnehmung (englisch: *Extra Sensory Perception – ESP*).

AURA: Jedes Lebewesen hat nach der Lehre des Spiritismus eine *Aura* (griech. *aura* – „Schein", „Hauch"), eine unsichtbare Sphäre, die aber durchaus mithilfe bestimmter Medien erkennbar gemacht werden kann.

AUTOMATISCHES SCHREIBEN: Eine medial veranlagte Person erhält Botschaften aus der jenseitigen Welt, die spontane Schriftzüge erzeugen, die wiederum einen bestimmten Sinn ergeben. Ganze Bücher werden auf diese Weise aus dem Jenseits diktiert (vgl. Shirley Mc Laine: *Zwischenleben*).

AUTOSKOPIE: Ehemals klinisch tote Menschen berichten, sie hätten sich in diesem Zustand außerhalb ihrer körperlichen Hülle selbst gesehen.

BACKWARD MASKING: die Methode, bei der Tonbandaufzeichnung eines Pop-Titels auf einer Spur rückwärts okkulte oder satanische Botschaften zu platzieren. Die Beatles, die Stones und andere Gruppen sollen nach diesem Prinzip solche Botschaften auf einige ihrer Titel gepresst haben. Man könne sie erkennen, wenn man durch Umlegen des Keilriemens auf alten Plattenspielern die Platte rückwärts abspielt. (Zum Beispiel enthält der Titel *Revolution* die Botschaft *Turn me on – dead man! Dead man* ist das Synonym für „Satan").

BILOKATION: die angebliche Fähigkeit von Menschen, an zwei Orten gleichzeitig zu sein.

6. Zentrale Begriffe

BLACK METAL: Musik der Siebzigerjahre im Rock-Stil, die okkulte Botschaften enthält.

BRAIN-MACHINE: ein Gerät aus den USA in Brillenform, das durch kurz aufeinanderfolgende Lichtimpulse eine Art Bewusstseinserweiterung erzeugen soll.

CHAKRA: Nach indischer Lehre gibt es sieben Körperzentren, die durch Meditation aktiviert werden können. Jedes *Chakra* hat eine andere Eigenschaft.

CHANNELING: Die Auffassung, dass eine Person *Medium* für eine nicht anwesende andere Person oder deren Geist sein kann, sodass ihre Stimme und ihre Worte durch letztere gelenkt werden. Medial veranlagte Personen behaupten von sich, sie seien „Kanal" (*channel*) eines höheren Geistwesens, das durch sie sprechen würde. Dieser Brauch geht auf das antike Sehertum zurück.

CROWLEY: Aleister Crowley (1875–1947) gilt als Begründer der satanistischen Bewegung. Er fasste die Grundgesetze des Satanismus zusammen:

„Es gibt keinen Gott außer dem Menschen. Der Mensch hat das Recht, nach seinem eigenen Gesetz zu leben, wie er will, zu arbeiten, wie er will, zu lieben, wie er will. (…) Dieses Gesetz ist das Gesetz des Starken, Erleuchteten. Wir haben nichts gemein mit den Ausgestoßenen und den Unfähigen; laß sie sterben in ihrem Elend (…), tritt nieder die Elenden und Schwachen. (…) Glaube, o König, nicht der Lüge, daß du sterben mußt; in Wahrheit sollst du nicht sterben, sondern leben."

Sein Grundgesetz ist die Aufforderung an seine Anhänger:

„Tue, was du willst, soll sein das ganze Gesetz!"

DEATHROCK: siehe HEAVY METAL.

EDELSTEINTHERAPIE: Edelsteinen wird eine geistige Kraft zugeschrieben, die eine positive Wirkung auf denjenigen, der sie trägt, ausüben und darüber hinaus negative Strahlungen abhalten kann.

ERDSTRAHLEN: Nach einer bestimmten okkult-esoterischen Auffassung gibt es negative Erdstrahlungen, die kosmische Strahlungen reflektieren (Wasseradern, Metalle, Radiostrahlen usw.). Mit bestimmten Geräten, die teuer verkauft werden, meint man die Wirkung dieser Strahlungen abzulenken.

EXORZISMUS: In vielen Religionen gibt es den Brauch der Dämonen-Austreibung. Auch im Neuen Testament wird darüber berichtet, dass Jesus Dämonen austreiben konnte. In den protestantischen Großkirchen werden solche Praktiken kritisch betrachtet.

FERNHEILUNG: Fernheiler wollen durch Sprüche und Beschwörungen Krankheiten heilen.

FISCHEZEITALTER: Nach astrologischer Lehre ist es der Zeitpunkt im Weltenjahr, an dem der Frühlingspunkt durch das Sternzeichen der *Fische* hindurch zieht. Das *Fischezeitalter* dauerte nach dieser Lehre 2.000 Jahre und wird nun durch das *Wassermannzeitalter* abgelöst. Das Fischezeitalter sei durch seinen polaren Charakter an den derzeitigen Krisen schuld.

GEDANKENÜBERTRAGUNG: die Übertragung von Gedanken und Empfindungen über größere Entfernungen hin (*Telepathie*).

GEHEIMLEHREN: geheime Lehren von esoterischen Geheimbünden. Beispielsweise hatten die Bauhütten im Mittelalter ihre architektonischen Rezepte als Geheimlehren tradiert. An diese Tradition knüpfen die Freimaurerlogen an.

GEISTERCHIRURGIE: Bestimmte Geistheiler nehmen Eingriffe in den Körper von Menschen vor, ohne ihn zu verletzen. Diese Geistchirurgen glauben, sie würden bei diesen Operationen aus dem Jenseits angeleitet werden.

GLÄSERRÜCKEN: Die Teilnehmer sitzen um einen meist runden Tisch. Sie legen den Finger vorsichtig auf das in der Mitte des Tisches stehende Glas. Am Rand sind die Buchstaben von A bis Z ausgelegt oder eingraviert, die Zahlen von 1 bis 10 und die beiden Wörter „Ja" und „Nein". Wenn keiner das Glas manipuliert, was sich im Übrigen relativ leicht erkennen lässt, wird wiederum durch die spontane Motorik das Glas nach einer Weile in Bewegung gesetzt, nachdem vorher dem im Glas angeblich anwesenden Geist bestimmte Fragen gestellt wurden. Die Teilnehmer haben das Gefühl, das Glas würde sich von allein bewegen. Die entstandenen Buchstaben- bzw. Zahlenreihen werden häufig von einem *Propheten* (einem Deuter) als jenseitige Botschaften erkannt und gedeutet.

GOTHIC: „Der Name Gothic leitet sich von dem literarischen Begriff ‚gothic novel' her, der Schauergeschichte."[297] Die *Gothics* sind aus der Punk-Bewegung hervorgegangen. „Im Gegensatz zu den Punks sind die Gothics keine nach außen gerichtete, aktiv-expressive oder aggressiv-aktionistische Jugendszene, sondern eine nach innen gewendete, reflexiv-selbstbezogene, weibliche Szene. Ihre Mitglieder fallen daher auch nicht durch Prügeleien und Saufgelage in der Öffentlichkeit auf, sondern immer wieder wird ihre Friedhfertigkeit hervorgehoben. So ist es bezeichnend, dass es beim Wave-Gothic-Treffen in Leipzig 2000 nicht zu Zerstörungen kam, als sich herausstellte, dass der Veranstalter zahlungsunfähig war und einige Gruppen deshalb nicht mehr auftraten."[298]

GRAL: Der Gral soll ein Behälter sein, in dem Joseph von Arimathäa das Blut des Gekreuzigten aufgefangen haben soll. Michael Hesemann identifiziert ihn in seinem Buch *Die Entdeckung des Heiligen Grals* (2003) mit dem Abendmahlskelch Jesu Christi. Die Gralssage wurde später mit mythischen Elementen aus dem Germanischen vermischt (vgl. *Parzival* und *Lohengrin*).

GRÖNING: Bruno Gröning (1906–1959) gilt seinen Anhängern als *Geistheiler*, der seine heilenden Kräfte auf gewisse Nachfolger übertragen haben soll. Die Zeitung seiner Anhänger wird im Grete-Häusler-Verlag vertrieben. Grete Häusler ist die Leiterin des Bruno-Gröning-Freundeskreises.

HANDLESEN: Praktiken und Lehren, die die Handlinien eines Menschen in Bezug auf sein auf sein Schicksal deuten.

HARDROCK: unter Jugendlichen verbreitete Musik, enthält z. T. Botschaften an Satan.

---

[297] Martin, Werner: Religiöse Aspekte in jugendkulturellen Szenen, S. 38
[298] Martin, Werner: Religiöse Aspekte in jugendkulturellen Szenen, S. 38

IV. Heilungsmagie und Psychokulte – OKKULTISMUS

HEAVY METAL: Der unter Jugendlichen verbreitete Sound wurde von der Gruppe *Black Sabbath* ins Leben gerufen. Auch Gruppen wie KISS (*Knights In Service of Satan* – „Ritter im Dienste Satans"), *Iron Maiden*, AC/DC, *Mercyful Fate*, *Venom*, SADO (*Società Anonima Decostruzionismi Organici*) oder *Slayers* („Totschläger") machen besonders durch brutale und blutige Texte in der Jugendszene auf sich aufmerksam.

HEXEN: Abgeleitet vom althochdeutschen *hagazussa* („Zaunreiterin") werden im deutschen Sprachraum als *Hexen* Frauen bezeichnet, die über magische Kräfte verfügen. Häufig wohnten sie allein am Rande des Dorfes. Sie können zaubern, böse Geister bannen, aber auch auf der Basis erfahrungsmedizinischen Wissens Heilsalben und Heilkräuter herstellen. Im Mittelalter wurden sie als *Teufelsanhängerinnen* verfolgt, häufig gefoltert und öffentlich verbrannt. Gegenwärtig gewinnt die Hexe in der Esoterik wieder an Bedeutung. Es gibt sogenannte Hexenzirkel (*Wicca*-Kult). In der Frauenbewegung spielt die Hexe eine wichtige Rolle.

HOROSKOP: Die Astrologie stellt aufgrund von Berechnungen aus Sternbildern ein Schicksalskonzept für Individuen her und sagt in diesen *Horoskopen* auch die Zukunft voraus.

HYPERVENTILATION: Dieser medizinische Begriff erlangt in der okkult-esoterischen Szene eine besondere Bedeutung. Wer durch schnelles und tiefes Atmen eine übergroße Sauerstoffzufuhr im Körper erzeugt, kann sich auf diese Weise in den Zustand der Trance oder der religiösen Ekstase versetzen. In der *transpersonalen Psychologie* von Stanislav Grov wird die Hyperventilation zum Beispiel therapeutisch genutzt.

HYPNOSE: eine suggestive Technik, Menschen in einen schlafähnlichen Zustand (griech. *hypnos* – „Schlaf") zu versetzen; sie wird häufig angewendet, um Menschen für okkulte Praktiken zu öffnen.

I-GING: eine Orakeltechnik, die aus China stammt. Mit kleinen Holzstückchen werden Hexagramme ausgewürfelt. In einem chinesischen Orakelbuch können dann die gewürfelten Konstellationen hinsichtlich der Zukunft oder Vergangenheit eines Individuums gedeutet werden.

6. Zentrale Begriffe

INKARNATION: die Fleischwerdung des Geistes oder der Seele. Die Inkarnationslehre hat das dualistische Prinzip von Geist und Körper zur Grundlage (vgl. den Beginn des Johannesevangeliums).

JOHANNISCHE LOGE: Spiritistische Vereinigung, die auf die Offenbarungen des Geistheilers Joseph Weißenberg (1855–1941) zurückgeht. Sie betrachtet sich selbst als eine christliche Vereinigung, die auch Formen der *Geistheilung* betreibt.

KARMA: Gesetz der Tatfolge; der Begriff entstammt der indischen Religionswelt. Danach hat alles Handeln seine gesetzmäßigen Folgen, die auf den Handelnden wieder zurückwirken. Ein ähnliches Prinzip kennen wir aus der altisraelitischen Weisheit.

KARTENLEGEN: Meistens werden sogenannte *Tarot*-Karten benutzt. Die Karten werden gemischt, während die Teilnehmer über ihre Fragen an die Karten meditieren. Die Karten werden meistens verdeckt gezogen. Die besondere Symbolik und ihre Anwendung auf persönliche Schicksale finden sich in entsprechenden Anleitungen.

KIRLIANFOTOGRAFIE: hält die Hochfrequenzstrahlung eines Körpers auf einer fotografischen Platte fest. Diese Aufnahme wird dann als *Aura* eines Menschen oder eines Gegenstandes gedeutet und soll Aufschlüsse über den Seelen- bzw. Gesundheitszustand des Menschen erlauben.

KOSMISCHE STRAHLUNGEN: Nach der Lehre der Radiästhesie sind dies Strahlungen, die aus dem Weltraum auf die Erde wirken.

KOSMISCHES WELTENJAHR: Die Astrologie teilt die Zeit anders ein. Sie geht dabei vom sogenannten *Frühlingspunkt* aus. Dieser ist der Schnittpunkt einer gedachten Linie vom Himmelsäquator aus mit der Sonnenekliptik, der die einzelnen von der Astrologie projizierten Sternbilder durchwandert. Ein Weltenmonat dauert etwa 2.000 irdische Jahre, bevor der Frühlingspunkt dann in ein anderes Sternbild überwechselt. Nach astrologischer Lehre beeinflusst ein Weltenmonat das Schicksal einer ganzen Epoche und Kultur.

IV. Heilungsmagie und Psychokulte – OKKULTISMUS

KRISTALLKUGEL: Mithilfe einer solchen Kugel versetzt sich ein Medium in einen tranceähnlichen Zustand, um Botschaften aus dem Jenseits zu empfangen.

MAGIE: Praxis, welche die Anwesenheit von geistigen Kräften in bestimmten Gegenständen voraussetzt, die durch geheime Zauberpraktiken bzw. Zauberformeln verfügbar gemacht werden können. Der magische Zauber kann bannenden, fluchenden und glücksbringenden Einfluss ausüben. Das Wort *Magie* kommt aus der altpersischen Kultur (*magi* bezeichnet eine Art „Priester") und wurde von der antiken griechischen Kultur übernommen. Das Neue Testament spricht im Matthäusevangelium (Kap. 2) von den drei Magiern, die das neugeborene Jesuskind aufsuchten.

MANDALA: ein mystisches Diagramm, das nach indischer Lehre ein Abbild des Kosmos darstellen soll und in der Meditation die Einheit des *Atman* (des „individuellen Geistselbst") mit dem göttlichen All-Einen, dem *Brahman* (dem „universalen Göttlichen"), ermöglichen soll. In der Esoterik werden die *Mandalas* als Zustand der Seele interpretiert.

MATERIALISATION: Geistige Kräfte nehmen bestimmte gegenständliche Formen an.

MEDIUM: Gegenstand oder Person, ausgestattet mit vermittelnden Kräften verfügt, um den Kontakt mit der Geisterwelt herzustellen.

NEKROMANTIE: Kontaktaufnahme von Sehern mit der Welt der Toten. Saul soll einen solchen Kontakt bei der Hexe in Endor aufgenommen haben (1 Sam 28,6 ff.).

OKKULT: Okkulte Lehren und Praktiken bezeichnen geheime Wahrheiten (lat. *occultus* – „verborgen", „geheim"), die nur dem Eingeweihten, dem *Auguren* zugänglich sind. Sie offenbaren Wissen, das dem allgemeinem Zugriff, der rationalen Deutung und Erklärung entzogen bleibt.

ORAKEL: ein Spruch oder eine Aussage über das Schicksal oder die Zukunft. *Orakel* sind häufig mehrdeutig und rein verstandesmäßig im Allgemeinen nicht übersetzbar.

6. Zentrale Begriffe

ORDO SATURNI (OS): Hinter diesem Namen verbirgt sich eine *Satansloge*, mit 150 Magiern als Mitgliedern, die streng hierarchisch geordnet nur bestimmte Geheimnamen führen. In Deutschland hat sich der Verein unter dem Namen Ordo Saturni e. V. in Burgdorf eingetragen.

ORDO TEMPLI ORIENTIS (OTO): In diesem Orden haben sich in Amerika *Satanisten* versammelt. Sie leben streng nach den Ritualen und Regeln von Aleister Crowley. Er soll selbst zeitweilig das Oberhaupt dieser Vereinigung gewesen sein. Auch L. Ron Hubbard war Mitglied in diesem Orden. In Deutschland gibt es nur einige wenige Anhänger.

ORNITHOMANTIE: Weissagung aus dem Vogelflug oder aus Vogelstimmen.

PARAPSYCHOLOGIE: akademische Wissenschaft, die außersinnliche und übernatürliche Phänomene aufzeichnet und mithilfe des Experiments deren Wiederholbarkeit überprüft.

PENDELN: Beim *Pendeln* wird eine Schnur um den Finger gelegt, an deren Ende ein Ring oder etwas Ähnliches befestigt ist. Durch Aufstützen des Arms wird dieser möglichst ruhig gehalten. Die spontane Motorik bewirkt aber, dass sich die Schnur mit dem Pendel irgendwann einmal zu bewegen beginnt. Der Ausschlag nach links oder mehr nach rechts oder das Kreisen des Pendels wird unterschiedlich gedeutet. Zuweilen wird das Pendel auch über Buchstaben gehalten.

PLANCHET: eine Art okkultes Schreibtischchen, auf dem Buchstaben eingelassen sind, die durch einen mit einem Zeiger ausgestatteten Gegenstand nacheinander gelesen werden und auf diese Weise geheime Botschaften übermitteln.

PSI: Der letzte Buchstabe im griechischen Alphabet dient als Chiffre für unerklärliche, scheinbar übernatürliche Phänomene.

PSYCHOKINESE: Mithilfe seelischer Kräfte soll angeblich Materie verändert werden.

RADIÄSTHESIE: Wahrnehmung von Erdstrahlen durch Wünschelruten oder ähnliche Gegenstände.

REBIRTHING: esoterische Therapie, die durch suggestive Methoden versucht, das Geburtserlebnis zu reaktivieren.

REINKARNATION: Wiedereinkörperung des Geistes oder der Seele in einen neuen Körper.

RUNEN: germanische Zeichen und Symbole, mit denen man würfeln kann, um auf diese Weise das eigene Schicksal zu deuten.

SATAN: im Christentum der große Gegner Gottes (hebräisch *satanas* – „Feind", „Widersacher", „Trenner" der Seelen). Dieser Begriff wird von den Satanisten aufgenommen und als ideale Gottgestalt, die durch magische Rituale gefeiert und angerufen wird, positiv umgewertet.

SCHAMANISMUS: Der *Schamane* ist eine besonders ausgebildete Person, die in ekstatischen Zuständen Reisen in das Geisterreich unternehmen kann. Er übt seine Tätigkeit vor allem aus, um Geister zu beruhigen, zu bannen oder zu aktivieren.

SCHWARZE MESSEN: Hauptsächlich Jugendliche versammeln sich nach Auskunft eines Bremer Satanskreises unter Schülern um Mitternacht auf dem Friedhof. Sie tragen schwarze Kleidung und Symbole wie z.B. das umgekehrte christliche Kreuz, das Pentagramm u.a. Es gibt konspirative Telefonketten, über welche diese Messen organisiert werden. Einer der Teilnehmer wird in einem Losverfahren ausgesucht, ein Opfer mitzubringen. Bei *Schwarzen Messen* der unteren Grade ist dieses Opfer ein lebender Vogel, ein Meerschweinchen, eine Ratte, auf jeden Fall ein Kleintier. Dieses Tier wird nach bestimmten Sprüchen über einem frisch aufgeworfenen Grab erstochen und die Teilnehmer mit seinem Blut bestrichen. Diese Messen werden streng geheimgehalten. Im Laufe dieser Veranstaltungen werden auch die christlichen Symbole auf den Gräbern entweiht, Blumen zerstört oder Grabsteine umgeworfen, streng nach der Regel des alten Hexenmeisters Aleister Crowley:

„Tue, was du willst, soll sein das ganze Gesetz!"

In *Schwarzen Messen* höherer Grade werden pervertierte Formen der römisch-katholischen Messe gefeiert, verbunden mit der Schändung geweihter Hostien, Entjungferung bzw. Vergewaltigung und anderen sexuell-magischen Praktiken sowie der Tötung („Opferung") größerer Tiere.

6. Zentrale Begriffe

SÉANCE: spiritistische Sitzung, an der unterschiedliche spiritistische Praktiken angeboten werden wie u.a. Gläserrücken, Tischrücken.

SECHSTES UND SIEBTES BUCH MOSE: Diese beiden Bücher sind im 17. Jahrhundert entstanden und enthalten Zaubersprüche, Wundermittel und Beschwörungen. Bereits die griechischen Zauberpapyri kannten ein *8. Buch Mose* (Manuskript im Rijkmuseum in Leiden). Unter dem Titel *Zauberpraktiken* hat Christoph Daxelmüller (Regensburger Oridinarius für Volkskunde) 1993 eine Untersuchung solcher Zauberbräuche herausgegeben.

SETH: der Geistführer, der durch den „Kanal" Jane Roberts (1929–1984) gesprochen und geschrieben hat. Diese Aufzeichnungen haben in den USA für großes Aufsehen gesorgt. Überliefert sind die sogenannten *Seth-Materialien*.

SPIRITISMUS: Glaube an eine jenseitige Geisterwelt (lat. *spiritus* – „Geist"). Nach der Lehre des *Spiritismus*, die es in Ansätzen schon im Mittelalter gab und die in ihrer heutigen Form im letzten Jahrhundert durch Allen Kardec (1804–1869) vorformuliert wurde, besteht die Möglichkeit, mit den Geistern Verstorbener Kontakt aufzunehmen. Der Spiritismus geht von einer Entsprechung des Mikro- und Makrokosmos aus, spricht von einer *feinstofflichen* und einer *grobstofflichen* Welt. Die *feinstoffliche Welt* besteht aus Strahlen und Schwingungsfrequenzen. Je nach Stärke dieser Schwingungen, die durch bestimmte Medien erfasst werden können, bestimmt sich die Nähe der reinen Geistwesen.

SUBLIMINAL-KASSETTEN: werden werbewirksam verkauft. Sie sollen das Unterbewusste beeinflussen und somit positive körperliche Wirkungen zeitigen wie z.B. Gewichtsabnahme.

TALISMAN: ein kleiner Gegenstand (arab. *tilism* – „Zauberbild"), dem Zauberkräfte zugeschrieben werden. Er wird meistens direkt auf dem Körper getragen.

TANTRA: eine Form der Meditation (indisch für „Gewebe", „Lehre", „System"), die unter gewissen Voraussetzungen auch sexuelle Praktiken mit einschließt.

TAROT: seit dem 14. Jahrhundert überliefertes Kartenspiel aus Frankreich, dessen 72 Karten in *große Arkana* (Hauptzeichen) und *kleine Arkana* (Nebenzeichen) eingeteilt sind. Die Karten werden gemischt und ausgelegt. Ihre Deutung stammt zum Teil aus der jüdischen Geheimlehre der *Kabbala*, einer auf Zahlen- und Buchstabensymbolik basierenden Universallehre und Toradeutung mit mystisch-esoterischem Inhalt. Anhand von Lehr- und Deutungsbüchern wird diese Kartenauslegung auf das individuelle Schicksal angewandt.

TELEKINESE: Bewegung eines Gegenstandes ohne Berührung (griech. *tele* – „fern"; *kinein* – „bewegen") durch geistige oder psychische Kräfte.

TELEPATHIE: Hellsehen; die Fähigkeit von Personen, über fernwirkende Seelenkräfte (griech. *tele* – „fern"; *pas' chein* – „leiden", „fühlen") zu verfügen und auf diese Weise ohne Hilfe von üblichen Kommunikationsmitteln die Gedanken und Gefühle eines anderen zu erkennen. *Telepathisch* begabte Menschen sollen überdies die Fähigkeit besitzen, frühere und noch folgende Ereignisse zu erkennen.

THELEMA-ORDEN: Dieser *Satansorden* wurde von Michael Dietmar Eschner gegründet. Eschner hat durch verschiedene Veröffentlichungen vor allem in Berlin und durch seine Darstellung im Fernsehen auf sich und den Orden aufmerksam gemacht.

TONBANDEINSPIELUNGEN: Unwillkürlich aufgenommene Geräusche aus dem Äther oder andere schwer wahrnehmbare Geräusche auf einem Tonband werden als Mitteilung aus der Geisterwelt gedeutet.

TOTENBUCH: altägyptisches Buch, in dem Sprüche enthalten sind, die Gedanken über das Leben nach dem Tod wiedergeben. Es existiert auch ein tibetisches Totenbuch mit Sprüchen, die man dem Toten ins Ohr flüstert, damit er aus seinem Zwischenzustand befreit wird.

TRANCE: Zustand, der der Bewusstlosigkeit ähnelt. In diesem Zustand sind Menschen leicht beeinflussbar. Er wird häufig durch suggestive Techniken wie Hypnose hergestellt.

6. Zentrale Begriffe

UNBEKANNTES FLIEGENDES OBJEKT (UFO): Seit den Dreißigerjahren gibt es immer wieder Berichte von Personen, die *UFOs* erkannt haben wollen, die aus dem Weltraum auf die Erde gelangt seien.

VOODOO-ZAUBER: eine Art Gemeinkult aus Haiti. Während ekstatischer Tänze sollen die Zauberer mit den Göttern in Kontakt treten können und übersinnliche Kräfte erhalten. Ähnliche Praktiken sind aus den afrikanischen Naturreligionen überliefert.

WASSERMANNZEITALTER: astrologischer Begriff, der einen *Weltenmonat* beschreibt. Der *Frühlingspunkt* soll in dieser Zeit vom polaren Sternbild der Fische in den ganzheitlichen Bereich des Wassermann-Sternbildes gewechselt sein. Das Wassermannzeitalter soll daher das Zeitalter eines neuen ganzheitlichen Denkens sein.

WICCAKULT: Praktiken der *Hexerei*, die seit den Dreißigerjahren aus England überliefert sind. An der Spitze dieses religiösen Konzepts steht eine Frau. Die Konzentration auf die Frau ist anziehender Kristallisationskern in der Wiederbelebung dieses Kults.

WÜNSCHELRUTE: eine Art Drahtgabel, mit deren Hilfe *Wünschelrutengänger* Strahlungen, Rohstoffe und Wasser durch Ausschlagen der Rute feststellen wollen.

XENOGLOSSIE: Menschen, die in einer Art *Trance* ihnen sonst fremde Sprachen sprechen können.

ZAHLENMYSTIK: Die Zahl hat schon seit der frühen Antike immer auch symbolische Bedeutung. Mit Zahlen lassen sich nach dieser Lehre die göttliche und die weltliche Ordnung beschreiben. Die Zahl *Vier* wird zum Beispiel als die *Zahl der Welt* gedeutet (vier Jahreszeiten, vier Himmelsrichtungen usw.), während die Zahl *Drei* als die Zahl der *göttlichen Welt* gesehen wird (Dreieinigkeit, Dreieck für Gott usw.). So wird dann die Zahl *Sieben* als die *Vollkommenheit des Kosmos* gewertet.

7. Literatur

Adorno, Theodor W.: Thesen gegen den Okkultismus. In: Minima Moralia. Reflexionen aus dem beschädigten Leben. Reihe: *Bibliothek Suhrkamp*, Bd. 236. Frankfurt a.M. [1]1951; 1988; 1994; Gesammelte Schriften in 20 Bänden, Bd. 4, Frankfurt a.M. 1980; 2003

Bender, Hans (Hrsg.): Parapsychologie – Entwicklung, Ergebnisse, Probleme. Reihe: *Wege der Forschung*, Bd. 4 Darmstadt [1]1966; 1979; [5]1980; 1982

Capra, Fritjof: Wendezeit: Bausteine für ein neues Weltbild. Bern/München/Wien [6]1983; 1987; 2004

Dürr, Hans Peter: Traumzeit. Über die Grenze zwischen Wildnis und Zivilisation. Frankfurt 1978; 1985

Gertler, Andreas / **Mattig**, Wolfgang: Stimmen aus dem Jenseits. Parapsychologie und Wissenschaft. Reihe: *nl konkret*, Bd. 58. Berlin [1]1984; 1992

Martin, Werner: Religiöse Aspekte in jugendkulturellen Szenen [– insbesondere am Beispiel der Gothics]. In: Zager, Werner / Rössler, Andreas (Hrsg.): Vorträge der Jahrestagung 2007 des Bundes für Freies Christentum: Abenteuer Religion – Jugendliche vor der religiösen Frage. Reihe: *Forum Freies Christentum*, Nr. 48, Mai 2008

Mischo, Johannes: Okkultpraktiken bei Jugendlichen. Ergebnisse einer empirischen Untersuchung. Mainz 1991

Mischo, Johannes: Okkultpraktiken Jugendlicher. Ergebnisse zweier empirischer Untersuchungen. In: *Materialdienst* der EZW, Nr. 12/1988, S. 3–20 und Sonderdruck Nr. 17, 1988

Müller, Ulrich: Ergebnisse einer Umfrage unter bayerischen Schülern und Schülerinnen zu Okkultismus und Spiritismus. „Ich glaube zwar nicht an diese Erscheinungen, aber interessieren tun sie mich alle". Reihe: *Theorie und Forschung*, Bd. 88, *Soziologie*, Bd. 9, Regensburg 1989

Prokop, Otto / **Wimmer**, Wolf: Der moderne Okkultismus. Parapsychologie und Paramedizin – Magie und Wissenschaft im 20. Jahrhundert. Stuttgart [1]1976; Stuttgart/New York [2]1987; München/Paderborn [2]2006

Ruppert, Hans-Jürgen: Okkultismus: Geisterwelt oder neuer Weltgeist? Wiesbaden/Wuppertal 1990

Senkowski, Ernst: Instrumentelle Transkommunikation. Ergebnisse und Probleme der medial-technischen Verwirklichung audio-visueller Kontakte mit autonom erscheinenden intelligenten Strukturen unbekannter

Seinsbereiche. Dialog mit dem Unbekannten. Stimmen, Bilder, Texte. Frankfurt a.M. ¹1989; ²1990; ³1995; ⁴2000

Sudbrack, Josef: Neue Religiosität – Herausforderung für die Christen. Mainz ²1987; ³1988; ⁴1990

Webb, James: Das Zeitalter des Irrationalen. Politik, Kultur und Okkultismus im 20. Jahrhundert. Übersetzung von Michael Siefener. Wiesbaden 2008 [Originalausgaben: *The Occult Underground*, 1974 und *The Occult Establishment*, 1976]

Wilber, Ken: Das Spektrum des Bewußtseins. Ein metapsychologisches Modell des Bewußtseins und der Disziplinen, die es erforschen. München ¹1987. Neuerscheinung: Das Spektrum des Bewußtseins. Eine Synthese östlicher und westlicher Psychologie. Reinbek b.Hbg. 1991; ⁶2003 [Originalausgabe: *The Spectrum of Consciousness*, 1977]

Zinser, Hartmut: Jugendokkultismus in Ost und West. Vier quantitative Untersuchungen 1989–1991. Ergebnisse, Tabellen, Analysen. Hrsg. Arbeitsgemeinschaft für Religions- und Weltanschauungsfragen (ARW) München 1993

Zinser, Hartmut: Moderner Okkultismus als kulturelles Phänomen unter Schülern und Erwachsenen. In: *Aus Politik und Zeitgeschichte* (Beilage zur Wochenzeitung *Das Parlament*, 8.10.1993), Nr. 41–42/1993, S. 19

Zinser, Hartmut: Okkultismus unter Jugendlichen. Für den pädagogischen Gebrauch überarbeitet von Marianne Knief. Reihe: *Arbeitspapiere des Pädagogischen Zentrums Berlin*, Bd. 20. Berlin 1992

V. Aspekte gesellschaftlicher Verursachung moderner Kultbewegungen

So sehr einerseits die Tatsache nicht zu verleugnen ist, dass die Szene neureligiöser Kulte immer mehr zunimmt, so gibt es andererseits keine eindeutige Einschätzung ihrer psychosozialen Ursachen.

In den zahlreichen Interviews mit betroffenen Anhängern oder ehemaligen Kultabhängigen wurde auch stets die Frage nach dem Grund oder dem Motiv des Einstiegs in den Kult gestellt. Die Antworten wiesen gewisse Ähnlichkeiten auf. Als häufigstes Motiv wurde immer wieder recht unspezifisch die Neugier genannt:

> „Ich war neugierig, mehr über mich selbst zu erfahren".

Dem entspricht die Missionsstrategie der Kulte, zunächst einmal die Probleme und Wünsche des Novizen in den Vordergrund zu stellen:

> „Wir kümmern uns um dich und deine Probleme! Auf dich kommt es an!"

Der zweite Beweggrund, der von den Betroffenen angegeben wurde, waren Probleme mit anderen in der unmittelbaren Umgebung. Die Interviewpartner erzählten von familiären Konflikten, Schwierigkeiten in der Schule und am Arbeitsplatz. Bemerkenswert in diesem Zusammenhang ist der Hinweis eines ehemaligen Kultmitglieds, das in ähnlicher Weise von einigen anderen bestätigt wurde:

> „Ich hatte mir das vorher überhaupt nicht klar gemacht, daß es da Probleme gab. Aber die haben das irgendwie sofort durchschaut."

Es scheint also nicht ausgemacht, inwieweit es sich um suggerierte oder tatsächlich vorhandene Probleme handelt, die den Novizen bewegen, sich in die Hände des Kults zu begeben.

Als drittes Motiv wurde von ehemaligen Kultmitgliedern geäußert:

> „Ich hatte damals sehr viele Probleme mit mir selbst."

V. Gesellschaftl. Verursachung moderner Kultbewegungen

Diesen Bereich sprechen vor allem Psychokulte an. Auch hier handelt es sich meist um latente Konflikte und psychische Defizite, über die sich die Betroffenen vor der Begegnung mit dem Kult noch nicht so recht im Klaren waren. Ein wesentliches Motiv ist auch das religiös-weltanschauliche Vakuum, in dem sich Kultmitglieder befanden, bevor sie Kontakt mit dem Kult aufnahmen. In diesem Zusammenhang kamen auch deutlich die Enttäuschungen von den Großkirchen zum Ausdruck. Typisches Beispiel war die Aussage einer ehemaligen Angehörigen der Vereinigungskirche:

> „Von der Kirche war ich irgendwie enttäuscht. Die hatte mir nichts mehr zu sagen. Aber meine Fragen waren ja geblieben. Ich fand das gut, wie die Vereinigungskirche die katholische Kirche kritisierte. Auch war ich begeistert von den neuen Antworten, die ich dort fand."

Neuere religionssoziologische Untersuchungen und Beurteilungen des neureligiösen Spektrums kommen zu ähnlichen Ergebnissen. Versuchen wir nun diese Erfahrungen und Wertungen zu verallgemeinern, dann stoßen wir auf die Schwierigkeit, dass auch die Fachleute in der Gesamtbewertung neureligiöser Bewegungen zu sehr unterschiedlichen Ergebnissen gelangen. Wir wollen trotzdem wagen, einige besonders markante Aspekte gesellschaftlicher Verursachung, die die derzeitige Diskussion bestimmen, kurz thesenartig zu erörtern:

1. Die etablierten religiösen Systeme, allen voran die Angebote der Großkirchen, werden infrage gestellt. Das mag bedauern oder begrüßen, wer will. An dem Umstand, dass die Zahl der Kirchenaustritte aus den großen Konfessionen insgesamt weiter zugenommen hat, kommt keiner vorbei. Das soziale und karitative Engagement der Kirchen wird zwar immer noch gesellschaftlich anerkannt, der dogmatisch-religiöse Hintergrund verliert jedoch an Relevanz. Man nimmt eine Kirche wahr, die sich in einem vermeintlich verkrustet-überkommenen Elfenbeinturm eingerichtet hat und ihre Gläubigen nun in Scharen verliert. Moderne Wissenschaften und christlicher Glaube, so zeigen viele Umfragen, stellen sich dem Außenstehenden als unversöhnliches Gegenüber dar.

2. „Es gibt eben keinen einheitlichen, von jedem fraglos geteilten Religionsbegriff mehr."[299] *Religion* und *Kirche* sind in der europäischen Gesellschaft nicht mehr deckungsgleich. Die Kulturen rücken immer mehr zusammen, junge Menschen lernen schon früh fremde Glaubenseinstellungen und kulturelle Normen kennen. Das Fremde, Exotische hat häufig eine stärkere Anziehungskraft als die Dogmen und Normen überlieferter Religiosität. Dogmatische Diskussionen in den Kirchen, wie etwa die Frage nach der *Jungfrauengeburt* oder die protestantische Deutung des *Abendmahls* kommen vielen „vorsintflutlich" vor. Diese Fragen haben scheinbar mit dem Sinnproblem des modernen Menschen wenig oder gar nichts mehr zu tun.

3. Mit dem Verlust an Glaubwürdigkeit kirchlicher Sinnangebote geht die Ausklammerung des Religiösen in Schule, Familie und anderen gesellschaftlichen Bildungseinrichtungen einher. Die Auseinandersetzung mit religiösen Antworten gleich welcher Art besitzt wenig Raum in den Lehrplänen; die religiöse Frage der betroffenen Schüler und Erwachsenen bleibt demnach ungelöst bestehen. Ein ehemaliges Kultmitglied sagte in einem Interview: „In der Gruppe konnte ich das erste Mal wieder über meine religiösen Fragen reden. Und keiner lachte mich aus." Hinzu tritt das Problem, dass durch die mangelnde Befassung mit religiösen Fragen, Symbolen und Geschichten bei Jugendlichen ein grundlegendes Informationsdefizit entsteht. Die Kulte können ihnen alle möglichen Weisheiten und Begriffe verkaufen, denn die Adressaten verstehen davon ja ohnehin nichts. Wenn ich nie das Wort „Karma" gehört habe, kann man mir allen möglichen Unsinn darüber erzählen.

4. Vorwiegend durch die Diskussion in den Vereinigten Staaten inspiriert, entwickelt sich unterhalb und neben den etablierten Religionsgemeinschaften ein *New Age* alternativer Religiosität, ein *Paradigmenwechsel*, der versucht, neue Antworten auf die offenen Fragen einer sich zunehmend selbst infrage stellenden wissenschaftlichen Aporie zu geben. Das positive Wissen der modernen Wissenschaft weicht einem neuen *Wissensbegriff*, der den Weisheiten *naturreligiöser* und *esoterischer* Erkenntnisse entlehnt ist. Worte wie „Wissen"

---

[299] Feige, Andreas: Jugend und Religiosität. In: *Aus Politik und Zeitgeschichte* (Beilage zur Wochenzeitung *Das Parlament*, 8.10.1993), Nr. 41–42/1993, S. 7

oder „Wissenschaft" erhalten hier eine ganz andere Bedeutung, werden eher der *religiösen Weisheit* entlehnt. Der Wissensbegriff der neureligiösen Szene gebärdet sich zudem metakritisch gegenüber seiner akademischen Verwendung:

4.1 Kritisiert wird der *Partikularismus* (die Überbetonung des Einzelnen) der modernen Wissenschaft. Die Erkenntnisse hätten den universalen Bezug verloren.

4.2 Auch der *Probabilismus* (die Beschränkung auf Wahrscheinlichkeitsaussagen) wissenschaftlicher Formulierungen sei durch die „neuen Erkenntnisse" angeblich überholt.

4.3 Als großer Mangel der modernen Wissenschaft wird oftmals ihre Uneindeutigkeit empfunden. Der *Pluralismus* der Schulen und Ansätze gerät in den Verdacht, dass man im Grunde genommen „gar nichts mehr weiß".

Dagegen setzen New Age und die Esoterik ihren Wissensbegriff, dessen Qualität *universal*, *eindeutig* und *verbindlich* sei. Es ist offensichtlich ein Problem, dass die *Frage nach der alle und alles verbindenden Wahrheit* für zahlreiche Menschen ebenso unbeantwortet bleibt, wie sie andererseits drängend nach einer Antwort suchen. Der durchaus positive kritische Impuls gegen einen strikten *Rationalismus* mischt sich indessen im New Age und in der Esoterik mit einem naiven *Antirationalismus*, der im Einzelfall, wie oben dargestellt, problematische Formen annehmen kann.

5. Stabile soziale Bezüge wie Schule und Familie vermitteln nicht mehr die *Geborgenheit* und *Sicherheit* in Konfliktsituationen, sie brechen auf und entlassen häufig psychisch angeschlagene Individuen. Viele der neureligiösen Kulte und fundamentalistische Gemeinschaften bieten sich darum häufig als Familienersatz an, sie versprechen eine *liebende Gemeinschaft*, nennen ihre Wohngemeinschaften „die neue Familie" oder sprechen voneinander als „Geschwistern", die Leiter lassen sich häufig gern als „Vater" oder „Mutter" titulieren usw. Dass sich hinter dieser vermeintlichen familiären Geborgenheit ein rigides System der Menschenkontrolle verbirgt, ist für die Novizen nicht erkennbar.

6. Neben das Problem der Instabilität unmittelbarer sozialer Bezüge tritt die *Anonymität* großer gesellschaftlicher Institutionen, die an den Einzelnen zwar Angebote machen, aber von ihm erwarten, dass er selbst

den ersten Schritt tut. Das erzeugt bei vielen Menschen für sie unüberwindbare *Schwellenängste*. Die Kirchen z.B. öffnen zwar ihre Türen und laden ein: „Kommt zu uns"; der neureligiöse Kult aber geht direkt auf die Menschen zu, er spricht jeden persönlich an. Er vermittelt dem Einzelnen das Gefühl, nicht kleines Rädchen im Getriebe zu sein, sondern sagt ihm: „Auf dich kommt es an!" Viele ehemalige Kultmitglieder berichten wie Wolfgang:

„Das erste Mal kam jemand auf mich zu, und ich mußte nicht irgendwo hingehen!"

Dieser Gedanke und die damit verbundenen Praktiken kommen dem modernen Individualismus sehr entgegen.

7. Denn es lässt sich insgesamt ein deutlicher *Individualisierungsschub* beobachten.[300] Die Menschen leben zunehmend allein, pflegen ihren Individualismus in materieller, kultureller und psychologischer Hinsicht, denn sie nehmen auf der anderen Seite die Komplexität und Vielgestaltigkeit gesellschaftlicher Zusammenhänge als undurchschaubare Nebelwand wahr. Diesem Ohnmachtsgefühl gegenüber der wachsenden Kompliziertheit und Differenziertheit des Lebens wird häufig mit dem Rückzug in die Privatsphäre begegnet. Man zieht sich auf sich selbst zurück und wartet auf eine einfache, überschaubare Antwort, „dies alles zu verstehen".

8. Festgefügte und klare *Normensysteme* werden zunehmend gesellschaftlich infrage gestellt. Es gibt kein klares ethisch-moralisches Raster mehr. Der *Pluralismus* im religiös-kulturellen Bereich findet seine Entsprechung im *Ethischen*. Viele Menschen fühlen sich in der Frage, welche Werte denn nun wirklich allgemeinverbindlich gelten sollen, allein gelassen. Neureligiöse und fundamentalistische Kultmitglieder erhalten als Alternative ein einfaches *dualistisches Raster,* mit dem sie auf die Welt losgehen können. Es gibt nur Gut oder Böse, Schwarz oder Weiß, Licht oder Finsternis, Freunde oder Feinde. Mit dieser simplen Welt- und Lebensanschauung verschaffen sie sich ein *elitäres Bewusstsein,* an dem sie sich orientieren können in einer immer schwieriger werdenden Welt.

---

[300] Feige, Andreas: Jugend und Religiosität. In: *Aus Politik und Zeitgeschichte* (Beilage zur Wochenzeitung *Das Parlament*, 8.10.1993), Nr. 41–42/1993, S. 4

9. Nicht zuletzt wächst ein starkes Bedürfnis des Einzelnen nach *erlebbarer und erfahrbarer Religionspraxis*. Nicht das religiöse Konzept, seine Schlüssigkeit und Novität ist so wichtig als vielmehr die Erfahrung, die man damit machen kann. Nicht umsonst findet gerade die mystische Literatur aller Religionen auf dem Buchmarkt einen reißenden Absatz. Im Mittelpunkt der *Mystik* steht die religiöse Erfahrung, die *unio mystica* (die mystische Vereinigung mit dem Göttlichen). *Meditation* ist das Zentralwort, das zahlreiche Menschen anspricht. Auf den katholischen und evangelischen Kirchentagen werden die Angebote, die mit religiös-mystischer Erfahrung zu tun haben, immer zahlreicher (Halle der Stille, Gebets- und Meditationsgruppen verschiedener Art, Selbsterfahrung, kreatives Malen usw.).

10. Die *Verdinglichung* von Lebens- und Sinnorientierungen bekommt einen fast mechanistischen Charakter und wird nahtlos eingefügt in die Warenwelt von kommerziellen Unternehmen. Alles lässt sich kaufen, warum dann nicht auch die eigene Seelenruhe? Und so wie man von einer gekauften Medizin erwartet, dass sie möglichst sofort wirkt wie ein Tropfen Öl im Getriebe, so wird auch erwartet, dass die eingekaufte religiöse oder esoterische Erfahrung fast automatisch den Seelenfrieden herstellt. Die *Kommerzialisierung* von Religion geht einher mit der fast magischen *Mechanisierung* ihrer Wirkungsweise. Wirkt das neue „rettende Rezept" nicht in der angekündigten Weise, so werden Schadensersatzforderungen fällig, die die Kulte durch ihre Versprechungen gewissermaßen provozieren. Religiöse Symbole verlieren ihre Tiefendimension und ihre Geschichtlichkeit, sie werden verkauft wie eine Packung Aspirin.

Nur einige Aspekte gesellschaftlicher Ursachen für den Markt der neureligiösen Kulte können in diesem Zusammenhang genannt werden. Sie lassen sich sicherlich noch durch andere ergänzen. Allein es nützt nichts, reine Ursachenforschung zu betreiben, es kommt auch darauf an, Alternativen aufzuzeigen, die die Probleme Jugendlicher und Erwachsener aufgreifen und ihnen sinnvolle Orientierungsangebote machen. Diese Forderung sollte nicht nur an die Kirchen gestellt werden, sondern umfasst alle gesellschaftlichen Institutionen sowie Familie, Schule und Politik. Die Frage nach der Alternative sollte indessen in keiner Bildungsveranstaltung zu dem Thema der neureligiösen Wellen fehlen.

VI. Methodische Hilfen zur Information und Bildungsarbeit

Wer sich im Bildungsbereich mit dem Thema „neureligiöse Bewegungen", „Sekten" oder „moderne Kulte" beschäftigt, stößt unweigerlich auf die Frage: Wie können wir Informationen gewinnen und weitergeben, die auf der einen Seite nicht religiöse Verdammungsurteile produzieren, andererseits aber der Klientel auch klare Unterscheidungsmerkmale an die Hand geben?

Es gilt also auf der einen Seite, den Schülern oder Erwachsenen, die sich mit diesem Thema beschäftigen wollen, zunächst einmal deutlich zu machen, dass Differenzierung auf diesem Gebiet bei allem Verständnis für den Wunsch nach Bewertung und Kritik notwendig ist. Nicht jeder neureligiöse Kult ist destruktiv, vielleicht noch nicht einmal die meisten unter ihnen.

Dennoch ist Kritik gegenüber konfliktträchtigen Tendenzen innerhalb so mancher Kulte notwendig und sachlich angebracht. Andererseits begegnet man in der Pädagogik auch immer wieder dem Dilemma, dass Information über Gefahren das glatte Gegenteil von dem erzeugt, was sie beabsichtigt. Aus der Information über die Drogengefahr kennen wir das damit zusammenhängende Problem: „Wer warnt, der lockt!"

Dieser Umstand erfordert für die Bildungsarbeit zu diesem Themenkomplex bestimmte Konsequenzen:

1. Sowohl Erwachsene als auch Jugendliche sind an der Thematik durch die vielfältige, zum Teil sensationsfreudige Darstellung in den Medien sehr interessiert. Eine Motivation erscheint zunächst kaum notwendig. Andererseits könnte eine religionskundliche oder ideologiekritische Darstellung einzelner Glaubensvorstellungen aus den neureligiösen Kulten demotivierend wirken. Die Multiplikatoren befinden sich in dem Dilemma, einerseits zur Versachlichung dieses Problemfeldes beitragen zu wollen, andererseits aber das Interesse

und den Fragehorizont der Adressaten im Auge behalten zu müssen. Die Aufbereitung der Thematik in diesem Buch versucht diesem Umstand dadurch Rechnung zu tragen, dass man sich zunächst auf die *Fragestellung* konzentriert: Auf welche Weise lerne ich einen neureligiösen Kult kennen? Mit welcher Methode werde ich angesprochen? Was verschweigt der Kult? Wie stellt er sich nach außen hin dar? Was sehe ich und was geschieht gleichzeitig gewissermaßen hinter den Kulissen?

2. Wichtiger als alle möglichen objektiven Erkenntnisse über Kulte sind die Erfahrungen von ehemaligen Kultabhängigen. Es gibt mittlerweile eine Reihe von Veröffentlichungen, in denen ehemalige Mitglieder ausführlich zu Wort kommen. Die Auseinandersetzung mit *Erfahrungsberichten* erspart häufig den pädagogischen Zeigefinger. Zitate von Betroffenen werden aus diesem Grunde bei der Darstellung der Gruppen in den Vordergrund gerückt.

3. Wer Mitglieder von neureligiösen und fundamentalistischen Kulten in Bildungs- bzw. Fortbildungsveranstaltungen einlädt, sollte sich die Schwierigkeiten vor Augen halten, dass die eingeladenen Mitglieder den Wunsch nach Information als Gelegenheit für *Mission* (miss-)verstehen, während umgekehrt die Teilnehmer und Teilnehmerinnen der Bildungsveranstaltung, auch zuweilen die Multiplikatoren oft nicht in der Lage sind, tendenziöse Informationen sofort als solche zu erkennen. Sieht andererseits während der Diskussion mit den Kultmitgliedern die Diskussionslage für sie ungünstig aus, besteht die Gefahr, dass sie Kritik als eine Form der Verfolgung religiöser Minderheiten darstellen und sich in der Rolle des Märtyrers gefallen. Der *Mitleidseffekt* könnte für das beabsichtigte aufklärerische Ziel in der Bildungsveranstaltung fatale Folgen haben. Auch sollte man Teilnehmer an Kursen auf keinen Fall in die Zentren der Kulte schicken.

4. Zentraler Gesichtspunkt für Vorbereitung der Teilnehmer auf Begegnungen mit neureligiösen Kulten ist die Kenntnis ihrer *Missionsstrategien*. Kennen sie die Taktik der Gesprächsführung, dann lassen sie sich nicht mehr so leicht beeinflussen.

5. Man sollte auf jeden Fall exemplarisch vorgehen und besser nicht den Versuch machen, möglichst viele Kulte zu behandeln. Die intensive Behandlung eines oder zweier Kulte hat eine nachhaltigere Wir-

kung als das kurze Streifen aller möglichen neureligiösen Erscheinungen.
6. Die Frage nach religiöser Toleranz auch neureligiösen Kulten gegenüber wird sehr häufig gestellt. Ihr sollte man einen angemessenen Platz einräumen.

Aus dem oben Gesagten ergibt sich zwangsläufig, dass der Zeitfaktor einer Bildungseinheit von erheblicher Bedeutung ist. Ein schneller Durchgang durch die Welt neureligiöser Bewegungen – das zeigt sich fast immer – hat wenig bleibenden Erinnerungswert und schafft eher Verwirrung als Kompetenz bei den Adressaten. Wie das oben ausgeführte Material in einzelne Schritte zur Informationsvermittlung eingesetzt werden könnte, soll kurz ausgeführt werden.

1. Schritt: Die Begegnung mit dem neureligiösen Kult

Es ist zunächst einmal wichtig, das *Begegnungserlebnis* und die *Missionsstrategie* des neureligiösen Kultes ausführlich zu erörtern. Diesem Bereich wird darum auch in den meisten Kapiteln eine hervorgehobene Bedeutung beigemessen. Das *taktische* Verhältnis, das die Missionare zu ihren Klienten haben, sollte dabei besonders deutlich werden.

Viele Außenstehende empfinden den Erfolg der Missionare von ihrer Außensicht her als absurd: „Wie kann man nur darauf hereinfallen?" Diese Frage taucht in den Diskussionen immer wieder auf. Hier gilt es, die innere Plausibilität des Missionsgeschehens darzustellen. Denn es sollte darum gehen, nicht das *Unverständnis* für die Motive des Eintritts in den Kult, sondern vielmehr das *Verständnis* für diesen Schritt zu wecken.

Darum ist es in diesem Zusammenhang auch ratsam, eigene Erfahrungen der Teilnehmer in der Begegnung mit einem neureligiösen Kult zu Wort kommen zu lassen. Nur wer schon am Anfang eine eigene Beziehung zu den Motiven des Kultabhängigen entdeckt, kann später eine kompetente Kritikfähigkeit entwickeln.

Es besteht zudem die Möglichkeit, in einer Art Rollenspiel die Missionssituation zu vergegenständlichen und dabei in die Rolle beider Seiten zu schlüpfen. Auf diese Weise könnte deutlich werden, wie sehr die Wirkungsweise eines neureligiösen Kults auf dem Ausnutzen menschlicher Schwächen und auch eigener Betroffenheiten beruht.

Ganz gleich: Je verständlicher und nachvollziehbarer das Missionsgeschehen für die Adressaten wird, um so eher wird eine *Dämonisierung* des Kults verhindert, die ihn in eine unüberbrückbare Ferne zur eigenen Situation rückt.

2. Schritt: Die Lehre des neureligiösen Kults und die Bedeutung des Kultführers
Eine genauere Betrachtung der *Lehre* und der Bedeutung des *Kultführers* könnte anhand der angegebenen Zitate die Merkmale der *religiösen Ideologie* zutage fördern. Dabei wären folgende Einzelziele zu beachten, die in die Lage versetzen, den ideologischen Nebel der Selbstverlautbarungen des destruktiven Kults zu durchdringen:

a) Zentrale Begriffe des neureligiösen Kults entzaubern: Was versteht Scientology unter „Ethik", wie deutet S. M. Mun die „Familie"? Welchen Inhalt gibt TM der „Wissenschaft des Zeitalters der Erleuchtung"? Was denkt Bhagwan, wenn er von „Selbstbefreiung" spricht? Wie deutet Gabriele Wittek im Universellen Leben „Offenbarung" usw.?

b) Religionsgeschichtliche Hintergründe aufdecken: Die religionsgeschichtliche Betrachtung der durch den Kult verwendeten Begriffe kann eigentümliche *Verkürzungen* und *Verkehrungen* offenlegen. Wer z.B. die Mantra-Meditation aus ihrem geistigen-religiösen Umfeld auf eine bloße Technik herunterbringt, verliert ganze Dimensionen der ethischen und sozialen Einbettung dieser religiösen Praxis.

c) Das Selbstbewusstsein des Kultführers bestimmen: Der *autoritäre Stil* des Führers, sein Wahrheitsbewusstsein und sein *Ausschließlichkeitsdenken* verbergen sich häufig hinter blumigen Allerweltsweisheiten. Allein schon die Titel geben dem Kundigen Aufschluss über die Selbstüberschätzung dieser „heiligen" Meister: *Bhagwan, His Holiness, Mundstück der Posaune Gottes, Operating Thetan* und andere Titel zeigen deutlich, welche Bedeutung dem Kultführer in der Organisation zukommt.

d) Den Widerspruch zwischen freundlicher Selbstdarstellung und aggressiver und doktrinärer Umgangsweise mit Kritikern herausarbeiten: Meistens dienen die internen Anweisungen, die sich auf den Umgang mit Kritikern und Gegnern beziehen, dazu, das *aggressive Gebaren* der Kulte zu exemplifizieren.

3. Schritt: Die Frage nach dem Umgang mit neureligiösen Kulten
Ausgehend von dem Prinzip, dass nicht die religiöse Aussage selbst negativ beurteilt werden sollte, sondern nur ihre Wirkungsweise auf Kultabhängige, stellt sich die Frage nach den Grenzen und Möglichkeiten religiöser Toleranz und nach der Bereitschaft, auch exotische Weltanschauungsentwürfe in unserer Gesellschaft zu akzeptieren. Wo liegt die Bruchstelle, die ein religiöses Konzept zur *totalitären Ideologie* werden lässt? Wo lässt sich der Übergang finden, an dem Toleranz zur *Beliebigkeit* wird und die systematische Entfremdung und Ruinierung von Kultabhängigen in Kauf genommen wird?

4. Schritt: Die Frage nach den Ursachen
Wie oben schon ausgeführt, ist die Beantwortung dieser Frage ebenso schwierig wie umstritten. Die dort angegebenen Gründe können nur als Diskussionsgrundlage dienen. Zwei Gefahren zeigten sich häufig in Bildungsveranstaltungen, die auf diesen Aspekt zu sprechen kamen:
a) Die Tendenz zu plakativen Ursachenbeschreibungen: die Arbeitslosigkeit, die vielen Kirchenaustritte, die zu großen Freiräume in der Gesellschaft usw., werden häufig als Begründungen angegeben, liegen aber in ihrer vereinfachenden Deutung ein wenig neben der Wirklichkeit. Auch der Hinweis auf die schlechte Erziehung im Elternhaus, die Kinder in die Hände eines destruktiven Kults treibe, stimmt mit der Wirklichkeit nicht überein. Es ist vor allem darauf hinzuweisen, dass mehrere Faktoren zusammenwirken und eine einfache Antwort auf die Frage nach den Ursachen bislang noch nicht gegeben ist.
b) Außerordentlich problematisch sind auch *eindeutige Schuldzuweisungen* wie etwa: Der Staat sei zu lax, die Religionsfreiheit solle eingeschränkt werden, die Familie und die Kirchen hätten versagt usw. Sie verschieben das Problem nur auf anonyme gesellschaftliche Instanzen. Vor allem den Ruf nach dem Gesetzgeber, die häufig vorgetragene Forderung nach Kriminalisierung der Kulte, gilt es zu hinterfragen. Welche Konsequenzen hätte z. B. eine Einschränkung des Rechts auf freie Religionsausübung? Nur totalitäre Staaten waren bisher in der Lage, die Wirkung der destruktiven Kulte einzuschränken oder zu verbieten.

VI. Methodische Hilfen zur Information und Bildungsarbeit

5. Schritt: Was können wir konkret tun?
In keiner Bildungsveranstaltung sollte dieser Schritt fehlen. Drei Bereiche sollten dabei besonders erörtert werden:

a) Was können wir tun, damit mehr Menschen mehr über neureligiöse Kulte und ihre Wirkungsweise erfahren? Inwiefern kann jeder Einzelne von uns Multiplikator dieser Informationen werden?

b) Was können wir tun, um Menschen aus unserer Nähe (Verwandte, Freunde, Kollegen usw.), die Verbindung mit einem Kult haben, oder Angehörige von ihnen zu beraten? In diesem Zusammenhang wäre das folgende Kapitel und seine Thesen zur Beratung ausführlich zu diskutieren und eventuell zu ergänzen.

c) Was können wir Menschen als Alternative anbieten, um sie vor dem Schritt in einen neureligiösen Kult zu bewahren? Um diese Frage kompetent zu beantworten, gilt es zunächst, die eigene Betroffenheit und eventuelle Anfälligkeit bzw. Faszination gegenüber dem neureligiösen Angebot zu artikulieren. Niemand sollte so tun, als habe er damit nichts zu tun. Nur wenn die eigene Beziehungsebene deutlich wird, kann auch die Frage nach Alternativen sinnvoll angegangen werden.

VII. Ratschläge für Betroffene

In diesem Abschnitt wird kurz und thesenartig die Frage behandelt: Wie kann ich mit einem Angehörigen, Verwandten, Freund oder Freundin, mit einem Arbeitskollegen oder einer Arbeitskollegin umgehen, die eine Konversion in einen neureligiösen Kult vollzogen haben. Der Wunsch, sie oder ihn, aus ihrer Kultidentität herauszulösen, ist in der Regel aussichtslos, zumal die Kultmitglieder ihre neugewonnene Identität in den meisten Fällen als einen Glückszustand erfahren. Und wer will entscheiden, was gut oder schlecht ist in Sachen Religion, Glauben und Weltanschauung? Dennoch gibt es die Möglichkeit, wie sich in jahrelanger Beratungsarbeit andeutet, einen kritischen Diskurs auch mit Kultmitgliedern zu führen. Es folgen einige Ratschläge, die erfahrungsgemäß für Angehörige eines Kultmitglieds von großer Bedeutung sein können und deren Befolgung eventuell die Voraussetzung bildet, dass das Kultmitglied seine Gefolgschaft überprüft. Folgendes sollte auf jeden Fall beachtet werden:

Informieren Sie sich gut und ausführlich über die Organisation. Polemisieren Sie möglichst nicht im Gespräch, sondern differenzieren Sie die Kulte. Trotz der Ähnlichkeit in zahlreichen problematischen Wirkungen hat jeder Kult seine Eigenart, die es zu verstehen gilt. Sie können sich nur als glaubwürdiger Gesprächspartner erweisen, wenn Sie Bescheid wissen. Ein Vater, dessen Tochter Anhängerin der *Vereinigungskirche* geworden war, machte ihr den Vorwurf: „Da werdet ihr ja nur auf den Strich geschickt!" Hier hatte er eine folgenschwere Verwechslung begangen. Denn die Kultpraxis der Prostitution gab es nur bei den *Kindern Gottes*, auch *flirty fishing* genannt. Die Vereinigungskirche kennt diese Praxis überhaupt nicht. Auf diese Weise hat der Vater von vornherein seine Gesprächsmöglichkeit mit der Tochter verwirkt. Es ist also ausschlaggebend, wie kompetent man über den entsprechenden Kult Bescheid weiß, um ein sachkundiges Gespräch zu führen. Genügend Informationsmaterial findet man in einschlägigen Buchhandlungen. Darüber hinaus kann auch ein Gespräch mit einem Sekten- und Weltanschauungsbeauftragten hilfreich sein.

VII. Ratschläge für Betroffene

Vermeiden Sie jede Art von **Gegenmission** Ihrer Angehörigen. Hat der Betroffene bereits die Kultidentität übernommen – dies ist meistens der Fall, wenn bekannt wird, dass er die Gruppe regelmäßig besucht –, ist sein Wahrnehmungsvermögen eingeschränkt. Fremde, abweichende Argumente werden nicht mehr aufgenommen, vielmehr als Lüge, grobe Täuschung und persönliche Feindseligkeit interpretiert. Das Kultmitglied sieht die Welt und auch die Kritiker nur noch mit den Augen des Kults. Es vermag nicht, auch nur den leisesten Fehler oder Verdacht zu akzeptieren. Je länger Sie auf ein Kultmitglied einreden, je emphatischer sie ihre Kritikpunkte vortragen, umso unglaubwürdiger erscheinen Sie in den Augen des Kultmitglieds.

Seien Sie andererseits auch **nicht opportunistisch**. Ein Mitgehen in den Kult zum „Kennenlernen" kann die Situation nur zugunsten des Kults verändern. Nicht wenige, die nur zum Kennenlernen mitgegangen sind, wurden selbst fasziniert von der Atmosphäre des Kults und Opfer der Missionsgespräche. Die Kulte haben bestimmte Strategien entwickelt, wie sie Angehörigen ihre Harmlosigkeit und Ehrbarkeit belegen können. Alle Ihre Gegenargumente kennt man dort schon – der Kult hat sich über seine Gegner bestens informiert und versteht sie geschickt zu entkräften.

Halten Sie auf jeden Fall, auch wenn es zu empfindlichen Konflikten kommt, den **persönlichen Kontakt** aufrecht, etwa indem Sie sagen: „Von deiner Anschauung trennen mich Welten, aber ich bin trotzdem für dich da!" Gerade die Tatsache, dass zahlreiche Kultmitglieder während ihres Aufenthalts in der Organisation Enttäuschungen und persönliche Krisen erleben, weil sie z. B. den Widerspruch von Anspruch und Wirklichkeit der Organisation am eigenen Leibe erfahren, stellt sie vor die Frage: Wer ist jetzt noch draußen, zu dem ich hingehen kann? Wer wird mir seine Tür öffnen und mich vorbehaltlos empfangen? Ist diese Möglichkeit durch eine vom Kult verordnete und durchgeführte Trennung erst einmal verbaut, besteht nur noch eine geringe Chance, dass das Kultmitglied den Schritt des Ausstiegs aus dem Kult vollzieht.

Nehmen Sie Kontakt mit Betroffenen oder Angehörigen von Betroffenen auf. Der **gegenseitige Gedankenaustausch**, Möglichkeiten, Rat zu finden, Betroffenheit zu artikulieren, ist sehr wichtig. Sie stehen mit Ihrem Problem nicht allein. In vielen Städten der Bundesrepublik gibt es mittlerweile *Betroffeneninitiativen*.

Die Angehörigen von Kultmitgliedern machen leider immer wieder die Erfahrung, dass sie mit ihrem Problem allein stehen. Nachbarn und Freunde zeigen sich verständnislos: „Da muss ja bei euch in der Familie etwas schiefgegangen sein!" Schon aus diesem Grund ist es wichtig, Menschen kennenzulernen, die ähnliche Erfahrungen gemacht haben.

Sind Sie mit einem Kultmitglied verwandt, dann ist es im Einzelfall ratsam, sich auch einer **Rechtsberatung** zu unterziehen. Gerade in Erbschafts- und Vermögensangelegenheit ist es häufiger schon zu recht unerfreulichen familiären Konflikten gekommen. Es besteht im Einzelfall auch immer der nicht ganz unbegründete Verdacht, dass zum Beispiel Erbschaften gar nicht zum persönlichen Nutzen des Kultmitgliedes sondern zu dem der Organisation verwendet werden.

Unterstützen Sie möglichst auf keinen Fall Ihren Angehörigen **finanziell**, solange er Kultmitglied in einer umstrittenen weltanschaulichen oder religiösen Vereinigung ist. Es ist keine Hilfe für den Betreffenden, sondern wandert in die Taschen der Organisation. Dieser Rat ist besonders schwer einzuhalten. Denn wenn der eigene Sohn oder die eigene Tochter in finanzielle Schwierigkeiten gerät, zum Beispiel durch *Verschuldung im Kult*, möchte man gern helfen. Die Kultmitglieder werden auch vonseiten einiger Kulte dazu angehalten, die Bitte um finanzielle Unterstützung immer als persönlichen Wunsch und persönliche Not auszugeben, um den Angehörigen Schuldgefühle zu bereiten, wenn sie diesem Wunsch nicht nachkommen. Nur das Wissen, dass Sie gegebenfalls nicht Ihren Angehörigen unterstützen, sondern die kommerziellen Zwecke eines Kults, kann Sie davor bewahren, der Bitte um Geld nachzukommen.

Sie sollten möglichst sehr viel **Geduld** zeigen, ohne in der Sache nachzugeben. Eine Mitgliedschaft in einem Kult kann mehrere Jahre dauern. Denken Sie daran, Ihr Angehöriger hat eine *neue Persönlichkeit* übergestülpt bekommen. Er ist nicht mehr der, der er einmal war. Er denkt, fühlt, handelt als ein Rädchen des Kults. Es gibt aber mittlerweile eine ganze Reihe von Beispielen, bei denen sich das Warten gelohnt hat. Viele enttäuschte Kultmitglieder treten aus und finden den Weg zurück in ein geregeltes und normales Leben.

Es ist mittlerweile im Zeitalter des Internets Brauch geworden, dort ausgiebig zu **recherchieren**. Dagegen ist im Grund nichts einzuwenden. Aber bedenken Sie, dass die Informationen teilweise nicht gerade sehr seriös sind und ihrer Vielfalt und Widersprüchlichkeit verwirrend bleiben.

Das in den Vereinigten Staaten zuweilen ausgeübte *Deprogrammieren* von ehemaligen Kultabhängigen, bei dem sie in einer Art *Gehirnwäsche* wieder zurück ins normale Leben befördert werden sollen und mit dem man die Kultabhängigkeit auf diese Weise aufzubrechen hofft, ist auf keinen Fall anzuraten und wird auch heutzutage nicht mehr praktiziert. Es diente nur dem Wunsch, schnell und effektiv zu handeln, und führte dazu, dass die eine Abhängigkeit durch eine andere ersetzt wurde. Das Ziel, den Kultabhängigen zu einem eigenständigen, freien und selbstbewussten Leben zu führen, wurde auf diesem Weg wohl kaum befördert. Aus diesem Grund ist diese Methode mittlerweile auch in den USA in Verruf gekommen.
An der schmerzhaften Erkenntnis kommt niemand vorbei: Es ist ein langer und oftmals leidvoller Weg, sich aus einer missbrauchten Identität wieder zu lösen.
Zum Schluss soll noch ein Problem kurz angerissen werden, das gerade auch in der jüngeren Diskussion über neureligiöse Kulte aufgeworfen wird. Wie sieht es mit den Kindern aus, die in einen solchen Kult hineingeboren werden und in ihm aufwachsen. Hat die Gesellschaft nicht auch hier eine gewisse Verantwortung, wenn zum Beispiel die Schulpflicht nicht eingehalten wird, Kinder einem Meditationsstress ausgesetzt werden oder in der einen oder anderen Organisation ausgiebig von der Züchtigung Gebrauch gemacht wird? Sowie in der sozial- bzw. religionswissenschaftlichen Literatur, ist sich der Endbericht der Enquetekommission nicht ganz schlüssig:

Es „können hochproblematische, das geistige, seelische und körperliche Kindeswohl verletzende, autonomienegierende und misshandelnde Erziehungsvorstellungen und -praktiken in den neuen religiösen und ideologischen Gemeinschaften und Psychogruppen nicht generalisiert werden. Hier können allenfalls Gefährdungspotentiale vermutet und verdeutlicht werden, die aber in jedem Einzelfall spezifisch geprüft und ausgewiesen werden müssen."[301]

Das Problembewusstsein ist da, an nachvollziehbaren Antworten fehlt es aber leider immer noch.

Beratungsmöglichkeiten gibt es zahlreich in Deutschland. Fast jedes Bundesland hat eine Adresse für individuelle Beratung. Außerdem stellen die katholischen Diözesen und evangelischen Landeskirchen die Beratung durch Sekten- und Weltanschauungsbeauftragte zur Verfügung. Im Internet sind die jeweils aktuellen Adressen und Telefonnummern unter dem Stichwort *Sektenberatung* jederzeit verfügbar. Hervorragende Informationen und Beratung bekommt man durch die Evangelische Zentralstelle für Weltanschauungsfragen (EZW), Auguststr. 80, 10117 Berlin. (Telefonnummer: (030) 28395–211; Fax: (030) 28395–212; E-Mail: info@ezw-berlin.de)

Da sich die neureligiöse Szene fortwährend verändert, ist es außerordentlich sinnvoll, sich im Internet, etwa bei *Google* und dort vor allem auch die *Wikipedia*-Artikel anzuschauen. Deren Seriosität wird indessen in der Fachwelt auch immer wieder bezweifelt.

---

[301] Deutscher Bundestag (Hrsg.): Endbericht der Enquetekommission *Sogenannte Sekten und Psychogruppen*. Bonn 1998, S. 159

VIII. Schlussbemerkung

Die eigentliche Tragik der in den letzten vier Jahrzehnten entstandenen neureligiösen Kulte und fundamentalistischen Gemeinschaften mit problematischen Tendenzen besteht wohl darin, dass sie angetreten sind als Alternative zu einer in ihren dogmatischen Verkrustungen erstarrten Amtskirche, dass sie suggerierten, den etablierten religiösen Systemen befreiende Impulse entgegenzusetzen, dass sie indessen in Wahrheit dogmatische Erstarrung oftmals hypertrophierten und auf diese Weise Fanatismus und Intoleranz neu befestigten. Das, was die Kirchen jahrhundertelang betrieben haben und was sie heute selbstkritisch langsam an sich selbst aufarbeiten müssen, die *religiös-weltanschauliche Indoktrination*, das verordnete *sacrificium intellectus* („Opfer des Verstandes"), gegenüber dem Zweifel der Gläubigen unerbittlich durchgesetzt, die autoritär-rigide Hierarchie feiert ausgerechnet in ihrer Opposition fröhliche Urständ, so als gäbe es Religion nur in der Form totalitärer Ideologien. Es wäre dringend an der Zeit, diesen Bann falscher Religiosität zu entzaubern und authentisch zu zeigen, dass religiöse Menschen auch frei, kreativ und selbstbewusst sein können. Insofern ist die Auseinandersetzung in den Kirchen, anderen großen Glaubensgemeinschaften, in den Schulen und Bildungseinrichtungen mit der „religiösen Lage in der Gegenwart" (Paul Tillich) auch heute notwendig und als großer Fortschritt zu werten.

Religion und Phantasie, Glaube und Vision sind viel zu wichtig im menschlichen Zusammenleben auch außerhalb der Kirchen, als dass man sie diktatorischen Geschäftemachern und skrupellosen Dogmatikern überlassen dürfte.

IX. Gesamtverzeichnis der Literatur

ABI – Aktion Bildungsinformation e. V. (Hrsg.): Die Scientology-Sekte und ihre Tarnorganisationen. Stuttgart o.J.

Adorno, Theodor / **Horkheimer**, Max: Dialektik der Aufklärung. Philosophische Fragmente [1947]. Frankfurt a.M. ^{16}2006; und in: Schmid-Noerr, Gunzelin (Hrsg.): Gesammelte Schriften, Bd. 5: Dialektik der Aufklärung und Schriften 1940–1950, Frankfurt a.M. 1987; ^{3}2003

Adorno, Theodor W.: Thesen gegen den Okkultismus. In: Minima Moralia. Reflexionen aus dem beschädigten Leben. Reihe: *Bibliothek Suhrkamp*, Bd. 236. Frankfurt a.M. ^{1}1951; 1988; 1994; Gesammelte Schriften in 20 Bänden, Bd. 4, Frankfurt a.M. 1980; 2003

Albert, Karl: Einführung in die philosophische Mystik. Darmstadt 1996

Alexander, Maximilian: Die falschen Propheten – Schein und Wirklichkeit der Sekten. Düsseldorf 1986

Anonymus: Ayurveda: Die Mutter der Medizin. In: Psychologie heute, Nr 1/1995, S. 29 ff.

Anonymus: Bhagwan ade – und Osho gleich hinterher. In: *Materialdienst* der EZW, Nr. 7/1996, S. 218 ff.

Anonymus: Meine Zeit beim Universellen Leben. In: *Materialdienst* der EZW, Nr. 11/1991, S. 130 ff.

Arbeitsgemeinschaft Kinder- und Jugendschutz (AJS) NRW (Hrsg.): Sogenannte neuere Glaubensgemeinschaften unter besonderer Berücksichtigung der Scientology Kirche. Bericht des Ministeriums für Arbeit, Gesundheit und Soziales des Landes Nordrhein-Westfalen. AJS-Forum Sonderausgabe, Köln 1993

Baginski, Bodo J / **Sharamon**, Shalila: Reiki – Universale Lebensenergie zur ganzheitlichen Selbstheilung, Patientenbehandlung, Fernheilung von Körper, Geist und Seele. Essen ^{1}1985; ^{24}2008

Bannach, Klaus / **Rommel**, Kurt (Hrsg.): Religiöse Strömungen unserer Zeit. Eine Einführung und Orientierung. Stuttgart 1991; ^{4}1992

Behnk, Wolfgang: Abschied vom Urchristentum. Gabriele Witteks „Universelles Leben" zwischen Verfolgungswahn und Institutionalisierung. München 1994

Bender, Hans (Hrsg.): Parapsychologie – Entwicklung, Ergebnisse, Probleme. Reihe: *Wege der Forschung*, Bd. 4 Darmstadt ^{1}1966; 1979; ^{5}1980; 1982

Bengel, Johann Albrecht: Gnomon Novi Testamenti in quo es nativa verborum vi simplicitas, profunditas, concinnitas, salubritas sensuum coelestium indicatur opera Io. Alberti Bengelii. Tübingen (Heinrich Philipp Schramm) 1742

Berger, Peter L.: Der Zwang zur Häresie. Religion in der pluralistischen Gesellschaft. Frankfurt a.M. 1980; Freiburg i.Br. ²1992

Bergmann, Jerry R.: Zur seelischen Gesundheit von Zeugen Jehovas. Übersetzung von Helmut Lasarcyk. Ahrensburg 1990; Bielefeld 1991 [Originalausgabe: *The Mental Health of Jehova's Witnesses*. Clayton/CA 1987]; **Neuerscheinung:** Derselbe: Jehovas Zeugen und das Problem der seelischen Gesundheit. Übersetzung von Helmut Lasarcyk. München 1994 [Originalausgabe: *The Problem of Mental Health and Jehovah's Witnesses*. Clayton/CA 1992]

Bermann, Morris: Die Wiederverzauberung der Welt. Am Ende des Newtonschen Zeitalters. Reinbek b.Hbg. 1985

Bhagwan Shree Rajneesh: Adolf Hitler war zumindest ehrlich. Sektenführer Bhagwan über Geschichtsverständnis und politische Moral. In: *Der Spiegel*, Nr. 36/1985 vom 2.9.1985, S. 157

Bhagwan Shree Rajneesh: Ekstase – Die vergessene Sprache. Hrsg. von Aradhana und Jockel Maier; Übersetzung von Ma Hari Chetana. Berlin ²1980

Bhagwan Shree Rajneesh: Ich möchte gern die ganze Welt übernehmen. Der indische Sektenführer Bhagwan Shree Rajneesh über seine Philosophie vom neuen Menschen, *Spiegel*-Gespräch mit R. Weber und E. Wiedemann. In: *Der Spiegel*, Nr. 32/1985 vom 5.8.1985, S. 92–93

Billerbeck, Liane von / **Nordhausen**, Frank: Der Sekten-Konzern. Scientology auf dem Vormarsch. Berlin 1993, ²1994

Binder, Franz: Astrali Banali. Vom Mißbrauch der Esoterik. Eine Streitschrift. Ergolding 1992

Bischöfliches Generalvikariat Aachen (Hrsg.): Neue Kultbewegungen und Weltanschauungsszene – Hintergründe, Besondere Phänomene, Ortsbeschreibungen, Methodische Hilfen und Anleitungen. Mönchengladbach ⁹1987; ¹⁰1995

Bochinger, Christoph: „New Age" und moderne Religion. Religionswissenschaftliche Analysen. Gütersloh 1994; München ²1995

Capra, Fritjof: Wendezeit: Bausteine für ein neues Weltbild. Bern/München/Wien ⁶1983; 1987; 2004

Carrette, Jeremy / **King**, Richard: Selling Spirituality: The Silent Takeover of Religion. London/New York 2004; ²2005

Carter, Lewis F.: Charisma and Control in Rajneeshpuram. The Role of Shared Values in the Creation of a Community. A Community without Shared Values. Cambridge/New York 1990

Creamer, Klaus Peter /**Dickenberger**, Michael: Wer's glaubt, wird selig. Jugendsekten. Weinheim/Basel 1982; Berlin 1991

Das Buch Mormon. Ein Bericht, von der Hand Mormons auf Platten geschrieben, von den Platten von Joseph Smith jun. ins Englische übersetzt; hrsg. von der Kirche Jesu Christi der Heiligen der letzten Tage. 16. revidierte deutsche Auflage

Das Buch Mormon. Ein Bericht, von Mormon mit eigener Hand auf Platten geschrieben, den Platten Nephis entnommen. Aus dem Original von den Platten ins Englische übersetzt von Joseph Smith jun.; hrsg. von der Kirche Jesu Christi der Heiligen der Letzten Tage. Frankfurt a.M. 2003, http://scriptures.lds.org/de/bm/ttlpg

Das große Zeichen – Die Frau aller Völker. Arbeitskreis Extreme Weltanschauungen der Diözese Würzburg (Hrsg.): Heimholungswerk – Universelles Leben. Würzburg 1992

Das große Zeichen – Die Frau aller Völker (Hrsg.): Heimholungswerk, Universelles Leben, Bundgemeinde Neues Jerusalem. Christlich? Urchristlich? Gemeinsame Erklärung der Diözese Würzburg und der Evangelisch-Lutherischen Kirche in Bayern vom 2. Februar 1995. Würzburg 1995

Daxelmüller, Christoph: Zauberpraktiken. Eine Ideengeschichte der Magie. Düsseldorf/Zürich 1993

Dehn, Ulrich: Im Blickpunkt: Islam im Kontext der Fundamentalismusdebatte. In: *Materialdienst* der EZW, Nr. 5/2006, S. 165–177

Dehn, Ulrich: Maharishi: Weltfrieden in Genf. In: *Materialdienst* der EZW, Nr. 2/2006 , S. 68

Dehn, Ulrich: TM – Naturgesetzpartei. In: *Materialdienst* der EZW, Nr. 1/1998, S. 26–29

Dehn, Ulrich: Transzendentale Meditation (TM). In: *Materialdienst* der EZW, Nr. 1/1998, S. 29–32

Dehn, Ulrich: Transzendentale Meditation (TM): Neue Entwicklungen. In: *Materialdienst* der EZW, Nr. 10/2000 , S. 368–369

Dethlefsen, Thorwald: Schicksal als Chance. Das Urwissen zur Vollkommenheit des Menschen. München 1984; 2000

Deutscher Bundestag (Hrsg.): **Endbericht** der **Enquete-Kommission** *Sogenannte Sekten und Psychogruppen*. Neue religiöse und ideologische Gemeinschaften und Psychogruppen in der Bundesrepublik Deutschland. Bonn (Referat für Öffentlichkeitsarbeit)1998

Devaraj, Sambuddha Swami / **Degaveet**, Mahasattva Swami / **Maneesha**, Ma Prem (Hrsg.): The Rajneesh Bible. Rajneeshpuram/Oregon 1985

Diringer, Arnd: Die Brücke zur völligen Freiheit? Struktur, Dogmatik und Handlungspraxis der Scientology-Organisation. In: EZW-Texte, Nr. 188, Berlin 2007

Doering, Martin: Der schiefe Turm von Brooklyn. Über Leben und Lehre der Zeugen Jehovas. Holzgerlingen 2006

Drehsen, Volker: Alles andere als Nullbock auf Religion. Religiöse Einstellungen Jugendlicher zwischen Wahlzwang und Fundamentalismusneigung. In: Jahrbuch der Religionspädagogik (JRP), Nr. 10/1993, S. 47–69 (erschienen: 1995)

Drehsen, Volker: Zwischen Wahlzwang und Fundamentalismusneigung. Einstellungen Jugendlicher zur Religion. Eine kritische Sichtung im Horizont neuerer Erhebungen. In: Eschler Stephan (Hrsg.): Vagabundierende Religiosität. Notwendigkeit religiöser Aufklärung im Zuge der deutschen Einheit. Weimar/Jena 1994, S.11–59

Drehsen, Volker: Zwischen Wahlzwang und Fundamentalismusneigung. Die Religiösität Jugendlicher in kritischer Distanz zur Kirchlichkeit. In derselbe: Wie religionsfähig ist die Volkskirche? Gütersloh 1994

Drury, Nevill: Lexikon esoterischen Wissens. München 1988; Darmstadt 2005

Dürr, Hans Peter: Traumzeit. Über die Grenze zwischen Wildnis und Zivilisation. Frankfurt 1978; 1985

Ebertz, Michael N.: Kirche im Gegenwind. Zum Umbruch der religiösen Landschaft. Freiburg i.Br./Basel/Wien 1997

Eggenberger, Oswald: Die Kirchen, Sondergruppen und religiösen Vereinigungen. Ein Handbuch. Zürich 1990; [6]2000; **Neuerscheinung**: Schmid, Georg / Schmid Georg Otto (Hrsg.): Kirchen, Sekten, Religionen. Religiöse Gemeinschaften, weltanschauliche Gruppierungen und Psychoorganisationen im deutschen Sprachraum. Ein Handbuch begründet von Oswald Eggenberger. Zürich/Leipzig [7]2003

Eiben, Jürgen: Kirche und Religion – Säkularisierung als sozialistisches Erbe? In: Jugendwerk der Deutschen Shell (Hrsg.): Jugend '92. Lebenslagen, Orientierungen und Entwicklungsperspektiven im vereinigten Deutschland, Bd. 2, Opladen 1992, S. 91–103

Eiben, Jürgen: Kirchlichkeit und Religiosität bei Jugendlichen im vereinten Deutschland. In: Jugend und Religion. Wer glaubt denn heute noch an die sieben Gebote? – *aej-Studientexte*, Nr.2/1992

Eimuth, Kurt-Helmuth: Mun im Schafspelz. In: *Materialdienst* der EZW, Nr. 1/1993

Eißler, Friedmann: TM-Gründer Maharishi Mahesh Yogi gestorben. In: *Materialdienst* der EZW, Nr. 3/2008 , S. 112–113

Elten, Jörg Andrees: Ganz entspannt im Hier & Jetzt. Tagebuch über mein Leben mit Bhagwan in Poona. Reinbek b.Hbg. 1979; Köln 2000

Evans, Christopher: Kulte des Irrationalen. Sekten, Schwindler, Seelenfänger. Reinbek b.Hbg. [2]1979; [3]1982

Feige, Andreas: Jugend und Religiosität. In: *Aus Politik und Zeitgeschichte* (Beilage zur Wochenzeitung *Das Parlament*, 8.10.1993), Nr. 41–42/1993, S. 3–8

Ferguson, Marilyn: Die sanfte Verschwörung. Persönliche und gesellschaftliche Transformation im Zeitalter des Wassermanns. Basel 1982; München 1985

Fincke, Andreas: Begegnungen (Kurzbericht über Exkursion zu *Universelles Leben*, Marktheidenfeld). In: *Materialdienst* der EZW, Nr. 10/1998, S. 314–315

Finger, Joachim: Gurus, Ashrams und der Westen. Eine religionswissenschaftliche Untersuchung zu den Hintergründen der Internationalisierung des Hinduismus. Reihe: *Studia Irenica*, Bd. 32. Frankfurt a.M./Bern/New York/Paris/Wien 1987; [2]1988

Flasche, Rainer: New Age – Gegenstand der Religionswissenschaft? In: *Spirita – Zeitschrift für Religionswissenschaft* (Marburg), Nr. 1/1987, S. 39–41

Fox, Judith M.: Osho Rajneesh. Reihe: *Studies in Contemporary Religion*, Nr. 4. Salt Lake City 2002

Franz, Raymond.: Der Gewissenskonflikt. Menschen gehorchen oder Gott treu bleiben? Ein Zeuge Jehovas berichtet. München 1988; [2]1991; [3]1996

Frick, Karl Richard Hermann: Weltanschauungen des modernen Illuminismus, in: Mohler, Armin / Peisl, Anton (Hrsg.): Kursbuch der Weltanschauungen. Reihe: Schriften der Carl-Friedrich-von-Siemens-Stiftung, Bd. 4. Frankfurt a.M./Berlin/Wien 1980; 1981, S. 245–300

Friedrich-Ebert-Stiftung (Hrsg.): Sekten und Sondergemeinschaften in den neuen Bundesländern: Ergebnisse einer Tagung unter dem Thema: Jugendsekten, Psychokulte, Okkultismus. Informationsvorträge und Seminare. Chemnitz 1991; 1992

Fromm, Erich: *„Dianetics"* – *For Seekers of Prefabricated Happiness* [„Dianetik" – Für Sucher nach dem vorfabrizierten Glück]. In: *The New York Harald Tribune Book Review*, 3.9.1950, S. 7; dt.: „Dianetik" – die Heilslehre der Scientology-Church. Übersetzung aus dem Englischen: Karl von Zimmermann, Copyright © 2001 by The Literary Estate of Erich Fromm, c/o Dr. Rainer Funk

Fuchs, Eberhard: Jugendsekten: Kinder Gottes, Mun Sekte, Hare Krishna, Transzendentale Meditation, Scientology-Kirche, Ananda Marga. München 1979; ^{3}1981

Gandow, Thomas: Handel und Wandel in der Mun-Bewegung, Teil 2: Das Gelöbnis im Wandel – Blut, Schweiß und Tränen – Ackerfurchen als esoterische Kluft, Bericht von Thomas Gandow. In: http://www.religio.de/dialog/299/17_13–16.htm

Gandow, Thomas: Mun-Bewegung, CARP, CAUSA und „Vereinigungskirche" des San Myung Mun. München 1993

Gandow, Thomas: Segnung 1995, Kap. 8: Reines Blut – Holy Wine Ceremony (*Sun Yu Sik*). In: http://www.religio.de/dialog/295/295s47.html#8

Garbe, Detlef: Zwischen Widerstand und Martyrium. Die Zeugen Jehovas im Dritten Reich. Reihe: *Studien zur Zeitgeschichte*, Nr. 42. München ^{1}1993; ^{3}1997; ^{4}1999

Gasper, Hans / **Müller**, Joachim / **Valentin**, Friederike (Hrsg.): Lexikon der Sekten, Sondergruppen und Weltanschauungen. Fakten Hintergründe, Klärungen. Freiburg i.Br./Basel/Wien 1990; ^{4}1996; ^{6}2000; ^{7}2001

Gassmann, Lothar: Die Zeugen Jehovas. Geschichte, Lehre, Beurteilung. Neuhausen ^{2}1996; Holzgerlingen ^{2}2000

Gerlitz, Peter: Reiki. In: **Gasper**, Hans / **Müller**, Joachim / **Valentin**, Friederike (Hrsg.): Lexikon der Sekten, Sondergruppen und Weltanschauungen. Fakten Hintergründe, Klärungen. Freiburg i.Br./Basel/Wien 1990, S. 883 ff.

Gertler, Andreas / **Mattig**, Wolfgang: Stimmen aus dem Jenseits. Parapsychologie und Wissenschaft. Reihe: *nl konkret*, Bd. 58. Berlin ^{1}1984; 1992

Glasenapp, Helmuth von: Die fünf Weltreligionen. Brahmanismus – Buddhismus – Chinesischer Universismus – Christentum – Islam. Reihe: *Das moderne Sachbuch*, Bd. 15, Düsseldorf/Köln 1963, Düsseldorf ^{13}1998

Glasenapp, Helmuth von: Die nichtchristlichen Religionen. Reihe: *Fischer Lexikon*, Bd. 1. Frankfurt a.M. ^{1}1957

Göhler, Lars: Fundamentalismus. Microsoft " Encarta " Online-Enzyklopädie 2008 http://de.encarta.msn.com, © 1997–2008 Microsoft Corporation.

Grof, Stanislav: Das Abenteuer der Selbstentdeckung. Heilung durch veränderte Bewußtseinszustände. Ein Leitfaden. München 1987; Reinbek b.Hbg. ⁶2004

Grom, Bernhard: Faszination Esoterik. In: *Aus Politik und Zeitgeschichte* (Beilage zur Wochenzeitung *Das Parlament*, 8.10.1993), Nr. 41–42/1993, S. 9–15

Haack, Friedrich-Wilhelm: Das Heimholungswerk der Gabriele Wittek und die Neuoffenbarungsbewegungen. München ¹1985

Haack, Friedrich-Wilhelm: Das Mun-Imperium. Beobachtungen – Informationen – Meinungen (Findungshilfe Mun-Bewegung). Reihe: *Material-Edition* der ARW, Nr. 31. München 1991

Haack, Friedrich-Wilhelm: Die „Bhagwan"-Rajneesh-Bewegung. München 1980; ²1983; ³1984

Haack, Friedrich-Wilhelm: Die Fraternitas Saturni (FS) als Beispiel für einen Arkan-Mystogenen Geheimorden des 20. Jahrhunderts. *Hiram-Edition*, Nr. 1 der ARW. München 1977; ³1990

Haack, Friedrich-Wilhelm: Findungshilfe Religion 2000: Apologetisches Lexikon: Aktivitäten, Ereignisse, Firmen, Gruppen, Institutionen, Orden und Personen im Zusammenhang mit religiösen und weltanschaulichen Bewegungen – ein fragmentarischer Überblick. Reihe: *Material-Edition* der ARW, Nr. 28. München 1990

Haack, Friedrich-Wilhelm: Jugendreligionen – Ursachen, Trends, Reaktionen. München 1979; ²1981; ³1983; **Neuerscheinung**: Jugendreligionen: zwischen Scheinwelt, Ideologie und Kommerz. München 1991; ²1994

Haack, Friedrich-Wilhelm / **Gandow**, Thomas (Mitarbeit): Jugendsekten. Vorbeugen – Hilfe – Auswege. Weinheim/Basel 1991; Berlin 1996

Haack, Friedrich-Wilhelm: Scientology – Magie des 20. Jahrhunderts. München 1982, ³1995

Haack, Friedrich-Wilhelm / **Gandow**, Thomas: Transzendentale Meditation: Maharishi Mahesh Yogi, Maharishi Veda. München 1992; 1993

Hassan, Steven: Ausbruch aus dem Bann der Sekten. Psychologische Beratung für Betroffene und Angehörige. Reinbek b.Hbg. 1993; 1994

Hauth, Rüdiger: Die nach der Seele greifen. Psychokult und Jugendsekten. Gütersloh 1979; ²1985

Hauth, Rüdiger: Kleiner Sektenkatechismus. Wuppertal/Zürich ³1993; Witten ³1993; ⁴1997; 2004

Hauth, Rüdiger: Tong-Il-Kyo – neue Sekte. „Internationale Vereinigungskirche" im Angriff. München 1975

Hauth, Rüdiger: Vereinigungskirche. „Tong-Il Kyo" im Angriff. München 1977; ⁶1981
Heiler, Friedrich: Erscheinungsformen und Wesen der Religion. Reihe: Religionen der Menschheit, Bd. 1. Stuttgart 1961
Hemminger, Hansjörg: Das therapeutische Reich des Dr. Ammon. Eine Untersuchung zur Psychologie totalitärer Kulte. Stuttgart 1989
Hemminger, Hansjörg (Hrsg.): Die Rückkehr der Zauberer. New Age – Eine Kritik. Reinbek b.Hbg. 1987;1990
Hemminger, Hansjörg (Hrsg.): Fundamentalismus in der verweltlichten Kultur. Stuttgart 1991
Hemminger, Hansjörg: Was sind Sekten? In: *Materialdienst* der EZW, Nr. 3/1994, S. 68 ff.
Hempelmann, Reinhard: Apologetik und Kontextualität. In: Petzold, Matthias / Nüchtern, Michael / Hempelmann, Reinhard: Beiträge zu einer christlichen Apologetik. EZW-Texte, Nr. 148, Berlin 1999, S. 25–34
Hempelmann, Reinhard: Zeitgeschehen: Evangelikalismus ist nicht Fundamentalismus. In: *Materialdienst* der EZW, Nr. 7/2008, S. 243–245
Hempelmann, Reinhard / Dehn, Ulrich / Fincke, Andreas / Nüchtern, Michael / Pöhlmann, Matthias / Ruppert, Hans-Jürgen / Utsch, Michael (Hrsg.): Panorama der neuen Religiosität. Sinnsuche und Heilsversprechen zu Beginn des 21. Jahrhunderts. Hrsg. im Auftrag der EZW. Gütersloh 2005
Herrmann, Jörg (Hrsg.): Mission mit allen Mitteln. Der Scientology-Konzern auf Seelenfang. Reinbek b.Hbg. 1992
Hinckley, Gordon B.: Offenbarung. In: Wer sind eigentlich die Mormonen? Mormoneninfo. Ein Informationsangebot über die Kirche Jesu Christi der Heiligen der Letzten Tage, http://www.mormoneninfo.de/Glaube/Artikel/Wer_sind_die_Mormonen/wer_sind_die_mormonen.html
Hitziger, Michael: Weltuntergang bei Würzburg. Ein Aussteiger berichtet von siebzehn Jahren in der Sekte Universelles Leben der Prophetin Gabriele Wittek. Berlin 2008
Hubbard, Lafayette Ron: Das Handbuch für den Ehrenamtlichen Geistlichen. Kopenhagen 1983
Hubbard, Lafayette Ron: Der Ehrenkodex. In: *Bulletin für Professionelle Auditoren*, Nr. 40, 26.11.1954 und: Scientology 0–8. Das Buch der Grundlagen. Kopenhagen 2007
Hubbard, Lafayette Ron: Der Leitfaden für den menschlichen Verstand. Berkshire 1992

Hubbard, Lafayette Ron: Der Weg zum Glücklichsein. Kopenhagen 1985

Hubbard, Lafayette Ron: Dianetik – die moderne Wissenschaft der geistigen Gesundheit. Kopenhagen 1986

Hubbard, Lafayette Ron: Die Wissenschaft des Überlebens. Kopenhagen 1983

Hubbard, Lafayette Ron: Einführung in die Ethik der Scientology. Kopenhagen o.J.

Hubbard, Lafayette Ron: Scientology. Kopenhagen 1990

Hubbard, Lafayette Ron: Was ist Scientology? Kopenhagen (*New Era Publications International*) 1993; ^{2}1998

Hummel, Reinhart: Gurus in Ost und West. Hintergründe, Erfahrungen, Kriterien. Stuttgart 1984; Gütersloh 1987

Hummel, Reinhart: Hindu-Gurus heute. Werkmappe *Sekten, religiöse Sondergemeinschaften, Weltanschauungen* der Arbeitsgemeinschaft der Österr. Seelsorge Seelsorgeämter, Referat für Weltanschauungsfragen, Nr. 65/1992, Wien 1992

Hummel, Reinhart: Maharishi-Ayurveda aus ärztlicher Sicht. In: *Materialdienst* der EZW, Nr. 6/1994, S. 172–174

Hummel, Reinhart: Neue Offenbarungen: Woher kommen sie, und was bedeuten sie? In: *Materialdienst* der EZW, Nr. 11/1995, S. 322–325

Hummel, Reinhart: Nirmala Devi und ihr Sahaja Yoga. In: *Materialdienst* der EZW, Nr. 6/1991, S. 290–295

Hummel, Reinhart: Reiki – Heilungsmagie aus Japan. In: *Materialdienst* der EZW, Nr. 6/1991, S. 163–166

Hummel, Reinhart: Transzendentale Meditation. In: Gasper, Hans / Müller, Joachim / Valentin, Friederike (Hrsg.): Lexikon der Sekten, Sondergruppen und Weltanschauungen. Fakten Hintergründe, Klärungen. Freiburg/Basel/Wien 1990, S. 1086 ff.

Hummel, Reinhart: Vereinigungskirche – die „Moon-Sekte" im Wandel. Neukirchen-Vluyn 1998

Hummel, Reinhart: Vereinigungskirche im Wandel. In: *Materialdienst* der EZW, Nr. 7/1997, S. 205 ff

Hummel, Reinhart: Vereinigungskirche und Mun-Bewegung. In: *Materialdienst* der EZW, Nr. 12/1992, S. 345–353

Huth, Fritz-Reinhold: Das Selbstverständnis des Bhagwan Shree Rajneesh in seinen Reden über Jesus. Reihe: *Studia Irenica*, Bd. 36), Frankfurt a.M./Bern/New York/Paris/Wien 1993

Hutten, Kurt: Seher, Grübler, Enthusiasten. Das Buch der Sekten. Stuttgart 1950; **Neuerscheinungen: Derselbe**: Seher, Grübler, Enthusiasten. Sekten und religiöse Sondergemeinschaften der Gegenwart. Stuttgart 1953; **Derselbe**: Seher, Grübler, Enthusiasten. Das Buch der traditionellen Sekten und religiöse Sonderbewegungen. Stuttgart 1982; [15]1997

Institut für Jugend und Gesellschaft (Hrsg.): Differentielle Wirkungen der Praxis der Transzendentalen Meditation (TM). Eine empirische Analyse pathogener Strukturen als Hilfe für die Beratung von ehemalig Meditierenden. Bensheim 1980

Jacobs, H.: Ich war Ältester bei den Zeugen Jehovas. In: *Materialdienst* der EZW, Nr. 10/1993, S. 291 ff.

Joest, Wilfried: Fundamentalismus. In: *Theologische Realenzyklopädie*, Bd. 11, Berlin/New York 1983, S. 733–734

Jugendwerk der Deutschen Shell (Hrsg.): Jugend '92 – Lebenslagen, Orientierungen und Entwicklungsperspektiven im vereinigten Deutschland. 4 Bände, Opladen 1992

Kakuska, Rainer: Esoterik. Von Abrakadabra bis Zombie. Weinheim/Basel 1991; Neuerscheinung: Der Esoterik-Leitfaden. Von Abrakadabra und Alphawellen bis Zodiak und Zombie. Reihe: Psychologie heute. München 1994

Karbe, Klaus G. / **Müller-Küppers**, Manfred (Hrsg.): Destruktive Kulte. Gesellschaftliche und gesundheitliche Folgen totalitärer, pseudoreligiöser Bewegungen. Göttingen 1983

Karow, Yvonne: Bhagwan-Bewegung und Vereinigungskirche. Religions- und Selbstverständnis der Sannyasins und der Munies. Stuttgart/Berlin/Köln, 1990

Kaufman, Robert: Übermenschen unter uns. Übersetzung aus dem Amerikanischen von Volker Hochgrebe. Frankfurt a.M. 1972 [**Originalausgabe**: *Inside Scientology. How I Joined Scientology and Became Superhuman.* London 1972/New York 1972]; **Neuerscheinung in Englisch**: Kaufman, Robert: *Inside Scientology/Dianetics. How I Joined Dianetics/Scientology and Became Superhuman.* Revision 1995 by Robert Kaufman. In: http://www.clambake.org/archive/books/isd/isd.htm

Keden, Joachim (Hrsg.): Sogenannte Jugendsekten und die okkulte Welle. Verheißungen und Gefahren. Neukirchen-Vluyn [5]1989

Kehrer, Günther (Hrsg.): Das Entstehen einer neuen Religion. Das Beispiel der Vereinigungskirche. München 1981

Kim, Young Oon: Die göttlichen Prinzipien. Studienführer von Young Oon Kim. Hrsg.: Gesellschaft zur Vereinigung des Weltchristentums e.V. Essen ⁴1971

Kim, Young Oon: Vereinigungstheologie. Eine Annäherung. Übersetzung aus dem Amerikanischen von J. Heinrichs, H. Krcek und Th. Schellen. Frankfurt a.M. 1995 [Originalausgabe: *Unification Theology*. New York 1980]

Kim, Young Whi: Die Göttlichen Prinzipien – Studienführer, Teil 1. Frankfurt a.M. 1973

Klöcker, Michael / **Tworuschka**, Udo: Handbuch der Religionen. Kirchen und andere Glaubensgemeinschaften in Deutschland / im deutschsprachigen Raum. München (inkl. 18. Ergänzung) 2008, Loseblattwerk

König, Peter-R.: Der Ordo-Templi-Orientis-Antiqua-Reader. München 1994

Köppl, Elmar: Die Zeugen Jehovas. Eine psychologische Analyse. Reihe: *Material-Edition* der ARW, Nr. 21. München ¹1985; ²1990; ³2001

Krumbholz, Elmar: Zerstörte Illusionen. Erfahrungen mit der Transzendentalen Meditation des Maharishi Mahesh Yogi. Hrsg.: Interessengemeinschaft Jugendschutz e.V. Verein zum Schutz seelisch gefährdeter junger Menschen. Bensheim 1983

Küenzlen, Gottfried: Das Unbehagen an der Moderne: Der kulturelle und gesellschaftliche Hintergrund der New Age-Bewegung. In: Hemminger, Hansjörg (Hrsg.): Die Rückkehr der Zauberer. New Age – Eine Kritik. Reinbek b.Hbg. 1987, S. 187–222

Küenzlen, Gottfried: New Age – ein neues Paradigma? Anmerkungen zur Grundlagenkrise der Moderne. In : *Materialdienst* der EZW, Nr. 2/1986, S. 28–38; **Neuerscheinung**: Die sanfte Verschwörung: New Age – ein neues Paradigma? In: *Korrespondenzblatt evangelischer Schulen und Heime*, Nr.1/1987, S. 19–26

Landesamt für Verfassungsschutz Hamburg (Hrsg.): Der Geheimdienst der Scientology-Organisation – Grundlagen, Aufgaben, Strukturen, Methoden und Ziele. Hamburg 1998

Langel, Helmut: Asiatische bzw. von Asien ausgehende Gruppen und Bewegungen. In: Klöcker, Michael /Tworuschka, Udo (Hrsg.): Handbuch der Religionen. Kirchen und andere Glaubensgemeinschaften in Deutschland. München 1998, Kap. VIII, S. 1

Langel, Helmut: Die Vereinigungskirche. In: Klöcker, Michael / Tworuschka, Udo (Hrsg.): Handbuch der Religionen. Kirchen und andere Glaubensgemeinschaften in Deutschland. München 1998, Kap. VIII-16, S. 1–12

Langel, Helmut: Neue Offenbarungen und ihr Kriterium. In: *Forum Freies Christentum*, Nr. 21, April 1991

Langel, Helmut: Osho-Bewegung. In: Klöcker, Michael / Tworuschka, Udo (Hrsg.): Handbuch der Religionen. Kirchen und andere Glaubensgemeinschaften in Deutschland. München 1994, Kap. VIII-8

Langel, Helmut: Reiki. In: Klöcker, Michael / Tworuschka, Udo (Hrsg.): Handbuch der Religionen. Kirchen und andere Glaubensgemeinschaften in Deutschland. München 1997, Kap. VIII-10, S. 1–6

Langel, Helmut: Sathya Sai Baba/Sai-Religion. In: Klöcker, Michael / Tworuschka, Udo (Hrsg.): Handbuch der Religionen. Kirchen und andere Glaubensgemeinschaften in Deutschland. München 1997, Kap. VIII-12, S.1–7

Langel, Helmut: Transzendentale Meditation. In: Klöcker, Michael /Tworuschka, Udo (Hrsg.): Handbuch der Religionen. Kirchen und andere Glaubensgemeinschaften in Deutschland. München 1997, Kap. VIII-14, S. 1–8

Langel, Helmut: Zur Logik des Fundamentalismus. In: Tworuschka, Udo (Hrsg.): Fundamentalismus in den Religionen. Vorträge der Jahrestagung 1991 des Bundes für Freies Christentum. Reihe: *Forum Freies Christentum*, Nr. 24, Mai 1993

Leuenberger, Hans-Dieter: Das ist Esoterik. Eine Einführung in esoterisches Denken und in die esoterische Sprache. Dem Neugierigen wird das notwendige Grundwissen vermittelt. Freiburg i.Br. [4]1989; **Neuerscheinung**: Das ist Esoterik. Freiburg i.Br. [8]1999

Maharishi Mahesh Yogi: Die Wissenschaft vom Sein und die Kunst des Lebens. Stuttgart 1966; Reinbek b.Hbg. und Bielefeld 1998

Maharishi Mahesh Yogi: Einladung zur Verwirklichung einer idealen Gesellschaft. o. O. 1976

Maharishi Mahesh Yogi: Life Supported by Natural Law: Discovery of the Unified Field of All the Laws of Nature and the The Maharishi Technology of the Unified Field. TM-Broschüre, o. O. 1988

Maharishi Mahesh Yogi: Verwirklichung der idealen Gesellschaft. New York/Rheinweiler 1977

Martin, Werner: Religiöse Aspekte in jugendkulturellen Szenen [– insbesondere am Beispiel der Gothics]. In: Zager, Werner / Rössler, Andreas (Hrsg.): Vorträge der Jahrestagung 2007 des Bundes für Freies Christentum: Abenteuer Religion – Jugendliche vor der religiösen Frage. Reihe: *Forum Freies Christentum*, Nr. 48, Mai 2008

Miers, Horst E.: Lexikon des Geheimwissens. München 1986; 2001

Mildenberger, Michael: Die religiöse Revolte. Jugend zwischen Flucht und Aufbruch, Frankfurt a.M. 1979; 1981

Mildenberger, Michael / **Schöll**, Albrecht: Die Macht der süßen Worte – Zauberformel TM. Die Bewegung der Transzendentalen Meditation. Information und Kritik. Wuppertal 1977; 1979

Mirbach, Wolfram: Universelles Leben. Originalität und Christlichkeit einer Neureligion. Erlangen ¹1994; 1999

Mischo, Johannes: Okkultpraktiken bei Jugendlichen. Ergebnisse einer empirischen Untersuchung. Mainz 1991

Mischo, Johannes: Okkultpraktiken Jugendlicher. Ergebnisse zweier empirischer Untersuchungen. In: *Materialdienst* der EZW, Nr. 12/1988, S. 3–20 und Sonderdruck Nr. 17, 1988

Müller, Ulrich: Ergebnisse einer Umfrage unter bayerischen Schülern und Schülerinnen zu Okkultismus und Spiritismus. „Ich glaube zwar nicht an diese Erscheinungen, aber interessieren tun sie mich alle". Reihe: *Theorie und Forschung*, Bd. 88, *Soziologie*, Bd. 9, Regensburg 1989

Müller, Ulrich: Losgekommen von der Droge Bhagwan. In: *Materialdienst* der EZW, Nr. 12/1983, S. 340–350, EZW-Sonderdruck aus MD 12/1983

Müller, Ulrich / **Leimkühler**, Anne Marie: Zwischen Allmacht und Ohnmacht. Untersuchungen zum Welt-, Gesellschafts- und Menschenbild Neureligiöser Bewegungen. Göttingen 1983; **Neuerscheinung**: Zwischen Allmacht und Ohnmacht. Untersuchungen zum Welt-, Gesellschafts- und Menschenbild von Neureligiösen Bewegungen. Reihen: *Theorie und Forschung*, Bd. 260; *Soziologie*, Bd. 18. Regensburg ²1993

Müller-Küppers, Manfred / **Specht**, Friedrich: „Neue Jugendreligionen":. Vorträge und Berichte einer Fachtagung über Probleme im Zusammenhang mit den sogenannten Jugendreligionen am 23. 24. Febr. 1978 in der Medizinischen Hochschule Hannover. In: *Praxis der Kinderpsychologie und Kinderpsychiatrie*, Beiheft, Nr. 21, Göttingen ²1979; 1985

Mun, San Myung: Die Göttlichen Prinzipien. Deutsche Erstauflage hrsg. von der Gesellschaft zur Vereinigung des Weltchristentums e.V., Übersetzung aus dem Englischen von Paul Werner, Frankfurt a.M. 1972 [Originalausgabe: *The Divine Principle*, 1. Auflage 1966]

Mun, San Myung: Ein Prophet spricht heute – Die Worte des Rev. San Myung Mun. Frankfurt a.M. 1976

Nobel, Ralf: Falschspieler Gottes. Die Wahrheit über Jehovas Zeugen. Hamburg/Zürich 1985

O'Malley, J. Steven: Pfingstkirchen/Charismatische Bewegung. In: *Theologische Realenzyklopädie*, Bd. 26, Berlin/New York 1996, S. 398–410

Pahnke, Donate: Postmoderne Religion: Ökologisch, magisch, weiblich? In: Antes, Peter / Pahnke, Donate (Hrsg.): Die Religion von Oberschichten. Religion – Profession – Intellektualismus. (Veröffentlichung der Jahrestagung der Deutschen Vereinigung für Religionsgeschichte, Bd. 19) Marburg 1989, S. 243–255

Panikkar, Raimon: Der Weisheit eine Wohnung bereiten. Hrsg. von Christoph Bochinger. München 1991; 1999

Pape, Günther: Ich war Zeuge Jehovas. Augsburg ^{1}1961; ^{10}1988; 1999

Petter, Frank Arjava: Das Reiki Feuer. Neues über den Ursprung der Reiki-Kraft. Das komplette Lehr- und Arbeitsbuch. Aitrang 1997; ^{3}2000

Petter, Frank Arjava: Das Erbe des Dr. Usui. Wiederentdeckte Dokumente zu den Ursprüngen und Entwicklungen des Reiki-Systems sowie neue Aspekte der Reiki-Energie. Aitrang 1998; ^{2}2001

Pfürtner, Stephan H.: Fundamentalismus. Die Flucht ins Radikale. Freiburg i.Br. 1991

Pohl, Willi Karl / **Rudtke**, Werner: Wer wählen geht, fliegt raus. Zwei Vorstandsmitglieder der Zeugen Jehovas über die umstrittene Glaubenspraxis ihrer Sekte. Interview mit Vizepräsident Willi Karl Pohl und Vorstandsmitglied Werner Rudtke in der deutschen Zentrale der Zeugen Jehovas. In: *Focus*, Nr. 4/1996 vom 22.1.1996, S. 66–72

Prokop, Otto / **Wimmer**, Wolf: Der moderne Okkultismus. Parapsychologie und Paramedizin – Magie und Wissenschaft im 20. Jahrhundert. Stuttgart ^{1}1976; Stuttgart/New York ^{2}1987; München/Paderborn ^{2}2006

Ray, Barbara: Das offizielle Reiki Handbuch. Hrsg. von AIRA (*American International Radiance Association*) 1985, interne Veröffentlichung der Reiki-Bewegung für Seminarteilnehmer

Ray, Barbara: Der Reiki-Faktor. Eine Einführung in das authentische Usui-System. Vorwort von Elisabeth Valerius Warkentin. Übersetzung aus dem Amerikanischen von Anna-Christine Rassmann. St. Petersburg/Florida ^{1}1985; **Neuerscheinung TB:** Der Reiki-Faktor. Die Einführung in das berühmte Heilsystem von seiner Begründerin: ein Standardwerk. Reihe: *Heyne Esoterisches Wissen*, Nr. 9553. München ^{1}1990; ^{4}1994; 1997

Ref, R. / **Dahn**, I. / **Böhm**, G. u. I. / **Runne**, H.: Unserer Freude Grund: Den Menschen sehen und verstehen: Aus der Enge in den weiten Raum. Befreite Zeugen Jehovas erzählen. (B 1997/98)

Reimer, Hans-Diether: Erfahrungsberichte „Vereinigungskirche". *Orientierungen und Berichte* der EZW, Nr. 6/1977

Reimer, Hans-Diether: Sekten. In: Evangelisches Staatslexikon. Stuttgart 1987, Sp. 3093–3098; Stuttgart 2006

Reimer, Hans-Diether (Hrsg.): Stichwort „Sekten". Glaubensgemeinschaften außerhalb der Kirche. Stuttgart 1977; ³1979; 1988

Reller, Horst (Hrsg.): Handbuch Religiöse Gemeinschaften. Freikirchen, Sondergemeinschaften, Sekten, Weltanschauungsgemeinschaften, Neureligionen. VELKD-Arbeitskreis *Religiöse Gemeinschaften im Auftrag des Lutherischen Kirchenamtes.* Gütersloh ¹1978; **Neuerscheinung**: Handbuch Religiöse Gemeinschaften Freikirchen, Sondergemeinschaften, Sekten, Weltanschauungen, Missionierende Religionen des Ostens, Neureligionen, Psycho-Organisationen. Gütersloh ⁴1993

Reller, Horst / **Kießig**, Manfred /**Tschoerner**, Helmut (Hrsg.): Handbuch Religiöse Gemeinschaften und Weltanschauungen Freikirchen. Sondergemeinschaften. Sekten. Synkretistische Neureligionen und Bewegungen. Esoterische und neugnostische Weltanschauungen und Bewegungen. Missionierende Religionen des Ostens, Neureligionen. Kommerzielle Anbieter von Lebensbewältigungshilfe und Psychoorganisationen. Im Auftrag der Kirchenleitung der VELKD. Gütersloh ⁵2000

Reller, Horst / **Krech**, Hans / **Kleiminger**, Matthias (Hrsg.) : Handbuch Religiöse Gemeinschaften. Im Auftrag der Kirchenleitung der VELKD. Gütersloh ⁶2006

Remmel, Dave: Bibelkritik: **Offener Brief** eines US-Bürgers an Dr. Laura Schlessinger. In: http://www.2jesus.de/bibel-faq-offener-brief-an-dr-laura.html

Riesebrodt, Martin: Die Rückkehr der Religionen. Fundamentalismus und der "Kampf der Kulturen". München 2000

Rogerson, Alan: Viele von uns werden niemals sterben. Geschichte und Geheimnis der Zeugen Jehovas. Hamburg/Zürich 1971

Rosina, Hans-Joachim: Faszination und Indoktrination. Beobachtungen zu psychischen Manipulationspraktiken in totalitären Kulten (Jugendreligionen). *Dokumentations-Edition* 16 der ARW. München 1989

Rössler, Andreas: Freiheit als Lebensgrundlage und Maßstab. In: *Freies Christentum. Auf der Suche nach neuen Wegen.* (Hrsg.: Bund für Freies Christentum e.V., Denkendorf /Stuttgart-Degerloch) Nr. 5/1998, S. 65 ff.

Rudolph, Kurt: Die Gnosis. Wesen und Geschichte einer spätantiken Religion. Göttingen ²1980; ⁴2005

Ruppert, Hans-Jürgen: Esoterik heute – Altes Wissen auf neuen Wegen. In: *Materialdienst* der EZW, Nr. 9/1998, S. 257–273

Ruppert, Hans-Jürgen: New Age. Endzeit oder Wendezeit. Wiesbaden 1985; Witten 1998

Ruppert, Hans-Jürgen: Okkultismus: Geisterwelt oder neuer Weltgeist? Wiesbaden/Wuppertal 1990

Schimmel, Annemarie: Wie universal ist die Mystik? Die Seelenreise in den großen Religionen der Welt. Freiburg i.Br. 1996

Schipmann, Monika: Informationen über neue religiöse und weltanschauliche Bewegungen und sogenannte Psychogruppen. Hrsg.: Senatsverwaltung für Jugend und Familie, Berlin/Brandenburg 1994

Schmid, Georg: Die Mystik der Weltreligionen. Eine Einführung. Zürich 1991; ^{4}2000 neugestaltet

Schmidtchen, Gerhard: Sekten und Psychokultur. Reichweite und Attraktivität von Jugendreligionen in der Bundesrepublik Deutschland. Freiburg i.Br./Basel/Wien 1987

Scholem, Gershom: Das Ringen zwischen dem biblischen Gott und dem Gott Plotins in der alten Kabbala. In: Über einige Grundbegriffe des Judentums. Frankfurt a.M. 1996, S. 9–52

Scholem, Gershom: Über einige Grundbegriffe des Judentums. Frankfurt am Main 1996; ^{8}2005

Schorsch, Christof: Die New-Age-Bewegung. Utopie und Mythos der Neuen Zeit. Eine kritische Auseinandersetzung. Gütersloh 1988; ^{3}1989

Schweitzer, Albert: Die Mystik des Apostels Paulus [1930]. In: Grabs, Rudolf (Hrsg.): Gesammelte Werke in 5 Bänden, Bd. 4 (München 1974), S. 19 ff.; Tübingen 1930; 1981

Senkowski, Ernst: Instrumentelle Transkommunikation. Ergebnisse und Probleme der medial-technischen Verwirklichung audio-visueller Kontakte mit autonom erscheinenden intelligenten Strukturen unbekannter Seinsbereiche. Dialog mit dem Unbekannten. Stimmen, Bilder, Texte. Frankfurt a.M. ^{1}1989; ^{2}1990; ^{3}1995; ^{4}2000

Stark, Rodney / **Bainbridge**, William Sims: The Future of Religion: Secularization, Revival and Cult Formation. Berkeley/Los Angeles/London 1985

Steiner, Rudolf: Die psychologischen Grundlagen und die erkenntnistheoretische Stellung der Anthroposophie. In: Gesamtausgabe, Bd. 35: Philosophie und Anthroposophie. Gesammelte Aufsätze 1904–1923. Dornach 1984, S. 111–144

Steiner Rudolf: Wie erlangt man Erkenntnisse der höheren Welten? [1904/05]. In: Gesamtausgabe, Bd. 10, Dornach 1993

Stieglitz, Klaus von: Die Christosophie Rudolf Steiners. Voraussetzungen, Inhalt und Grenzen. Witten 1955

Sudbrack, Josef: Neue Religiosität – Herausforderung für die Christen. Mainz ²1987; ³1988; ⁴1990

Thiede, Werner: Jehovas Zeugen – Sekte zwischen Fundamentalismus und Enthusiasmus. In: *Materialdienst* der EZW, Nr. 9/1993, S. 257–266 und Nr. 10/1993, S. 281–290

Thießen, Jörn: Bestandsaufnahme zu religiösen Sondergemeinschaften und sogenannten Sekten, 2008

Tillich, Paul: Das Christentum und die Begegnung der Weltreligionen [1961 / 1963]. In: Gesammelte Werke, hrsg. von Renate Albrecht, Bd. V: Die Frage nach dem Unbedingten. Stuttgart 1964, S. 51–100

Tillich, Paul: Der Mut zum Sein [1952]. Stuttgart 1954; Berlin/New York 1991 und in: Gesammelte Werke, hrsg. von Renate Albrecht, Bd. 11: Sein und Sinn. Stuttgart ³1982, S. 13–139

Tillich, Paul: Der Religionsphilosoph Rudolf Otto [1925]. In: Gesammelte Werke, hrsg. von Renate Albrecht, Bd. 12: Begegnungen. Paul Tillich über sich selbst und andere. Stuttgart 1971, S. 179–183

Tillich, Paul: Nichtkirchliche Religionen [1929]. In: Hauptwerke, hrsg. v. Carl-Heinz Ratschow, Bd. 5: Religiöse Schriften. Stuttgart 1987, S 125–137

Tillich, Paul: Die religiöse Deutung der Gegenwart. In: Gesammelte Werke, hrsg. von Renate Albrecht, Bd. 10. Stuttgart 1968, 64 ff.

Tillich, Paul: Die religiöse Lage der Gegenwart [1926]. In: Gesammelte Werke, hrsg. von Renate Albrecht, Bd. 10: Die religiöse Deutung der Gegenwart. Stuttgart 1968, S. 41–63

Tillich, Paul: Offenbarung und Glaube. Schriften zur Theologie II. In: Gesammelte Werke, hrsg. von Renate Albrecht, Bd. 8, Stuttgart 1970

Tillich, Paul: Systematische Theologie [1951–1963]. Bd. I.1: Vernunft und Offenbarung, Bd. I.2: Sein und Gott, Bd. II: Die Existenz und der Christus, Berlin/New York ⁸1987 (= Nachdruck von 1984); Bd. III: Das Leben und der Geist. Die Geschichte und das Reich Gottes. Berlin/New York ⁴1987 (= Nachdruck von 1984)

Tiryakian, Edward A.: Toward the Sociology of Esoteric Culture. In: *American Journal of Sociology*, Bd. 78, Nr. 3/1972, S. 491–512 und in: *On the Margin of the Visible. Sociology, the Esoteric and the Occult.* New York 1974, S. 257–280

Twisselmann, Hans-Jürgen: Jehovas Zeugen – Die Wahrheit, die frei macht? Eine Orientierungs- und Entscheidungshilfe. Gießen/Basel 1985;1991; ³1992

Twisselmann, Hans-Jürgen: Schlägt der „Wachtturm" neue Töne an? Zum Verständnis der Wiederkunft Christi bei den Zeugen Jehovas. In: Materialdienst der EZW, Nr. 10/2008, S. 383–387

Twisselmann, Hans-Jürgen: Vom Zeugen Jehovas zum Zeugen Jesu Christi; Allen denen, die bereit sind, Gott mehr zu gehorchen als Menschen. Gießen/Basel ¹1961; ¹¹2001

Utsch, Michael: Präsident der Wachtturm-Gesellschaft verstorben. In: *Materialdienst* der EZW, Nr. 4/2008, S. 155

Utsch, Michael: Scientology auf Expansionskurs? In: *Materialdienst* der EZW, Nr. 3/2007, S. 101–103

Utsch, Michael: Vollkommene Freiheit? Der Energiemeister Michael Barnett. In: *Materialdienst* der EZW, Nr. 1/98, S. 8–12

Utsch, Michael (Hrsg.): Wie gefährlich ist Scientology? EZW-Texte, Nr. 197, Berlin 2008

Utsch, Michael: Wirksames Führungsinstrument: Bezirkskongresse der Zeugen Jehovas. In: *Materialdienst* der EZW, Nr. 10/2008, S. 388

Wachtturm Bibel- & Traktat-Gesellschaft (Hrsg.): Du kannst für immer im Paradies auf Erden leben. Wiesbaden 1982; Selters/Taunus 1989

Wachtturm Bibel- & Traktat-Gesellschaft (Hrsg.): Hat sich der Mensch entwickelt, oder ist er erschaffen worden? Wiesbaden 1968

Wachtturm Bibel- & Traktat-Gesellschaft (Hrsg.): Jehovas Zeugen – Verkündiger des Königreiches Gottes. Selters/Taunus 1993

Wachtturm Bibel- & Traktat-Gesellschaft (Hrsg.): Leitfaden für die Theokratische Predigtdienstschule. Wiesbaden 1971; Selters/Taunus 1992

Wachtturm Bibel- & Traktat-Gesellschaft (Hrsg.): Organisation – zum Predigen des Königreiches und zum Jüngermachen. Wiesbaden 1972

Wachtturm Bibel- & Traktat-Gesellschaft (Hrsg.): Unterredungen anhand der Schriften. Selters/Taunus 1985; 1989/1990

Webb, James: Das Zeitalter des Irrationalen. Politik, Kultur und Okkultismus im 20. Jahrhundert. Übersetzung von Michael Siefener. Wiesbaden 2008 [Originalausgaben: *The Occult Underground*, 1974 und *The Occult Establishment*, 1976]

Weber, Max: Gesammelte Aufsätze zur Religionssoziologie. 3 Bände, Tübingen 1963

Wehr, Gerhard: Wörterbuch der Esoterik. Zugänge zum spirituellen Wissen von A−Z. Freiburg i.Br. 1989

Wer wählen geht, fliegt raus. Zwei Vorstandsmitglieder der Zeugen Jehovas über die umstrittene Glaubenspraxis ihrer Sekte. Interview mit Vizepräsident Willi Karl **Pohl** und Vorstandsmitglied Werner **Rudtke** in der deutschen Zentrale der Zeugen Jehovas. In: *Focus*, Nr. 4/1996 vom 22.1.1996, S. 66−72

Werner, Helmut: Lexikon der Esoterik. Wiesbaden 1991; genehmigte Sonderausgabe München 1991

Wichmann, Jörg: Die Renaissance der Esoterik. Eine kritische Orientierung. Stuttgart 1990; ^{3}1992

Wilber, Ken: Das Spektrum des Bewußtseins. Ein metapsychologisches Modell des Bewußtseins und der Disziplinen, die es erforschen. München ^{1}1987. Neuerscheinung: Das Spektrum des Bewußtseins. Eine Synthese östlicher und westlicher Psychologie. Reinbek b.Hbg. 1991; ^{6}2003 [Originalausgabe: *The Spectrum of Consciousness*, 1977]

Wittek, Gabriele: Das ist mein Wort − Alpha und Omega. 3 Bände, Bd. 3: Das Evangelium Jesu. Die Christus-Offenbarung, welche die Welt nicht kennt. Würzburg 1991; ^{2}1993; **Neuerscheinung**: Das ist mein Wort − Alpha und Omega. Das Evangelium Jesu. Die Christus-Offenbarung, welche inzwischen die wahren Christen in aller Welt kennen. Würzburg ^{8}2008

Wittek, Gabriele: Der Hirte und seine Herde. Gemeindeordnung für das Friedensreich Jesu Christi, offenbart durch Seine Prophetin Gabriele. Würzburg ^{1}1987

Wittek, Gabriele: Lebe den Augenblick − und Du siehst und erkennst Dich. Würzburg ^{2}1990; 1993

Wittek, Gabriele: Mystische Erfahrungen und Erkenntnisse der Prophetin des Herrn. [Würzburg] (Heimholungswerk Jesu Christi) 1984

Zinke, Ludger (Hrsg.): Religionen am Rande der Gesellschaft. Jugend im Sog neuer Heilsversprechungen. München/Düsseldorf 1977

Zinser, Hartmut: Jugendokkultismus in Ost und West. Vier quantitative Untersuchungen 1989−1991. Ergebnisse, Tabellen, Analysen. Hrsg. Arbeitsgemeinschaft für Religions- und Weltanschauungsfragen (ARW) München 1993

Zinser, Hartmut: Moderner Okkultismus als kulturelles Phänomen unter Schülern und Erwachsenen. In: *Aus Politik und Zeitgeschichte* (Beilage zur Wochenzeitung *Das Parlament*, 8.10.1993), Nr. 41−42/1993, S. 16−24

Zinser, Hartmut: Okkultismus unter Jugendlichen. Für den pädagogischen Gebrauch überarbeitet von Marianne Knief. Reihe: *Arbeitspapiere des Pädagogischen Zentrums Berlin*, Bd. 20. Berlin 1992

Zinser, Hartmut: Schamanismus im New Age. Zur Wiederkehr schamanistischer Praktiken und Séancen in Europa. In: Pilger, Matthias / Rink, Steffen (Hrsg.): Zwischen den Zeiten. Das New Age in der Diskussion. Marburg 1989, S. 63–71 und in: *Zeitschrift für Religions- und Geistesgeschichte*, Bd. 39, Nr. 4/1987, S. 319–327

Rainer Fromm
Schwarze Geister, Neue Nazis
Jugendliche im Visier
totalitärer Bewegungen

352 Seiten, Paperback
€ 24,90
ISBN 978-3-7892-**8207**-2

Vor einiger Zeit blickte die entsetzte Öffentlichkeit auf ein extrem grausames Verbrechen: Ein junger Mann wurde in einem Wald bei Hamburg von drei Jugendlichen aus der Gothic-Szene mit über 20 Messerstichen regelrecht hingerichtet. Was trieb die Täter? Welche Hintergründe hat diese Tat? Was geht bei Jugendlichen im Umfeld der sogenannten »Schwarzen Szene« vor?

In seinem neuesten Buch zeigt der bekannte Journalist Rainer Fromm anhand vieler Beispiele, **was die Schwarze Jugendszene kennzeichnet, welche Faszination sie ausübt und wie sie sich mit dem Rechtsextremismus vermengt**. Denn Satanisten, Okkultisten, Vampiristen und Rechtsextremisten sind dank des Internets, eines eigenen Kleidungsstils und zahlreicher Musikbands längst in der Lage, eigene Konsum- und Erlebniswelten und damit auch ein erstrebenswertes Ziel für Sinnsucher zu schaffen. Detail- und kenntnisreich beschreibt der Autor diese Jugend-Subkulturen, die sich nahezu unbemerkt von der Öffentlichkeit entwickelt haben.

Die Auswertung von Gerichtsurteilen, Gutachten der Bundesprüfstelle für jugendgefährdende Medien sowie zwei Gastkapitel, in denen Insider zu Wort kommen, ermöglichen dem Leser einen umfassenden Einblick in die jeweilige Szene. Kontaktadressen für ausstiegswillige Szeneangehörige sowie für hilfesuchende Eltern und Pädagogen ergänzen den Band.

Über den Autor: Dr. Rainer Fromm, Jahrgang 1965, arbeitet seit rund 20 Jahren als Fernsehjournalist, vor allem für Magazinsendungen im ZDF (Aspekte, Kennzeichen D, Frontal 21, Mona Lisa) und ARD (Fakt) mit den Themenschwerpunkten Rechtsextremismus und Sekten. Der Politologe promovierte über die rechtsextreme Wehrsportgruppe Hoffmann und ist Autor mehrerer Fachbücher zum Thema.

www.olzog.de